中国医院
CHINESE HOSPITAL

投资并购指南
INVESTMENT AND M & A GUIDE

胡辉 胡晓华 著

法律出版社 | LAW PRESS
北京

图书在版编目(CIP)数据

中国医院投资并购指南 / 胡辉，胡晓华著. -- 北京：法律出版社，2022
ISBN 978 -7 -5197 -4252 -2

Ⅰ. ①中… Ⅱ. ①胡… ②胡… Ⅲ. ①医院－投资－中国－指南②医院－企业兼并－中国－指南 Ⅳ. ①F832.48 -62②R197.32 -62

中国版本图书馆 CIP 数据核字(2020)第 025786 号

中国医院投资并购指南
ZHONGGUO YIYUAN TOUZI BINGGOU ZHINAN

胡 辉 胡晓华 著

责任编辑 董 昱
装帧设计 汪奇峰

出版发行 法律出版社
编辑统筹 法规出版分社
责任校对 张红蕊
责任印制 耿润瑜
经 销 新华书店

开本 710 毫米×1000 毫米 1/16
印张 27.5 字数 500 千
版本 2022 年 11 月第 1 版
印次 2022 年 11 月第 1 次印刷
印刷 北京中科印刷有限公司

地址：北京市丰台区莲花池西里 7 号(100073)
网址：www.lawpress.com.cn
投稿邮箱：info@lawpress.com.cn
举报盗版邮箱：jbwq@lawpress.com.cn

销售电话：010 -83938349
客服电话：010 -83938350
咨询电话：010 -63939796

书号：ISBN 978 -7 -5197 -4252 -2
定价：108.00 元

凡购买本社图书，如有印装错误，我社负责退换。电话：010 -83938349

推荐语一

看到了初衷和思想

华润集团原总经理　乔世波先生
北京师范大学博士　吴学先教授

胡辉总经理和胡晓华律师撰写了本书。书中的案例鲜活生动，书中的思考条理清晰。

胡辉浸润于医疗行业十几年，书中的案例记录了他和他的战友们取得的成功，也记录了他和他的战友们经历的挫折，进而记录了他自己的思考，他把这些思考落在笔端形成文字，就变成了思想。看得出来，在医改方面，他阅读过大量的图书和论文，他对比了中国和西方的医疗体系，他看到了不同性质的医院的利与弊。这些思考很有现实意义，乃至指导意义。

关于医改，关于投资医院，关于医院管理，他给出了一个关于未来发展的结论：大道至简、实干为要。

一、大道至简，改革从来都是从“不满意”和“有需求”开始的

医疗领域的改革是一次一次的进步。

就说“看病难”。是否可以先分流一批人，让他们不去公立医院挤资源。很多人有了钱，想花钱购买服务，享受高端医疗服务。以往的高端医疗服务是在“公办医院”里分出来一块，但资源有限。那么，可不可以通过社会办医疗机构，满足人们对高端医疗服务的需求？

有一批改革先锋，在探索这条路径。

飞机头等舱的价格比经济舱贵一倍以上，民航高兴，乘客也高兴。“高档医院”比“公办医院”价格贵一些，也无可厚非，只要医院服务好，医生技术好，不用排长队，住院有单间，就有人喜欢。时间就是金钱，尤其是常见病，有的人不想因看病排长队而耽误时间。

医院好不好,看结果,这个很容易考察。医院可以欺骗病人一次,绝不会有第二次。病人有选择医院的权利,病人不来,医院倒闭。社会力量办医院,政府不用那么操心。谁投资医院,都是想办好它,而不是为了倒闭。把支持医院和制裁医院的权力交给病人及其家属,病人及其家人不会拿生命开玩笑。

想明白"大家是否满意"和"大家是否有需求"的道理,就明白大道至简的意思了。胡辉告诉我们:并购中的各种案例、各种模型,都蕴含着"大道",大道至简,不必为难。

二、实干为要,推进的过程中还应该心怀善良,目的纯正

胡辉提出"实干为要"的观点非常重要。不论是"由上而下"还是"由下而上",都要有一批实干家,将改革进行到底,将政策落实到位。

这批实干家出发时,要怀揣善良,而不仅仅是手段;这批实干家冲锋时,心里要想着祖国的发展和人民的幸福,而不仅仅是企业利润。

"56只猫和1只虎的故事"讲述了啤酒行业的改革与重组。那是20世纪90年代初期,华润集团开始并购啤酒企业,很快就并购了56家。记得宁高宁写了一篇文章,说56只猫变成了一只老虎。华润并购啤酒厂的初衷,是要发展和壮大啤酒行业,与国外啤酒行业对标。这个初衷是成功的保障。

改革开放初期,我们读过"啤酒瓶里有苍蝇"的报道。后来才知道,此类文章大多是因为个别记者去啤酒厂拉广告,被拒,就这样泄愤。简陋的啤酒厂可能就因为这个记者不负责任的泄愤而衰落乃至倒闭。

当56只猫变成了虎,中国的啤酒行业就做大做强了,如今,"雪花啤酒"单一品牌世界销量第一。华润并购啤酒厂的初衷是善良的,在并购过程中,对企业、对员工是负责任的,是利国利民的。几十年里,先后几代华润人埋头实干。他们逢山开路,遇水搭桥,与政府沟通,与老领导沟通,与老员工沟通;他们更换设备,实现机械化和现代化。他们进行全员培训,提高大家的战略意识。这些实干家经历的艰辛只有当事人最有体会,大家看到的是"啤酒老虎"。

华润进入某个行业,进行并购,都是以"发展壮大这个行业"为目标的,并坚持"要让员工过上体面的生活"。这两点极其重要。

胡辉本人是医疗改革路上的实干家之一。

他思考得很深。在夜深人静的时候,他写下了自己的思考,这是难能可贵的。实干家往往沉湎于实干,顾不上记录自己的思想;胡辉却能边干边写,这本书的意义可以从各个角度去论述。

其一，他思考了医院改革的命题，也摆出了改革的难题，并巧妙地表述了如何破解，如何前行，社会办医如何“破茧成蝶”。政府医院的公益性与资本的逐利性，这个矛盾如何才能得到平衡。胡辉在书中进行了客观论述。

其二，他提及了西方主要国家的医疗体制，进行对比论述。对比中可以出智慧，可以得启发。社会资本办医院，参股医院，并购医院，鼓励他们办高档医院，分流一大批想坐“头等舱”的客户，如此等等，他们在设法解决“看病难”的问题。政府医院具有公益性，可以解决“看病贵”的问题，政府医院不能追求高额利润。

其三，他梳理了我国医院和医疗体制发展的历程，可温故知新。历史是一面镜子，可以正本清源。目前，在我国，社会办医已经占据了国家医疗机构的半壁江山；政府医院经营活动中的“所有者与信托人”矛盾，在社会资本参与政府医院的投资和改制中，表现得十分突出和尖锐。那么，多元化的医疗市场该怎么继续发展？胡辉给出了自己的思考，他的案例和评述，醍醐灌顶。

其四，他在为一个书香门第的家族留下文化痕迹。这一点我最为看重。一本书出版后，在当时可能产生了很大的影响力，但其社会价值毕竟是有时限的。可是，对胡辉的家族而言，这本书有更加重要的意义，这标志着，他在给后代做榜样，通过著书立说，传承家族的书香气。我希望在中国出现许许多多的书香门第，世代传承，香火不断，为国为民，奉献智慧。

胡辉的书写得很好，读后都会产生共鸣，引发思考，且开卷有益。这本书必将成为我国医院领域改革的一个里程碑。

推荐语二

下一个十年:中国社会办医的蜕变之道

波士顿咨询公司(The Boston Consulting Group)
董事总经理、全球合伙人　夏小燕女士(Magen Xia)

随着市场需求的提升和政策环境的推动,我国社会办医市场在过去20年里快速发展,社会办医在机构总量、单体规模、市场结构方面都取得了显著的提升。仅从数量看,社会办医疗机构占比接近七成,成为中国医疗市场的重要力量。

此外,在经历了早期的摸索之后,社会办医开始向技术化、规模化方向转型,服务质量稳步提升。国内外医疗服务机构、大型综合性集团、医药和器械企业、保险、地产等新进入者陆续入场,社会办医多元化格局初步形成。

虽然总体环境利好且取得相当成就,但社会办医仍然面临相当大的挑战,包括准入"松绑"背景下的强监管、需求快速增长背景下的医疗质量待提升和信任缺失、多点执业放开背景下的人才竞争、规模扩张背景下的管理滞后。

下一个十年的社会办医该如何发展?往后看十年,2030年是"健康中国2030"的收官之年,社会办医需要在下一个十年实现真正的蜕变。

未来十年,将是社会办医从量变到质变、从粗放到精细、从"拓疆域"到"练内功"的关键时期。社会办医疗机构和该领域的投资者需要看清方向,从实践中总结经验教训,以实现突破。

当前正是下一个十年起始的关键节点,胡辉总经理和胡晓华律师编写的本书应运而生,有着非常强的时代意义和实践指导性。

胡辉总经理在医院投资领域耕耘多年,积累了丰富的一线经验,总结了非常深厚和接地气的见解。他在本书中对社会办医模式进行了深刻的剖析,针对不同模式分析了利弊和难点,这些都是从多年实践中总结出的真知灼见,实属难得。

过去十年,我与胡辉总经理在医疗健康产业领域有很多的交流,从他分享的实践经验中,我也获得了很多新的洞察,受益良多。

这次胡辉总经理在这本著作中把他的经验和想法进行系统的梳理和发布，让更多的人广泛受益，会对未来社会办医的发展和投资起到积极的推动作用。本着交流碰撞的初心，我也分享一些对未来社会办医的想法，以共勉。

作为波士顿咨询公司医疗服务业务的负责人，我在近年与不少中国社会办医疗机构和该领域的投资者以及行业协会有密切合作。中国社会办医疗机构和该领域的投资者应更多关注价值医疗、资本市场、医生资源、商业保险、互联网医疗领域的相关动态；并从业务定位、医生梯队、患者引流、运营管控、多元合作、医险结合的角度着手，打造核心竞争力，推动中国社会办医高质量发展。

展望未来十年社会办医市场趋势，尤其重要的几个趋势包括：

首先，价值医疗在全球已经是最重要的医疗趋势之一。

中国医疗体系正面临着疾病负担成本不断攀升以及医疗效果有待提升的双重挑战，价值医疗是帮助中国实现在可控的成本下，提升民众健康和医疗效果的良方。国内一些领先的社会办医疗机构已经开始积极关注疗效和医疗价值，价值医疗给中国社会办医疗机构带来了重要的差异化发展机会，通过重点关注特定疾病的疗效优化，实现从“量变”到“质变”的转型。

其次，医生资源市场化。

医生是社会办医所需的核心资源。2009 年国家开启“多点执业”试点，2012 年以后医生集团开始发展，越来越多的公立医院医生加入社会办医疗机构，为社会办医疗机构提供了迅速发展的契机。无论以哪种形式为医生资源的市场化开路，均将有利于社会办医疗机构的发展。

参照美国医生集团发展以专科医生集团为主的趋势，未来中国可能有更多聚焦专科导向的医生集团兴起，医疗机构为医生集团提供患者引流、医院管理能力、软硬件设施和护理团队，而医生集团为医疗机构保障优质的医生团队、科室管理能力和风险隔离机制，双方将形成真正的合作共赢。

最后，依托“数字化”和“技术化”，推动社会办医质量全面提升。

技术与数字化带动诊疗服务升级，社会办医机构可借助数字化与移动医疗，大力推进医疗机构信息化建设。“互联网 + 医疗”在市场和政策的合力推动下迅速发展，线上互联网医院与线下医疗机构的深度整合是不可避免的趋势。

未来十年，社会办医疗机构中将涌现出一批先行者，通过自建互联网医院或与外部互联网医院合作打造差异化的竞争优势。这些先行者将会通过数字化和移动医疗手段重构医疗服务价值链，突破医院围墙，打通包括预防、诊断、治疗、康复和疾病管理在内的整个医疗价值链，实现以患者为中心的全流程健康管理。

面对下一个十年的新时代、新格局、新趋势，中国社会办医疗机构需要在发挥已有资源和优势的同时，不断推动业务转型，迎合市场大趋势，实现新突破。

社会办医疗机构及其投资者需要越来越重视为患者带来真正的价值，从经营产品到经营客户，服务患者的核心需求。

在战略保障上，拓宽融资渠道、提升资本效率，高效规划医生资源、重点打造人才梯队。在发展模式上，打通产业链、实现险医一体化，促进互联网和医疗的深度融合，积极发展智慧医疗。

其一，明确业务定位，构建差异化优势。

社会办医要想在未来的激烈竞争中立于不败之地，首先需要具有更加清晰的业务定位，形成与公立医院及其他社会办医竞争对手差异化的竞争优势。这需要社会办医具有非常明确的目标客群、产品和服务设计以及发展规划，并围绕自身定位选择最适合的业务模式。

从国外领先医疗机构经验和国内实践来看，有三类具有竞争优势的业务模式供参考，包括传统的规模领先者、聚焦的专科领导者和全病程管理整合者。

其二，完善医生人才梯队，调动医生积极性。

优秀的医生团队是社会办医的立身之本，也是目前制约社会办医发展的最大瓶颈。

社会办医疗机构必须不断加强人力资源管理能力，注重打造学科带头人、技术骨干和后备力量三级医生梯队。逐步填补人才断层，转变社会办医常见的“两头大、中间小”的人才结构。

社会办医需要拓宽医生资源的获取途径，探索创新的绩效激励机制和临床组织管理模式，并在具有市场竞争力的薪酬福利基础上，为医生提供可持续的职业发展空间，帮助医生团队在临床诊疗能力、学术能力和领导力三个方面获得提升。

其三，提升营销策略，实现多渠道引流。

有效的营销获客是社会办医成功的关键。但当前社会办医在营销方面面临着三个主要问题：(1)传统广告渠道效果下降。(2)未能建立阳光高效的医生医院端的转诊渠道。(3)医院端的公对公转诊渠道尚未发展成熟。

社会办医疗机构通常历史短、缺乏口碑积累，且患者对社会办医易存偏见。为消除这些痛点，帮助社会办医疗机构实现市场营销角度的转型，需要从患者端引流、医生医院端转诊、第三方机构端合作和产品及服务端创新四个角度分析可能的解决方案。

其四，优化运营管控，推动集团化管理。

在经过前一轮跑马圈地式的快速扩张后，部分社会办医疗机构已经形成一定规模，下一步的重点是如何对旗下新建或并购的医院进行有效管理，通过运营提升优化业绩，获得切实的经济效益。

在医院层面，只有通过推动运营改善，从临床流程、资源分配、采购管理、资产配置等多方面提高医院运营效率，才能在真正意义上提高这些医疗机构的核心价值。

与此同时，集团层面的管控也需要尽快提上议事日程，建立系统化的集团管控体系，如制定标准化的临床标准和管理流程以确保质量、搭建集团内部的共享服务中心以促进资源的集约利用、提升集中采购力度以降低成本等。只有落实集团化管控，才能真正发挥多个医院的协同效应，形成统一的品牌价值和新的核心竞争力。

其五，重视生态网络，开展多元化合作。

社会办医疗机构在向规模化、综合化、技术化转型的过程中，势必面临医疗资源、资本、创新能力上的瓶颈，通过多元化的合作，社会办医将拓展更多越来越重要的途径。

潜在的合作伙伴有医疗服务提供方，包括公立医院、海外医院等；资本提供方，包括保险企业、政府引导基金、财务投资机构等，以减轻医院建设初期和转型阶段的资金压力，而医院项目则提供长期稳定的收益作为回报；以及技术创新合作方，包括医药及器械企业、智慧医疗提供商、健康管理企业、高校与科研院所等，共同推动新产品、新技术的研发。

其六，探索医险结合，实现支付端创新。

除了跨界直接整合外，社会办医与保险公司在产品、服务、数据等层面也展开了多元化的合作探索。未来支付和保险结合的医疗模式创新将在商业医疗保险市场上不断涌现，帮助社会办医更好地解决支付问题。

在新时代、新格局下，社会办医行业的发展前景日益清晰，正是关注该领域的投资机构和企业进一步布局的良好时机。当前全国很多城市都存在新建医院的项目机会，同时也已经出现了很多可供投资或并购的社会办医疗机构标的。

社会资本进入医院业务的不同路径需要对不同的侧重点加以关注。

新建医院总体投资较大，投资周期较长，但在医院的定位、选址、规模、定价、用人等方面企业拥有更大的灵活度，因此较适合着眼中长期业务发展且具备一定医疗机构投资管理经验的企业。针对新建项目，投资者需要着重关注医院的整体定位选择，病人来源和医生来源，潜在的合作伙伴和合作模式。

并购则可以在较短的时间内获得一个稳定运营的医院，有效解决了短期内患者和医生来源的现实挑战。但是优秀的并购标的往往非常抢手或者定价过高,而将原本运营不善的医院扭亏为盈则又需要大量的追加投入和工作,因此需要清晰的投资战略规划和基于事实的前瞻性商业尽调,对投资机构的交易挖掘、评估和谈判能力要求很高,同时被并购医院也会要求投资者在资金之外能够提供其他的协同或价值提升。无论以哪种方式进入,社会办医疗机构的投资者都需要多方面进行充分全面的考量。

因此,胡辉总经理的这本著作正是给予了社会办医疗机构投资者一份很有针对性的实践指导,展示给投资者全面专业的医院投资最佳实践,缩短摸索时间和避免走弯路,非常有意义。

我相信,这本著作会成为下一个十年中国社会办医蜕变之路上的一盏指明灯。

CATALOG

目录

引　　言

医疗服务行业是关系国计民生的重要行业。

自1985年国务院批转卫生部《关于卫生工作改革若干政策问题的报告》揭开我国医改序幕，至今中国医改历史已有30余年。

伴随着我国医改政策的不断推进，尤其是2009年新一轮医改实施以来，国家鼓励社会资本参与举办医疗机构的政策频发，在政策向好的大环境下，社会资本投资并购医疗机构在过去10年从初期的探索尝试到不断升温，社会办医热潮涌现。

2009年至2019年，我国民营医院数量由6240个增至2.2万个，2015年9月，我国民营医院数量首次超过公立医院，此后数量持续上升。截至2020年5月底，我国医院数量为3.4万个，其中公立医院1.2万个，民营医院2.2万个；民营医院占全国医院总数比例近65%。我国社会办医"开疆拓土"，完成了"量变"过程，社会办医疗机构已然成为中国医疗卫生服务体系中的重要组成部分。

社会办医疗机构数量虽然上去了，但在规模化、专业化、技术及管理水平等"质"的方面，与公立医院仍存在巨大差距。公立医院虽然数量逐年下降，但诊疗人数却稳居高位。社会办医疗机构多为专科医院，规模多为一级或者二级医院，呈现"小而散""多而不强"的特点。

此外，医疗行业作为关乎人民健康、国计民生的重监管行业，一方面，深受医疗卫生服务体制、医改政策、国企改革、行业立法及相关配套政策等多方面的规制和影响；另一方面，我国医疗机构在法律主体资格、经济属性及/或主办单位、财务制度、行业监管等方面呈现多样性、复杂性，且不同类型的医疗机构在设置审批和流程、财务、行业监管等方面适用的政策法规也各不相同，这些客观因素导致医疗行业投资并购的实操难度普遍且明显高于其他一般性产业，对于处于初期探索和发展阶段的社会办医，可谓难上加难。

"IOT模式""一址两院""一院两制"等模式，一度成为社会资本与政府医院合作的"创新模式"。

我国卫生与健康领域第一部基础性、综合性法律——《中华人民共和国基本医疗卫生与健康促进法》（以下简称《卫健法》）于2019年12月28日由十三届全国人大常委会第十五次会议审议通过，并已于2020年6月1日起正式施行。

《卫健法》除首次在法律层面明确“国家实施健康中国战略”“国家建立基本医疗卫生制度”“国家推进基本医疗服务实行分级诊疗制度”等基本制度，还将社会办医有关政策和举措上升为法律规定，这些规定对社会办医，尤其是“两禁止”规定[1]对社会资本与政府医院的合作模式，将产生重要影响。“两禁止”规定，以前“一址两院”“一院两制”的创新模式，将为《卫健法》所禁止；《卫健法》施行后，此前已完成的类似项目是否需要整改？如何处理、规范？比如，IOT模式是否符合国家的医改政策和行业发展规律，是否存在被认定为“变相分红”的风险或可能，存在不确定性。

由于全球新冠疫情，健康问题再次成为全民关注的热点。政府医院（尤其是大型三甲公立医院）、军队医院作为此次抗疫队伍中的“最强阵营”，无疑起到了中流砥柱的作用，由此也引发行业内对“政府医院”与“社会办医疗机构”职责及发展定位的“争论”。社会办医疗机构如何在突如其来的疫情面前生存下来？随着疫情常态化时代的到来，国家社会办医政策走向、医疗产业格局将会发生怎样的调整和变化？

与此同时，受“市场＋政策”的双重激励，互联网医疗近年来得以快速发展；受新冠疫情倒逼，线上诊疗、健康咨询成为一种普遍且必要的选择，互联网医疗迎来新的发展契机，行业前景广阔。

通过此书，分享、梳理我国社会办医政策立法及社会实践，总结、反思社会办医的成与败，并探求新形势下社会办医的未来和发展方向，以期为社会办医“破茧成蝶”、实现“量变”到“质变”的飞跃尽微薄之力，这是笔者著本书的愿景和使命。

---

[1]《卫健法》第40条第3款规定：“政府举办的医疗卫生机构不得与其他组织投资设立非独立法人资格的医疗卫生机构，不得与社会资本合作举办营利性医疗卫生机构。”

第一章

中国社会办医回顾与展望

第一节　医疗行业发展概述

一、医院的分类

我国现行法律法规、监管部门、行业统计年鉴从不同角度、按照不同的职能，以多种划分标准对医院进行分类。不同划分标准项下，医院的分类既存在不同也存在交叉。

根据《卫健法》第34条的规定，我国的医疗卫生机构主要分为：基层医疗卫生机构、医院、专业公共卫生机构三类：

基层医疗卫生机构主要提供预防、保健、健康教育、疾病管理，为居民建立健康档案，常见病、多发病的诊疗以及部分疾病的康复、护理，接收医院转诊患者，向医院转诊超出自身服务能力的患者等基本医疗卫生服务。

医院主要提供疾病诊治，特别是急危重症和疑难病症的诊疗，突发公共卫生事件医疗处置和救援、健康教育等基本医疗卫生服务，并开展对基层医疗卫生机构的业务指导、医学教育、医疗卫生人员培训和医学科学研究等工作。

专业公共卫生机构则主要提供传染病、慢性非传染性疾病、职业病、地方病等疾病预防控制和健康教育、妇幼保健、精神卫生、院前急救、采供血、食品安全风险监测评估、出生缺陷防治等公共卫生服务。[1]

《医疗机构管理条例》《医疗机构管理条例实施细则》定义医疗机构为：依照《医疗机构管理条例》《医疗机构管理条例实施细则》规定，经登记取得《医疗机构执业许可证》、从事疾病诊断及治疗活动的医院、卫生院、疗养院、门诊部、诊所、卫生所

---

〔1〕《卫健法》第35条。

(室)以及急救站等机构。

根据《医疗机构管理条例实施细则》第3条的规定,我国医疗机构细分为:(1)综合医院、中医医院、中西医结合医院、民族医医院、专科医院、康复医院;(2)妇幼保健院、妇幼保健计划生育服务中心;(3)社区卫生服务中心、社区卫生服务站等十四类。由此可见,医院是我国医疗卫生机构的重要类别和组成部分。具体如图1.1所示:

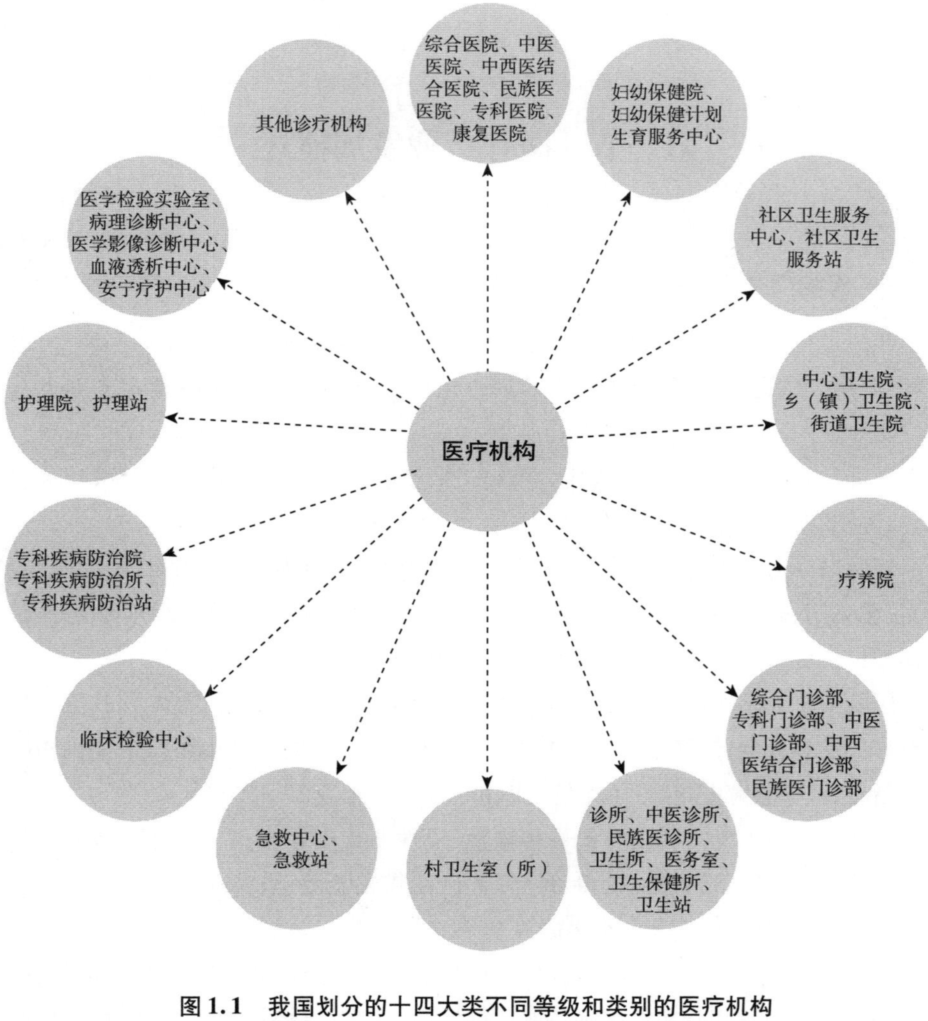

图1.1 我国划分的十四大类不同等级和类别的医疗机构

根据《中国卫生健康统计年鉴2020》的统计数据,2008年至2018年(其中医院数量截至2019年9月),医院的数量、总收入、诊疗总人数、入院人数情况如图1.2-图1.5所示:

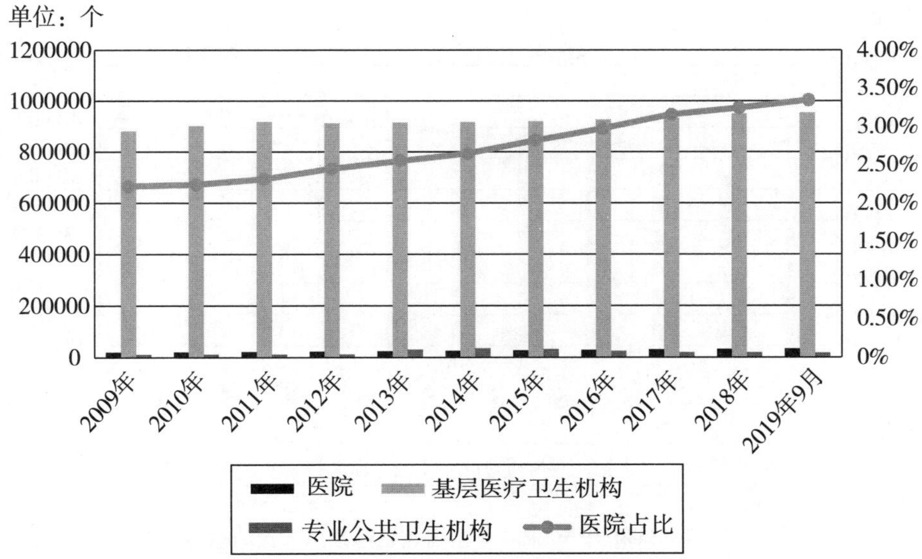

图 1.2　2009 年至 2019 年医疗机构数量分布图

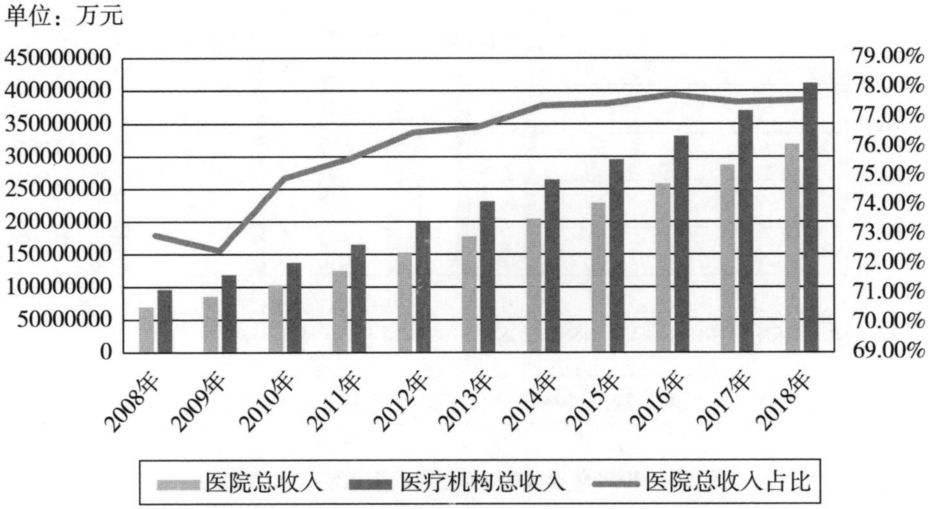

图 1.3　2009 年至 2018 年全国医院总收入动态图

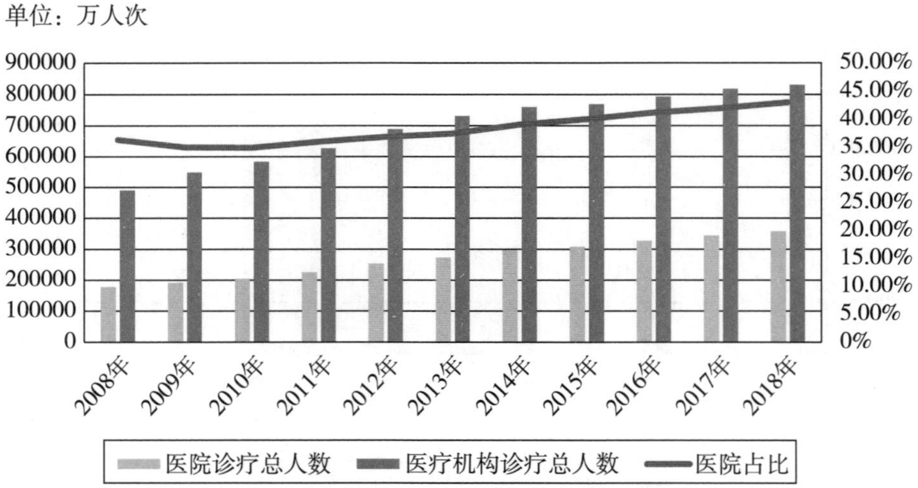

图 1.4　2008 年至 2018 年全国医院诊疗总人数动态图

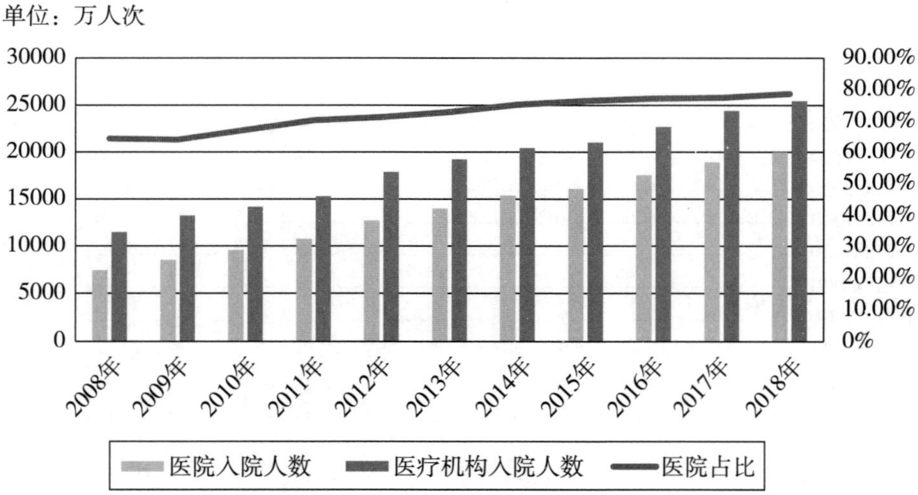

图 1.5　2008 年至 2018 年全国医院入院人数动态图

从上述统计数据不难发现，虽然在过去近十年间医院数量占医疗机构总数比例不到 3.5%，但医院在医疗机构整体收益、住院量方面占有绝对比重（占比超过 70%）；在医疗机构整体诊疗量方面，也占据相当比例（占比超过 40%）。

尽管《卫健法》进一步增强了“强基层（医疗卫生机构）”的内容，但从我国医疗资源的配置现状来看，医院在我国医疗服务市场，仍占据着最重要的地位。

根据《中国卫生健康统计年鉴 2019》，我国医院从登记注册类型、主办单位、管理类型、医院等级等方面可以进行如图 1.6 的分类：

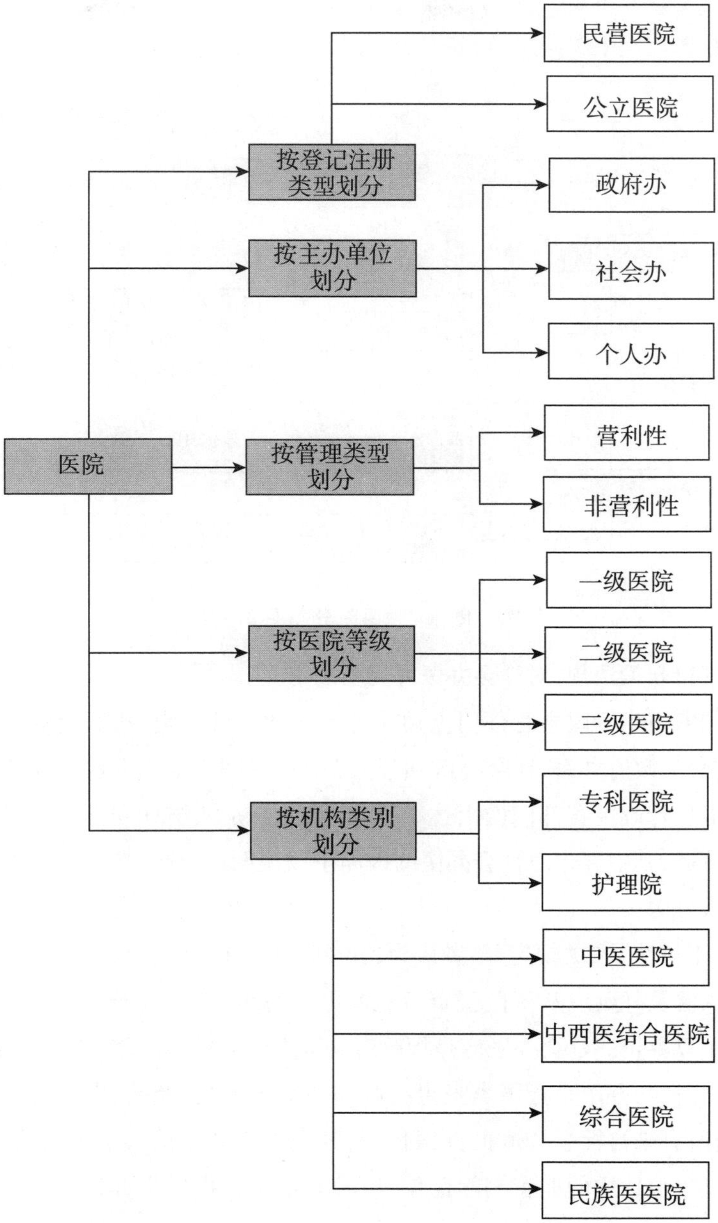

图 1.6　医院分类图 1

上述分类侧重医疗卫生监管部门从其行业管理角度，对医院进行分类。

从社会资本投资办医角度，更多从医院的管理类别、经济类型、法律主体、登记注册类型等方面,对医院进行具体分类,因为这些划分标准与社会办医、医院并购的交易模式关联度更高。

具体分类如图 1.7 所示:

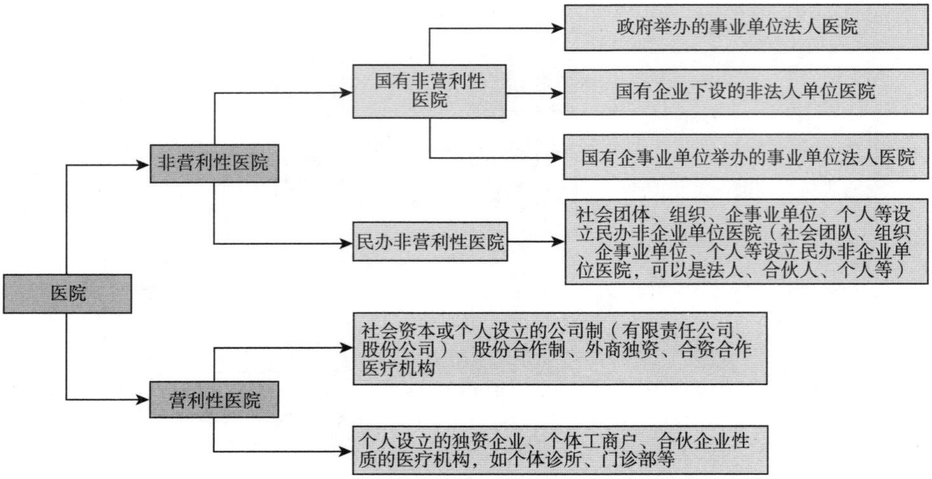

图 1.7　医院分类图 2

我国现行政策法规,对社会办医并无明确定义。

根据国家卫生行政主管部门上述统计年鉴的医院分类,按医院的主办单位类型,将医院分为政府办医、社会办医和个人办医,“似乎”个人办医不属于社会办医范畴。但卫生行政主管部门的上述统计口径,主要是从统计和分类管理角度对医院进行的分类,其中并未对社会办医的内涵予以说明,因此不应被解读为社会办医不包括个人办医。

结合《卫健法》有关规定,笔者认为,社会办医是相对于“政府办医”而言的,社会办医的内涵及外延应从医院投资者或举办人身份、出资资产的来源及所有制形式等方面予以界定。社会办医应是指政府办医之外的所有社会主体办医情形。

换言之,社会办医是指国家卫生行政部门给予人员、经费、设施支持和统一管理以外的,所有来自社会资本的办医情形,其中包括企业法人主体的营利性医院、民办非企业单位性质的非营利性医院,以及其他个人投资举办的非法人地位的营利性医院。

此外,有必要在此就“公立医院”的内涵和外延予以说明。公立医院不是一个法律概念,其是计划经济时期,按照国民经济类型对医院进行的划分,公立医院即国营医院、国家出钱办的医院,具体包括政府资金举办或国有全资举办(和少量仍存续、过往"集体出资"举办)的医院。

政府医院、军队医院、国有全资举办国有企业医院的医疗机构,应属公立医院范畴。《卫健法》第一次征求意见稿中,曾定义公立医疗机构为"公立医疗卫生机构是各级人民政府举办的、保障基本医疗卫生服务公平可及的非营利性机构",但正式颁布的《卫健法》取消了"公立医院"的措词,采用"政府举办的""以政府资金举办的"医疗机构的表述。

结合最新立法及社会办医政策,本书对医疗机构的分类,总体分为政府医院和社会办医疗机构两大类,书中提及的"公立医院",如无特别定义,应包括政府医院和国有全资举办的"国有企业医院"。并且除"以政府资金"举办的政府医院外,其他医疗机构统称为以"社会力量"举办的医疗机构。此外,由于军队医院在体制及管理体系上的特殊性,如无特别说明,本书社会办医范畴不包括军队医院。

二、非营利性医院与营利性医院的区别

非营利性与营利性医疗机构主要划分依据[1]是医疗机构的经营目的、服务任务,以及执行的财政、税收、价格政策和财务会计制度。

非营利性医疗机构指不以营利为目的,为社会公众利益服务而设立运营的医疗机构,其收入用于弥补医疗服务成本的医疗机构。

如图 1.7 所示,我国目前非营利性医院包括政府、国有企事业单位举办的国有非营利性医院,以及民办非营利性医院。其中,国有非营利性医院占非营利性医院的主要部分,而国有非营利性医院中,政府医院无疑占据绝对优势,我国目前最优质医疗资源比较集中于政府医院。

我国民办非营利性医院是由企事业单位、社会资本和其他社会力量以及公民个人利用非国有资产举办的非营利性医疗机构,民办非营利性医院组织形式上采用民办非企业单位,民办非单位包括民办非企业单位(法人)、民办非企业单位(合伙)、民办非企业单位(个体)三种类型,其登记机关为民政部门。

根据相关政策法规并结合医院并购实操经验,笔者梳理并总结了非营利性医院与营利性医院在以下九个方面存在的区别,如表 1.1 所示:

〔1〕 根据原卫生部、国家中医药管理局、财政部、国家计委联合发布的《关于城镇医疗机构分类管理的实施意见》,我国自 2000 年开始分类管理非营利性与营利性医疗机构。

表 1.1　非营利性医院与营利性医院的区别

序号	区别事项	非营利性医院	营利性医院
1	经营目的	为社会公众利益服务,不以营利为目的。	以实现投资者经济回报为目的。
2	登记注册机关	1)事业单位管理局(政府举办及国有企事业单位举办的非营利性医院),医院拥有事业单位法人地位; 2)民政局(国有资本所持医院举办权益低于 33% 的非营利性医院),医院为民办非企业单位(可以是法人、合伙或个人)。	国家及地方市场监督管理局,医院法律主体包括依照《公司法》及其他相关法律登记设立的公司制、非公司制企业法人、外商投资企业、个体工商户、个人独资企业、合伙企业等类型。
3	税务	1)所得税:经税务机关认定和批准后,医院可免交所得税(但非医疗收入除外);[1]	1)所得税:25% 企业所得税(合伙企业、个人工商户须缴纳个人所得税);

[1] (1)根据《关于城镇医疗机构分类管理的实施意见》(卫医发〔2000〕233 号),政府举办的非营利性医疗机构享受同级政府给予的财政补助,其他非营利性医疗机构不享受政府财政补助。非营利性医疗机构执行政府规定的医疗服务指导价格,享受相应的税收优惠政策。营利性医疗机构医疗服务价格放开,依法自主经营,照章纳税。(2)根据《关于非营利组织免税资格认定管理有关问题的通知》(财税〔2018〕13 号):a. 符合条件的非营利组织,必须同时满足以下条件:依照国家有关法律法规设立或登记的事业单位、社会团体、基金会、社会服务机构、宗教活动场所、宗教院校以及财政部、税务总局认定的其他非营利组织;从事公益性或者非营利性活动;取得的收入除用于与该组织有关的、合理的支出外,全部用于登记核定或者章程规定的公益性或者非营利性事业;财产及其孳息不用于分配,但不包括合理的工资薪金支出;按照登记核定或者章程规定,该组织注销后的剩余财产用于公益性或者非营利性目的,或者由登记管理机关采取转赠给与该组织性质、宗旨相同的组织等处置方式,并向社会公告;投入人对投入该组织的财产不保留或者享有任何财产权利,本款所称投入人是指除各级人民政府及其部门外的法人、自然人和其他组织;工作人员工资福利开支控制在规定的比例内,不变相分配该组织的财产,其中:工作人员平均工资薪金水平不得超过税务登记所在地的地市级(含地市级)以上地区的同行业同类组织平均工资水平的两倍,工作人员福利按照国家有关规定执行;对取得的应纳税收入及其有关的成本、费用、损失应与免税收入及其有关的成本、费用、损失分别核算。b. 已认定的享受免税优惠政策的非营利组织有下述情况之一的,应取消其资格:登记管理机关在后续管理中发现非营利组织不符合相关法律法规和国家政策的;在申请认定过程中提供虚假信息的;纳税信用等级为税务部门评定的 C 级或 D 级的;通过关联交易或非关联交易和服务活动,变相转移、隐匿、分配该组织财产的;被登记管理机关列入严重违法失信名单的;从事非法政治活动的。(3)根据《国务院办公厅转发发展改革委、卫生部等部门关于进一步鼓励和引导社会资本举办医疗机构意见的通知》(国办发〔2010〕58 号):a. 社会资本举办的非营利性医疗机构按国家规定享受税收优惠政策,用电、用水、用气、用热与公立医疗机构同价,提供的医疗服务和药品要执行政府规定的相关价格政策。b. 社会资本举办的营利性医疗机构转换为非营利性医疗机构,可提出申请并依法办理变更手续。变更后,按规定分别执行国家有关价格和税收政策。

续表

序号	区别事项	非营利性医院	营利性医院
		2)增值税:非营利性医院自产自销的制剂免收增值税; 3)其他税:自登记之日起对自用房产、土地、车船免征营业税、城镇土地使用税和车船使用税。[1]	2)增值税:自产自销的制剂三年内免收增值税; 3)其他税:自登记之日起三年内对自用房产、土地、车船免征营业税、城镇土地使用税和车船使用税。
4	土地、服务定价及采购	1)划拨用地:非营利性医疗机构卫生设施用地可使用划拨土地;[2] 2)服务定价:对政府或企事业单位举办的公立非营利性医院,服务定价实行政府指导价;对民办非企业性质的非营利性医疗机构,服务定价实行市场调节价; 3)供应链采购:对非营利性医院,特别是对公立的非营利性医院,必须全部参加药品和医疗器械的集中采购;[3] 4)药品价格:未明确区分营利性和非营利性医疗机构的不同药品价格政策,根据《药品管理法》以及《药品管理法实施条例》有关规定执行;[4] 5)行政事业性收费:[5]全额免收。	1)划拨用地:不得使用划拨土地; 2)服务定价:自主定价;[6] 3)供应链采购:不要求必须参与药品和器械的集中采购; 4)药品价格:未明确区分营利性和非营利性医疗机构的不同药品价格政策,参照《药品管理法》以及《药品管理法实施条例》有关规定执行; 5)行政事业性收费:减半收取。

[1] 《关于医疗卫生机构有关税收政策的通知》(财税〔2000〕42 号)。

[2] 《划拨用地目录》第 9 款。

[3] 《进一步规范医疗机构药品集中采购工作的意见》(卫财规发〔2009〕7 号)第 1 条,《关于进一步加强医疗器械集中采购管理的通知》(卫规财发〔2007〕208 号)第 2 条第 1 款。

[4] 根据《药品管理法》第 8 章以及《药品管理法实施条例》第 7 章,政府价格主管部门依照《价格法》第 28 条的规定实行药品价格监测时,为掌握、分析药品价格变动和趋势,可以指定部分药品生产企业、药品经营企业和医疗机构作为价格监测定点单位;定点单位应当给予配合、支持,如实提供有关信息资料。

[5] 《关于减免养老和医疗机构行政事业性收费有关问题的通知》(财税〔2014〕77 号)。

[6] 《国务院体改办等部门关于城镇医药卫生体制改革指导意见的通知》(国办发〔2000〕16 号),《关于深化医药卫生体制改革的意见》(中发〔2009〕6 号),《关于印发改革药品和医疗服务价格形成机制的意见的通知》(发改价格〔2009〕2844 号),《关于非公立医疗机构医疗服务实行市场调节价有关问题的通知》(发改价格〔2014〕503 号)。

续表

序号	区别事项	非营利性医院	营利性医院
5	收益分配	1)非营利性医疗机构的收支结余不可用于分红或变相分红; 2)根据各地政府的特别规定,在不同地区,投资者是否可收回合理回报存在差异。	按照《公司法》及医疗机构登记主体性质有关法律法规、公司章程、股东协议等规定,可以进行利润分配。
6	退出时资产处置	1)非营利性医院法人实体注销时,须按照《医院财务制度》的规定进行清算,剩余资产经主管部门和财政部门核准后并入接收单位或上交主管部门,举办人/出资人不能全部取回; 2)如注销后的剩余财产未用于公益性或者非营利性目的,且未由登记管理机关转赠给与该组织性质、宗旨相同的组织,并向社会公告的,主管税务机关应追缴其应纳企业所得税款;〔1〕 3)在非营利性医院清算时,就医院原社会公益性资产,在清算后,须捐赠给其他社会办的非营利性医疗机构或政府认可的慈善基金或机构; 4)一般来说,作为非营利性医院在过往的经营中,大部分都取得了国家税务部门的认定并取得免税资格,若经查处,在医院非营利性转为营利性的过程中,非营利组织在注销时,如注销后的剩余财产未用于公益性或者非营利性目的,且未由登记管理机关转赠给与该组织性质、宗旨相同的组织,并向社会公告的,主管税务机关应追缴其应纳企业所得税款。	按照《公司法》及医疗机构登记主体性质有关法律法规、公司章程、股东协议等规定进行清算,出资人可依法分配清算后剩余财产。

〔1〕《关于非营利组织免税资格认定管理有关问题的通知》(财税〔2018〕13号)第1条第5项。

续表

序号	区别事项	非营利性医院	营利性医院
7	财务会计制度	1)《医院财务制度》《政府会计制度——行政事业单位会计科目和报表》;[1] 2)《民间非营利组织会计制度》。	企业财务会计准则。
8	财政补助	政府举办的非营利性医院享受同级政府给予的财政补助。[2]	不享受政府财政补助。
9	医保定点政策	与营利性医院享有同等政策。	与非营利性医院享有同等政策。

三、医院发展现状

以下以图表的方式,按医院登记注册类型、管理类型、公立和民营医院诊疗人数、主办单位等维度,说明我国医院在2008年至2019年9月的发展变化情况:

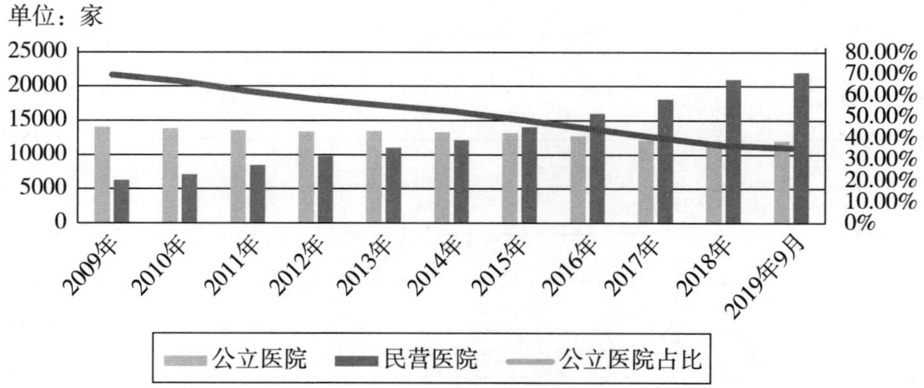

图1.8　2009年至2019年医院数量动态图(按登记注册类型划分)

(数据源自卫健委统计信息中心)

[1]《政府会计制度——行政事业单位会计科目和报表》于2019年1月1日起实施,原《医院会计制度》不再执行。

[2]《关于城镇医疗机构分类管理的实施意见》第1条第3款。

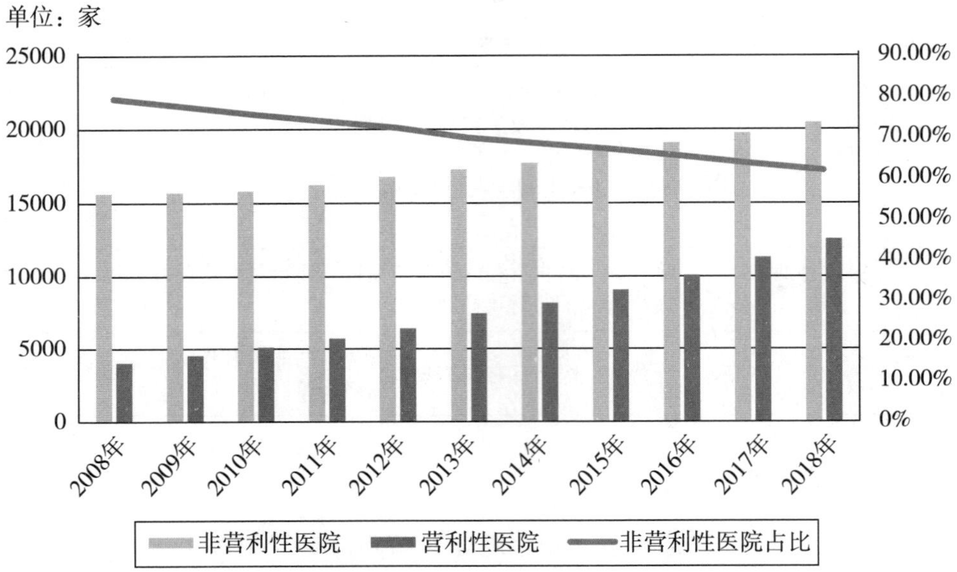

图 1.9　2008 年至 2018 年医院数量动态图（按管理类型划分）

（数据源自卫健委统计信息中心）

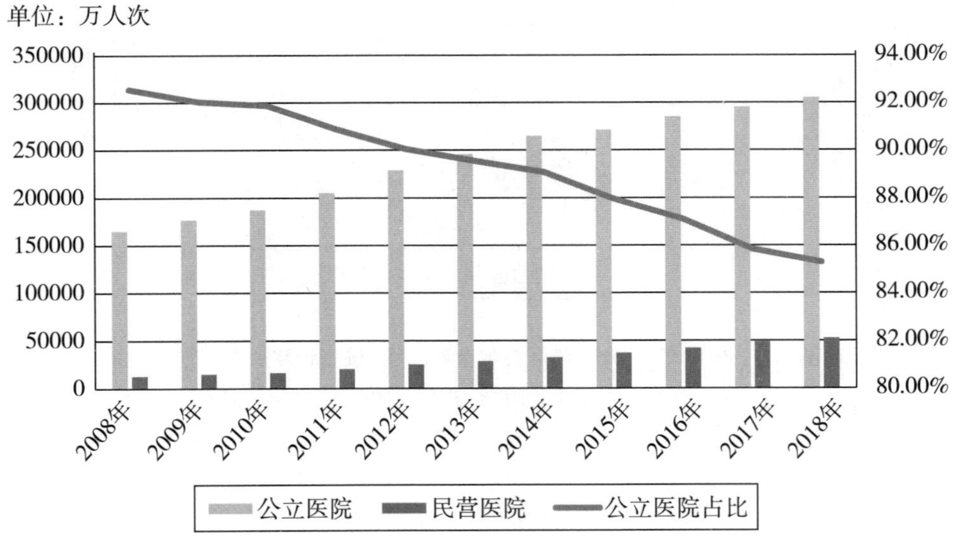

图 1.10　2008 年至 2018 年公立和民营医院诊疗人数对比图（按诊疗人数划分）

（数据源自卫健委统计信息中心）

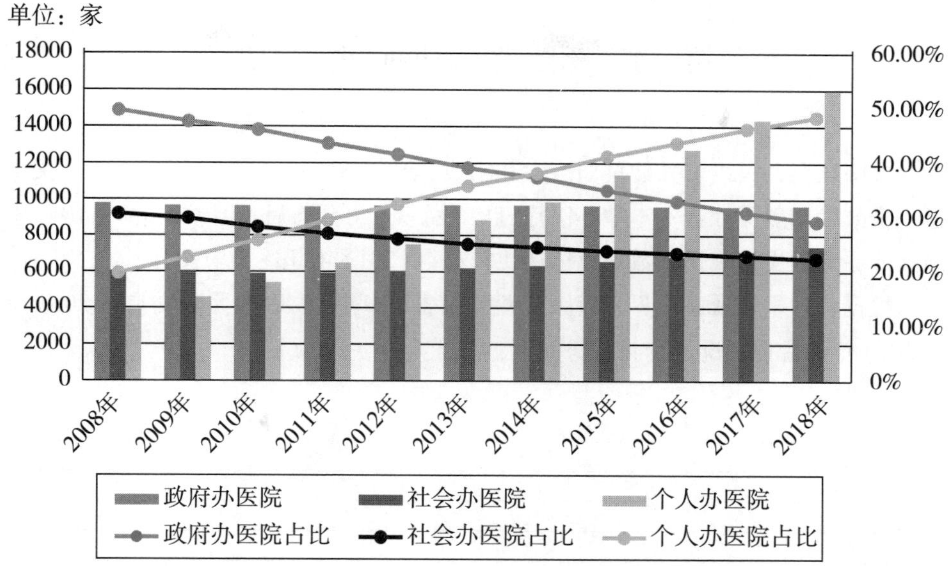

图 1.11　2008 年至 2018 年医院数量动态图(按主办单位划分)

(数据源自卫健委统计信息中心)

如图 1.8 至图 1.11 所示,2009 年至 2019 年十年间,我国民营医院持续增长,在 2016 年达到爆发式增长。

目前我国公立医院和民营医院在数量上、结构上已经发生了较大变化。截至 2018 年,从医院数量来看,公立医院在医院总数中的占比已从 70% 跌至 40% ,以 2015 年 9 月为分界点,民营医院数量正式超过公立医院。2008 年至 2017 年,营利性医院数量持续增长;但从诊疗人数来看,公立医院并未因数量的减少而减少,相反一直保持持续上升,且占据绝对市场地位。

2008 年至 2017 年,公立医院诊疗人数占比,虽然在缓慢下降,但一直维持在 85% 以上的高位,公立医院在医院服务市场仍占据绝对地位〔1〕。在此期间,政府办医院和社会办医疗机构的数量增长不明显,医院总数的增加,主要来源于个人办医院数量的大幅增长。由于个人投资者资金实力薄弱,新办医院评级偏低,因此,民营医院呈现“小而散”“多而不强”的特点,在二级与三级医院中,民营医院的数量远不及公立医院。这种状况也顺应了“分级诊疗”的政策要求。

〔1〕 受新冠疫情影响,公立医院诊疗人数有所下降,但根据国家卫生健康委发布的《2020 年我国卫生健康事业发展统计公报》,2020 年公立医疗诊疗人次占医院总数的比例仍达 84% 。

第二节　医院投资并购回顾与展望

我国社会办医投资并购早期探索和实践,始于2009年新医改政策,[1]即《关于进一步鼓励和引导社会资本举办医疗机构的意见》出台前后,2010年至2013年,中国医院并购的交易规模和数量总体还比较小,自2013年起逐步增长。

根据普华永道及医学界智库医院并购报告,中国境内医院并购交易自2012年至2018年的总体情况及变化趋势如下:

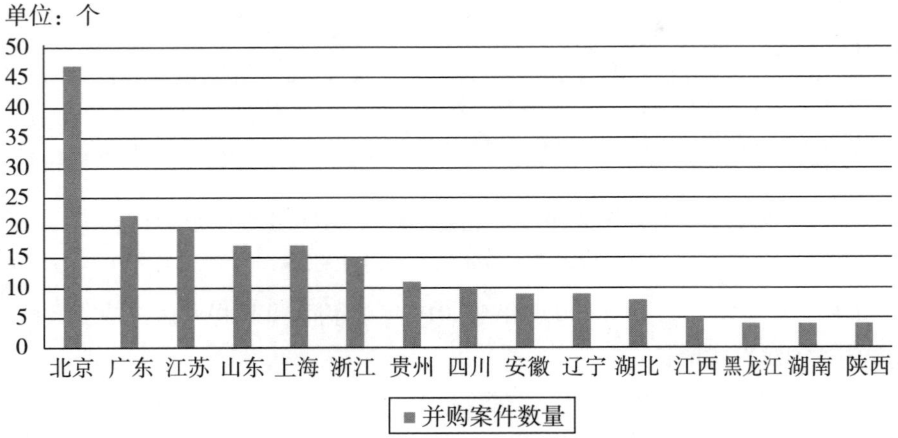

图1.12　2012~2016年并购医院地域分布图

如图1.12显示,2012~2016年医院并购比较多集中在北京、广东、江苏等医改试点先行地区。

---

〔1〕 新医改政策指2009年3月中共中央、国务院发布的《关于深化医药卫生体制改革的意见》。

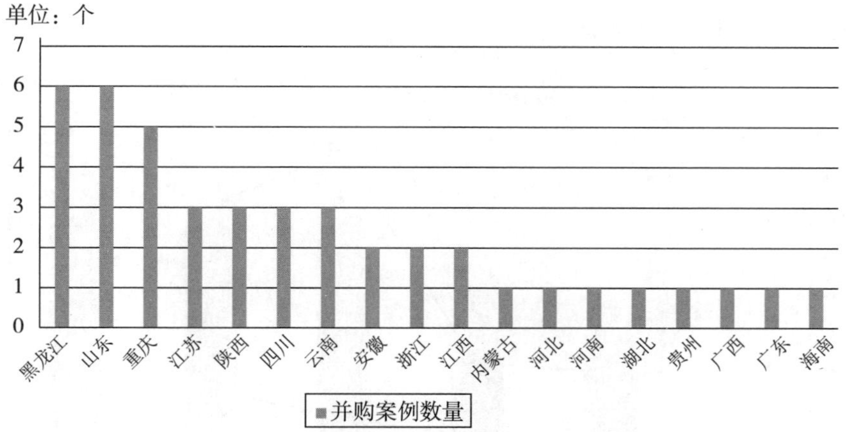

图 1.13 2018 年并购医院地域分布图

如图 1.13 显示，在 2018 年，医院并购多发区域已经发生改变，更多发生在中西部内陆地区及老重工业区。

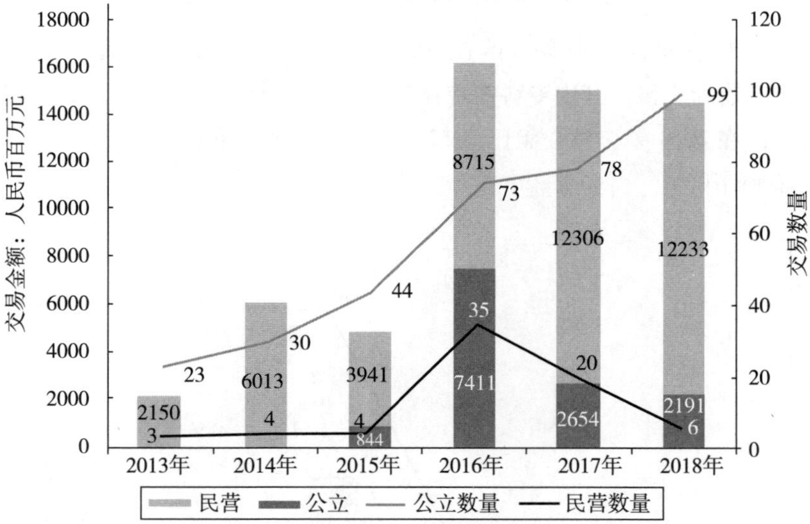

图 1.14 2013～2018 年被投资医院体制情况图〔1〕

如图 1.14 显示，2013 年至 2014 年，并购医院多为民营医院；自 2015 年起，公立医院成为医院并购对象；2016 年，医院并购规模和数量达到高峰，其中国有企业医院并购项目在 2016 年呈现大幅增长；〔2〕2017 年与 2018 年保持稳定态势，2018 年

〔1〕 数据来源于普华永道《中国境内医院并购活动回顾及展望 · 2013－2018》。

〔2〕 2016 年 3 月，国务院《关于印发加快剥离国有企业办社会职能和解决历史遗留问题工作方案的通知》要求企业医院在 2018 年年底前完成剥离。

已披露的交易金额达 144 亿元。

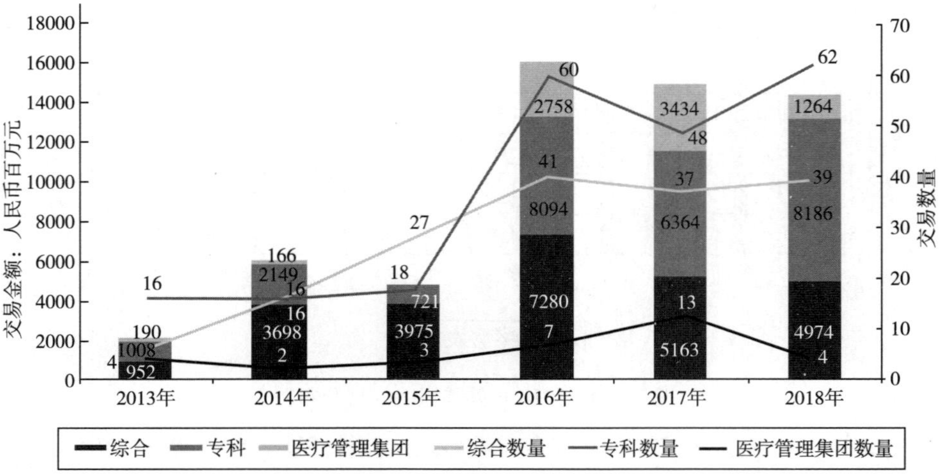

图 1.15　2013 ~ 2018 年被投资医院类型图

如图 1.15 显示，境内医院并购在 2016 年出现大幅度增长后，随后两年已经披露交易金额有所下滑。其中专科医院在 2016 ~ 2018 年为投资热点，综合医院和医疗管理集团在 2018 年交易金额比 2017 年均有所下降，医疗管理集团交易数量在 2018 年有所下降。

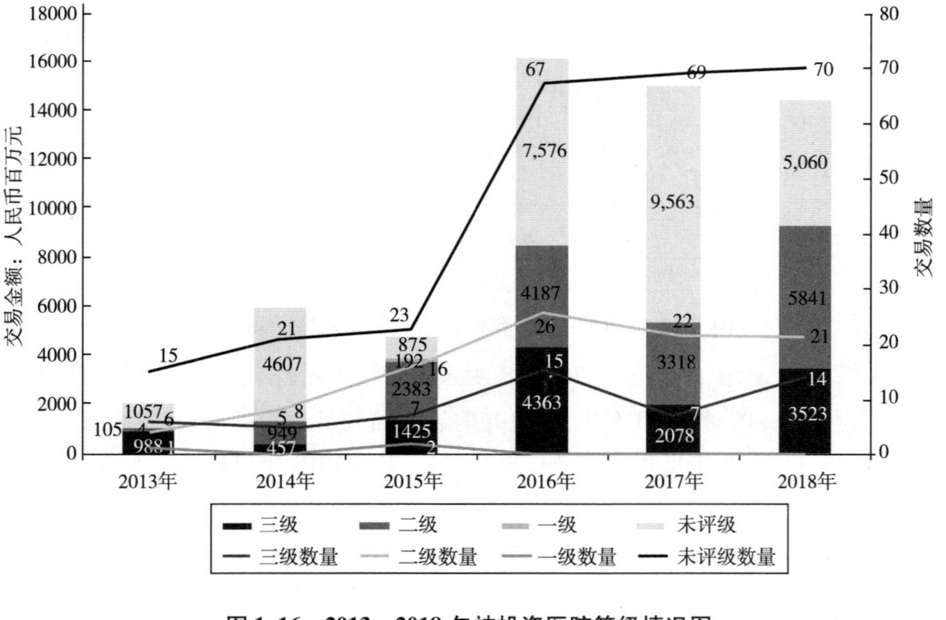

图 1.16　2013 ~ 2018 年被投资医院等级情况图

图 1.16 中，未评级医院主要为专科、医疗管理集团、民营综合医院及规模较小的公立综合医院，由于医疗管理集团及民营综合医院 2018 年交易规模下降，未评级医院已披露的交易金额比上年减少约 47%；二级专科医院及三级地方中心医院在 2018 年被市场看好，其披露的交易规模在 2018 年有所上升。

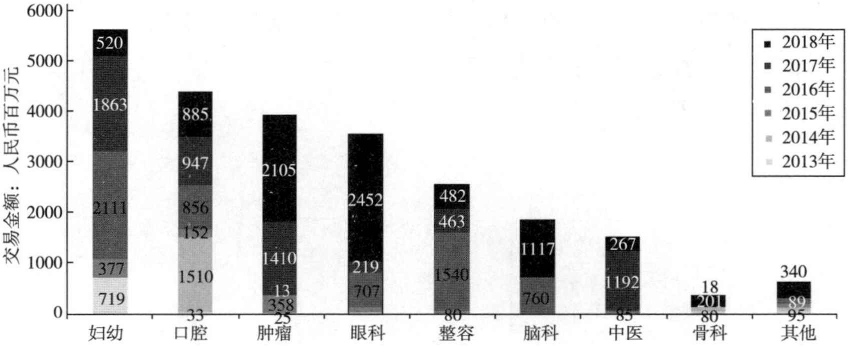

图 1.17　2013～2018 年被投资专科医院行业分类的交易规模图

图 1.17 专科医院中，截至 2018 年，妇幼类专科医院累计交易金额仍然为各专科最高。

由于妇幼专科的投资饱和，而眼科、肿瘤及脑科等专科技术壁垒较高，且产业链价值也高，因此，受到综合型上市公司及医疗管理集团的追捧，导致在 2018 年跃居前三大已披露交易额的被投资专科行列；而妇幼、口腔及整容专科由于技术壁垒低，竞争激烈，其投资金额显著下降。

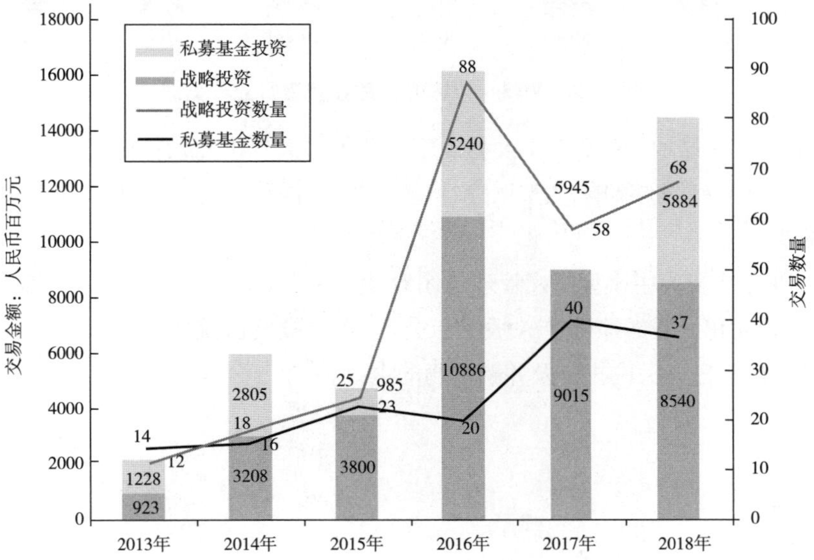

图 1.18　2013～2018 年投资者类型图

不同类型的投资者有着不同的投资诉求。

例如,财务投资者以医院盈利能力和资本回报为驱动,伴随国家政策对社会资本进入医疗领域的支持,私募基金看好医院的业务扩张和盈利能力,其对医院并购交易仍保持极大的热情,如图1.18所示,2018年已披露的交易金额保持在59亿元。

又如,战略投资者主要以整合医院资源及利益链条和追求协同效应为驱动,期望掌握和更多参与医院管理,其主要为医疗管理集团及综合型上市公司,如图1.18显示,2018年已披露交易金额比上年有所下降,减少约5%。

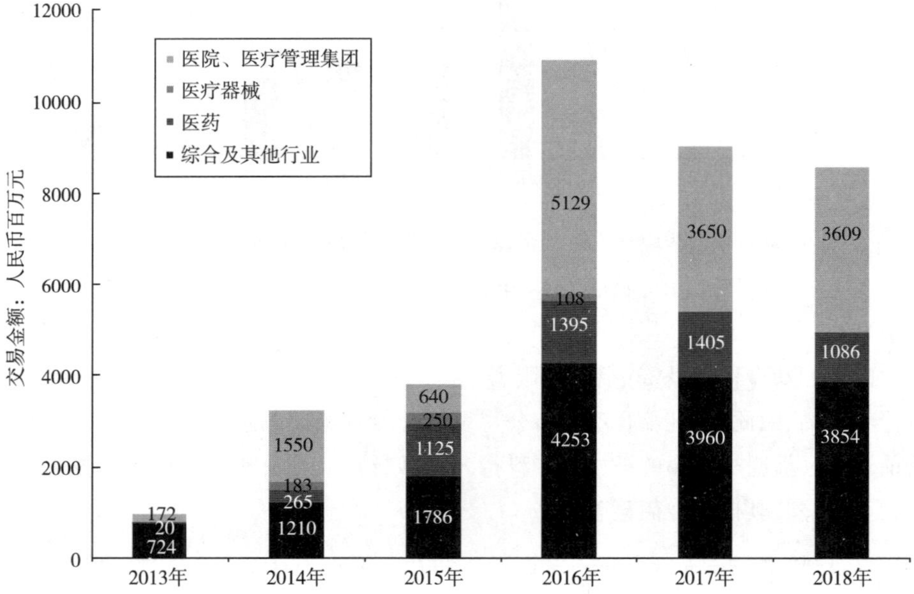

图1.19　2013~2018年战略投资者行业分类图

如图1.19显示,继2016年大型医疗管理集团大规模并购扩张之后,由于受融资环境和资本市场的影响,大型医疗管理集团投资医院的情况在2017年及2018年有所减少。

2018年主要为中小型医疗管理集团对境内医院的投资,其投资金额较上年保持稳定;多元化发展的综合型A股上市公司,仍是投资医院的主力;制药集团在近年来持续成为民营医院投资及并购市场的主力。

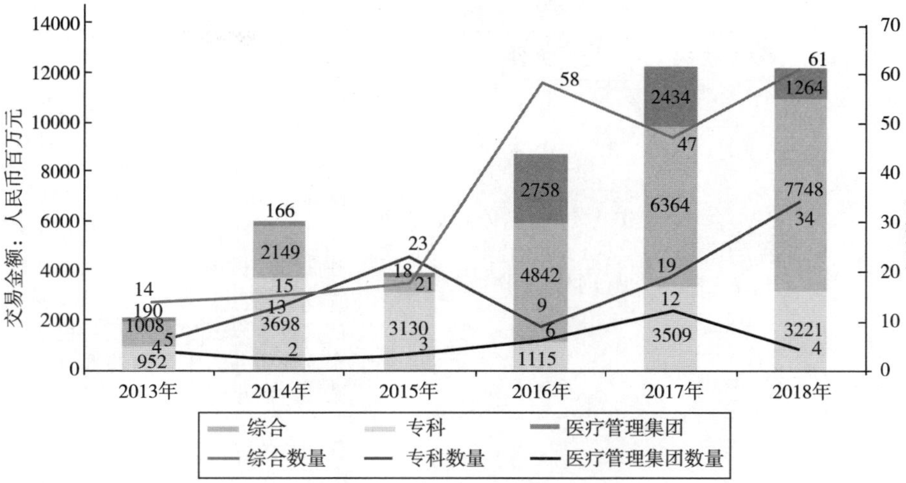

图 1.20 2013~2018 年投资并购的民营医院类型图

如图 1.20 显示，民营专科医院由于营利性强且项目可复制，在 2018 年仍然为投资热点，并且超过 1 亿元的大型并购交易明显增加，已披露的交易金额达 77 亿元。综合医院在 2017 年及 2018 年受到上市公司的青睐，交易金额达到 32 亿~35 亿元；医疗管理集团整合难度大，难以做出特色，难以复制，其交易金额数量比 2017 年显著减少。

2016 年 10 月，中共中央、国务院发布《"健康中国 2030"规划纲要》，其中中国健康服务产业规模，预计于 2030 年达到 16 万亿元。

根据普华永道 2013 年至 2021 年上半年中国大健康产业并购活动总体趋势研究，中国大健康市场规模已达到 13 万亿元，且在过去 8 年中高速发展，市场规模年复合增长率高达 13%，目前已经跃居为全球第二大市场。

第三节 社会办医政策演变

自 2009 年新医改以来，我国出台了一系列鼓励、推进、引导及规范社会办医的政策。

相关政策梳理如表 1.2 所示：

表 1.2　社会办医政策汇总(2009 年以来)

发布时间	发文机构	文件名称	相关政策
2009/03/17	国务院	中共中央、国务院关于深化医药卫生体制改革的意见(简称《新医改方案》)	鼓励和引导社会资本发展医疗卫生事业。积极促进非公立医疗卫生机构发展。规范社会资本包括境外资本办医疗机构的准入条件。鼓励社会资本依法兴办非营利性医疗机构。国家制定公立医院改制的指导性意见,积极引导社会资本以多种方式参与包括国有企业所办医院在内的部分公立医院改制重组。
2010/11/26	发改委、卫生部、财政部、商务部、人社部(由国务院转发)	关于进一步鼓励和引导社会资本举办医疗机构的意见(简称《58 号文》)	(1)放宽社会资本举办医疗机构的准入范围。鼓励社会资本举办非营利性医疗机构,支持举办营利性医疗机构。鼓励社会资本参与公立医院改制。引导社会资本以多种方式参与包括国有企业所办医院在内的公立医院改制。允许境外资本举办医疗机构。鼓励境外资本在我国中西部地区举办医疗机构。(2)从税收和价格、医保定点范围、用人环境、外部学术环境、大型医用设备配置、土地政策等诸多方面,进一步改善社会办医执业环境。
2010/10/22	卫生部、商务部	台湾服务提供者在大陆设立独资医院管理暂行办法(简称《卫医政发〔2010〕110 号文》)	台湾服务提供者在大陆设立台资独资医院,可自主选择经营性质为营利性或非营利性。卫生部和商务部在各自的职责范围内负责台资独资医院管理工作。
2012/10/22	卫生部、商务部	关于香港和澳门服务提供者在内地设立医疗机构有关问题的通知(简称《卫医政发〔2012〕72 号文》)	允许香港和澳门服务提供者在内地以独资形式或与内地的医疗机构、公司、企业和其他经济组织以合资或合作形式设置医疗机构,并明确前述医疗机构设置审批机关为省级卫生行政部门。

续表

发布时间	发文机构	文件名称	相关政策
2012/03/14	国务院	“十二五”期间深化医药卫生体制改革规划暨实施方案（简称《国发〔2012〕11号文》或《11号文》）	全面推进县级公立医院改革、拓展深化城市公立医院改革。公立医院资源丰富的城市，可引导社会资本以多种方式参与包括国有企业所办医院在内的部分公立医院改制重组。社会资本以合资合作方式参与公立医院改制的，不得改变非营利性性质。 鼓励有实力的企业、慈善机构、基金会、商业保险机构等社会力量以及境外投资者举办医疗机构。对各类社会资本举办非营利性医疗机构给予优先支持。
2013/09/28	国务院	关于促进健康服务业发展的若干意见（简称《国发〔2013〕40号文》）	进一步放宽中外合资、合作办医条件，逐步扩大具备条件的境外资本设立独资医疗机构试点。加快落实非公立和公立医疗机构同等待遇的政策。鼓励地方在社会办医方面先行先试。
2013/12/30	卫计委、国家中医药管理局	关于加快发展社会办医的若干意见（简称《国卫体改发〔2013〕54号文》）	进一步放宽境外资本在内地设立独资医院的范围，将香港、澳门和台湾服务提供者在内地设立独资医院的地域范围扩大到全国地级以上城市；其他具备条件的境外资本可在中国（上海）自由贸易试验区等特定区域设立独资医疗机构。合理设定中外合资、合作医疗机构外资股权比例要求，省级卫生计生部门负责独资医院审批。
2014/05/13	国务院	深化医药卫生体制改革2014年重点工作任务	（1）加快推动公立医院改革。重点解决公立医院规划布局不合理、公益性不强、管理制度不健全、就医秩序不规范以及综合改革不配套等问题。把县级公立医院综合改革作为公立医院改革的重中之重，启动实施第二批县级公立医院综合改革试点。扩大城市公立医院综合改革试点。（2）积极推动社会办医。重点解决社会办医在准入、人才、土地、投融资、

续表

发布时间	发文机构	文件名称	相关政策
			服务能力等方面政策落实不到位和支持不足的问题。
2014/11/16	国务院	关于创新重点领域投融资机制鼓励社会投资的指导意见	(1)加快社会事业公立机构分类改革。积极推进医疗事业单位改制,鼓励社会资本参与公立机构改革。(2)鼓励社会资本加大社会事业投资力度。通过独资、合资、合作、联营、租赁等途径,采取特许经营、公建民营、民办公助等方式,鼓励社会资本参与教育、医疗、养老等设施建设。(3)完善落实非营利性医疗、养老机构税收优惠政策。对非营利性医疗、养老机构建设一律免征有关行政事业性收费,对营利性医疗、养老机构建设一律减半征收有关行政事业性收费。(4)民办医疗机构用电、用水、用气、用热,执行与公办医疗机构相同的价格政策。养老机构用电、用水、用气、用热,按居民生活类价格执行。
2015/02/03	民政部、发改委、教育部、财政部等十部委	关于鼓励民间资本参与养老服务业发展的实施意见(简称《民发33号文》)	(1)鼓励民间资本参与居家和社会养老服务。(2)鼓励民间资本参与养老机构养老服务,支持民间资本采取股份制、股份合作制、PPP等模式建设或发展养老机构。(3)对民办养老机构提供的育养服务免征营业税。养老机构在资产重组过程中涉及的不动产、土地使用权转让,不征收增值税和营业税。对符合条件的民办非营利性养老机构取得的收入,按规定免征企业所得税。对民办非营利性养老机构自用的房产、土地免征房产税、城镇土地使用税。

续表

发布时间	发文机构	文件名称	相关政策
2015/05/06	国务院	关于城市公立医院综合改革试点的指导意见(简称《国办发〔2015〕38 号文》或《38 号文》)	推进社会力量参与公立医院改革。鼓励采取迁建、整合、转型等多种途径将部分城市二级医院改造为社区卫生服务机构、专科医院、老年护理和康复等机构。鼓励社会力量以出资新建、参与改制等多种形式投资医疗,优先支持举办非营利性医疗机构。
2015/06/11	国务院	关于促进社会办医加快发展的若干政策措施(简称《国办发〔2015〕45 号文》或《45 号文》)	在医疗机构设立审批方面,遵循“非禁即入”的原则。在符合规划总量和结构前提下,取消对社会办医的具体数量和地点限制。控制公立医院的规模,规范公立医院改制。总结地方实践经验,引导和规范公立医院改制。
2015/12/02	人社部	关于完善基本医疗保险定点医药机构协议管理的指导意见	取消“基本医疗保险定点零售药店资格审查”和“基本医疗保险定点机构资格审查”,改为直接由医保经办机构在定点医药机构签订服务协议。社会办医疗机构在符合标准的前提下有更大机会取得基本医疗保险覆盖。
2016/03/07	国务院	国务院关于印发加快剥离国有企业办社会职能和解决历史遗留问题工作方案的通知(简称《国发〔2016〕19 号文》)	剥离国有企业办医疗服务机构。对国有企业办医疗机构实行分类处理,采取移交、撤并、改制或专业化管理、政府购买服务等方式进行剥离。2016 年出台剥离国有企业办医疗的政策措施,2018 年底前完成企业办医疗的移交改制或集中管理工作。
2016/07/21	卫计委	医疗机构设置规划指导原则(2016~2020 年)	鼓励社会办医。加快推进社会办医成规模、上水平发展,将社会办医纳入相关规划,按照一定比例为社会办医预留床位和大型设备等资源配置空间。优先设置审批社会力量举办的非营利性、资源稀缺的专科医疗机构。鼓励具有中高级职称的执业医师举办私人诊所,探索成立医师工作室(站)。

续表

发布时间	发文机构	文件名称	相关政策
			推进医疗卫生和养老服务相结合。
2016/12/07	国务院	关于全面放开养老服务市场提升养老服务质量的若干意见	深化改革,放开市场。进一步降低准入门槛,营造公平竞争环境,积极引导社会资本进入养老服务业,推动公办养老机构改革,充分激发各类市场主体活力。 加快公办养老机构改革。各地要因地制宜设置改革过渡期,加快推进具备向社会提供养老服务条件的公办养老机构转制成为企业或开展公建民营,到 2020 年政府运营的养老床位数占当地养老床位总数的比例应不超过 50%。鼓励社会力量通过独资、合资、合作、联营、参股、租赁等方式,参与公办养老机构改革。完善公建民营养老机构管理办法,政府投资建设和购置的养老设施、新建居民区按规定配建并移交给民政部门的养老设施、国有单位培训疗养机构等改建的养老设施,均可实施公建民营。改革公办养老机构运营方式,鼓励实行服务外包。
2016/12/27	国务院	“十三五”深化医药卫生体制改革规划	推进军队医院参与地方公立医院综合改革。规范公立医院改制,推进国有企业所属医院分离移交和改制试点。
2017/02/28	国务院	“十三五”国家老龄事业发展和养老体系建设规划	支持养老机构按规定开办康复医院、护理院、临终关怀机构等。鼓励执业医师到养老机构设置的医疗机构多点执业。对养老机构设置的医疗机构,符合条件的按规定纳入基本医疗保险定点范围。

续表

发布时间	发文机构	文件名称	相关政策
2017/05/16	国务院	关于支持社会力量提供多层次多样化医疗服务的意见(简称《国办44号文》)	2020年,社会力量办医能力明显增强,医疗技术、服务品质、品牌美誉度显著提高,专业人才、健康保险、医药技术等支撑进一步夯实,行业发展环境全面优化。打造一大批有较强服务竞争力的社会办医疗机构,形成若干具有影响力的特色健康服务产业集聚区,服务供给基本满足国内需求,逐步形成多层次多样化医疗服务新格局。
2017/07/28	国资委、中央编办、教育部、财政部、人社部、卫计委	关于国有企业办教育医疗机构深化改革的指导意见	再次重申撤销国有企业办医职能的时间表,要在2018年底之前完成所有国有企业医院的剥离,对于运营困难、缺乏竞争优势的医疗机构,予以关闭或者撤销,对于一些优良的国企医院,通过并购等形式把公立医院出让给社会资本。
2017/08/08	卫计委	关于深化"放管服"改革激发医疗领域投资活力的通知	在已有医学影像诊断中心、病理诊断中心、血液透析中心、医学检验实验室、安宁疗护中心等五类独立设置机构基本标准及管理规范的基础上,再制定独立设置的康复医疗中心、护理中心、消毒供应中心、健康体检中心等机构的基本标准及管理规范,拓展社会投资领域。
2017/11/02	卫计委	关于印发"十三五"健康老龄化规划重点任务分工的通知	大力发展医养结合服务。鼓励社会力量以多种形式开展医养结合服务。
2018/06/15	卫健委、国家中医药管理局	关于进一步改革完善医疗机构、医师审批工作的通知	深化"放管服"改革,二级以下医疗机构设置审批与执业登记"两证合一"。

续表

发布时间	发文机构	文件名称	相关政策
2018/11/09	卫健委、国家中医药管理局	关于优化医疗机构和医护人员准入服务的通知	明确申请医疗机构执业登记，不再提交验资证明。医疗机构执业登记时限由45日压缩至30日。未来，将逐步实现营利性医疗机构床位数由投资主体自主决定。
2019/06/10	卫健委、发改委、科技部等十部门	关于促进社会办医持续健康规范发展的意见（简称《国卫医发〔2019〕42号文》或《42号文》）	以深化“放管服”改革为主线，从加大政府支持力度、简化审批服务等六个方面入手，提出促进社会办医的22项政策措施。其中就公立医疗机构与社会办医分工协作部分，明确规定：倡导开展各类医疗机构广泛协作、联动、支持模式试点；引导和规范社会力量通过多种形式参与公立医院改制重组。
2019/08/28	发改委、教育部、科技部等	促进健康产业高质量发展行动纲要（2019～2022年）	(i)支持优质社会办医扩容。支持符合条件的高水平民营医院跨区域办医，向基层延伸，实现品牌化、集团化发展。进一步发挥社会办医机制灵活、贴近群众的优势，支持社会力量举办全科医疗、专科医疗、中医药、第三方医技服务、康复、护理、安宁疗护等机构，与公立医院协同发展。开展诊所改革试点，简化诊所准入程序，完善诊所基本标准，试点诊所备案管理，鼓励医师全职或兼职举办诊所。(ii)支持社会健康服务人才职业发展。统筹考虑社会对健康服务的人才需求，增加医学类科研项目、高层次培训等名额对社会办健康服务机构的投放力度。社会办医疗机构专业技术人员与公立医疗机构专业技术人员一样同等参与职称评审。面向社会组建的卫生系列高级职称评审委员会和医疗机构评审委员会中要纳入社会办医行业组织和社会办医疗机构人员，并占有一定比例。

续表

发布时间	发文机构	文件名称	相关政策
2019/09/05	卫健委、中医药管理局	关于提升社会办医疗机构管理能力和医疗质量安全水平的通知	各级各类社会办医疗机构要严格按照核准登记或备案的执业地址和诊疗科目开展诊疗活动,使用规范的诊疗服务项目名称。严格按照国家有关要求配备相关岗位人员,所有从事医疗卫生技术工作的专业人员必须具备相应能力,并依法取得相关执业资格,按规定及时办理注册、执业变更、多点执业等手续。通过定期开展依法执业自查,切实落实依法执业主体责任。不得出租承包科室、出租出借《医疗机构执业许可证》和《中医诊所备案证》,不得出租出借医师执业证书,不得开展禁止类医疗技术,不得超出技术能力开展限制类医疗技术。
2019/10/23	卫健委、民政部、发改委等十二部门	关于深入推进医养结合发展的若干意见	鼓励社会力量举办医养结合机构。政府对社会办医养结合机构区域总量不作规划限制。按照“非禁即入”原则,不得设置并全面清理取消没有法律法规依据和不合理的前置审批事项,没有法律法规依据不得限制社会办医养结合机构的经营性质。落实各项税费优惠政策,经认定为非营利组织的社会办医养结合机构,对其符合条件的非营利性收入免征企业所得税,对其自用的房产、土地,按规定享受房产税、城镇土地使用税优惠政策。支持符合条件的社会办医养结合机构承接当地公共卫生、基本医疗和基本养老等服务。鼓励社会办医养结合机构中的养老机构以股权融资、项目融资等方式筹集开办资金和发展资金。

续表

发布时间	发文机构	文件名称	相关政策
2019/12/05	卫健委、中医药管理局	关于加强老年护理服务工作的通知	支持和引导社会力量举办规模化、连锁化的护理站、护理中心、康复医疗中心、安宁疗护中心等，增加辖区内提供老年护理服务的医疗机构数量。 医疗机构应当加强对本机构内医疗护理员的培训，有条件的公立医疗机构、相关学协会、职业培训机构等可以为社会力量举办的医疗机构、基层医疗卫生机构以及医养结合机构等提供医疗护理员培训技术支持。
2019/12/28	人大常委会	《基本医疗卫生与健康促进法》	(i)政府举办的医疗卫生机构应当坚持公益性质，所有收支均纳入预算管理，按照医疗卫生服务体系规划合理设置并控制规模。(ii)国家鼓励政府举办的医疗卫生机构与社会力量合作举办非营利性医疗卫生机构。政府举办的医疗卫生机构不得与其他组织投资设立非独立法人资格的医疗卫生机构，不得与社会资本合作举办营利性医疗卫生机构。(iii)国家采取多种措施，鼓励和引导社会力量依法举办医疗卫生机构，支持和规范社会力量举办的医疗卫生机构与政府举办的医疗卫生机构开展多种类型的医疗业务、学科建设、人才培养等合作。社会力量举办的医疗卫生机构在基本医疗保险定点、重点专科建设、科研教学、等级评审、特定医疗技术准入、医疗卫生人员职称评定等方面享有与政府举办的医疗卫生机构同等的权利。社会力量可以选择设立非营利性或营利性医疗卫生机构。社会力量举办的非营利性医疗卫生机构按照规定享受与政府举办的医疗卫生机构同等的税收、财政补助、用地、用水、用电、用气、用热等政策，并依法接受监督管理。

续表

发布时间	发文机构	文件名称	相关政策
2021/03/12	全国人大	中华人民共和国国民经济和社会发展第十四个五年规划和 2035 年远景目标纲要	坚持基本医疗卫生事业公益属性,以提高医疗质量和效率为导向,以公立医疗机构为主体、非公立医疗机构为补充,扩大医疗服务资源供给。加强公立医院建设,加快建立现代医院管理制度,深入推进治理结构、人事薪酬、编制管理和绩效考核改革。支持社会办医,鼓励有经验的执业医师开办诊所。
2021/06/08	卫健委、发改委、教育部、民政部、财政部、医保局、中医药管理局、残联	关于加快推进康复医疗工作发展的意见(国卫医发〔2021〕19 号)	推动医疗资源丰富地区的部分一级、二级医院转型为康复医院。支持和引导社会力量举办规模化、连锁化的康复医疗中心,增加辖区内提供康复医疗服务的医疗机构数量。鼓励有条件的基层医疗机构根据需要设置和增加提供康复医疗服务的床位。 鼓励各地将增加康复医疗服务资源供给纳入"十四五"卫生健康服务体系建设,重点支持地市级康复医院、县级综合医院康复医学科建设。要科学统筹区域内公立医疗机构和社会办医资源,合理增加康复医院数量。
2021/08/20	全国人大常委会	《医师法》	医师在两个以上医疗卫生机构定期执业的,应当以一个医疗卫生机构为主,并按照国家有关规定办理相关手续。国家鼓励医师定期定点到县级以下医疗卫生机构,提供医疗卫生服务利。
2022/01/12	国家卫健委	医疗机构设置规划指导原则(2021～2025 年)	鼓励社会办医。拓展社会办医空间,社会办医区域总量和空间不作规划限制。鼓励社会力量在康复、护理等短缺专科领域举办非营利性医疗机构和医学检验室实验室、病理诊断中心、医学影像诊断中心、血液透析中心、康复医疗中心等独立设置医疗机构。探索社会办医和公立医院开展多种形式的协作。

从表1.2可以看出，过去十余年，国家对社会办医在政策上总体持续鼓励。从相关政策出台的频率、数量来看，近十余年毫无疑问为社会办医政策及立法高峰期。《卫健法》的生效实施，是我国卫生与健康立法领域的里程碑。

回顾上述社会办医政策轨迹，笔者认为，我国社会办医政策，在过去十余年经历了一个探索期、高峰期及调整规范期。

2009年至2013年，属于探索期，从新医改方案释放出鼓励社会资本办医的积极信号，到《58号文》以及港澳台地区及外资投资医疗机构领域的相关政策出台，这一阶段的社会办医政策，还属于先行先试、摸索经验阶段，鼓励政策比较偏重或限于市场准入、区域性试点。

2014年至2017年，进入高峰期，社会办医准入更加放开，相关鼓励政策更加具体、深入、务实，相关政策在社会资本参与公立医院改革、投资方式和领域，社会办医机构在人才、土地、投融资、医保定点资格等方面均作出了更为明确、具体、向好的规定。

2017年年底至今，进入调整规范期，经过2016年社会办医的高峰期，随着社会办医程度的加深和市场竞争的日益加剧，医改进入深水区，国家也在对社会办医的有关政策进行调整，对社会力量举办医疗机构，继续持鼓励政策；但是，对政府医院与社会力量合作办医，则持收紧政策。同时，由于国际环境的复杂性和不确定性，国家收紧了外资办医准入政策，并强化政府医院的公益性质、保基本职能，规范政府医院与社会力量合作办医。以《卫健法》为例，《卫健法》在继续重申"鼓励社会力量举办的医疗卫生机构提供基本医疗服务"的同时，对政府医院与社会资本合作进行了严格限制和监管，明确规定："政府举办的医疗卫生机构不得与其他组织投资设立非独立法人资格的医疗卫生机构，不得与社会资本合作举办营利性医疗卫生机构。"《卫健法》明确定位医疗卫生服务体系以非营利性医疗机构为主体、营利性医疗机构为补充，将公立医院的责任严格限定在"基本医疗"范围内，将差异化医疗市场留给社会资本。特别是，近期国家卫生健康委发布的《医疗机构设置规划指导原则(2021～2025年)》重申公立医院与营利性医疗机构的定位和职能，鼓励社会资本在短缺专科领域举办非营利性医疗机构和医学检验室实验室、病理诊断中心、医学影像诊断中心、血液透析中心等独立设置医疗机构。对于社会资本与政府医院的合作，则调整为"探索社会办医和公立医院开展多种形式的协作"。

第四节　《卫健法》对社会办医影响

一、高端医疗、医生集团、互联网医院或将迎来发展契机

（1）《卫健法》坚持政府主导，在保基本、强基层、保障政府投入等方面进行法律规范和制度建设，将公立医院的责任严格限定在“基本医疗”范围内，将高端医疗市场留给了社会资本，这将为社会资本提供广阔的发展空间。

《卫健法》明确规定，“推动健康医疗大数据、人工智能等的应用发展”，“应用信息技术开展远程医疗服务，构建线上线下一体化医疗服务模式”。结合 2019 年 11 月发布的《健康保险管理办法》，我们合理预见，前述立法将积极推动和助力社会资本投资高端医疗、互联网医院。

（2）《卫健法》严控医疗机构预算管理与药品采购，公立医院的收入，将绝大部分通过以医保为主体的保险体系来获得，且无论是全民医保还是商业保险体系，核心诉求都是控费。作为差额拨款单位，国内大多数医院的收入，很大一部分来自对外合作和特需诊疗（特殊服务、特殊药品、特殊疗法），医护人员的个人收入同样也是如此。

在此情况下，《卫健法》规定，“国家推进基层医疗卫生机构实行家庭医生签约服务，建立家庭医生服务团队，与居民签订协议”，这将为医生集团的快速发展指明方向，同时依托《卫健法》对于远程医疗、互联网医疗的支持，医生集团有望借助信息技术力量顺势而为、厚积薄发。

由于医疗服务价格体系的综合调整，民营医疗机构的薪酬和环境具有相对优势，进而可能引发医疗人才资源重新配置的变局。医生集团作为新兴代表，亦能收获由此带来的人才红利。

二、社会资本与政府医院的合作将面临重新定位和调整

《卫健法》出台前，国家社会办医政策允许社会力量通过特需经营、公建民营、民办公助等模式，举办非营利性医疗机构，未明令禁止社会资本与公立医疗机构合

作举办营利性机构。[1]

在社会办医实践中,社会资本通过与政府医院合资设立新院区,或通过合作项目设立分院并不鲜见;"一址两院"模式、[2]"IOT"模式也是社会资本比较常用的与政府医院的合作模式,并一度被视为社会资本与政府医院合作的"创新模式"。

《卫健法》"两禁止"规定实施后,社会资本与政府医院采取前述的"一址两院"模式、合资设立新院区,或通过合作项目设立分院模式将可能为《卫健法》所禁止。

特别是,"IOT"模式虽未改变政府医院的非营利性性质,但其该模式以提供"医院管理服务"收取医院管理费的方式,是否符合国家的医改政策和行业发展规律,是否存在被认定为"变相分红"的风险或可能性,有待后续立法进一步明确。

此外,《卫健法》施行前,国家政策及法律并未明确限制社会资本通过将非营利性医疗机构改制为营利性医疗机构的方式投资政府医院。《卫健法》施行后,在坚持政府医院公益性的法律及监管政策导向下,将"保基本"的非营利性政府医院改制为营利性医院,无疑将难以付诸实施。

对于《卫健法》施行前已实施的不符合"两禁止"规定的社会办医项目,《卫健法》是否溯及既往?对于《卫健法》实施后,与《卫健法》不一致的社会办医项目,是否需要规范、处理?这有待后续相关配套政策予以明确。

我国社会办医的实践轨迹,紧跟着社会办医政策及立法而行,并随着政策及立法的波动而波动。

近十年我国出台的社会办医政策及立法,无论是数量、频次还是效力层级,可谓历史新高,这个时期,也是我国社会办医快速发展的黄金十年。受疫情影响,近两年民营医院数量增长放缓,但总体仍呈上升态势。经历新冠疫情的洗礼,从中央到地方,各个行业各个阶层对稳健快速发展医疗健康行业已形成高度共识,"十四五"期间,公众对医疗健康服务及产品的总需求量将继续增加,医改继续深化推进,伴随医疗卫生行业各项促进政策的出台和完善,将促进医疗卫生行业更好发展。

然而,我们也应理性地认识到,虽然过去十年我国社会办医疗机构在数量上呈大幅增长,并已超过政府医院,但从我国目前医疗服务市场现状来看,我国社会办医仍处于初级阶段,社会办医的路还长。

---

[1] 2015年《关于促进社会办医加快发展的若干政策措施》规定,支持社会力量通过特许经营、公建民营、民办公助等模式,举办非营利性医疗机构,未明令禁止社会资本与公立医疗机构合作举办营利性机构。

[2] "一址两院"模式指:政府医院以其部分"存量资产"与社会资本合作,在原政府医院所在地成立营利性医院,出现在同一院区"非营利性医院"与"营利性医院"并存的模式。此模式详细分析见本书第六章第二节。

过去十年,社会办医完成了"量"的转变,未来十年将是社会办医从量变到质变、从粗放到精细、从"拓疆域"到"练内功"的关键时期。[1] 受益于"健康中国"的国家战略和诸多政策红利、居民生活水平的不断提高、消费结构升级、老龄化及城镇化加速,我国医疗健康产业蕴藏无限发展潜力,社会办医历经不断探索和磨砺,终将迎来欣欣向荣、根壮叶茂的阶段。

---

〔1〕 参见 BCG:《制胜下一个十年:中国社会办医的蜕变之道》,载刘谦主编:《中国民营医院发展报告(2019)》,社会科学出版社 2019 年版。

第二章

中国医院并购难点及主要交易模式概述

第一节　医院并购“三难”

根据哈佛商业评论的估计，70% ～90% 的并购交易会失败；[1]合益集团（Hay Group）的报告则显示并购交易失败率超过了 90%；[2]毕马威指出 83% 的并购交易无法创造价值；[3]沃顿商学院认为，实践中，至少半数交易破坏价值。

虽然我们未获知，近年来我国并购交易，尤其是医院并购成功率的权威统计数据，但根据笔者二十余年投资并购生涯，以及近十年医院投资并购实践，医院并购的难度普遍高于其他行业，医院并购“大处好着眼、小处难着手”，存在诸多现实的难处。

众所周知，目前我国政府办医院，基本上为各级政府投入的事业单位法人，其人、财、物均归政府管理和所有；同样，对于国有企业举办的非营利性医院，所有的人、财、物均属于国有企业集团，甚至部分国企医院为事业单位编制，享有地方财政或中央财政的补贴。

国家对前述“国有”非营利性医院，在体制改革、资产、业务运营、人员管理等方面设置了特殊监管要求，由此，社会资本在参与投资、收购或改制政府办医院或国有企业国有资本举办的医院时，面临来自医院、政府及政策层面，诸多复杂的问题，

---

〔1〕 Clayton M. Christensen, et al., “The Big Idea: The New M&A Playbook”.

〔2〕 KPMG, “Unlocking Shareholder Value: The Keys to Success”, and Hay Group, “91% pf Mergers Fail Due to Culture Shock”.

〔3〕 “The Time May be Right for a Merger – But are You Ready”?

以致社会资本在投资、并购、改制重组政府办医院或国企医院时，普遍感觉难度大。

社会资本办医难着地，须从“懂政府（人）、懂医院（事）和懂社会资本（自己）”三方面着手。社会资本办医存在“三难”：一难在政策层面的突破上；二难在医院本身的复杂性上；三难在社会资本办医自身能力不足上。

一、一难：难在政府和政策

在医院并购过程中，政府和政策对医院的并购影响极大。医疗行业作为重监管的行业，医院并购面临的最大难点在于政府和政策之难。

（一）政府之难和政策多变

政府对医院并购的具体影响体现在以下方面：一是“权”，即政府权力部门通过立法或政策，有权引导、调整、明确社会办医投资方向、投资范围、投资标的。二是“利”，主要体现在社会资本投资并购政府医院后，如何处理好政府医院的公益性与社会资本的逐利性之间的矛盾，并在二者之间找到一个合适的平衡点。

1. 政府之难

尽管自 2015 年 9 月以来，社会办医疗机构在数量上超过政府医院，但在过去十年间，政府医院诊疗人数一直维持在 85% 以上的高位，远高于社会办医疗机构，政府医院在医院服务市场仍占据绝对地位，我国最优质的医疗资源目前仍集中在政府医院。

在改革开放前的计划经济时代，政府医院是我国公共服务体系最重要的组成部分，承担提供全面基本医疗服务的职能。

《宪法》第 45 条中明确规定：“中华人民共和国公民在年老、疾病或者丧失劳动能力的情况下，有从国家和社会获得物质帮助的权利。国家发展为公民享受这些权利所需要的社会保险、社会救济和医疗卫生事业。”我国政府在国家的根本法中规定了公民在患病时有从国家获得医疗服务的权利，从而肯定健康权是公民的一项基本权利。

政府医院则是国家履行《宪法》所规定的“保障公民健康权”责任的组织载体，政府医院不仅要承担一般性的医疗服务职能，而且要承担维护医疗卫生公平、调配医疗卫生资源、控制医疗费用、平抑医疗价格等多方面的职能。

在这个时期，我国建立起了一个普惠型的公共服务体系，这种具有高度权威和整合性的体制，使我国在资源匮乏的情况下，实现了公共服务的普遍可及，一度被世界银行和世界卫生组织树立为低收入国家解决医疗筹资问题的典范和“中国经验”。

20世纪80年代财税制度改革后,“划分收支、分级管理”的体制安排使地方政府负担起支持政府医院的主要责任。在市场经济环境中,地方政府为满足经济增长首要目标,卫生系统的公共支出比例逐年降低。

例如,据初步估算,政府医院的常规运营经费中,平均只有6%来自政府财政,[1]其余大部分需要政府医院以创收的方式自行解决,为维持生存和发展,政府医院将运营目标更多地指向经济创收,加剧了政府医院的逐利性,逐步迷失了政府医院的公益性,医疗体系逐渐私有化和商业化,政府医疗卫生支出在医疗总费用中比重减少,医保覆盖率降低。

进入21世纪,尤其是2003年“非典”之后,我国医疗体系有回归公益性的倾向,开始把基本医疗服务作为公共产品提供,2009年新医改方案提出到2020年实现基本医疗服务全覆盖目标,这一时期医疗改革是对前一段市场主导的反思。

近十年,政府一方面开始重新承担基本公共卫生责任并提高医疗保障水平,另一方面也出台了一系列鼓励社会办医的政策;一方面采用市场原则来运营和评估医疗服务,另一方面依旧严格把关医药价格、人事和管理。

2. 政策多变

医院并购涉及的政策法规之复杂多变、相互间缺乏有效衔接,也间接增加医院并购的难度。

其一,医疗行业关乎公民生命健康,医院作为提供诊疗护理服务的特殊组织和运营机构,国家相关政策法规对医疗机构运营管理各个方面进行了规定和约束,包括但不限于在医疗机构设置、执业许可及资质证照、设备、医用耗材和药品采购、医疗服务和价格、医疗保险、税务和财务、医疗废物、医务人员、医院治理结构等方面,均制定或设置了医疗机构自身特有的一套监管制度和体系,投资方需要熟悉并了解医院特有的监管政策及法律环境。

其二,医疗机构在设置和法律主体管理上,受医疗卫生监管机构(卫健委)与市场主体登记机构的“双线条管理”,而医疗机构由于举办单位、出资人所有制形式的不同,导致其在法律主体上存在多样化,且不同类型的法律主体,在现有政策法律环境下,缺乏直接转换路径,这些因素无疑会给社会资本设计投资并购路径和操作方案带来难度。

其三,社会资本办医,还须密切关注并了解国家及投资所在地的社会办医、医保控费、药品价格、“两票制”[2]、营改增、税收及财政补贴等相关政策,这些政策在

[1] 李昕:《公立医院法律制度研究》,法律出版社2018年版,第33页。

[2] “两票制”是指药品生产企业到流通企业开一次发票,流通企业到医疗机构开一次发票。

医院并购项目具体操作中，可能直接关乎交易的可批性、投资成本核算及盈利预测。

实践中，医院并购项目也常出现不同地区政府部门，对政策法律的理解和执行标准不一、地方立法及政策与上位法不一致、政策前后不一致等情形，增加了医院并购项目的难度和风险。

比如，《卫健法》出台前，《国办发〔2015〕38 号文》《国办发〔2015〕45 号文》均未禁止社会资本与政府医院合作举办营利性机构，对社会力量参与政府医院改革改制持开放态度。此后，《卫健法》明确“政府举办的医疗卫生机构不得与其他组织投资设立非独立法人资格的医疗卫生机构，不得与社会资本合作举办营利性医疗卫生机构”。以往社会资本与政府医院合资设立新院区，或通过合作项目设立分院，以及“一址两院”等模式，将可能被叫停。

图 2.1 列示了医疗机构监管政策法规基本框架体系（详细内容参见书末附录）。

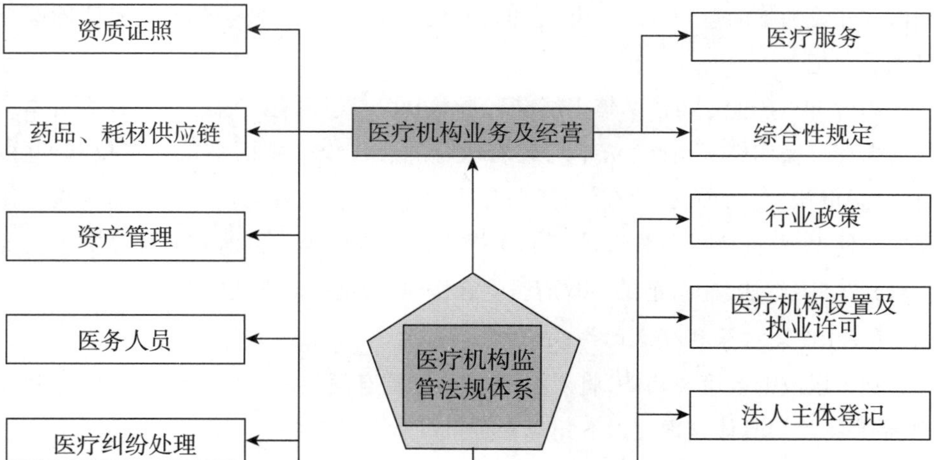

图 2.1　医疗机构监管政策法规基本框架体系

综上所述，医疗服务行业关系国计民生，为国家政策法规重监管行业，社会办医深受国家政策的影响，在社会资本与政府医院合作项目中，政策走向以及政府态度,往往关乎项目的进程和成败。

俗话说,“外行看热闹、内行看门道”,社会资本欲进军“医疗圈”,先要过好政策这道关,了解行业的门道和深浅,避免追风、冲动型投资。

(二)政策对医院投资的影响

社会办医政策走向、政策的宽松和收紧直接影响社会资本投资办医的动力和方向。

在2010~2014年外资办医鼓励政策频出时期,不少外资纷纷“抢滩入市”,掀起一轮外资办医热潮;随着外资办医政策收紧,外资办医热情也随之下降。

2014年,国家出台一系列鼓励社会资本参与养老服务业的政策,尤其是伴随着《民发33号文》的出台,民办非养老机构并购仍空前火热。

2018年,随着健康中国战略、分级诊疗、国务院《关于促进“互联网+医疗健康”发展的意见》及其配套文件的落地,互联网医院进入了有规可依、全面规范、快速发展的阶段。仅2019年1月~11月,我国建成互联网医院148家,约是过去5年互联网医院建设数量的总和。2020年突如其来的新冠疫情,为处于热点的互联网医疗又添了一把火。

2019年《卫健法》的“两禁止规定”,基本上切断了现有政府医院与社会资本合作的大部分操作模式,社会资本与政府医院的合作模式将面临重新定位和调整。对于《卫健法》施行前,已存在的与“两禁止规定”不符的社会资本与政府医院合作模式如何处理,尚待相关配套政策或实操指南予以明确。目前有的社会资本已开始对其在《卫健法》施行前的与政府医院合作项目,进行清理或整改。

(三)政策对盈利模式的影响

国家医改的政策及趋势,将对社会资本与政府医院的投资合作项目的盈利模式,带来挑战。具体表现在以下几个方面:

1. 医保控费政策

国家医保支付端改革,已经对医院盈利能力形成较大挑战。随着医保总额控费在全国逐步推广,医院内涵式增长和盈利能力将受到极大冲击,从而影响社会资本办医的积极性。

以某社会资本投资的两家医院为例,该等医院以提供基本综合医疗服务为主,对当地医保依赖度较高,2015年度由于超医保定额,两家医院被迫计提坏账损失约8000万元。由此可见,医保定额控制,对医院内涵式增长形成挑战。

2. 药品零加成政策

国家医改政策中关于药品“零”差价、降低大型设备检查费用、降低耗材占比和费用等措施将在全国范围内推行,这将对医院的盈利能力造成较大影响。

以某社会办医院为例,仅药品加成收入对医院利润的贡献约占60%。随着“药品、医用耗材零加成”政策全面推行,如果该医院不能有效增加非药品医疗收入或降低医疗服务成本,则医院的盈利能力将大幅下滑。由此可见,过去以药养医、以耗养医的局面,将逐步被打破。

3.“两票制”连同“营改增”政策

“两票制”连同“营改增”将在一定程度上限制供应链业务,有可能对部分社会资本目前采取的盈利模式产生较大的影响。

在社会资本与政府医院合作的IOT盈利模式中,通过对医院收取管理费,以实现社会资本投资医院后的基础收益;通过对收购后医院供应链的掌控,以获取社会资本投资后的超额回报和主要利润来源的核心商业模式,将会产生较大的冲击。从某社会资本公开披露的对医院投资收益信息可了解到,其投资收益中,来自医院供应链的收益占67%,来自医院管理费的收益占5.3%。由此可见,供应链收益占比之大,可以预见,“两票制”连同“营改增”政策的全面施行,对“以医院供应链为主要收入模式”的社会办医疗机构,无疑将产生较大冲击。

4.不公平补贴政策

如第一章所述,政府医院与社会办医疗机构之间、非营利性医院与营利性医院之间,在税收、政府补贴等方面存在较大的政策差异。现行差别待遇政策,导致政府医院和社会办医疗机构存在不公平竞争的问题。

以某社会资本参与某政府医院改制项目为例,社会资本按照政府的要求,不但承担了部分基本医疗卫生服务,还承担了部分社会责任及政府指令性工作等。在此过程中,投入了大量资金、人力成本,但国家的财政补偿政策很难惠及改制后的政府医院,社会资本面临不平等待遇。

(四)政策对公益性与逐利性的影响

由于我国医疗机构在法律、经济以及行业监管方面的多样性、复杂性,政府医院非营利性属性与社会资本投资政府医院逐利性矛盾,在社会资本与政府医院合作项目中显得日益突出。

原卫生部部长陈竺指出:“政府医院是体现公益性、解决基本医疗、缓解人民群众看病就医困难的主体,矛盾问题比较集中。要加强其公益性,就要扭转过于强调医院创收的倾向,让其成为群众医治大病、重病和难病的基本医疗服务平台。”

社会资本在投资或改制政府医院项目中,面临最大的困难来自两方面:

一是社会资本如何保证政府医院的公益性,即不能改变政府医院的非营利性属性。

二是如何保证投入资本的合理回报。

以下以某地级市政府医院合作项目为例,说明地方政府对政府医院公益性的理解。

案例

该案例的合作模式为:市政府以医院的净资产作为出资,注入政府和社会资本(为国有控股公司)新成立的合资公司,社会资本以获取对应股权比例的现金同步增资(假设政府持有合资公司30%的股权、社会资本持有70%的股权),形成政府和社会资本拥有合资公司股权,再由合资公司作为该政府医院举办人的合作模式,即医院的举办人由原地方卫健委变为合资公司,但医院的事业单位性质/或非营利性医院性质并未发生改变。

该政府医院在引入社会资本后,地方政府认为,改制后政府医院的公益性,应表现在以下三方面。

1. 政府投入资产的公益性

在该政府医院与社会资本合作5年、地方政府换届后,新一届政府认为,政府医院的资产具有公益性,不能纳入与社会资本的合作范围;前届政府以政府医院的存量资产(即政府以医院净资产出资)与社会资本的合作模式不可取,要求社会资本"恢复原状",即将政府已注入合资公司的医院资产,返回给政府医院。

2. 社会资本不能从医院获取收益

按照国务院办公厅转发的《关于进一步鼓励和引导社会资本举办医疗机构的意见》[1]第19条规定,非营利性医疗机构所得收入除规定的合理支出外,只能用于医疗机构的继续发展。地方政府认为,上述合作项目中,改制后的政府医院性质并未发生变化,仍为公立非营利性医疗机构,依据前述规定,不能将所得收入用于利润分配。因此,社会资本不能突破非营利性医院不能分红的底线,不得寻求投资回报。

政府同时认为,虽然目前该已改制的政府医院的性质和职能并没有改变,但不排除今后社会资本按照《公司法》要求,提出改变医院性质和深度干预医院管理运营的可能性。因此,地方政府要求社会资本在医疗服务的市场多元化和公益性之间寻求平衡。

---

〔1〕 国办发〔2010〕58号。

从上述地方政府的态度可见，政府需要引入社会资本，以解决医院发展中的资金瓶颈问题，但同时又无法给社会资本安排一条“合理投资回报”路径。对社会资本而言，政府的态度和意见显然不符合商业活动的基本逻辑。

最后，为了使该改制医院项目得以继续进行，并迫使改制医院在“市场化”和“公益性”之间寻找到可以满足政府、医院、社会资本三方的利益平衡点，项目各方就“合理回报”达成如下共识：

社会资本不再直接参与政府医院的管理，并不能收取医院管理费；社会资本投资回报的路径，可通过医疗机构上下游产业链获取投资收益。具体操作路径为：在医院医疗服务以外，可获得如医院的后勤管理服务、药品耗材供应等医疗机构上下游产业链收益的特许经营，在最大限度保证医院运营稳定性的基础上实现社会资本的投资收益。

3. 改制后的医院仍纳入政府现有政府医院的序列统一管理

上述案例中，地方卫健委与社会资本成立合资公司引入资金后，当地政府要求卫健委严格按照政府医院管理方式，不得改变政府医院性质，并将医院的运营管理、干部人事等工作仍纳入政府现有政府医院序列统一管理。

案例结论：

若市卫健委与社会资本按照上述模式合作，将带来以下问题：

(1)社会资本通过供应链获取的这部分收益，能否覆盖社会资本投入资金的成本、有无合理回报，存在不确定性。

(2)社会资本投资后，不能参与医院的管理和运营，其出资相当于“银行放债人”的角色，社会资本将没有动力或积极性去参与政府医院的改革。

由此可见，社会资本参与政府医院改制，如何寻找医院公益性与社会资本逐利性之间的平衡点，是社会资本与政府医院合作项目中最大的难点和痛点。

二、二难：难在医院

医院是一个独特而复杂的“组织机构”，医院在人员、财务、业务等方面均有着自己特有的难处。

(一)医院在法律主体上的复杂性

医院身份、类别之多样性、复杂性，常常是困扰投资者的第一个问题。医院作为医疗机构中最重要的一个组成部分，从政策立法层面尚无统一的划分标准。

实践中，医院的分类存在诸多标准，包括但不限于按登记注册类型、主办单位、管理类型、医院等级、机构类别、经济类型等划分。

在医院并购交易中，投资者从交易结构设计角度，更偏好按照医院的主办单位（政府、社会、个人）、管理类别（营利、非营利）、法律地位/主体资格类型（企业法人、事业法人、民办非企、合伙企业、个人独资、个体工商户等）对医院进行分类。

卫健委作为医疗机构行业主管部门，对医院的设置、执业登记与校验、执业经营等业务层面事项，享有行政审批及监管权力和职责，并负责发放医院的“执业准生证”——医疗机构执业许可等相关业务经营资质；同时，医院作为一个市场主体，还应具备相应的法律身份和地位，办理并取得“法律主体登记”。

医院依其法律地位和主体资格的不同，分为以下几种：

1. 取得事业单位法人资格的医院

事业单位法人性质的医院，指申领并取得事业单位法人登记证的医院，这类医院主要为政府办医院以及国有企业医院，属于非营利性质。国家及地方事业单位登记管理局负责办理事业单位法人登记事项。

2. 取得企业法人性质的医院

其是指办理并取得企业法人性质的医院，属于营利性医院性质。企业法人包括有限公司、股份有限公司、外资企业、联营企业、集体所有制企业、私营企业等类型。国家及地方市场监督管理机关为企业法人登记机关。

3. 取得民办非企业单位登记的医院

民办非企业单位医院，指在民政部门申领并取得《民办非企业单位（法人）登记证书》、《民办非企业单位（合伙）登记证书》或《民办非企业单位（个体）登记证书》的医院。民办非企业单位医院与事业单位法人性质的医院均为非营利性医院，两者的主要区别在于举办人及举办资金中国有资产占比的不同。民办非企业单位医院是“企事业单位、社会团体和其他社会力量以及公民个人利用非国有资产举办，且其合法财产中的非国有资产份额不得低于总财产的三分之二的非营利性医院”，而事业单位法人医院则是“国家机关举办或者其他组织利用国有资产”举办的非营利性医院。

4. 其他非法人地位的医院

其他非法人地位的医院主要包括个人独资企业、合伙企业、个体工商户等不具备法人资格的医院。

综上所述，医院的执业许可与法律主体登记证照是其设立必不可少的两个“准生证”，缺少其中任何一项，均可能直接影响医院的持续经营。

由于医疗机构执业许可证的核发部门与法律主体登记部门不同，两个证照管理适用的法律法规也不同，且各自适用的法律法规在内容上也存在不衔接之处。

有的医院是先"证"（医疗机构执业许可证）后"照"（营业执照），有的是"先照后证"，实践中各地做法也不尽相同。

此外，由于历史原因，不少国有企业医院设立之初只办理了医疗机构执业许可证，未办理法人主体登记。随着时代的变迁和政策法律环境的变化，这些国企医院如没有营业执照，则面临无照经营的法律风险，而补办营业执照过程中，又往往面临"无处可靠"的窘境。

案例

以某社会资本收购国企医院项目为例，该企业医院设立之初，只取得医疗机构执业许可，没有办理企业法人或分支机构登记，在补办法律主体登记过程中，由于没有医院初始设立时的任何登记档案，地方工商部门无法"凭空"按照国企分支机构或子企业办理登记手续；地方事业编制委员会以该国企医院收支并未纳入财政预算管理为由，拒绝给医院事业单位编制，地方事业单位登记管理局据此认为，国企医院不符合事业单位法人登记条件，拒绝给国企医院办理事业单位法人登记；主管民政部门则认为，由于医院举办人为国有企业集团，不符合《民办非企业单位登记暂行办法》关于"民办非企业单位合法财产中的非国有资产份额不得低于总财产的三分之二"的要求，因此该医院无法办理民办非企业单位登记。无奈之下，国企医院只好选择与社会资本合作，将医院改制为营利性医院，而这样的操作方案，由于缺乏具体指导性政策及成熟可参考实例，执行过程中也是举步维艰、困难重重。

（二）医院人员管理之难

医院在主体上集"业务（资质）"与"法律（资质）"双重属性于一身，医院员工管理上也因此带有这两种身份特点。一方面，医务人员作为提供医疗服务的专业人员，应具备相应的专业技能和业务资质，执证上岗。执业医师、护士应依照《医师法》《医师执业注册管理办法》《护士条例》《护士执业注册管理办法》等规定，通过相关执业考试，申领并取得执业医师、护士执业证书。如果医院要聘请外国医师，还应根据《外国医师来华短期行医暂行管理办法》及其他相关规定，经过注册，取得《外国医师短期行医许可证》。另一方面，除受制于前述"业务"方面的管理外，医务人员与医院还存在法律层面的劳动管理关系，医院还应依照劳动法律法规，建立并规范其与医院员工的劳动人事关系、社会保险及住房公积金等事宜。

值得一提的是，对于公立医院，其领导人员的任职、选拔任用、聘任管理、考核评价，还应遵照《公立医院领导人员管理暂行办法》的特殊规定。此外，2018 年 6 月，中共中央办公厅印发了《关于加强公立医院党的建设工作的意见》，要求公立医院实行党委领导下的院长负责制。公立医院“党委书记与院长谁大”“院长由谁任命”也是社会资本与公立医院合作中令人困惑的问题。如果社会资本参与公立医院改制，医院员工的改制成本、员工安置等问题，更是实际操作中的难题。

就这些“难题”，我们做如下具体说明和分析。

1. 谁任命院长

(1)信托责任的不明晰。

如前文所述，企业在经营活动中，都面临着所有者与信托人的矛盾。政府医院表现尤为突出，其矛盾表现在政府作为医院的举办人是否委托社会资本参与医院管理。在社会资本与政府医院的投资合作项目中，社会资本很难拥有人事及医院的管理权。

比如，改制后的政府医院，院长由谁决定。表面上，以政府和社会资本派出代表的理事会作为医院最高管理机构。但实际上，医院院长、医院管理团队的任免权、医院重大决策的决定权，仍掌控在政府手中，社会资本享有的管理权，更多是形式上的。

案例

以下为笔者经办的真实案例：

在某社会资本参与某市级政府医院改制项目中，在院长任命问题上，地方政府认为，院长是处级干部，直接归市委组织部门管，其任命需要经过组织程序，不能由双方组成的理事会决定。合作双方最后妥协的结果是，由市委(党委)审议通过院长人选，最后征求合作伙伴(如社会资本)党委的意见。这样的机制，决定社会资本在院长人选上，很难拥有决定权。如果社会资本为民营资本，可能无法履行党委审议程序。

由于所有制不同、股东价值取向不同、社会环境不同、医院设定的目标不同、使命不同等，社会资本在政府医院院长的选聘、评价、激励、更换等事项上，往往会出现较大分歧。

在组建医院管理团队时，由于医院的副院长是副处级别，同样须履行政府的组织程序，院长也没有完全的提名权和决策权。社会资本和政府最后达成的意见是实行“老人老办法、新人新办法”，即改制前的“老”副院长，按照原来的程序任命，改制后任命的“新”副院长，不履行政府组织程序，由双方成立的理事会最后决策。

以上医院管理团队的任命是否能采取用业绩、战略、团队、评价、导向来评价，并建立起相应的管理团队评价机制，执行过程中仍是难题。

（2）机制和激励问题。

政府医院与社会资本合作后，若医院仍为事业单位编制，要关注如何引入现代企业管理理念对医院管理团队进行激励。在企业经营中，管理团队的理想信念和经营业绩要有联系，人员和战略要有联系，医院经营也是如此，人员激励机制是事业单位公立医院目前管理机制下的一大难题。

在社会资本与政府医院合作项目中，如何对医院管理团队进行选拔，以及如何按照人员与医院战略目标的匹配形成人才的竞争及团队文化，是实操中面临的又一个难题。

2. 谁支付人员改制成本

政府办医院医务人员大部分为事业单位编制，有些国企医院的医务人员也存在为事业单位编制人员情形，社会资本在与政府办医院或国企医院改制合作项目过程中，员工安置问题是回避不了的一个难题。改制后的政府医院，是否还可以继续直接雇用事业制编制员工，对事业单位医务人员的收留或安置成本如何测算，改制过程中医务人员身份转换及劳动关系的变更，需要支付的经济补偿成本如何测算，该补偿成本由政府支付还是社会资本支付，在绩效分配时如何处理事业单位绩效工资比例的限制性规定，如何处理事业编制在养老保险方面对医院职工的影响等诸如此类问题，是社会资本参与政府办医院及国企医院改制项目中的难点所在。

（三）医院资产之难

医院属于重资产经营实体，医院的核心资产，尤其是土地、房产权属是否明晰、权属变更有无法律限制，是社会资本投资并购医院要关注的重点问题之一。在与公立医院合资合作项目中，社会资本一般投入现金，公立医院举办人多以资产出资，由于公立医院土地是以划拨方式取得，划拨土地出资至与社会资本设立的合资公司，将面临划拨土地的权属转让。

一般情况下，划拨用地必须转为出让用地（包括签署土地出让合同和缴纳土地出让金）后方可作为注册资本出资或有偿转让；如拟采取划拨用地方式进行转让，仅限于国企改革等特殊情形，且应取得国土部门批准。如划拨土地不属于可以转让的情形，则公立医院举办人将面临出资无法到位的风险。

此外，由于历史原因，不少公立医院存在土地与房产权属分离、出资土地或房产无法办理产权分割、房产报建手续不全而无法办理房产权证等情形，由此导致公立医院举办方出资资产权属无法变更至合资公司名下，出资无法到位。

除土地房产外，实践中也存在公立医院举办人以公立医院的净资产、商誉（如“人民医院”的品牌）等作为出资与社会资本合资，净资产、商誉出资的合规性问题，商誉评估的可操作性问题。这都是社会资本与公立医院改制合作项目中常见的难点问题。

（四）医院财务之难

我国医院因其经济类型、法人主体属性的不同，导致执行的财务会计制度不同。营利性医疗机构参照执行企业的财务、会计制度和有关政策；非营利性医疗机构执行财政部、卫生部颁布的《医院财务制度》《政府会计制度》，其中民办非营利性医疗机构执行财政部、民政部颁布的《民间非营利组织会计制度》。不同财会制度之间不完全兼容，往往导致社会资本在并购不同经济类型、不同法律主体的医疗机构过程中，无法打通投资回报渠道，此问题最直接体现在社会资本与公立医院投资合作项目中，社会资本的“逐利性”与公立医院的“公益性”天然矛盾，导致社会资本在现有法律体系下，难以在不改变公立医院非营利属性前提下，通过改制、股权并购等方式，实现对公立医院的财务并表。

三、三难：投资方之难

提起医院并购，业内人的普遍感受是“看起来很美，听起来很酷，说起来很烦，做起来很难”，“梦想很丰满，现实很骨感”。梦想与现实存在巨大反差的主要原因可能包括如下几方面：

（一）投资入门难

如前文所述，医疗行业准入门槛高、监管严格。无论是新建医院还是并购医院，均涉及卫生行政管理部门、登记机关的双重监管；在投资准入方面，则面临更高、更严格的准入门槛。

（二）投资回报难

医院投资为长线投资，投资回报周期普遍较长，较难短期内实现回报；在社会资本与政府医院合作项目中，社会资本欲实现投资回报存在政策法律限制。我国政府医院一般为事业单位法人，事业法人不存在股东或股权的概念，而代之为举办人、举办人权益，政府医院作为非营利性医院，政府作为医院的举办人，不得从政府医院直接获取投资收益或股东分红。

当“逐利性”社会资本（一般为企业法人）与“公益性”事业单位医院相遇，由于两者分属不同性质的法人主体、受不同的法律规制，且现行法律体系对事业法人可否直接转换为企业法人或其他性质法人主体，并未设置法律操作路径，因此社会资本无法通过“股权并购”方式，直接收购政府所持政府医院的“举办人权益”，如何在不改变政府办医院“公益性”前提下，让社会资本有“利”可图，在现有政策法律环境下,这似乎是难以达成的目标。

如同中国企业海外上市“VIE[1]模式”是在受限于证监会关于境内企业海外上市监管、外资并购境内企业准入政策限制情况下,由聪明的资本玩家和专业人士设计出的一条“虽曲折但尚可走通的路径”一样,受限于政府医院上述监管环境,一些社会资本探索出“政府医院托管”“举办人变更”等“曲线救国”模式,以实现间接投资、管控政府医院的目的。

不可否认,前述“曲线救国”模式在《卫健法》施行前的一段时期,几乎被视为“自古华山一条路”,普遍用于社会资本与政府医院合作项目中,尽管其合规性问题一直饱受争议。《卫健法》施行后,上述合作模式将面临重新定位和调整(笔者将在后文第六章中对这些模式做详细介绍和评价)。

(三)投资资产估值难

社会资本投资政府医院,如何评估医院的投资价值存在难度。

有别于常规的公司股权或资产并购,对并购标的价值判断在财务、法律上有比较清晰或明确的规定和定价标准,由于我国医院并购历史较短,还未形成成熟的经验和模式,而社会资本与政府医院的合作项目,社会资本目前比较集中于国有控股上市公司、大型医疗投资集团,如原凤凰医疗、中信医疗、北大医疗、复星医药,可总结借鉴的案例还比较有限,因此,目前还没有形成合适的项目估值模型。

同时,由于政府医院施行的财务会计制度不同于企业财务会计制度,医院的财务数据的真实性和可信度难以证明,以致社会资本对政府医院的经营和财务数据无法套用企业估值的模型及估值的假设前提,无论采取何种估值方法(如DCF估值法、P/B、PE/G、资产基础法、可比床位法等),对社会资本而言,都很难对政府医院形成准确的价值判断。

(四)对投资者行业经验及整合能力要求高

医疗服务行业的专业性、社会化、差异性,决定了医院并购是一项对专业能力要求很高的系统工程。专业团队、行业经验、整合能力和资源,是资本方应具备的必要条件。俗话说的“没有金刚钻,别揽瓷器活”很适用于医院并购,折戟在“医疗梦”中的跨界投资失败案例并不鲜见。

有志于医疗行业投资并购的社会资本,有必要在内部组建由投资、财务、法律、人力资源、信息管理、供应链等业务部门人员组成的专业并购团队,进行前期项目开发、可行性论证和评估,待项目通过内部立项后,视项目的复杂程度和投资方自

[1] 又称协议控制模式,VIE是Variable Interest Entity(可变利益实体)的简称。

身专业团队的能力，聘请外部专业顾问团队，为项目提供财务、法律、商务等方面的专业支持，协助完成对拟并购医院在业务、财务、法律、人力资源、信息管理、供应链等方面的尽职调查，对医院的估值及盈利预测，设计交易结构，起草交易文件，参与商务谈判、交易文件达成及交割。

值得特别说明的是，医院投资并购往往始于“交易文件签署”。社会资本投资并购医院，应对自身的资源和优势，尤其是对并购后医院资产、业务、人员的整合和管理能力做出理性评估，因为对并购医院的整合及管控能力是决定投资能否实现预期的关键因素，也是衡量社会资本实力的试金石。

第二节　医院并购成败因素分析

笔者曾应某医疗集团邀请，为其并购业务团队做培训。该集团精心挑选了一个“失败”案例，建议笔者重点揭示和说明此项目中常见及典型法律问题和风险。

参加培训的人员来自战略发展部、法律部、财务部、人力资源部、业务部等不同部门，为此笔者精心准备了培训课件，自信“一切尽在掌控中”。令笔者没有想到的是，本以为这会是一场很顺利的培训，最后竟然变成了法律部与战略发展部关于项目是成功还是失败的激烈辩论赛。法律部认为这个项目几乎具备了法律人眼中失败项目应具备的全部要素；而战略发展部却认为从战略上而言，这个项目是一个非常成功的项目，虽然法律层面存在诸多不完美之处，但是通过此项目，客户以较低的成本，快速开辟了一个新的区域市场，并借此项目成功击退了另一个竞争对手，为巩固客户市场竞争地位及拓展周边市场业务奠定了基础。两方你来我往、唇枪舌剑、据理力争，直到培训结束，也没争出个输赢。

由此可见，并购成功与失败的界定，很难有一个统一标准。

实践中，有的以交易文件是否签署、交易是否完成交割来界定成与败，有的以交易是实现价值增加还是价值减损来判定成与败，有的以交易是否实现战略目标、预期协同效应来界定。有的交易短期从财务回报来看是失败的，但从中长期战略来看又是成功的。不同的评判角度和标准，产生的评价结果可能会不同。

本书的目的和重点不在于从管理学角度对并购成败界定标准进行学术分析，而旨在与同行及业内人士分享我国医院并购前沿实践经验和失败教训，以期找到正确、可行的医院并购操作路径，避免交易风险和陷阱，提高医院并购的成功率。

我国医院并购的社会实践不过十年左右的时间，尚处于初级阶段，初级阶段的医院并购实践更多情况下还是探路、摸索,这个阶段成功的案例还很有限,而且也很难评判何为成功的并购。在更多的情况下,社会资本遇到的可能是找不到合适的目标医院、投资方向不符合政策调控被叫停的挫败,而正是这些失败和受挫,让市场先行者们深度思考、总结交易失败的原因和教训,并逐步探索、设计出医院并购的一些特有交易模式。剖析这些模式背后的商业和法律逻辑,我们可以感受到市场先行者对医疗行业政策环境的深度理解,以及在"受限"和处于变化中的监管环境下,为实现利益诉求而做出的"巧妙"抑或"被逼无奈"式的商业安排。

我国现阶段的医院并购,是一个不断试错、犯错、纠错的过程,也正因如此,笔者与大家分享更多的可能是过往医院并购失败中总结出来的教训,并借着失败和教训引入成功的路径。

一、机会总是留给有准备的人,做积极主动的投资者,不打无准备之仗

医院并购作为难度系数较高的并购交易,无论是财务投资者还是战略投资者,均应在项目开发、前期可研论证、专业团队组建、与交易对手及相关利益方的沟通、尽职调查等各个环节主动做准备。一个积极有准备的投资者在并购项目的获取、项目风险评估和把控、项目的管理及交割后整合,通常会比被动的投资者更容易获得成功。

案例

一位高管任职的集团作为甲方,为拟进行的海外上市项目选聘境内及境外律师、会计师及投行。在选聘境外律师环节,集团邀请了几家国际大所参加比选,这位高管本以为呼声很高的B律所获选的可能性较大,但评委们一致选择了J律所。

原因在于:J律所为本次项目所做的各项准备工作完胜其他参选律所,并征服了所有评委的心。首先,J律所针对项目可能涉及的地域及适用法律,派出了由其伦敦总部、香港分所、北京总部的合伙人及资深律师组成的竞选团队,团队人员很好地展示了各自的经验、专业能力,以及三地协作的高度默契。其次,J律所为项目的实施准备了详尽、全面的分析,其中对集团基本背景、资产、业务、人员的信息掌握之全面,对项目重点问题把握之准确,令全体评委折服。而B律所,只安排了两名律师参选,对项目也没有准备针对性的方案设计,与J律所对比,所有评委毫无悬念地选择了J律所。

上述故事发生的场景虽然与医院并购项目不同,但其背后的规则同样适用于医院并购项目。一要充分尊重对方;二要知己知彼,给出符合对方需要且互惠互利的方案。

医院并购项目中,社会资本非常有必要对目标医院资产、业务、人员以及医院所处区域医疗市场等情况提前做基础调研,并主动与医院的举办人/股东/权益拥有者、医院管理层、核心员工进行前期必要沟通,了解政府、医院及员工的真实想法、合作态度和诉求,为后续医院选聘合作方提前做准备。

在社会资本与政府医院的合作项目中,政府在选择社会资本合作方时,为保证医院的公益性,一般会非常看重或在意投资者能否"扛担子、担责任",医院院长或管理层会重点考察社会资本方的整合能力强弱;民营医院合作项目中,也比较关注合作前社会资本的承诺。社会资本如何做到"洞察人心、拿出恰到好处的方案"很大程度取决于前期准备工作完成得是否充分、到位。

笔者近期参与的两个医院并购项目中,均不约而同地出现由于前期与地方政府或医院员工层面的沟通不够充分,没有认真领会政府或员工的诉求、想法,导致项目进行过程中,对于政府提出的要求,投资者只好被动应付,或由于医院员工的"敌对"态度,项目被迫终止。

二、做战略性投资,忌投机性收购

现代管理之父彼得·德鲁克总结并购应遵循的一个重要原则是"收购应以经营战略为基础,而不应以财务战略为基础"。这个原则非常适用于医院并购。

医院投资是重资产、周期长的投资,无论是新建医院还是并购现有医院,莫不如此;医院并购也不是简单的医院买卖,更注重对资产、业务、人员的整合。投资者如果只是追求短期财务利益,不注重医院业务是否符合投资者战略发展方向,获取的资源是不是自身所需、对自身核心竞争力有无提升,抱着投机心态,则可能导致非理性投资、跟风投资。战略上的错误则导致决策失误,并为后续交易失败埋下祸根。战略性收购往往会围绕投资者既定战略进行收购,通过产业整合产生协同效应,实现资源的最优配置,成功的可能性更大。

目前市场知名的华润医疗、中信医疗、复星集团、北大医疗、环球医疗等医疗投资集团,走的都是战略投资路线。这些医疗投资集团较早在全国布局,集中了资本、行业、专业并购团队等优势,专注并深耕医疗行业投资。

三、理性投资,切忌盲目跟风

所有的并购交易脱离不了商业的本质,医院并购也不例外。无论是投资公立医院还是民营医院,投资者均应立足于"价值收购",审慎评估标的医院,对并购标的做出合理的估值,并对医院未来业务进行合理测算,避免非理性、冲动、跟风投资。

事实上医疗领域的跟风投资并不鲜见。从 2015 年下半年开始,伴随社会办医利好政策频出,包括分级诊疗、"两票制"、药物一致性评价等政策持续推进,不少医药上市公司,如朗玛信息、乐普医疗、恒康医疗、济民制药等公司,均大举并购三级以下医院,但成功案例少之又少。

四、关注并购后的资源整合,追求可靠的协同效应

医院并购成败很关键的一个因素在于并购方在资源、渠道、业务、产业链、文化、管理方面的整合能力。良好的资源整合能力,方可能形成并购协同效应,从而实现并购战略目标。

以华润医疗为例,华润医疗成立不过十几年,通过参与政府医院改制、收购国企医院、并购凤凰医疗,已成为医疗服务行业龙头,华润医疗共管理 123 家医疗机构,总床位数近 11000 张,[1]华润医疗在实施医院投资并购时,充分利用华润集团现有资源,着力打通医院上下游产业链。目前,华润集团已形成以华润医药、华润医药商业、华润医疗为核心,涵盖药品生产、研发、销售、医疗服务等各主要产业链的健康业务板块。华润医疗通过姐妹公司华润医药、华润医药商业为旗下运营管理的医院提供药品供应链服务,打造一体化的医药闭环,同时积极探索尝试与华润置地联手进行投资新建医院方面的合作。[2]

泰康保险是保险机构进军医疗行业的一个典型代表。泰康保险开创的"活力养老、高端医疗、卓越理财、终极关怀"四位一体的商业模式,通过进入康复医疗、养老领域,将金融保险业务和资源有效嫁接到康复医疗、养老服务领域,延伸并拓宽现有产业链,以实现增值服务。

五、与公立医院合作,要重点关注文化融合、人员安置及遗留问题的解决

我国公立医院主要为政府医院和国有企业医院,无论哪一种类型,均会涉及医院原有员工、劳动人事关系的变化。由于公立医院市场化程度较低,医院职工对于与社会资本合作可能带来的身份转变、劳动关系的不确定性,承受能力偏弱。如果地方政府"拉郎配"引入社会资本,医院员工很有可能对医院与社会资本的合作持反对态度。社会资本如果忽略与医院职工的沟通,可能导致项目推进过程中因为医院职工的反对,被迫终止交易或增加交易成本和难度。此外,社会资本方与公立医院既有的文化、价值观、品牌等方面的差异,均需要在并购后相当长的一段时间

[1] 德勤报告:《医疗机构兼并潮到来　医疗服务从"规模"向"价值"转变》。

[2] 数据来源于华润医疗 2021 年中期报告。

内，消除差异、实现融合。

公立医院由于其身份和历史原因，往往在资产、人员、财务等方面，存在诸多历史遗留问题，这些问题，有时很难通过法律途径来规范解决，需要地方政府通过行政手段，协调相关政府部门予以安置。

因此，在公立医院投资并购项目中，社会资本方需要充分评估历史遗留问题解决的难度和风险、公立医院与民营企业文化融合的不确定性，以避免并购后可能带来的经营风险。

第三节　医院并购常见交易模式

由于我国医疗机构类别的多样化及复杂性，医院并购交易模式根据医院法律主体和特性的不同，存在不同细分的交易模式。不过以社会资本通过并购获取的并购标的的操作路径以及并购后的交易结果作为划分标准，无论社会资本采取何种模式投资并购医院，最终获取的结果不外乎两大类：一类是通过投资并购直接或间接地获取标的医院资产、股权或举办人权益的权属。另一类则是不获取标的医院资产、人员、股权或举办人权益等“产权”，而是通过投资取得标的医院经营管理权。

以获取上述第一类投资结果的并购模式，简称为“产权收购模式”；以获取第二类投资结果的并购模式，简称为“经营权收购模式”。以下分别就上述两大类并购模式，予以说明。

一、产权收购模式

（一）模式介绍

产权收购模式是指社会资本通过收购标的医院资产、股权、举办人权益以及参与标的医院改制重组等方式，从而持有并取得标的医院的资产、股权或举办人权益权属，进而实现对标的医院资产、业务、人员经营管理的目的。

如第一章所述，社会资本通过采取产权收购模式，在收购企业法人性质的营利性医院资产或股权时，不存在法律限制，操作比较简单，此类收购非本书重点，故不做细述。

产权收购模式的操作难点集中体现在社会资本投资并购非营利性医院项目中。

如前文所述，非营利性医院与营利性医院存在诸多实质性区别，非营利性医院不存在“股东”“股权”之说，只有“举办人”“举办权益”，“举办权”是否可以视同公司“股权”出资或交易，目前尚无明确法律依据。

我国非营利性医院又分为政府办事业单位法人医院、国有资本（主要为国有企事业单位）办非营利性医院（前述两类统称“国有非营利性医院”）以及民办非医院。

前述三类非营利性医院在举办人、法律主体及地位、登记管理、财务管理等诸多方面，也存在不同，因此，社会资本以“产权收购模式”投资非营利性医院，既受社会办医总体政策和法律的监管和限制，同时还要视非营利性医院法律主体性质不同，分别受事业单位、公司及企业、民办非等监管法规规制。

三类非营利性医院的主要差异见表2.1：

表2.1　三类非营利性医院的主要差异比较

医院类型	举办人	法律主体及地位	登记部门	财务会计制度
政府医院	a）国家机关 b）其他组织（利用国有资产举办）	事业法人	事业单位登记管理局	医院财务制度 政府会计制度
国企医院	a）全民所有制形式的国有企业或企业集团 b）国有独资公司 c）上述a）、b）下设的全资子企业	a）事业法人（国企100%举办） b）民办非企业单位法人（国企所持医院举办权益低于33%） c）未办理主体登记、非法人性质	a）事业单位登记管理局 b）民政局	a）医院财务制度 b）民间非营利组织会计制度
民办非医院	a）企业事业单位 b）社会团体 c）其他社会力量 d）公民个人	a）民办非企业单位（法人） b）民办非企业单位（合伙） c）民办非企业单位（个体）	民政局	民间非营利组织会计制度

实践中，社会资本以“产权收购模式”投资并购非营利性医院，又可细分为以下两大类模式：

(1)直接收购:社会资本通过直接投资方式,取得改制或并购后医院的股权或举办人权益;在社会资本投资政府医院项目中,此模式还包括“一址两院、一院两制”等模式。

(2)间接收购:社会资本通过间接收购医院举办人权益方式,将医院原举办人变更为社会资本与原举办人(或其指定主体)“双举办人”,社会资本通过持有举办人权益或控制举办人公司,从而实现对医院的经营管理控制权。

社会资本如通过“产权收购模式”收购上述三种不同类型的非营利性医院,在模式适用方面存在个体差异,具体情况如表2.2所示:

表2.2 产权收购模式在三类非营利性医院投资并购项目中的比较

产权收购模式	政府医院	国企医院	民办非医院
直接收购	a)直接收购政府所持医院举办人权益存在法律障碍; b)“一址两院”模式:社会资本与政府医院存量资产合作,将政府医院某院区改制为营利性医院;此模式现被《卫健法》禁止; c)“一院两制”模式:政府与社会资本在同一院区建立营利性医院,“非营利性医院”和“营利性医院”共存;此模式现被《卫健法》禁止。	a)社会资本可以直接收购具有独立法人资格的国企医院举办人权益; b)社会资本可以与非法人性质国企医院,通过资产合作模式,对非法人性质国企医院进行改制。	a)可采取上述政府和国企医院操作的各种模式,同时在具体操作的路径和程序上,若不涉及国有资产监管审批等,将更为便捷。
间接收购	a)社会资本以现金方式出资、政府以医院经评估的净资产或实物出资作为出资,双方设立合资公司,将政府医院举办人由原政府作为单一举办人变更为政府与社会资本“双举办人”。	a)此方式既适用于具有法人地位的国企医院,也适用非法人性质国企医院,但在具体操作路径上存在不同。	a)间接股权并购方式,只适用于举办人为公司制法人情形;举办人若为自然人或非法人主体,则存在法律障碍。

(二)产权收购模式利弊分析

1. 产权收购模式优势

相较于经营权收购模式,产权收购模式具有以下优点:

①投资者的权利、义务在政策法律层面,可以得到较为明确和充分的保障,并可能享受地方政府对政府医院改制优惠政策;

②由于投资者在一定程度上享有对医院资产、举办人权益或股权方面的权益,投资者拥有对医院的部分"话语权",从提高医院经营管理的决策效率等方面看,此模式优于"经营权并购模式";

③从投资者投资医院后的资本退出、资金安全性方面考量,此模式的保障性强于"经营权并购模式";

④对医院而言,便于将来医院由非营利性改制为营利性,在改制为营利性医院后,医院对医疗服务享有自主定价权,从而使投资更具价值。

2. 产权收购模式劣势

产权收购模式存在如下风险或弊端:

①产权收购模式操作难度比较大,涉及医院产权或权益的变更,需要履行复杂和严格的内外部审批程序,存在审批难度;

②在现有政策法律体系下,"举办人权益出资"模式的法律依据不充分;《卫健法》施行后,社会资本与政府医院"一址两院""一院两制"模式为《卫健法》所禁止;

③国企或政府以医院净资产与社会资本合作等产权收购模式,存在部分出资无法到位的风险,且地方政府一般会要求社会资本参照政府医院净资产配比,配以一定金额/资产的资金,社会资本将支付更大的资金成本,却无法通过分红取得投资回报,亦无法在政府医院未来清算时,取得剩余资产分配;

④对公立医院职工的影响较大,受政策、政府、员工安置等不确定性因素影响较大;

⑤改制后的政府医院很可能失去现有的政府财政补贴;改制为营利性医院在失去政府财政补贴的同时,也会失去减免税等各项针对非营利性医疗机构的税收优惠政策以及土地优惠政策。《卫健法》施行后,我们预测政府医院与社会资本合作转营利性医院将变得难以操作。

二、经营权收购模式

(一)模式介绍

经营权收购模式比较常用于社会资本与政府医院的合作项目中。

此模式是指社会资本不以取得标的医院(主要为政府医院)资产、举办权益为目的,在不改变医院资产权属、事业单位性质、人员身份、医院名称等前提下,以获取医院经营权和管理权为目的的一种交易模式。

经营权收购在实践中分为委托管理、特许经营、PPP模式。(详见第六章第五节至第七节)

(二)经营权收购模式利弊分析

1. 经营权收购模式优势

与产权收购模式相比,经营权收购模式具有以下优点:

①可以规避公立医院改制或产权并购模式项下存在的政策及法律瓶颈;

②社会资本能以较低投资成本,取得非营利性医院的经营管理权;

③不涉及医院职工身份、劳动人事关系的改变,不存在人员安置的压力和风险。

2. 经营权收购模式劣势

经营权收购模式存在以下风险或弊端:

①由于此模式是以经营管理合同方式,约定社会资本与医院的合作关系,这种"契约型"管理模式,与产权收购模式相比,社会资本对标的医院的控制力要弱一些,且为确保社会资本的投资回报,经营管理合同约定的期限一般比较长,长期合同在履行过程中存在诸多不确定性因素,如政府医院存在政府换届导致医院违约风险,同时,这种模式项下,社会资本难以把握投资回报底线;

②尽管现有政策并未将公立机构的托管经营明确纳入行政审批范围,但《关于公立医院改革试点的指导意见》中同时指出,公立医院进行重大决策时,需要报批;

③对于境外机构或外商投资企业托管经营医疗机构尚无明确政策及法律依据;

④IOT模式在现行政策监管环境下能否持续有效,存在不确定性。

结合目前社会办医实践,社会资本投资并购非营利性医院操作模式如图2.2所示:

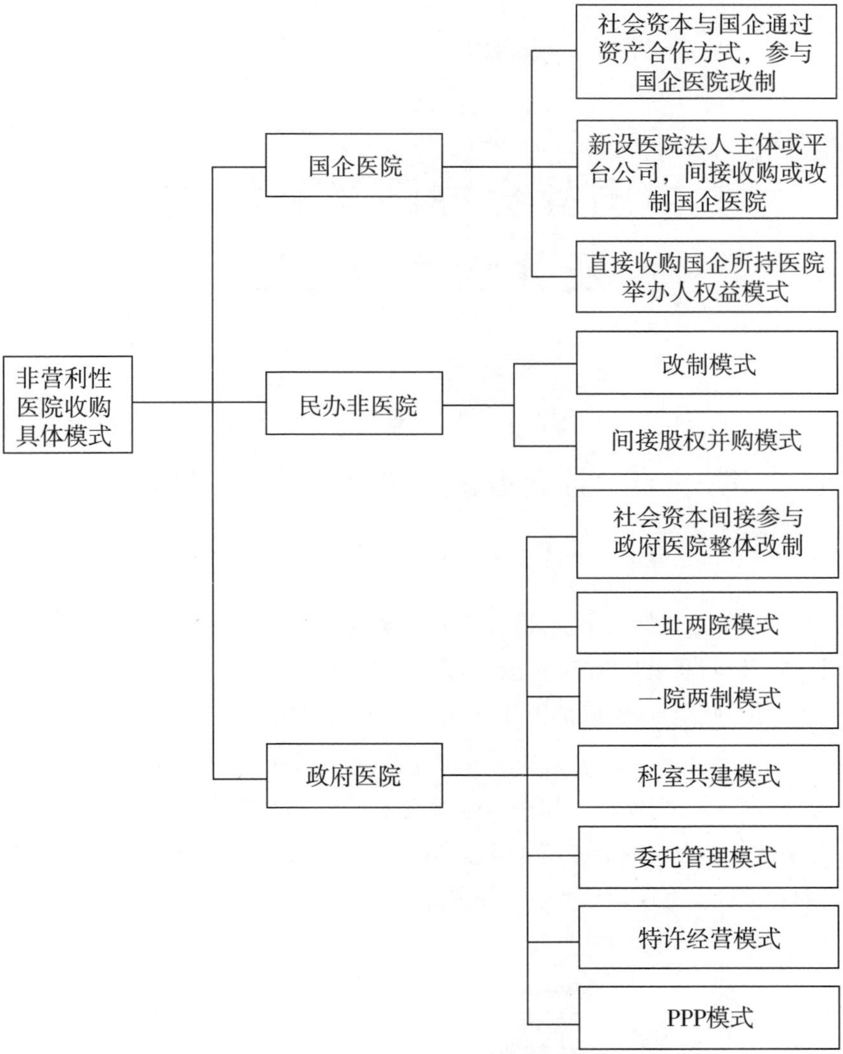

图 2.2 社会资本投资并购非营利性医院操作模式

借用巴尔扎克的名言:社会办医虽然“实行起来是有困难的,但是吸引着我的,正是这个困难本身”。社会办医路途虽不好走,但诚如拿破仑所说,“最困难之时,就是离成功不远之日”。

第三章

中国社会办医盈利模式及并购关键要素

第一节　社会办医业务及盈利模式概述

医疗服务行业包括两大类业务：医疗服务及其他医疗保健服务。医疗服务旨在提供预防、诊断及治疗疾病、疾患、损伤或功能障碍的服务。其他医疗保健服务是指提供急症护理、康复、家庭护理及类似医疗服务、健康教育、传染病预防控制等方面的服务。

本章从商业角度，将医疗服务行业分为医疗服务及医疗产业的延伸服务两大类，并分别从社会办医的业务模式及盈利模式来分析社会资本办医的经营状况。

目前我国社会办医常见的业务模式和盈利模式如图 3.1 所示：

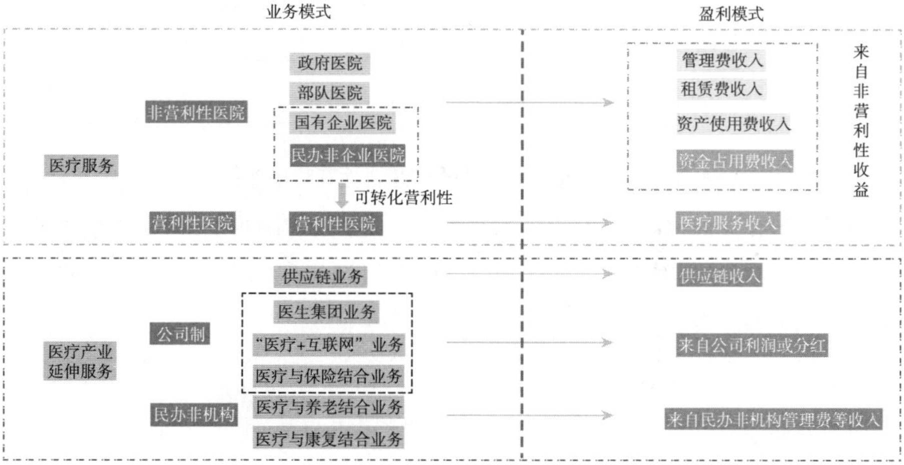

图 3.1　社会办医业务模式及盈利模式结构图

一、社会办医业务模式分析

以下就图 3.1 所示的两类业务做具体说明。

（一）医疗服务

如前文所述，我国医疗服务机构包括营利性医院和非营利性医院。

对于营利性医院（包括营利性专科和综合性医院），社会资本主要通过直接股权投资方式，投资并控股营利性医院，从而获取医院服务收入。

对于非营利性医院，社会资本可通过以下方式，获取医疗服务收入：

①委托经营管理、特许经营等经营权收购模式；

②通过获取非营利性医院资产、举办人权益、改制后医院“股权”等方式，实现以政府购买服务的形式；

③持有改制后营利性医院股权，从而获取医院的综合医疗服务收入；

④与投资或托管医院旗下的“诊所”共同建立分级医疗体系，为周边居民提供便捷服务，获取收益。

除上述方式外，社会资本在拥有并整合医疗服务机构网络基础上，还可通过供应链体系（包括各类医疗物资、非医疗物资采购及基础设施建设等），对所属的医院采购进行统筹管理，创造显著协同效应。

与此同时，社会资本能优化所管理医院网络的内部成本结构，以提升社会资本所管理医院的整体盈利能力。

此外，供应链体系也可为不属于社会资本的外部医院，提供各类医疗及非医疗物资的采购服务，在帮助外部医院控制成本的同时，与外部医院建立长期稳定的合作关系，为社会资本在下一步投资收购医院网络，奠定良好的合作基础。

（二）医疗产业延伸服务

社会资本在发展上述医疗服务业态的同时，日益注重新生业态的业务融合，从横向和纵向拓展，以延伸医疗服务行业，如有些社会资本积极拓展医生集团与互联网医疗业务，有的已进入保险、养老、康复等业态。

目前医疗延伸业务主要包括以下几类：

1. 医生集团业务

区域性医疗机构网络将成为多点执业医生集团理想的落地执业地点。社会资本通过与医生集团成立合资公司、合伙企业、业务对接等多种形式，在股权、业务等多层面展开深入合作。在与医生集团合作共赢的同时，社会资本也能为各医疗机构引入优秀人才，提升整体医疗服务水平。

2.“医疗＋互联网”业务

社会资本以实体医疗服务为基础，在“医疗＋互联网”方面进行整体规划建设，在线下持续发展的基础上，增加线上服务的渠道。通过医疗机构后台信息化工具对患者体征、病理、医疗记录等信息进行大数据分析，开发相关应用，为患者提供持续健康管理服务，实现多种“医疗＋互联网”模式的运营。

3. 医疗与保险结合业务

社会资本可在上述医疗服务规模不断扩大并建立起RIDS[1]的基础上，借鉴海外成功经验，探索开发区域性商业医疗保险与医疗健康管理相结合的HMO（Health Maintenance Organization）商业模式。与商业健康保险公司建立业务关系，实现“医保”紧密集合。

通过医疗体系与保险机构的紧密合作，有效探索“医加保”的管理模式。通过这种模式，一方面可根据区域居民实际需求，与多样化的健康保险、养老保险等产品合作，作为基本医疗保险的有效补充；另一方面可发挥医疗机构的专业运营管理优势，提高保险资金运用效率，推动健康管理服务，有效控制医疗费用。

4. 医疗与养老结合业务

拓展养老服务体系，实现医养紧密结合。与养老机构合作，一是面向居家老人提供居家养老服务；二是共同发展新型养老社区，建立以医疗、护理、康复为一体的养老护理机构。

此外，社会资本在内部管理和协同上，可统筹康复、养老、中高端专科诊疗、健康小镇、健康教育与咨询、健康产业基金、健康科技等业务。

二、社会资本办医盈利模式分析

社会资本在上述业务模式基础上，可通过多种渠道实现其盈利模式。

如运营营利性医院，获取医疗服务收入；托管非营利性医院，获取医院管理费收入；整合所管理的医院供应链，从药品、医疗器械与医用耗材的购销差价中获取收益；从投资的“医疗＋互联网”及医疗保险等公司直接获取利润；从管理的康复或养老机构获取管理费收入等。

就上述盈利模式，公司制的营利性医院在医疗服务和产业延伸服务的收益方式上，相对简单，如营利性医院和医疗保险公司等可直接通过从公司分红实现回报。但对事业单位或民办非性质的非营利性医院而言，实现投资回报，则较为复杂，

---

[1] 形成一体化运营的区域协作医疗体系RIDS（Regional Integrated Delivery System）。

如何打通非营利性医院投资回报渠道，是社会资本投资非营利性医院的难点和痛点。

如上文所述，社会资本在投资非营利性医院时，一般会通过成立医院管理公司作为投资或托管非营利性医院的平台，进而打通医院管理公司与非营利性医院之间的回报渠道。医院管理公司可通过 IOT 委托管理模式、直接或间接收购医院举办人权益等模式，以获取医院的管理权或举办权。在此基础上，医院管理公司通过收取非营利性医院管理费，以及从供应链的整合中获取收益。

一般来说，医院管理公司的生意模式包括：

①通过产业链上下拓展，既有医疗服务又有医药代理；

②在获得非营利性医院的经营管理权后（无论是通过获取经营权模式还是产权收购模式），向非营利性医院输出管理。

上述两点是一个有机整体，在实现社会资本对非营利性医院管理的同时，实现对上游医药、医疗设备和医用耗材的掌控。

基于上述生意模式，社会资本成立的医院管理公司平台的投资回报，来自以下几个方面：

（一）直接管理费收入

如本书第十一章“非营利性医院投资回报渠道分析”中所述，这种收入方式一般用于社会资本与政府办或民办的非营利性医院合作项目中，社会资本与医院通过签署管理协议的方式，在协议中约定根据医院收入或收支结余的比例提取一定比例的管理费。

（二）供应链利润

这是医院管理公司最直接的收入来源，这种情形也是由于医药产业链条中物流配送的利益格局所致。

社会资本在收购医院后，成立的供应链管理公司相当于医药商业企业的角色，即该公司以医药产品物流配送和垫资为主，主要利润来源于进销差价和工业返利。

由于医院在整个利益链条中的强势地位，商业企业的应收账期要长于对上游工业企业的应付账期，流通企业实质承担了“垫资”的角色，以致商业企业的日常运营和新渠道建设都需要大量的资金支持。

社会资本成立的供应链公司掌控了商业物流配送，相当于将流通企业的差价和账期在社会资本控制的供应链利益内部化，使社会资本有机会获得供应链端利润。简言之，医院管理公司通过管理费可实现基础收益，同时通过供应链获取超额回报。

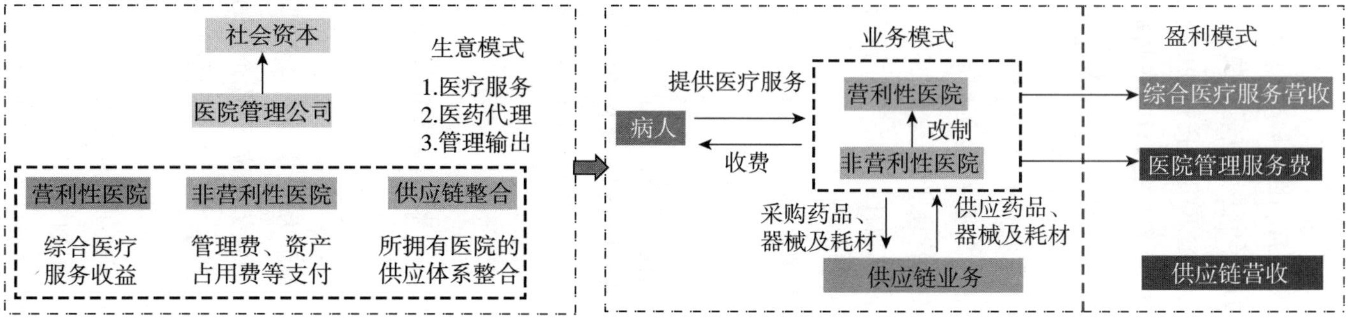

图3.2　医院服务业务模式和盈利模式结构图

例如,某社会资本通过IOT模式与某政府医院合作后,从该医院供应链获取的收入,占医院管理公司总收入的50%～70%,而通过IOT获取的医院管理服务的收入,只占其总收入的5%～10%。

(三)医疗服务业务整合

社会资本在投资不同层次的医院(如三甲、二级及社区门诊)后,通过内部的整合、协同及合作,在医院管理公司内部的不同层次的医院之间,形成了有效的转诊机制,为中高端客户服务创造了业务规模和效益。

(四)直接医疗服务收益

社会资本直接收购营利性医院或将非营利性医院改制成营利性医院,由此可直接获取营利性医院的综合医疗服务分红。

综上所述,社会资本在投资非营利性医院和运营营利性医院过程中,须在医院管理公司和所并购的医院层面形成一套成熟的生意模式和盈利模式。

同时,必须建立起相应的管理体系,包括但不限于医院管理公司投资发展策略、医院运行管理体系、盈利模式搭建、医院资产估值模型、医院治理结构和管理规范等,这些管理体系将成为社会资本办医独特的核心竞争力,为医院后续资本运作或寻求上市打下基础,从而促进社会资本办医的可持续发展。

第二节　互联网医院业务模式比较分析

一、互联网医院业务发展概述

互联网医疗是伴随着“互联网+”概念应运而生的医疗行业新的发展形式。

回顾我国互联网医疗不长的发展历程,从早期提供网上健康问询、在线医疗信息服务到在线诊疗服务,及至目前线上线下一站式服务体系的探索,互联网医疗的业务模式仍处在不断变化和初期探索中。

我国早期以“互联网医院”名义设立的线上平台为宁波云医院与广东省互联网医院,这两家线上平台均是在2014年相继上线运营,设立的政策背景和依据是《关于推进医疗机构远程服务的意见》《关于推进和规范医师多点执业的若干意见》。尽管宁波云医院与广东省互联网医院冠以“医院”之名,但两家医院并没有取得医疗机构执业许可,其业务本质为“医疗信息服务”,虽有“医院”之名,但并无诊疗业务之“实”,未形成完全线上的业务闭环。

2015年至2017年,以乌镇互联网医院、银川智慧互联网医院为代表的线上平台开始涌现。相较宁波云医院、广东省互联网医院,乌镇互联网医院、银川智慧互联网医院开始明确互联网医院平台的医疗机构属性。比如:《银川互联网医院管理办法(试行)》及其实施细则明确定位:互联网医院是依据该办法和实施细则的规定,经市级行政审批服务部门备案登记取得《医疗机构执业许可证》的机构;互联网医院开展互联网医疗服务,参照《医疗机构管理条例》《医疗事故处理条例》执行。

在这个时间点上,互联网医疗服务缺乏法律法规的明确规定,但以乌镇、银川为代表的互联网医院已在实践中开始尝试以互联网医院为实施主体的诊疗服务,互联网医院的业务性质和定位已发生了改变,由徒有医院之“名”(虚)向医疗机构、诊疗业务之“实”过渡。

2018 年 4 月 25 日,国务院发布《关于促进“互联网 + 医疗健康”发展的意见》(以下简称 26 号文),3 个月后,卫健委发布了《互联网医院管理办法(试行)》、《互联网诊疗管理办法(试行)》与《远程医疗服务管理规范(试行)》三个配套规范性文件(以下简称 26 号文及其配套文件),确立了互联网医院以实体医疗机构为主,互联网医疗公司为辅的发展模式,以及互联网医院促进医疗资源下沉、推动分级诊疗的政策导向。

26 号文为互联网医院的业务定位和发展模式发展方向提出了指导性意见,相关配套文件明确了互联网诊疗、远程医疗服务范围、监管底线及互联网医院准入条件和标准,同时要求新规施行前已经开展互联网诊疗活动的医疗机构以及已经批准设置或备案的互联网医院,在规定时间内重新办理执业登记、重新提出设置和执业登记申请。

以 26 号文及其配套文件的颁布为分界点,互联网医院进入了有规可依、全面规范、快速发展的阶段。新规也促进了互联网医院业务模式向线上线下一体化医疗服务模式发展。

根据国家远程医疗与互联网医学中心和健康界联合发布的《2021 中国互联网医院发展研究报告》(以下简称《2021 年报告》),受新冠疫情的催动,接近 9 成的实体医疗机构、互联网相关企业都在积极布局互联网医院建设发展;互联网诊疗业务在 2020 年实现跨越式增长,尤其是实体医疗机构建互联网医院,参与科室、参与医生、诊疗人次均实现倍增式增长。据国家卫健委统计,2018 年年初至 2019 年 11 月,我国互联网医院数量由 146 家暴增至 294 家,疫情暴发后,互联网医院的数量更是呈现井喷式增长呈现,截至 2021 年 6 月,全国互联网医院已达 1600 余家。

疫情以来,国家卫健委先后发布了《关于加强信息化支撑新型冠状病毒感染的肺炎疫情防控工作的通知》《关于在疫情防控中做好互联网诊疗咨询服务工作的通知》《关于推进新冠肺炎疫情防控期间开展“互联网＋”医保服务的指导意见》《关于积极推进“互联网＋”医疗服务医保支付工作的指导意见》等文件，强调在疫情期间要充分利用互联网医院、互联网诊疗的独特优势，鼓励开展互联网诊疗服务，降低其他患者线下就诊交叉感染风险；要求各省级卫生健康行政部门统一建立全省的互联网医疗服务平台，集中整合发布已经注册审批的互联网医院、互联网诊疗平台，科学组织互联网诊疗咨询服务工作，具备条件的医疗机构应有效开展互联网诊疗咨询服务；将符合条件的“互联网＋”医疗服务费用纳入医保支付范围，即：经过卫生健康行政部门批准的互联网医院可以与统筹地区医保经办机构签订协议后，为参保人员提供常见病、慢性病的复诊，可纳入医保基金支付范围。前述系列配套政策，进一步加快了互联网医院的发展步伐。

根据《互联网诊疗管理办法（试行）》《互联网医院管理办法（试行）》的有关规定，互联网医院包括两大类：

①作为实体医疗机构第二名称的互联网医院；

②依托实体医疗机构独立设置的互联网医院。

由于互联网医院尚未设置单独牌照，目前识别互联网医院的类别主要依据《医疗机构执业许可证》所载明的医院名称。

二、互联网医院的设立模式

根据《互联网医院管理办法（试行）》对互联网医院命名的有关规定，互联网医院的设立模式可分为以下三种：

（一）以实体医疗机构为主导，独立申请互联网医院

这种模式以浙江大学第一附属医院设立的浙一互联网医院、广州医科大学附属医院设立的广州医科大学附属医院互联网医院为代表。

此模式下，互联网医院以“本机构名称＋互联网医院”的方式命名。

（二）实体医疗机构与第三方机构合作申请互联网医院

实践中，第三方机构多由互联网企业为主导。

这种模式以上海市徐汇区中心医院贯众互联网医院为代表。上海贯众健康管理咨询有限公司是一家为实体医院提供互联网解决方案的系统开发商，并协助医院为患者开展诊疗和随访进行平台运营，其与上海市徐汇区中心医院暨复旦大学附属中山医院徐汇医院于2015年12月16日合作推出徐汇云医院智慧医疗平台“上海徐汇云医院”，并于2020年2月26日取得互联网医院牌照，是上海市首家获得互联网医院牌照的公立医院。

此模式下，互联网医院一般以“本机构名称 + 第三方识别名称 + 互联网医院”的方式，予以命名。

（三）第三方机构独立设置互联网医院

这种模式以上海商赢互联网医院为代表。上海商赢互联网医院于2019年5月取得医疗机构执业许可证，医院由商赢互联网医疗（上海）有限公司100%持股，依托于复旦大学附属妇产科医院，系上海市卫健委批准的上海第一家获得“医疗机构执业许可证”的互联网医院。

此模式下，互联网医院以“申请设置方识别名称 + 互联网医院”的方式命名。

根据《2021年报告》，互联网医院参与方多元化，且以三级及以上公立医院为主，公立医院正成为互联网医院建设主力军，占比近7成。此外，就实体医疗机构建设互联网医院，三级及以上医院建设互联网医院占比超过8成。

三、互联网医院业务模式分析

（一）我国互联网医院业务主要模式

根据26号文及其配套文件、互联网医院业务发展现状和相关实例，互联网医院可开展的业务类型和内容具体如下：

实践中，互联网医院业务分为：诊疗业务和非诊疗业务两大类。

（1）诊疗业务：分线上诊疗和“线上 + 线下”诊疗两类，其中线上诊疗限于部分常见病、慢性病复诊和“互联网 + ”家庭医生签约服务；由于“纯”线上互联网诊疗业务的范围过于狭窄，目前互联网医院比较普遍采取“线上 + 线下”诊疗业务模式，以拓宽业务范围和收入。

（2）非诊疗业务：主要包括线上健康咨询、健康管理、健康培训、健康评估、线上预约挂号、预约转诊等服务。

互联网医院在开展上述业务过程中，按照是否涉及药品销售，可细分为“涉药销售”和“不涉药销售”两大类。

上述业务分类具体如图3.3所示：

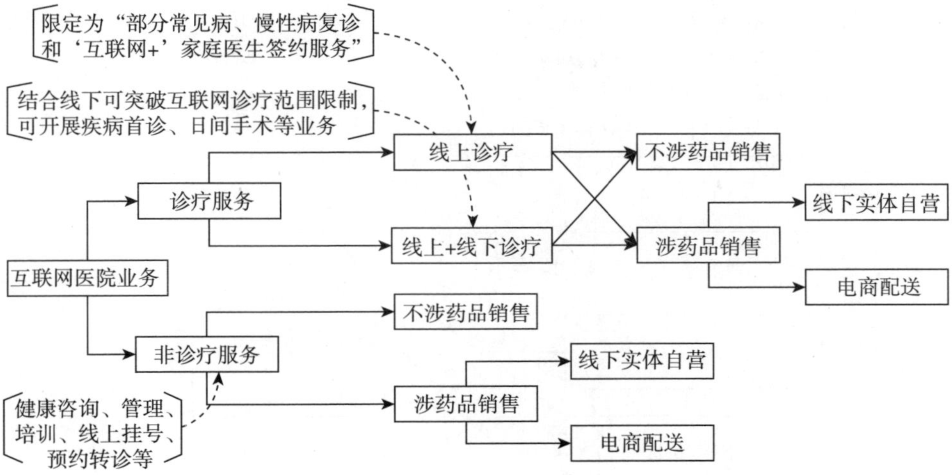

图 3.3　互联网医院业务划分图

根据健康界研究院发布的《2020 中国互联网医院发展研究报告》(以下简称《2020 年报告》),“超过 70% 的互联网医院盈利收入不超过 500 万元,盈利能力有限”。究其原因,药品及耗材销售收入是传统实体医院的重要乃至主要的收入来源,而互联网医院开展药品销售业务,还需另行申请资质许可,同时又受远程医疗技术的限制,互联网医院能够开展的诊疗类业务,仍非常有限。

为了谋求盈利能力上的突破,目前我国互联网医院在实际运营中,分化出两种业务路径,并形成以下两大主要业务模式:

模式一:诊疗咨询服务模式。即专注于在线诊疗及在线健康咨询/管理、线上挂号等非诊疗业务。

模式二:医药电商模式。即复合模式,同时开展“在线诊疗咨询服务 + 医药销售”一体化业务。

(二)两种模式特点分析

1. 诊疗咨询服务模式的特点

该模式以宁波云医院为代表,专注于在线诊疗创新的互联网平台,优先整合医疗资源。诊疗咨询服务模式业务流程如图 3.4 所示:

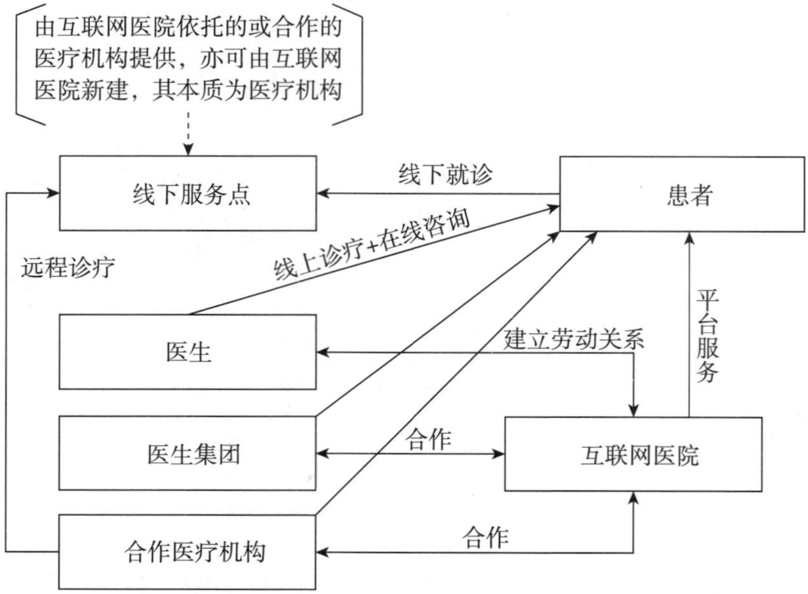

图 3.4　诊疗咨询服务模式业务流程图

2. 医药电商模式的特点

该模式以微医为代表,致力于打造在线诊疗咨询服务与医药销售一体化的互联网平台,在此模式下互联网医院大量整合线下药房,力求实现诊疗到配药的业务闭环。医院电商模式业务流程如图 3.5 所示:

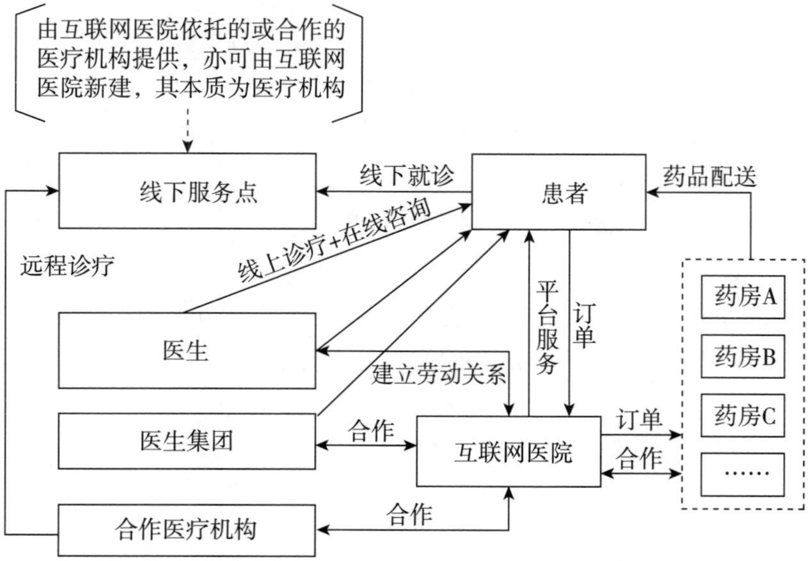

图 3.5　医药电商模式业务流程图

四、互联网医院业务模式比较

（一）政策适应性

发展“互联网＋医疗健康”、加快建设远程医疗服务体系的路径，是解决14亿人口大国“看病难”问题的重要一招。利用信息化手段，解决老百姓看病就医的“痛点”和“堵点”问题，让信息多跑路、让群众少跑腿，不仅方便人们看病就医，也有效提升人民群众的幸福感、获得感。[1]

互联网医院正是响应国家号召，[2]促进医疗资源下沉、推动分级诊疗，解决我国医疗资源分配不均的问题，使基层和边远地区能够享受更多的医疗资源，不断提升医疗服务均等化、普惠化、便捷化的最重要“抓手”。

笔者认为，“诊疗咨询服务模式”将医院回归医疗服务本源，专注在线诊疗、整合医生资源，顺应当下互联网医疗政策导向，具有更好的政策适应性。

（二）盈利可持续性

伴随医疗服务需求的增加，我国各级医院的医疗服务费用逐年有所增加，不断提高医疗质量和医生收入，是医改发展必然趋势。

“诊疗咨询服务模式”虽然尚在发展初期，较为艰难，但从发展前景来看，其盈利空间和潜力将不断增强且发展可持续。“医药电商模式”尽管目前通过药品或医用器械及部分小型耗材等供应链端，互联网医院能获得较为丰厚的回报和较强的盈利能力。但是，在国家大力推行的药品采购“两票制”“零加成”等政策推进下，药品零售价格将不断面临较大冲击；同时，“医药电商平台”产生的竞价效应，将进一步压缩药品销售端的利润。目前“以药养医”的局面将逐步被打破，随着国家医药流通改革政策的不断落地，该模式的盈利能力及可持续性将面临更为严峻的挑战。

（三）运营成本及合规风险

如上文所述，上述“医药电商模式”实际上是将“互联网医院”与医药电商平台进行了融合而形成的一种“复合式”模式。但“互联网医院”与“医药电商平台”在以下方面存在明显区别，具体如表3.1所示：

---

〔1〕 中日友好医院副院长彭明强在2019年4月25～28日健康界论坛上的演讲报告。

〔2〕 例如，《关于开展建立健全现代医院管理制度试点的通知》（国卫体改发〔2018〕50号）附件2任务11“全面开展便民惠民服务”具体要求如下：应用互联网等信息技术拓展医疗服务空间、内容，构建覆盖诊前、诊中、诊后的线上线下一体化医疗服务模式。进一步改善医疗服务，优化就医流程，科学实施预约诊疗，探索推行日间手术、远程医疗、多学科联合诊疗模式。扩大预约诊疗途径，提高预约诊疗率和复诊预约率。探索医疗服务多元化发展，在保证基本医疗服务需求的前提下，开展特需服务，满足多层次、多样化健康服务需求。

表 3.1 互联网医院与传统医药电商平台比较图

序号	事项	互联网医院	医药电商平台
1	设立审批程序	依据《医疗机构管理条例》《医疗机构管理条例实施细则》的有关规定进行审核。批准设置并同意其将互联网医院作为第二名称的,在《设置医疗机构批准书》中注明;批准第三方机构申请设置互联网医院的,发给《设置医疗机构批准书》。医疗机构按照有关法律法规和规章申请执业登记。	根据 2015 年 10 月国务院《关于第一批取消 62 项中央指定地方实施行政审批事项的决定》,从事互联网医疗保健信息服务的审核事项取消。目前,医药电商平台无特殊的设立审批程序,事先取得相应资质证照即可。
2	业务范围	部分常见病、慢性病在线诊断、家庭医生签约服务、开具电子处方。	医疗保健信息服务、远程医疗咨询、药品及医疗器械交易中介服务。
3	可能需要取得的资质证照	《医疗机构执业许可证》、ICP 备案等。	《互联网增值电信业务经营许可证》、《互联网药品信息服务资格证》、《医疗器械网络交易服务第三方平台备案》、第三方支付许可、ICP 备案等。

由表 3.1 可知,互联网医院与传统医药电商平台,存在以下差异:

一是审批难度加大。在互联网医院与医药电商平台进行融合过程中,无疑将增大互联网医院设立的审批难度。根据《2020 年报告》,其统计的 83 家以互联网医院名义经营的网络平台中,仅有一半取得了互联网医院牌照。

二是多重监管。医疗与医药融合的综合性互联网平台,后续还将同时受到来自互联网医疗、互联网医药的多重监管。

以互联网医疗信息服务资质许可为例,医药电商不仅需要取得第二类增值电信业务项下的在线数据处理与交易处理业务许可(EDI),还需取得第三方支付许可这一金融牌照或与具有牌照的主体进行合作,而仅这两项资质证照,就已经排除了大多数企业创设综合性医药医疗平台的可能性。

由此可见,医疗与医药融合的综合性互联网平台,不仅存在较高的设立、运营成本,而且经营中也面临较多合规风险。

综上,笔者认为:

(1)"诊疗咨询服务模式"偏重并回归医疗服务的"本质",符合法律及政策对互联网医疗的定位和立法初衷,代表未来互联网医院的发展趋势。

(2)"医药电商模式"更适合像阿里健康等拥有深厚的电商运营基础且具有将

互联网医疗与互联网医药整合为一体能力的企业或社会资本。在目前医药电商模式存在盈利瓶颈的现实情况下，对于不具备前述资源和整合能力的社会资本而言，此模式不具有可复制性。

第三节　医院并购关键要素分析

一、概述

在医院并购项目中，投资者须自问，我们为什么要投资这个医院？被并购的医院及其管理层，也常会反问投资者，你凭什么收购我？收购我后，你能给我带来什么？社会资本投资、并购医院时，会经常被问，你到底有什么能力？收购医院后，你怎么去管？

如前文所述，社会资本在投资、并购医院时，需要考虑以下三个核心问题：

①资源的获取，即如何获取优质的医疗资源；

②盈利模式的打通，尤其是投资非营利性医院后，如何打通医院管理公司与非营利性医院之间的盈利通道；

③投后的整合和管理，即投资者在投资医院后，无论是营利性医院还是非营利性医院，如何实现对其存量资源的有效整合，即如何实现所拥有医院整体的协同和有效管理，以实现资源整合利益的最大化。

就前述盈利渠道问题，详见本书第十一章“非营利性医院投资回报渠道分析”。就医院管理和治理结构问题，详见本书第十二章“医院并购治理结构分析”。

本章从医院投资的角度，对投资医院应考虑的关键要素进行分析。

医疗行业作为重监管、高门槛行业，社会资本投资办医需要考虑的因素非常多。图 3.6 列示了笔者认为投资者应考虑的关键因素。

二、以医院管理集团为收购标的应考虑的关键因素

社会资本在医院并购扩张中，除了以单体医院作为收购目标外，有些社会资本还通过投资并购医院管理集团，从而达到间接收购医院管理集团下属医院的目的，以加快其收购的步伐和扩大规模。

一般来说，在并购医院管理集团时，应从以下纬度考虑：

(一)战略方面

投资者应考虑拟收购的标的，在战略方向上是否高度契合。比如，双方是以致

力于参与公立医院改革、改制为战略定位，还是以收购和管理专科医院、走“大专科、小综合”的模式。

此外，投资者还应对所在行业的竞争对手动态有较深的了解。比如，和美医疗作为中国最大的民营妇产科医院集团，以收购妇产科医院为主。康宁医院是中国最大的民营精神科医疗集团，以关注专科医院及精神科室的收购为主。爱尔眼科是中国最大的眼科医疗连锁集团，专注眼科医院的收购。

（二）投资方面

应关注和了解交易对方是否形成了一套成熟的投资发展、运行管理体系？作为医院管理集团，其公司治理和管理是否规范？生意模式和盈利模式是否清晰？双方在投资模式上是互为补充还是相互重叠？标的公司是以轻资产模式为主，还是以重资产模式为主？在双方的合作中，可否在投资模式及财务结构方面，形成良好的互补。

同时，在投资区域布局上，须考虑双方目前拥有的主要医疗资源是集中于同一区域，还是可弥补双方所在区域的产业布局的空白。

（三）管理方面

分析交易对方在管理方面是否有优势？比如：在单体医院体系化管理和集团化运营等方面是否有经验？医院管理是否按照JCI标准进行管理，医院是否为通过JCI认证的医疗机构？是否能达到“强强联合、优势互补”，以便在收购后的下一步整合中，整体提升投资者在单体医院和集团的管理水平。

在供应链管理上，收购标的在医药药品、医疗器械、医用耗材以及非医疗物资的供应链管理上，是否已经形成了一套完整的管理体系？对降低医院运行成本、提高效率、保障质量和提高回报上，是否可以促进和提高现有的供应链管理体系？

（四）人才方面

交易对方核心人员是否参与了中国医改的部分或全过程，是否对中国的医疗改革的政策和方向有准确深刻的把握或领悟？是否拥有、吸纳或储备了一批在医院建设、投资、运营、供应链等方面具有行业经验的专业人士？是否储备并建立了管理人才库和临床人才梯队？

在人员激励方面，是否在医院管理公司、下属医院、社区诊所等各个层面建立起灵活多样的激励机制？比如，是否对医生采取了医院工资、医院奖金、集团奖金、项目奖金、专项基金和股权激励等多种方式，以解决医改中的“调动积极性”的核心激励机制问题？是否为“国企混改”试点单位？

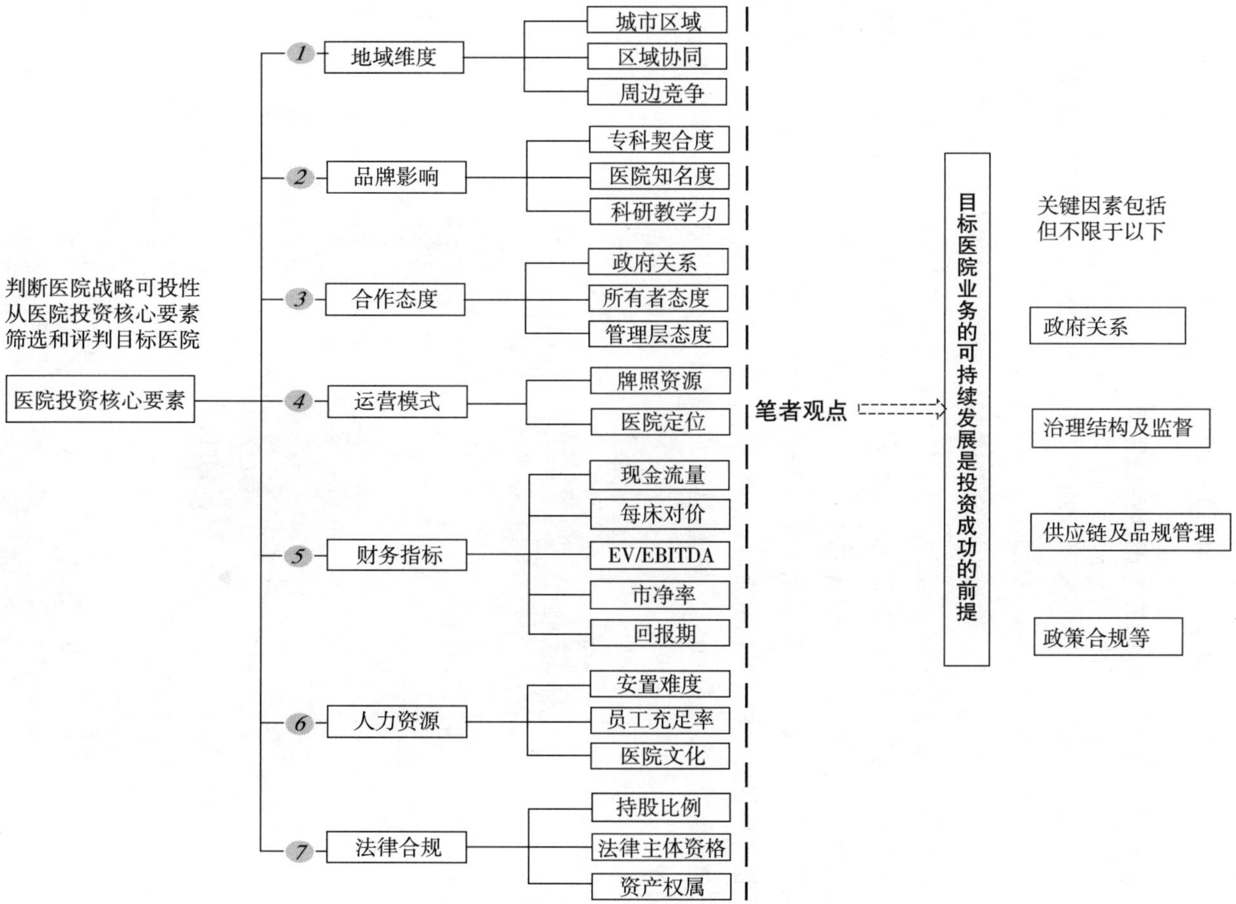

图3.6　社会办医：投资者应考虑的关键因素

综上所述，社会资本应从以上四个维度，分析拟收购的医院管理集团和其管理的下属医院与其自身的匹配度，进行全面“定性”分析和判断。之后，再对收购标的开展全面的尽职调查、估值测算以及后续的商业谈判工作，为收购后的整合打下良好的基础。

三、以医院为收购标的应考虑的关键因素

在收购单体医院时，社会资本应先确定目标医院的战略定位；然后确定其投资并购的可选择医院类型或领域；再到具体收购的医院个体，从运营、财务、估值、交易结构、法律、信息管理、供应链、人力资源管理、投资回报等各个维度分析，判断标的医院是否有投资价值。之后，再寻找各类医院收购的切入点，从交易模式入手，考虑收购的具体关键因素。

从投资者的角度来看，目前我国大部分优质医疗机构资源掌控在政府医院手中，而政府医院受限于其职能（保基本）、主体特性（公益性、非营利性）及监管政策法规，投资并购政府医院，面临诸多实操难题；除政府医院外，一般情况下，投资者很难获得各项指标比较好的医院资源。

笔者结合实操经验和体会，梳理、总结了如图 3.7 所示的收购医院应考虑的关键因素。

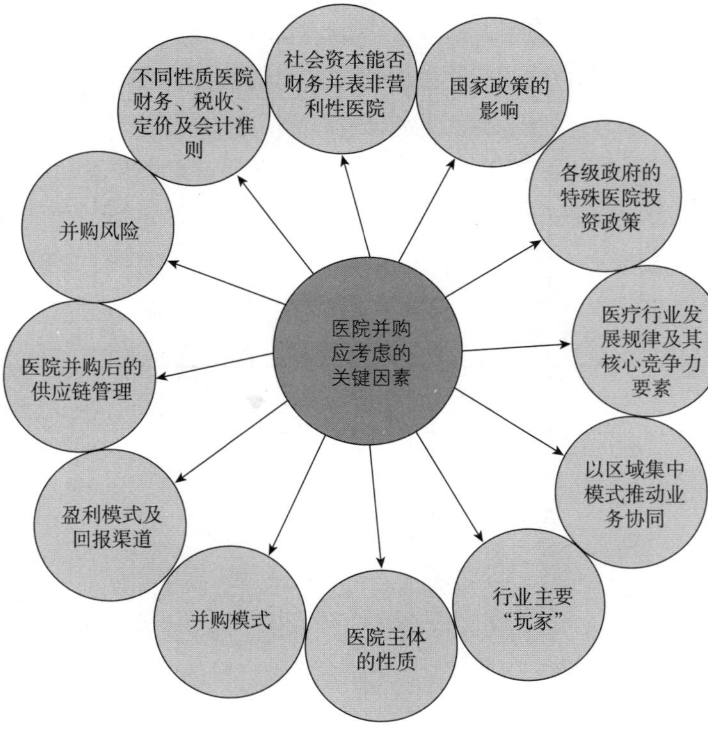

图 3.7　医院并购应考虑的关键因素

(一)国家政策的影响

如前文所述,医疗行业作为重监管行业,深受国家政策环境的影响。社会资本在收购单体医院时,须研判外部监管环境的变化和医疗行业政策变化,因为外部环境和政策的变化,对并购能否实施以及并购后医院能否可持续发展,将产生直接影响。

具体而言,投资者应从以下几个方面,研析国家政策和监管环境的影响:

1. 对外部监管环境变化进行研判

比如,随着分级诊疗服务模式建立,政府构建基层首诊、双向转诊、急慢分治、上下联动的分级诊疗模式,鼓励患者到基层医疗机构就诊,提升基层诊疗医保报销比例,降低大型医院就诊医保报销比例,并限制病人跨区域诊疗,这将对医院病源增长带来一定压力。

医改政策中关于药品“零”差价、降低医疗大型设备检查费用、降低医用耗材占比和费用等措施,将在全国范围内推行,由此将对各下属医院的盈利能力造成较大影响。

另外,国家的财政补偿政策目前很难惠及社会办医疗机构(如企业医院),因此,社会办医疗机构相比政府医院,在经营中,将面临不平等的竞争。

2. 对行业政策风险进行分析

如国家逐渐实施药品集中采购、推行 DRGs 付费制度,将对医院的成本分析、盈亏平衡点的测算等方面,有较大的影响。

3. 对社会办医现行政策的理解和最新落实情况进行分析

国家出台一系列社会办医政策,各级政府及卫生行政管理部门在执行过程中如何落实、执行,值得社会资本关注。比如,

①国家卫生监管部门认为,对政府医院的投资和改制,不能“动医院存量资产和举办人”。

②国家有关文件要求,[1]政府办公立医疗机构改制为股份制医疗机构的,不应该继续使用“人民医院”“中心医院”“××市”等含有行政区域名称的机构名称。

有的地方政府认为,已完成股份制改制的原政府医院生存发展依托的是政府医院的公信力和影响力,社会资本看中的是政府医院的品牌和人才;若将改制后的政府医院去掉公办色彩,进行重新命名登记,将出现该区域政府医院灭失的问题,

〔1〕《关于公立医疗机构改制后名称核定有关问题的批复》(国卫医函〔2015〕280 号)。

并进而可能引发医院职工安置等一系列问题。

(二)地方投资政策的差异化

我国地方立法和执法的差异性,决定社会资本除应了解掌握国家层面社会办医政策外,还应关注、了解所投资区域的地方特殊医院投资政策,以判断和选择最佳投资区域和投资标的。

比如,河南省出台了社会办医地方投资奖励政策〔1〕和产业政策。这些政策已经由河南省人民政府出具有关文件,可以作为政策依据推进项目实施。此外,不少地方政府出台了非营利性医院土地、房产方面的地方政策。比如,北京市出台的政策文件规定,〔2〕社会力量举办的非营利性医疗机构可按划拨方式用地,也可以按协议出让或租赁的方式取得用地;社会力量举办的营利性医疗机构按有偿方式用地,经国土等有关部门审核符合条件的,可按协议出让方式供地。深圳市〔3〕、安徽省〔4〕也出台了相关规定。社会资本在不同地域投资办医,应密切关注投资所在地的投资政策,在标的医院满足商业考量情况下,应尽可能选择政策优惠、开放区域投资。

(三)医疗行业发展规律及其核心竞争力要素

社会资本在投资医疗行业时,须把握医疗行业的发展规律及行业的核心竞争力要素,以便在医院收购的价值判断上,更有前瞻性。

---

〔1〕 河南省人民政府《关于进一步完善社会办医支持政策的意见》(豫政〔2014〕54 号)规定:社会办非营利性医疗机构在扣除办医成本、预留医疗机构发展基金以及提留其他有关费用后,可以从收支结余中提取一定比例用于奖励举办者,年奖励总额不超过以举办者累积出资额为基数的银行一年期贷款基准利率 1.2 倍的利息额。社会办非营利性医疗机构分立、合并、终止或变更举办者时,应进行财产清算,清算剩余资产在扣除社会捐赠资助和国家投入后,可按举办者实际投资原值或折价返还;返还后仍有剩余资产的,经财政、卫生部门审核同意,可以提取剩余资产的一定比例奖励举办者。

〔2〕 参见北京市人民政府办公厅《关于进一步鼓励和引导社会资本举办医疗机构若干政策》(京政办发〔2012〕35 号)。

〔3〕 根据深圳市人民政府批转市发展改革委等部门《关于鼓励社会资本举办三级医院的若干规定》(深府函〔2013〕217 号)的规定,社会办三级医院用地优先纳入市近期建设与土地利用规划年度实施计划,享受医疗用地地价优惠政策(由市卫生计生委提出竞买资格,市规划国土委采用招拍挂方式出让);社会办三级医院通过城市更新拆除重建方式建设、其医疗用地纳入开发建设用地范围的,不计入城市更新用地移交率,可一并协议出让,并享受医疗用地地价优惠政策(由市规划国土委核定医疗用地面积和地价)。

〔4〕 根据安徽省发改委、卫生厅等联合出台的《关于进一步鼓励和引导社会资本举办医疗机构的意见》(皖发改社会〔2013〕45 号)的规定,在符合土地利用总体规划的前提下,国土资源部门要将非公立医疗机构用地纳入年度供地计划,合理安排用地需求。社会资本举办的非营利性医疗机构已经取得的划拨方式用地,可以按协议出让方式取得土地有偿使用权。

就目前的医疗产业发展规律来看，普遍认为，应是以市场机制为基础，采取“规模经济、分级诊疗、区域集中”的模式进行产业发展。因此，社会资本在医院投资的过程中，须以市场机制为基础，在所属区域内发展“以区域龙头综合医院”为核心、打造区域分级诊疗体系，实现区域集中、区域规模化的发展方向。

就社会资本办医的核心竞争力要素来看，普遍认为，应以医疗技术资源、医疗产业管理能力以及产业资源整合能力为主导核心。其中，医疗技术水平是产业发展的核心与基础，医疗产业管理能力是医疗健康产业运行的组织保障，在此基础上需要有强大的产业整合能力，方可形成产业协同效应。社会资本收购的标的医院，主要的竞争要素包括医疗技术水平、医疗服务质量与安全、服务价格、品牌与便利性。

因此，在社会资本收购综合医院时，需从其竞争的要素，分析其是否有战略收购价值。

（四）以区域集中模式推动业务协同

基于上述医疗产业发展规律以及中国医疗行业区域差异性的特点，社会资本在标的医院收购区域上，须形成“实现区域集中、区域规模化”。区域优势主要体现为，充分利用与属地政府的良好合作；充分发掘属地资源，以及适用于当地的业态模式，实现与政府进行战略合作，进行规模扩张。该模式实际上是一种“以点带面”的扩张。但该模式下，在一个区域形成的经验与优势，难以在其他区域进行快速复制。

（五）行业主要“玩家”

在医院并购时，须对行业的竞争对手进行调研和分析，在日趋激烈的市场竞争环境下，经常会出现若干“同行”在同一区域争夺同一个标的医院的情形，且政府医院在选择合作的社会资本时，一般需要走招标、比选程序。因此，投资者有必要对竞争对手进行必要的研究，并发现和定位自身优势和竞争力。

比如，原凤凰医疗以综合医院服务（经营控股营利性医院）、医院管理服务（管理 IOT 医院及诊所并收取管理费）、供应链业务（通过统一的采购体系向营利性医院和 IOT 医院网络供应药品、医疗器械和医用耗材）三大业务为主。中信医疗在医疗服务领域已经形成了以综合医疗为基础，专科医疗为特色，健康管理、医药配送、医康养综合服务为保障的业务格局。北大医疗建立了以北京大学国际医院为龙头，覆盖全国的综合医院和专科医疗服务网络，并与健康保险、医疗信息化、养老、医药深度打通的产业格局。

（六）医院主体的法律性质和经济属性

如前文所述，由于我国特殊经济和法律环境，医院在法律主体和经济属性上存在多样化，不同法律主体和经济属性的医院，受不同政策和法规规制，由此导致社会资本投资不同性质、类别的医院，投资路径和交易结构存在很大的不同。

（七）并购模式

社会资本在收购具体医院时，须根据医院的不同性质及交易对手的要求，在交易方式上分析是采取轻资产还是重资产的模式，抑或二者兼顾。一般来说，轻资产运营模式主要体现为对医院的特许经营权上（如 IOT 模式），投资者以获取目标医院管理权为目的，不以并购资产或股权为目的，此模式可使社会资本以较低投资成本扩张其业务，并迅速拓展医院网络。

目前国内大部分医院管理公司采用获取医院资产、股权或举办权的重资产运营模式。此种模式下，投资者一般采取购买医院土地与房产等固定资产的方式，为此，投资者需要大规模资本性支出，并以大规模有息负债支持业务规模扩张。

（八）盈利模式及回报渠道

盈利模式是所有的商业活动应考虑的关键要素之一，社会资本投资医疗行业也不能脱离基本商业逻辑。近几年，社会资本投资并购医院的盈利模式比较混乱，并遭受来自市场和监管部门的质疑。

例如，部分社会资本参与改制的政府医院，医院各科室被设置指标，一切以创收为主，而对非营利性医院的“公益性”承担较少。

（九）医院并购后的供应链管理

供应链管理模式是指社会资本通过整合系统内医院药品、医疗设备及医用耗材采购需求，以实现集中采购。采取该模式的部分社会资本认为，该模式可以实现非营利性医院的盈利转移，规避非营利性医院不能分红的法律限制，有助于实现资金归集。

此外，与医院运营业务相比，供应链管理业务收入稳定且利润率较高，同时还可部分规避二次议价〔1〕风险。尽管目前市场对“二次议价”争议较大且监管日益趋严。从目前在港股和 A 股上市的部分医疗企业来看，资本市场仍然预期，供应链管理业务收入未来将逐渐成为社会资本的主要收入来源。

但是，笔者认为，供应链模式在现行监管环境下，存在两大风险：

①如果供应链和医院管理权脱钩，将会对整个盈利模式产生冲击；

②此模式受政策的影响较大。

---

〔1〕 二次议价是指医疗机构在省级药物招标结果的基础上，对中标药品进入医院采购之列时，与药品供应商进行再一次议价，即目前普遍认为的“暗扣”变“明扣”。

（十）并购风险

1. 投资决策风险

投资决策风险主要表现为在投资决策过程中，投资决策标准不清晰、因获取的相关信息不足而导致相关决策出现失误的风险，包括被投资方历史遗留问题、被投资方所在地的政策法律对投资决策过程的影响等。

2. 运营整合风险

运营整合风险主要表现在医院投资项目中，未能按照计划有效推进新并购项目的运营整合工作落地等。如改善运营落地效果较差，改善措施不对症，很可能出现医院在整合过程中，收不抵支的情况。

3. 合规风险

合规风险主要表现在业务开展过程中，存在的可能违反国家监管法规及政策规定的情形。在现有的监管环境下，收购非营利性医院，在收购模式、出资资产等方面，较易出现合规风险。

比如，社会资本直接收购民办非企业单位医院"股权"、医院举办人以非营利性医院划拨土地及地上建筑物作为出资等引发的合规性风险。

（十一）不同性质医院财务、税收、定价及会计准则

如前文所述，营利性医院与非营利性医院在财务、税收、政府补贴、定价及会计制度等方面存在较大差异，并且不同类型的非营利性医院执行的财务及会计制度也存在差异，这些政策和制度上的差异，直接影响投资者设计交易结构、估算投资成本及预测盈利回报，给项目实际操作带来困难。

例如，公立非营利性医院（包括政府及军队投资的医院）可享受政府财政补贴，而私立营利性及非营利性医院则无此待遇。非营利性医院须在政府物价管理部门规定的定价范围内，收取医疗卫生服务费，根据政府部门颁布的标准执行财务及会计制度，并为持续发展保留利润，而营利性医院则可根据市场惯例收取医疗卫生服务费，向股东分派利润。

（十二）社会资本能否财务并表非营利性医院

社会资本并购医院后能否合并非营利机构财务报表，是并购应关注的关键要素。

以上市公司执行企业会计准则合并财务报表为例，对非营利机构是否纳入合并范围的判断，仍以控制为基础确定。《企业会计准则》对于"控制"的定义和判断并不拘泥于被投资单位的法律形式。

例如，《国际财务报告准则第 10 号——合并财务报表》第 7 条规定：当且仅当

满足以下所有条件时，投资方控制被投资方，表现在以下三方面：

（1）拥有对被投资方的权力；

（2）因参与被投资方的相关活动而承担或享有可变回报；

（3）有能力运用对被投资方的权力影响其回报金额。

在非营利性医院的性质不变的情况下，实现对非营利性医院的财务并表，其基础条件主要包括非营利性医院成立理事会、理事会由投资方完全控制。例如，如果社会资本在投资或改制政府医院后，需要将政府医院并入社会资本的财务报表体系，按照目前的操作实践，部分会计师认为，必须同时满足上述控制三要素：

（1）必须在政府医院的权力机构中占据绝对的话语权及优势；

（2）能够主导政府医院的经营决策、运营管理、人事任免等重要决策；

（3）能从政府医院获取可变回报。

但在社会资本与政府医院的合作项目实操中，很难具备前述“三要素”，以致大部分社会资本在投资政府医院后，无法对政府医院实现财务并表。

另外，对于国有资本，应特别关注投资非营利性医院（如政府医院）后，如何在不能合并所投资医院报表的情况下，实现国有资产的增值和保值，这是国有资本投资非营利性医院后面临的挑战。

为此，在国有资本投资并购非营利性医院时，为了确保在并购后，会计师事务所能按照相关的会计准则，将所并购的医院并入国有资产的统一管理和国有资产的监管体系，以确保所投资的医院能体现出其国有资本投资后的“增值和保值”，笔者建议，国有资本在收购医院的谈判中，非常有必要在医院章程或合资合同中，明确国有资本能主导医院的经营决策、运营管理、人事任免等重要决策，且能从医院获取可变回报。这也是社会资本投资并购非营利性医院应重点关注的关键要素。

四、案例分析

（一）背景介绍

案例

某地级市政府引入社会资本投资所在区域的政府医院，其中政府以医院净资产作为出资，社会资本以现金出资成立合资医院管理公司，改制后，社会资本和政府成为医院的“双举办人”，其中社会资本持有医院80%举办权，政府持有20%举办权。在此情形下，社会资本是否对政府医院具有控制权，并将其纳入财务报表合并范围？

社会资本能否合并政府医院财务报表的结构如图 3.8 所示。

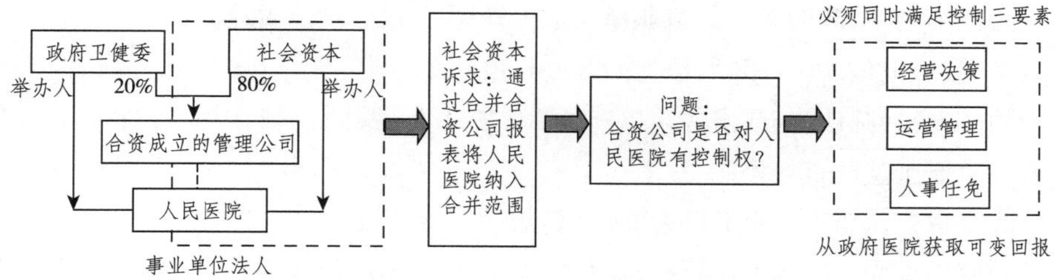

图 3.8　案例分析：社会资本能否合并政府医院财务报表

(二)会计师关于能否并表的分析意见

如前文所述，《企业会计准则》对于“控制”的定义和判断并不拘泥于被投资单位的法律主体性质。

投资方对于被投资方是否具有控制权，须从控制的定义和基本原则来判断，即分析投资方是否具备主导被投资方相关活动的权力以及是否能够从中获得可变回报。[1]

---

〔1〕《企业会计准则第 33 号——合并财务报表》第 7 条规定：“合并财务报表的合并范围应当以控制为基础予以确定。控制，是指投资方拥有对被投资方的权力，通过参与被投资方的相关活动而享有可变回报，并且有能力运用对被投资方的权力影响其回报金额。本准则所称相关活动，是指对被投资方的回报产生重大影响的活动。被投资方的相关活动应当根据具体情况进行判断，通常包括商品或劳务的销售和购买、金融资产的管理、资产的购买和处置、研究与开发活动以及融资活动等。”第 11 条规定：“投资方在判断是否拥有对被投资方的权力时，应当仅考虑与被投资方相关的实质性权利，包括自身所享有的实质性权利以及其他方所享有的实质性权利。实质性权利，是指持有人在对相关活动进行决策时有实际能力行使的可执行权利。判断一项权利是否为实质性权利，应当综合考虑所有相关因素，包括权利持有人行使该项权利是否存在财务、价格、条款、机制、信息、运营、法律法规等方面的障碍；当权利由多方持有或者行权需要多方同意时，是否存在实际可行的机制使得这些权利持有人在其愿意的情况下能够一致行权；权利持有人能否从行权中获利等。某些情况下，其他方享有的实质性权利有可能会阻止投资方对被投资方的控制。这种实质性权利既包括提出议案以供决策的主动性权利，也包括对已提出议案作出决策的被动性权利。”第 13 条：“除非有确凿证据表明其不能主导被投资方相关活动，下列情况，表明投资方对被投资方拥有权力：(一)投资方持有被投资方半数以上的表决权的。(二)投资方持有被投资方半数或以下的表决权，但通过与其他表决权持有人之间的协议能够控制半数以上表决权的。”第 16 条规定：“某些情况下，投资方可能难以判断其享有的权利是否足以使其拥有对被投资方的权力。在这种情况下，投资方应当考虑其具有实际能力以单方面主导被投资方相关活动的证据，从而判断其是否拥有对被投资方的权力。投资方应考虑的因素包括但不限于下列事项：(一)投资方能否任命或批准被投资方的关键管理人员。(二)投资方能否出于其自身利益决定或否决被投资方的重大交易。(三)投资方能否掌控被投资方董事会等类似权力机构成员的任命程序，或者从其他表决权持有人手中获得代理权。(四)投资方与被投资方的关键管理人员或董事会等类似权力机构中的多数成员是否存在关联方关系。投资方与被投资方之间存在某种特殊关系的，在评价投资方是否拥有对

1. 合资公司是否具有对政府医院的财务和经营决策等决定权

在此案例中，政府医院的事业单位法人登记证显示，政府医院的举办单位为社会资本、政府卫健委。即政府医院的举办权由社会资本、政府卫健委共同所有。

为此，会计师认为，政府医院由前述"双举办人"共同控制，因此合资公司不能形成对政府医院的直接控制。

2. 合资公司能否从政府医院获取"持续的可变回报"

政府医院为非营利性医疗机构，从政府医院的非营利性质来看，并不支持合资公司能分享政府医院的剩余收益。[1]

由于会计准则对于可变回报的定义和判断，并不局限于被投资单位的法律主体性质本身，尽管法律上不支持政府医院剩余收益的分配，但还须从合资公司与政府医院的业务交易的角度进行分析，即从业务的实质去判断合资公司在政府医院中，是否存在可变回报。

在此案例中，会计师在对合资公司审计时，发现合资公司与政府医院存在如下交易：

（1）政府医院使用资产产权属于合资公司，医院向合资公司支付的资产使用费是否可作为"持续的可变回报"。

被投资方的权力时，应当适当考虑这种特殊关系的影响。特殊关系通常包括：被投资方的关键管理人员是投资方的现任或前任职工、被投资方的经营依赖于投资方、被投资方活动的重大部分有投资方参与其中或者是以投资方的名义进行、投资方自被投资方承担可变回报的风险或享有可变回报的收益远超过其持有的表决权或其他类似权利的比例等。"第 17 条规定："投资方自被投资方取得的回报可能会随着被投资方业绩而变动的，视为享有可变回报。投资方应当基于合同安排的实质而非回报的法律形式对回报的可变性进行评价。"《国际财务报表准则第十号——合并财务报表》第 B57 段规定，回报的例子包括：（1）股利，被投资单位其他经济利益的分配以及投资方对被投资单位的投资的价值变动；（2）因向被投资单位提供服务而得到的补偿、因提供信用支持或流动性资产产生的费用或损失风险、被投资单位清算时的剩余权益、税收回报以及涉入被投资单位而获得的未来流动性；（3）其他利益相关者无法得到的回报，如投资方可以将自身资产与被投资单位的资产一并使用，合并运营能力以获得规模经济、节省成本、为稀缺产品提供资源、获得专有知识或限制某些运营或资产，以提高投资者其他资产的价值等。

〔1〕 按照《关于城镇医药卫生体制改革的指导意见》（国办发〔2000〕16 号），非营利性医疗机构是指为社会公众利益服务而设立和运营的医疗机构，不以营利为目的，其收入用于弥补医疗服务成本，实际运营中的收支结余只能用于自身的发展，如改善医疗条件、引进技术、开展新的医疗服务项目。国务院办公厅转发发展改革委卫生部等部门《关于进一步鼓励和引导社会资本举办医疗机构意见的通知》（国办发〔2010〕58 号）也明确指出，非公立医疗机构要严格按照登记的经营性质开展经营活动，使用税务部门监制的符合医疗卫生行业特点的票据，执行国家规定的财务会计制度，依法进行会计核算和财务管理，并接受相关部门的监督检查。非营利性医疗机构所得收入除规定的合理支出外，只能用于医疗机构的继续发展。对违反经营目的、收支结余用于分红或变相分红的，卫生部门要责令限期改正；情节严重的，按规定责令停止执业，并依法追究法律责任。

根据合资协议，政府卫健委作为医院举办人，以政府医院的房屋等固定资产注资合资公司，但截至目前，相关资产产权权属，尚未变更。在审计的过程中，会计师了解到，虽然相关资产出资，在当时获得了相关政府的批复，但是在资产的过渡交接中，未能顺利过渡至合资公司，合资公司也未能对相关资产获得完全的权力，从而导致合资公司在对该部分资产确认资产使用费收入时，需要经过政府卫健委的审核批复，才能实现。除此之外，资产使用费按照相关资产每年的折旧金额，确定是资产使用费的补偿金额。

因此，会计师认为，该案例中的"资产使用费"，并不能构成持续的可变回报。

（2）社会资本与政府成立的供应链公司获取的收益是否可作为"持续的可变回报"。

基于合资公司与政府卫健委签署的协议，由双方成立的供应链公司，向政府医院提供供应链体系管理服务，该项业务属于正常的商业服务。会计师认为，社会资本与政府成立的供应链公司，仅为该政府医院的众多供应商中的一家供应商，并非独家供应商。

因此，会计师同样认为，该"供应链收入"，仍不可作为"持续的可变回报"。

3. 社会资本能否通过股权等权益转让的方式退出并获取收益

会计师认为，合资公司对于政府医院的投资是有价值的。但从社会资本与政府医院签订的合资合同分析，在可预见的未来，合资公司退出政府医院的可能性较低。

基于上述事实，会计师总结如下：①鉴于政府医院的非营利机构性质，合资公司在政府医院上，无法获得可变回报。②合资公司通过股权等权益转让方式退出，获得收益（处置收益－投资成本）的可能性很小。③政府医院的举办权属于社会资本和政府卫健委，合资公司无权转让举办权。④同时，根据《企业会计准则——应用指南》的规定，投资方拥有对被投资方的权力是判断控制的第一要素。

从上述分析可以看出，合资公司无法在"权力"上对政府医院实现控制，在第一要素无法满足的前提下，股权等权益转让退出并获利情况的参考价值极度有限。

基于上述分析，会计师认为：由于合资公司对政府医院不能形成控制，且不能获取可变回报，根据《企业会计准则第 33 号——合并财务报表》的规定，该政府医院不能纳入合资公司的财务报表合并范围。

第四章

医院并购尽职调查关键点

由于医院及医疗服务行业的特殊性和复杂性，以及并购项目中投资方对标的医院信息的了解存在不对称，投资者在作出投资并购医院的商业决定之前，非常有必要对医院进行业务/商业、财务、法律等方面的尽职调查，进而从商业价值、投资风险、投资可行性及必要性等方面对标的医院进行客观综合评价，为投资决策提供依据。

尽职调查又称审慎性调查，一般是投资者在与标的医院（或其举办人、控股股东或实际控制人）达成初步合作意向后，对标的医院从市场、竞争格局、业务模式、发展战略、财务基本情况及风险、法律基本情况及风险等方面做全面深入的核查、验证和评价的过程。

尽职调查方法包括资料收集与核证；会见、访谈；实地考察；外部独立调查；[1] 分析和总结等。

尽职调查（简称尽调）的主要目的包括三方面：价值发现、风险发现和投资可行性分析。

常规的医院并购尽调应包括业务/商业尽调、财务尽调和法律尽调。在尽调过程中，视标的医院的规模和影响力大小以及并购交易模式的不同，投资者应对尽职调查的范围和内容予以适当增补或调减。

例如，采取“产权收购模式”时，除常规商业、财务及法律尽调外，投资者还有必要对标的医院的人力资源、供应链管理进行专项尽调，以评估、预测改制重组所涉人员成本、整合难度以及供应链收益回报可行性。

---

〔1〕 主要指投资者及其并购团队，通过向有关政府部门、目标对象重要供应商或客户进行调查、访谈，以及外部公开信息渠道对目标对象进行的核查。

第一节　医院商业尽调关键点分析

一、商业尽调的目的和调查范围

商业尽调在医院并购项目尽调过程中，往往处于核心、“打头阵”的地位，商业尽调重点回答“生意值不值得做”的问题；财务、法律尽调围绕业务，从财务、法律角度判断价值和发现、评估风险，帮助投资者从财务、法律方面判断“生意可不可以做”的问题。

成熟的机构投资者一般会结合自身投资战略，先从“宏观”角度筛选出符合其投资战略的目标医院，然后再开展对标的医院的“微观”商业尽调。

“宏观”层面的商业尽调主要从以下四个维度开展：

（一）地域维度

投资者对目标医院所在区域、区域协同、周边竞争等情况的大致判断和分析。

（二）品牌影响

投资者对目标医院的知名度、强势及重点科室、与投资者现有业务品牌和资源的契合度、医院科研教学力等方面进行分析。

（三）资质及定位

从医院营利或非营利性牌照、其他业务资质和证照取得情况、投资后可否承继或持续获取医院的资质证照以及医院患者来源及构成等方面分析。

（四）政府关系、医院所有者合作态度

社会资本投资并购医院深受行业政策、地方政府、医院所有权、医院管理层的态度影响，前述因素直接关乎并购项目的可行性和实施进度。一个医院并购项目，如果政策及地方政府支持力度有限、医院举办者或所有者/管理层对与社会资本合作持消极或否定态度，则会增大项目推进难度，给项目实施带来极大不确定性；反之，则会呈现完全不同的结果。

例如，某医疗投资集团投资战略为以政府医院和国有企业医院为主要投资标的；大专科小综合，占领全国发达城市中高端；适度投资有成本领先及易得性的中低端医院；坚持“妇儿、脑科、肿瘤”三大专科领域，不排除康复、骨科以及心血管专科领域；以人口和城市影响力为导向的区域选择。

基于上述战略，投资者按照上述四个维度，制定筛选目标医院的量化标准（见表4.1）：

表 4.1　目标医院筛选的量化标准

维度 \ 得分	4 优	3 良	2 中	1 差
一、地域				
城市区域	北上广超一线城市	直辖市、省会和计划单列市	距离前两类城市1小时车程内	前三类以外的其他城市
区域协同	同一省市范围内已有投资或有已签约项目	同一省市范围内有通过立项阶段的项目	同一省市范围内有正在接洽中的项目	前三类以外的情形
周边竞争	医院为圆心5公里半径内，没有同级别的医院	医院为圆心5公里半径内，有1~3家同级别的医院	医院为圆心5公里半径内，有3~5家同级别的医院	医院为圆心5公里半径内，有5家以上同级别的医院
二、品牌影响力				
专科契合度	综合医院或妇儿、肿瘤、脑科	心胸、骨科、代谢专科	康复、心血管科	前三类以外的科目
医院知名度	全国知名综合医院	全国知名专科或地区知名综合医院	知名专科医院	前三类以外的情形
科研教学力	拥有全国知名教学或科研资源	拥有地区知名教学或科研资源	拥有普通教学或科研资源	前三类以外的情形
三、资质及定位				
资质证照	同时拥有营利性和非营利性医院的经营许可及业务资质	只有非营利性医院的经营许可及业务资质	/	经营许可及业务资质尚未获批
医院定位	中高端患者	兼顾中高端和医保人群	只覆盖医保人群	没有医保资质
四、政府关系、合作态度				
政策/政府	积极支持	肯定态度	态度不明朗	抵触
举办人/所有者	非常愿意	愿意	犹豫不决	抵触
管理层	非常愿意	愿意	犹豫不决	抵触

投资者根据上述量化分析表，筛选出符合其投资战略的意向标的。在此基础

上,对意向标的做现场商业尽调。投资者可以结合自己的专业团队力量,自行组织团队或同时聘请专业商业调查机构,对目标医院进行现场尽调。

当然,实践中也有不少投资者将“宏观”与“微观”商业尽调,二者合并进行。

对目标医院的商业尽调,一般包括图 4.1 所示范围和内容:

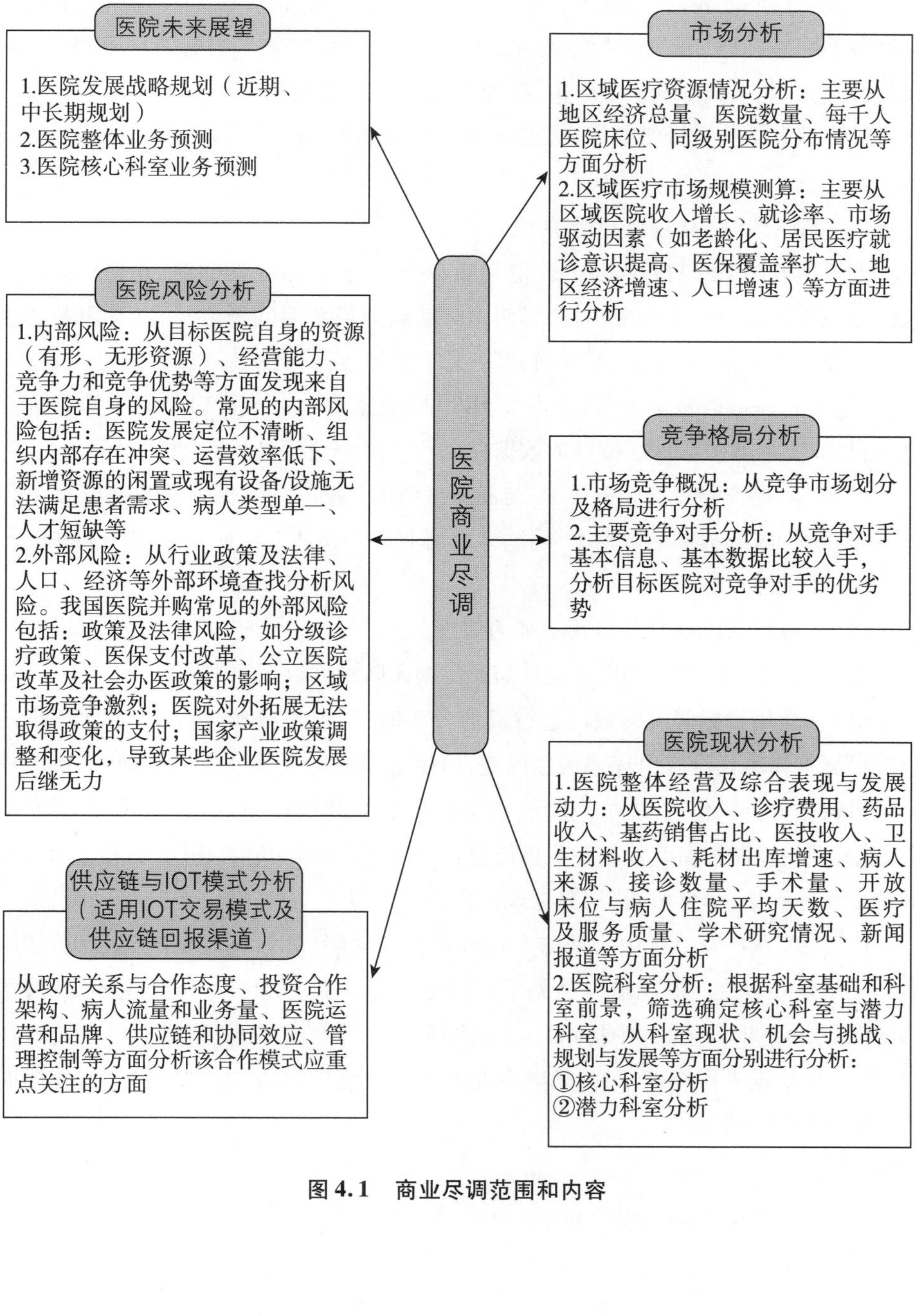

图 4.1 商业尽调范围和内容

二、商业尽调疑难问题

由于医疗服务行业的特殊性和复杂性，特别是在中国医院并购实践中，时间较短且可借鉴的案例较少；同时，由于中国医院属性、类型和背景均不一致，例如，部分政府医院的透明度较低、部分国企医院的遗留问题较多、部分民营医院的诚信度不够等各种因素，以致医院商业尽调涵盖的范围和内容比较广且标准不尽统一，所以，在医院商业尽调的具体操作中，投资者遇到的难题会比较多。

以下笔者结合实操经验体会，重点列举在医院并购商业尽调中，常见的两类问题。

（一）目标医院数据提供存在瑕疵

商业尽调团队对目标医院的价值判断和分析的真实性、准确性、完整性取决于医院信息提供质量。实践中，商业尽调团队遇到的最普遍问题之一，就是医院提供的数据存在不完整、不真实、不准确、不一致等情形。比如：

（1）目标医院管理不规范，提供的 HIS[1]数据和财务数据以及 HIS 数据内部之间，与商业尽调团队现场梳理的数据存在不一致、不准确、不完整的情形；

（2）医院提供的数据分析结论，与商业尽调团队测算的数据结论差异较大；

（3）由于医院提供的数据不充分，导致商业尽调团队对医院运营中的某些问题无法做出判断；

（4）医院故意隐瞒某些对其不利的信息。

对于上述问题，建议投资者及其商业尽调团队把握以下原则：

（1）在运用目标医院的数据进行商业分析时，只要在分析过程中，由此得出的商业尽调整体结论没有出现结构性偏差，即使上述数据不完整或不准确，也不应成为阻碍数据分析工作的理由。相反，投资团队应继续利用在目标医院收集到的相关数据，进一步深挖商业数据背后可能存在的问题。为此，笔者建议，在整个商业计划的尽调过程中，尽量做到“用数据说话”。

（2）当商业尽调过程中收到的商业数据存在缺陷（如目标医院的门诊量、住院量和手术量三者之间的逻辑勾兑关系有问题），导致数据分析工作出现困难时，尽调团队应在商业尽调报告中提示数据缺陷；同时在合理范围内，借助目标医院过往3年的历史数据进行修正，尽可能减少此次尽调过程中出现的数据缺陷，对整体商业评估和分析的影响。

---

〔1〕 HIS 是指医院信息系统，全称为 Hospital Information System。

在尽调报告技术处理上，可通过设置合理前提和假设条件，梳理并形成商业尽调主要发现或分析意见，以便投资者在并购决策时，作为商业判断的重要依据。

（二）商业尽调难以判断或把握政府及目标医院的态度和真实诉求

如前文所述，在目标医院的并购过程中，现场投资团队与政府、医院所有者或举办人等“各利益相关方”的关系是否融洽，特别是政府医院的收购或改制，政府对该项目的合作态度以及医院管理层的价值取向等，各种“人”的因素，将直接关乎医院并购项目的进度和成败，因此，这也是投资团队在现场商业尽调工作中，需要把握好的一个重要环节。

然而，在收购项目的实际操作过程中，随着“揭示”的各项风险不断增多，各为其主的“利益”博弈开始“暗流涌动”，收购方与被收购方、医院管理层及所有者（如政府）的态度，非投资者及其商业尽调团队完全可控，这往往是商业尽调中，令投资者及商业尽调团队最难把握的问题之一。处理不好，很容易导致双方现场的工作团队“误导”收购方和被收购方决策层，导致项目的中途“夭折”，因此，在医院收购过程中，作为现场操刀的投资团队的“领头”（TEAM LEADER），需要很强的现场“掌控力”。

这就需要医院收购的商业尽调团队，要有很强的医院背景的专业能力，否则，很难与作为高知群体的医院各科室主任进行业务层面的“平等和对等”的沟通；同时也更需要医院收购的商业尽调团队具备“洞察人心”的能力，否则，医院收购商业尽调的现场推进工作将会如临深渊、如履薄冰。

例如，在社会资本与政府医院合作项目中，政府和医院往往提出的第一个问题就是“我们为什么要合作?”为了回答好这个问题，并能“投其所好”，投资者及其商业团队首先要了解政府和医院对合作的真实想法和态度，方可判断下一步的行动方向。

笔者归纳、总结了社会资本在与公立医院（如政府医院和国企医院）合作项目中，政府和国企集团作为举办人以及医院管理团队（特别是一把手院长）的几类诉求：

（1）从“事”的角度看，常见诉求包括：政府医院需建新院区，但财政缺乏资金，须引进投资者；国有企业医院应国资委“主辅分离，聚焦主业，剥离非主业”政策要求，需要剥离下属企业医院；地方政府要完成医改任务等。

（2）从“人”的角度看，应从更深层次的诉求分析，如政府医院为了打破原有利益格局；新上任领导为了任期内实现新的政绩考虑；年富力强的新院长希望建立更好发展平台，因此须引进社会资本推动医院改制。

综上所述,在医院商业尽调过程中,现场工作的商业尽调团队,不仅要把握业务层面工作,还应做好“人”的工作,审时度势、洞察人心。

第二节　医院财务尽调关键点分析

一、财务尽调目的和调查范围

财务尽调旨在了解目标医院的财务状况和重大非财务信息,为投资者决策提供参考依据。财务尽调主要实现以下三个目标:

①从财务角度判断和分析目标医院业务可持续性及盈利能力,为目标医院估值提供依据和支持;

②发现和揭示目标医院存在财务风险或危机,并为投资者提供风险应对措施;

③通过对目标医院资产负债、内部控制、经营管理等方面的了解,为投资者后续投资及整合方案设计、交易谈判、投资决策提供重要基础和依据。

图 4.2 列示了常规医院财务尽调,应包括的范围及内容:

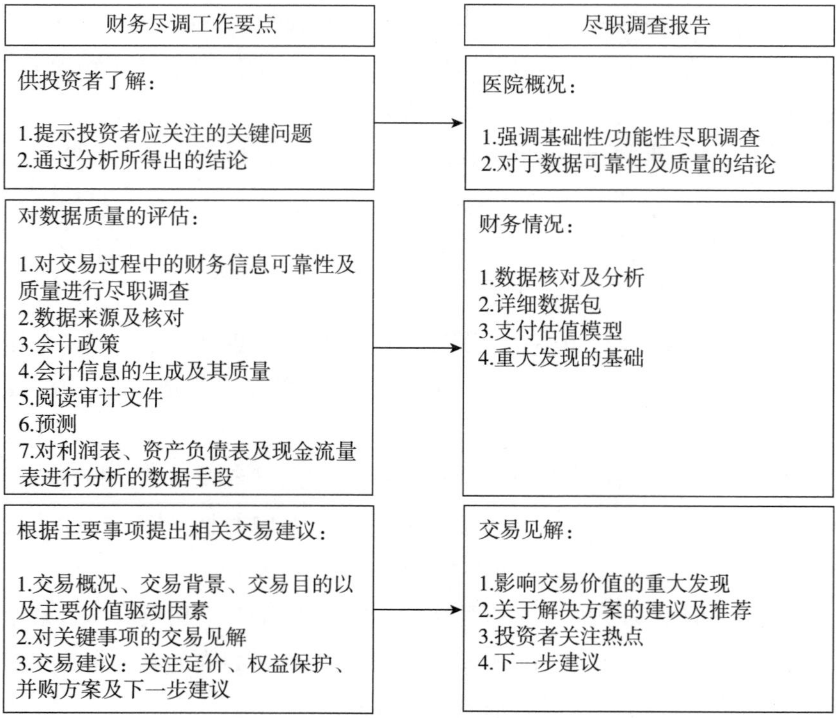

图 4.2　医院财务尽调应包括的范围及内容

二、财务尽调应关注的重点

财务尽调范围包括医院整体经营情况、财务信息质量、历史财务状况等方面内容。图 4.3 显示了医院财务尽调应关注的重点：

整体经营情况

· 基本情况：控股架构、执业许可证登记情况、法人登记情况、社区服务站及登记情况
· 外部政策：当地医疗需求及供给环境、医疗和保险政策、环保政策及医院环保验收情况
· 内部运营：收费标准、病源结构、重点科室、大型医疗设备配置证、药品及耗材管理
· 组织能力：关键员工、临时工及合同工、离退休人员、劳务派遣政策、事业单位编制

财务信息质量

· 内控情况：内控机制及有效性、信息系统及数据可靠性、账外账、采购入库、成本配比
· 财务管理：财务组织能力、财务信息化评价、会计政策、财务票据、历史审计报告、预算管理、银行账户

历史财务状况

· 盈利状况：持续盈利能力、收入成本结构、收入成本准确性、收入稳定性、存货盘点、成本核算、资本化与费用化处理、不可持续收入及成本、财政补贴
· 资产负债：土地性质及权属文件、无形资产、固定资产、折旧和摊销、设备入账凭据、担保、应收账款账龄及回收性、药品及耗材是否过期、或有负债及量化计提、账外资产
· 现金流：历史自由现金流、净利润与经营性净现金流分析
· 关联交易：关联交易情况、原股东对医院经营和财务支持情况及后续调整

其他

· 财务预测：非持续因素、关键假设、专家意见、敏感性分析、资本性支出、自由现金流
· 税务建议：非营利组织免税资格认定、非医疗服务收入纳税情况、营利性医院纳税情况
· 其他：重大事项的敏感性分析

图 4.3　财务尽职调查应关注的重点

需要特别强调的是，财务尽调很重要的一个环节是，运用所收集的数据对医院的价值进行判断。笔者认为，财务尽调团队可从目标医院的增长和回报两个维度，评价目标医院投资的财务吸引力，并与同类别的医院在现金流量、每床投资金额、企业价值倍数、市净率、投资回报期进行比对，以从财务上判断目标医院的可投性。

判断医院可投性的量化评价表如下（见表 4.2）：

表 4.2　医院可投性的量化评价表

维度＼得分	4 优	3 良	2 中	1 差
现金流量	经营性净现金流超过 5000 万元	2000 万 ~ 5000 万元	2000 万元以下	新建医院
每床投资金额	100 万元以内	100 万 ~ 150 万元	150 万 ~ 200 万元	200 万元以上
企业价值倍数	3 以内	3 ~ 5 之间	5 ~ 10 之间	10 以上
市净率	3 以内	3 ~ 5 之间	5 ~ 10 之间	10 以上
投资回报期	8 年以内	8 ~ 12 年		

三、对医院的估值问题

由于医院法律地位、经济类型、管理类别的差异性，如何对不同类型的目标医院进行估值，是财务尽调中比较典型的疑难问题。在估值过程中，通常会运用现金流折现法进行估值，同时运用市场可比交易法及其他估值方法进行估值，之后归纳估值结果。例如，

(1)在运用 DCF 法估值时，需要确定估值关键要素：折现率、预测期、后续期、CPI，设定关键假设变量；构建估值模型；测算结果（敏感性分析）。

(2)在运用相对估值法时，医院业务多采用可比并购交易法，估值指标包括 P/E、P/B、P/S、EV/EBITDA、每床位对价等。

(3)同时还会采取其他估值法如资产基础法、剩余利润模型作为辅助，之后通过多种估值方法的综合运用，得出资本支出项目的估值结果区间。

并购实务中，投资者普遍从下述两个维度评价医院投资项目的财务吸引力：

(1)从拟收购医院的增长维度。该维度须考虑医院的可提升空间（基于历史现状，医院业务调整空间及对营业规模的影响），市场环境（医院所处的地理环境及社会环境对医院收入增长的影响），政策环境（如卫生资源规划的影响，医保政策、物价政策的影响，以及适用会计政策的影响）。

(2)从拟收购医院的回报维度。该维度须考虑占用资本（此次交易对价），盈利能力（医院收入水平及情景分析、医院的定位及人员配备带来的相关成本及费用、医院的长期资产投入产生的折旧及摊销、医院为满足资金缺口从不同渠道融资产生的财务费用），获取回报（如转营利性医院的机会、获取回报的途径、协同效应及获得回报的相关成本，如税负）。

如上文所述，由于我国医院性质和类别的差异性，导致投资者在收购不同类型的医院时，对医院估值出现如下难处。

（一）政府医院估值难处

财务尽调团队很难基于政府医院管理团队提供的医院未来三年至五年的盈利预测为基础，对医院进行估值。其原因在于：目前政府医院的管理现状，无论是管理团队激励机制方面还是对医院现有资源和能力挖潜方面，都存在较大空间。无论是以医院过去三年的回报为基数，如医院收入、收支结余等数据，还是以医院未来三年的盈利预测等医院静态的财务数据作为估值的数据基础，均有可能出现较大偏差，准确性、可靠性不足。

相比于一般公司并购，就收购后的整合，其经营预期较容易判断。但就政府医院改制合作项目，受限于改制后政府医院仍作为公立医院的性质、决策权等诸多因素。

换言之，政府医院引入社会资本后，其经营模式会有怎样的改观，尚处于“探索、调整”阶段。因此，具体到财务估值这个细节上，其假设的估值条件，无论是在定性方面还是在定量方面，都存在较大的不确定性。

（二）国有企业医院估值难处

我国目前大多数国有企业医院，在改制或被剥离前，不具备独立法人地位，长期作为国有企业内部的一个部门管理，国企医院的大部分报表并未执行《医院会计制度》，致使此类医院对医疗设备等账面折旧并未足额计提，进而导致医院资产价值高估。在财务尽职调查中，需要按照《医院会计制度》重新估算调整相关资产价值，以避免医院资产高估的风险。

第三节　医院法律尽调关键点分析

一、法律尽调的目的和调查范围

法律尽调为医院并购尽调过程中不可缺少的一个环节，法律尽调主要实现以下三个目标：

（1）从法律角度发现医院设立及存续过程中存在的风险，判断风险的性质、程度以及对并购交易的影响和后果；

（2）通过对目标医院主体资格、资质证照、资产权属、债权债务等重大事项的法律状态的核查和了解，弥补、缩小投资者在信息获知上，与目标医院之间存在的不对等情形，为投资者后续投资及整合方案设计、确定交易相关方权利义务、交易谈判、投资决策提供重要基础和依据；

（3）帮助投资者消除、规避交易中的法律风险，从法律角度尽可能维护投资者利益。

医院法律尽调一般应对医院的基本情况及历史沿革、医院的执业许可及资质、医院的主要资产、医院的重大业务合同及债权债务、机器设备、医用耗材和药品采购、收费与定价、税务及财务、环境保护、劳动管理、诉讼、仲裁、行政处罚事项等十个方面进行核查。

每一方面应核查的关键点如图 4.4 所示：

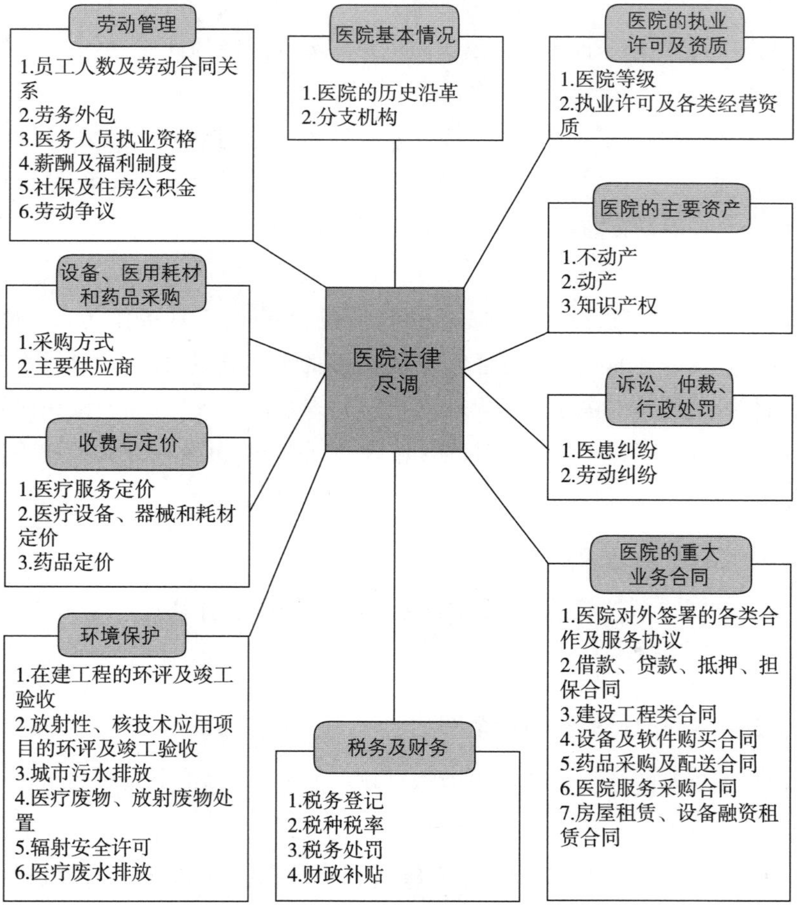

图 4.4 医院法律尽调核查关键点

二、医院法律尽调应关注的重点问题

（一）医院主体资格的复杂性和多样性问题

如本书第一章、第二章所述，我国医院从法律地位/主体资格、经济类型、管理类别、主办单位等方面，可以区分为多种不同类型的医院，不同主体性质的医院受不同法律规范，且相互之间在主体资格转换方面存在不兼容性，由此从法律层面给社会资本并购医院在交易结构设计方面带来难度。

在一般的公司并购项目中，股权并购、资产并购是常用且易操作的模式，但是在社会资本并购医院项目中，因并购目标医院法人属性不同，在非营利性医院并购项目中采取股权并购，可能存在法律障碍；资产收购，也存在一定限制。

（二）医院执业许可及经营证照方面存在的法律风险

我国法律对医疗服务行业存在严格的市场准入及业务管制规定。医院在设立及经营过程中，无论是医院本身还是医务人员，均涉及执业许可及资质监管。该等资质证照不仅为医院核心无形资产之一，同时也直接关乎医院的持续经营能力。投资方应特别关注医院经营中执业资质和许可的完备性、合法有效性、可持续获取性。

图4.5梳理了医院经营过程中涉及的主要执业许可及经营资质证照。

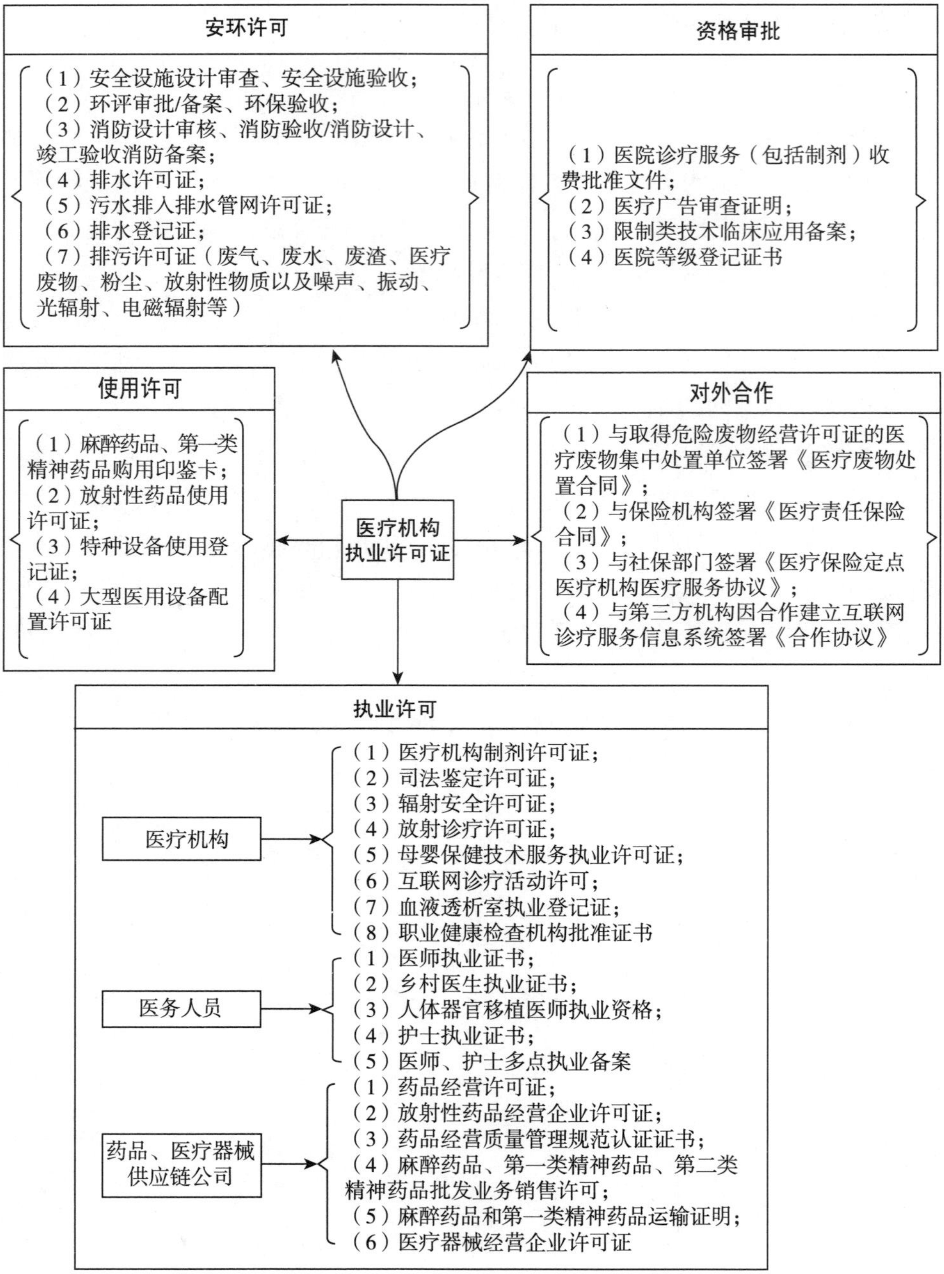

图 4.5　医院执业许可及经营资质证照一览表

（三）医院业务运营方面存在的法律风险

医疗服务行业的特殊性决定医院业务经营过程中，出现其特有的风险。

投资方应特别关注如图 4.6 所示的医院业务经营常见法律风险：

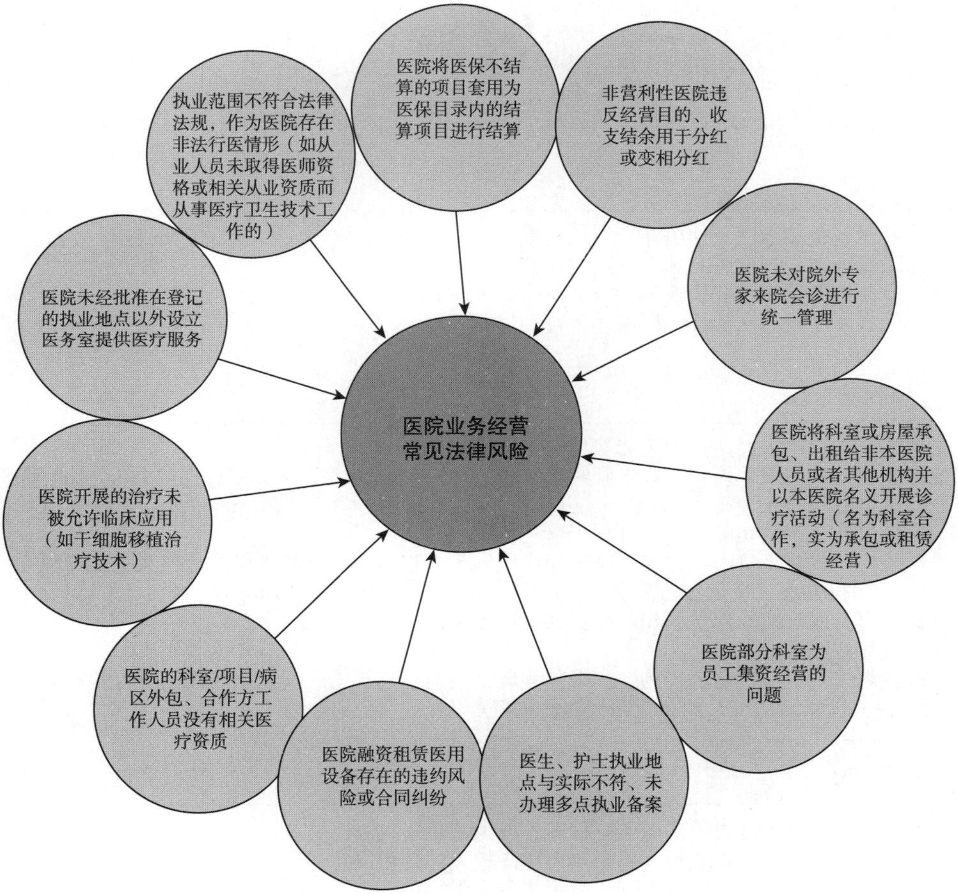

图 4.6　医院业务经营常见法律风险

（四）医院资产方面存在的常见法律风险

土地房产是医院最重要的经营性资产之一，因医院法律主体及管理类别不同，医院的用地方式存在不同。

图 4.7 显示了医院在不同占有使用土地方式下的常见法律风险：

划拨土地

1.公立医院部分土地未获得划拨土地使用权证；
2.公立医院划拨土地登记在举办人名下无法办理过户；
3.医院划拨土地实际用途与土地证记载用途不符；
4.公立医院改制为营利性医院时无法使用划拨土地出资；
5.新建营利性医院无法以划拨方式取得土地。

出让土地

1.未按时或足额缴纳土地出让金及相关税费；
2.未取得土地规划许可及国有土地使用权证；
3.医院使用出让土地登记在第三方名下未办理权属变更登记；
4.土地实际用途与土地证记载用途不符。

自有房产

1.医院自有房产未办理报建手续或报建手续不齐全；
2.医院自有房产未办理相关竣工验收手续；
3.医院自有房产未取得《房屋所有权证》；
4.医院自有房产的实际用途与规划用途不符；
5.医院房产权属不清晰或存在纠纷（如房屋和土地权利主体分离、房屋产权系医院与职工或其他单位共有、登记在医院名下房产实为员工集资修建等情形）；
6.医院自有房产实际建筑面积超过证载许可面积；
7.医院存在违章建筑；
8.医院划拨土地上自有房产的权利限制（即划拨地上建筑物产权为全民或国有自管房产、所有权为国家，医院只拥有管理权和使用权）。

租赁房产

1.医院租赁房产未取得《房屋所有权证》或为违章建筑；
2.医院租赁房产系转租取得，但未取得房产权人的转租同意；
3.医院未就出租或承租物业办理房屋租赁备案手续；
4.医院未与出租方签订租赁协议或协议约定不明。

图 4.7　医院土地常见法律风险

（五）非营利性医院资产处置的特殊限制

我国法律对非营利性医院在资产处置、分红等方面存在限制，投资者如拟投资或参与非营利性医院合作，应特别关注此等风险。

相关具体风险如图4.8所示：

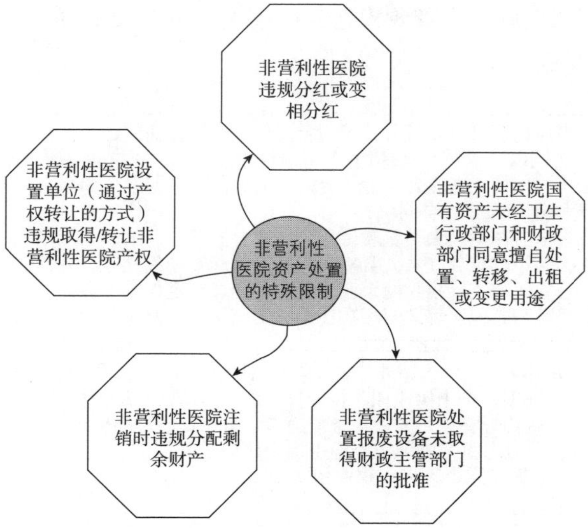

图4.8　非营利性医院资产处置的特殊限制

（六）医院供应链管理方面存在的法律风险

医院供应链管理常见法律风险如下（见图4.9）：

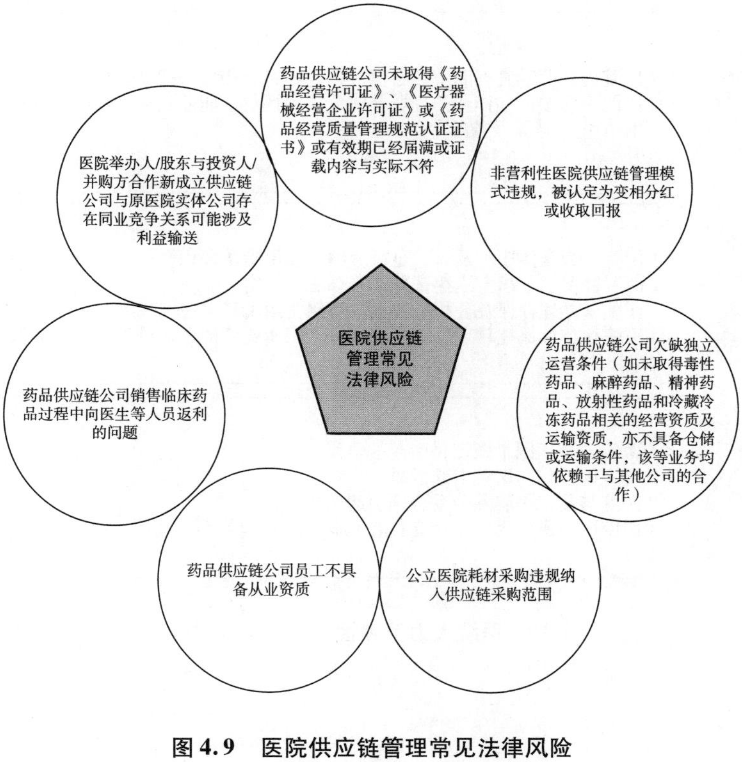

图4.9　医院供应链管理常见法律风险

（七）医院人力资源管理方面存在的法律风险

图4.10梳理了医院人力资源管理方面应关注的主要法律风险点，详细的医院并购法律风险库见附录二。

劳动人事关系	1.事业编制员工未签署《聘用合同》或合同存在问题（如事业编内员工签署的聘用合同以及编外人员签署的劳动合同中作为用人单位的合同主体非医院）； 2.合同制员工未签署《劳动合同》或合同存在问题（如未与符合条件的员工签署无固定期限劳动合同）； 3.未与退休返聘人员签署劳务合同或合同存在问题； 4.医院不具有独立法人资格而与员工签署劳动/劳务/聘用合同； 5.公立医院实际招收的事业编制人员超过核定编制数额； 6.医院与其他医院之间存在在编员工交叉任职及领薪情形。
医务人员执业资格	1.医院医师、护士等员工未取得必备的相关从业资质（如医师执业证、执业药师资格证书、护士执业证、技师执业证、临床医学检验技术证、大型医用设备上岗证、医用设备使用人员业务能力考评合格证、母婴保健技术考核合格证、放射工作人员证、医用高压氧专业上岗合格证等）； 2.医院医师未办理多点执业备案手续。
劳务派遣关系	1.医院部分员工来自无劳务派遣资质的公司； 2.劳务派遣用工数量超过法定比例； 3.劳务派遣员工所在岗位性质不符合临时性、辅助性或代替性的法定标准。
劳动管理制度	1.医院内部劳动管理制度存在部分内容不符合相关法律规定情形； 2.医院未为放射性作业办理职业病危害预评价、职业病危害控制效果评价及职业病防护设施建设及验收手续。
社保及公积金	1.医院未为全体职工及时、足额缴纳社会保险及公积金； 2.医院社保及公积金缴存基数不符合法律规定； 3.医院未办理社保及公积金登记且社保费用由其他公司代缴； 4.医院存在社保挂靠现象（为部分员工家属或其他企业员工缴纳社会保险）。
劳动争议与处罚	1.医院与员工因工资支付引起的争议； 2.员工因工伤与医院引起的争议； 3.医院与员工因解除劳动合同引起的争议； 4.医院因加班管理、工资支付、职业健康管理等不合规被处罚的风险。

4.10　医院人力资源管理常见法律风险

第五章

投资新办医院流程

医疗行业是重监管行业，我国法律法规对于医疗机构的设立及运营设置了严格的准入门槛。我国医疗机构设立实行“证”（执业许可资质）和“照”（法律主体资格登记）并行审核制度，两者对应不同的监管、审批部门，且法律主体依其类别不同，受不同法规规制，并在不同的登记机构受领“证”“照”；此外，医疗机构依据其诊疗范围，还需取得其他相应经营资质，方可从事有关诊疗活动。

本章对医疗机构设立运营所涉流程进行梳理，以厘清医疗机构从无到有面临的“纷繁头绪”，帮助市场相关人士有序、合规设立医疗机构。

第一节　新办医院开设流程

一、新办医院设立一般性操作流程

依据业务类别及评审等级不同，医疗机构开设流程主要分为以下三种情形：

(1)开设三级医院、三级妇幼保健院、急救中心、急救站、临床检验中心、中外合资合作医疗机构、港澳台独资医疗机构，需分别经过医疗机构设置审批、申请医疗机构执业许可及主体资格登记流程；

(2)除前述以外的医疗机构，实行设置审批与执业登记“两证合一”，即无须单独进行医疗机构设置审批程序，该程序与医疗机构执业许可审批程序合并进行，后续再进行主体资格登记流程；

(3)法人和其他组织设置的为内部职工服务的门诊部、诊所、卫生所(室)采取备案制，无须进行医疗机构设置审批程序，而是向卫健部门备案，取得《设置医疗机构备案回执》，后续再进行申请医疗机构执业许可、主体资格登记流程。

需要说明的是，医疗机构设立过程中，营利性医疗机构设置采取“先照后证”，非营利性医疗机构设置采取“先证后照”的形式。

笔者以流程图形式，以开设上述第 1 类医疗机构为例，就医疗机构设立一般性操作流程予以说明(见图 5.1)：

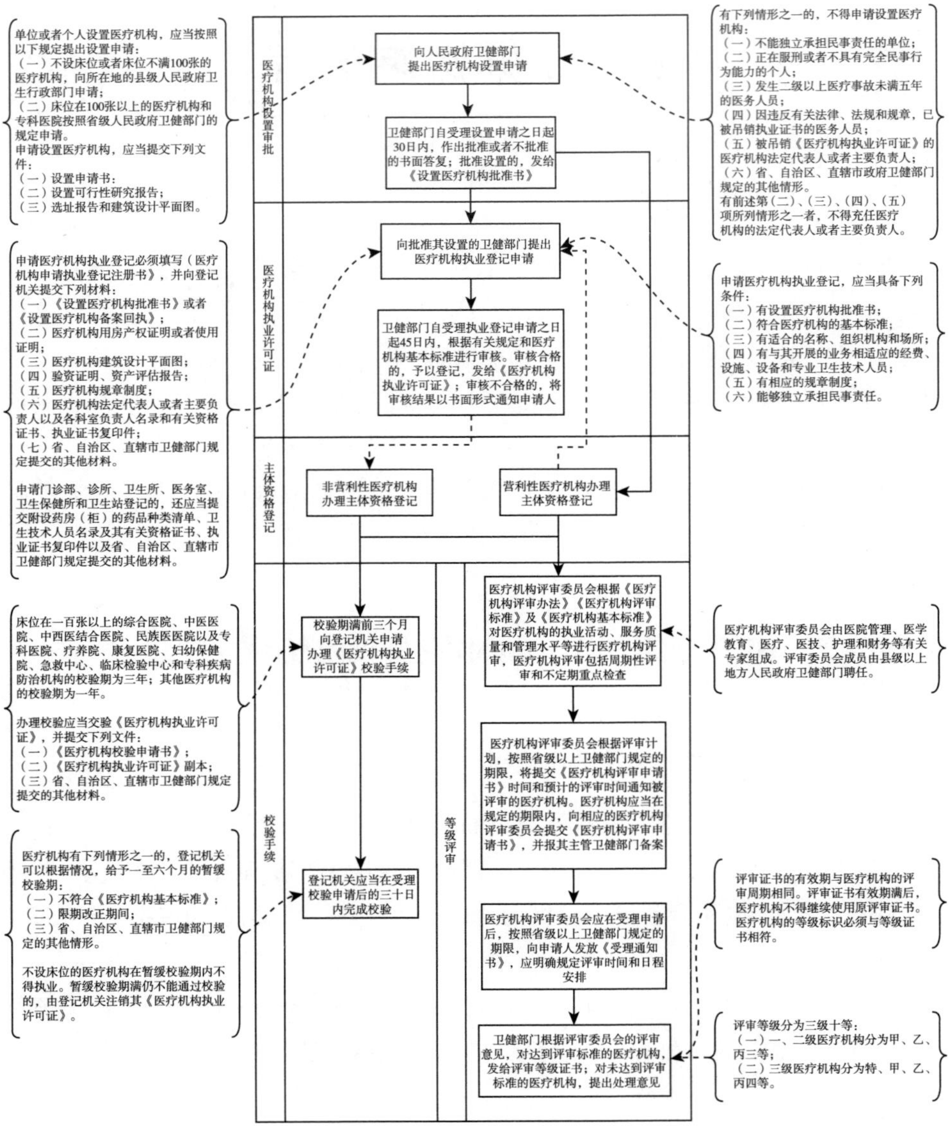

图 5.1　医疗机构设立一般性操作流程

如图5.1所示，新办医疗机构经过医疗机构设置审批、申请医疗机构执业许可及主体资格登记的设立流程后，在其运营过程中应根据《医疗机构评审办法》《医疗机构校验管理办法(试行)》等规定办理校验和等级评审手续。

图5.1并未包含"两证合一""备案制""先照后证"及外商投资医疗机构、互联网医院设置审批所涉特殊流程，下文分别就前述几种特殊情形做具体说明。

二、"两证合一""备案制""先照后证"所涉流程

(一)设置审批与执业登记"两证合一"情形

根据国家卫生健康委员会、国家中医药管理局2018年6月发布的《关于进一步改革完善医疗机构、医师审批工作的通知》，除三级医院、三级妇幼保健院、急救中心、急救站、临床检验中心、中外合资合作医疗机构、港澳台独资医疗机构外，举办其他医疗机构的，卫健部门不再核发《设置医疗机构批准书》，仅在执业登记时发放《医疗机构执业许可证》。

在申请执业登记前，举办人应当对设置医疗机构的可行性和对周边的影响进行深入研究，合理设计医疗机构的选址布局、功能定位、服务方式、诊疗科目、人员配备、床位数量、设备设施等事项。

在申请执业登记时，申请人应当提交医疗机构用房产权证明或者使用证明、医疗机构建筑设计平面图、资产评估报告、医疗机构规章制度、医疗机构法定代表人或者主要负责人以及各科室负责人名录和有关资格证书、执业证书复印件及有关卫健部门规定提交的其他材料。

卫健部门受理医疗机构执业登记申请后，应当对申请登记的医疗机构基本情况进行公示，并按照有关规定进行审核；审核合格的，发给《医疗机构执业许可证》；审核不合格的，将审核结果和不予批准的理由以书面形式通知申请人。

据此，除三级医院、三级妇幼保健院、急救中心、急救站、临床检验中心、中外合资合作医疗机构、港澳台独资医疗机构外，设立其他医疗机构的实施设置审批与执业登记"两证合一"，即无须单独进行图5.1中医疗机构设置审批程序。

(二)备案制情形

根据《医疗机构管理条例》《医疗机构管理条例实施细则》等的规定，法人和其他组织设置的为内部职工服务的门诊部、诊所、卫生所(室)，由设置单位在该医疗机构执业登记前，向当地县级卫健部门备案，并提交下列材料：(1)设置单位或者其主管部门设置医疗机构的决定；(2)《设置医疗机构备案书》。卫健部门应当在接到备案后十五日内给予《设置医疗机构备案回执》。前述门诊部、诊所、卫生所(室)的

执业登记，由所在地的县级卫健部门办理。

据此，法人和其他组织设置的为内部职工服务的门诊部、诊所、卫生所（室），无须按照图 5.1 中申请《设置医疗机构批准书》，而是按照规定向当地县级卫健部门备案，取得《设置医疗机构备案回执》。

（三）“先照后证”情形

根据国务院 2015 年 10 月发布的《关于“先照后证”改革后加强事中事后监管的意见》的规定，营利性医疗机构设置审批改为后置审批，实行先照后证，强化事中事后监管。

根据《关于城镇医疗机构分类管理的实施意见》的规定，非营利性医疗机构是指为社会公众利益服务而设立和运营的医疗机构，不以营利为目的，其收入用于弥补医疗服务成本，实际运营中的收支结余，只能用于自身的发展，如改善医疗条件、引进技术、开展新的医疗服务项目等；营利性医疗机构是指医疗服务所得收益可用于投资者经济回报的医疗机构。

据此，如图 5.1 所示，营利性医疗机构先办理主体资格登记，再办理《医疗机构执业许可证》，而非营利性医疗机构则需先办理《医疗机构执业许可证》，再进行主体资格登记。

三、外商投资医疗机构设置审批所涉特殊流程

目前外商投资医疗机构设置审批事宜，根据现行外资办医政策法规及相关实践，除《香港和澳门服务提供者在内地设立独资医院管理暂行办法》《台湾服务提供者在大陆设立独资医院管理暂行办法》《关于开展设立外资独资医院试点工作的通知》《中国（上海）自由贸易试验区外商独资医疗机构管理暂行办法》《粤港澳大湾区发展规划纲要》规定的可以设置独资医疗机构情形外，外商投资的医疗机构仅限于合资、合作形式。

以下重点就中外合资、合作医疗机构及港澳台独资医院设置审批流程予以说明：

（一）中外合资、合作医疗机构

根据《中外合资、合作医疗机构管理暂行办法》、《外商投资准入特别管理措施（负面清单）（2021 年版）》、《外商投资法》及其实施条例等有关规定，设置中外合资、合作医疗机构应当符合一定的条件，并履行以下相关报批程序：

1. 国资部门（如中方以国有资产参与投资）

合资、合作中方以国有资产参与投资（包括作价出资或作为合作条件），应当经

相应主管部门批准,并按国有资产评估管理有关规定,由国有资产管理部门确认的评估机构对拟投入国有资产进行评估。经省级以上国有资产管理部门确认的评估结果,可以作为拟投入的国有资产的作价依据。

2. 卫健部门

向所在地设区的市级卫健部门提出申请,并提交相关材料。设区的市级卫健部门对申请人提交的材料进行初审,并根据区域卫生规划和医疗机构设置规划提出初审意见,并与申请材料、当地区域卫生规划和医疗机构设置规划一起,报所在地省级卫健部门审核。省级卫健部门对申请材料及设区的市级卫健部门初审意见进行审核后,报国家卫健委审批。国家卫健委应当自受理之日起45个工作日内,作出批准或者不批准的书面决定。

需要注意的是,申请设置中外合资、合作中医医疗机构(含中外合资、合作中西医结合医疗机构和中外合资、合作民族医医疗机构)的,经所在地设区的市级卫健部门初审和所在地的省级卫健部门审核,报国家中医药管理局审核后,转报国家卫健委审批。

3. 商务部门

申请人在获得国家卫健委设置许可后,按照有关法律、法规向商务部提出申请,并提交相关材料。商务部应当自受理申请之日起45个工作日内,作出批准或者不批准的书面决定。

4. 市场监督管理部门

获得批准设立的中外合资、合作医疗机构,应到国家市场监督管理部门办理注册登记手续。

5. 卫健部门

获准设立的中外合资、合作医疗机构,应当按《医疗机构管理条例》《医疗机构管理条例实施细则》关于医疗机构执业登记所规定的程序和要求,向所在地省级卫健部门规定的卫健部门申请执业登记,领取《医疗机构执业许可证》。

(二)港澳台独资医疗机构

根据《香港和澳门服务提供者在内地设立独资医院管理暂行办法》《台湾服务提供者在大陆设立独资医院管理暂行办法》《关于开展设立外资独资医院试点工作的通知》《粤港澳大湾区发展规划纲要》有关规定,符合条件的香港特别行政区、澳门特别行政区、台湾地区服务提供者可以在大陆设立独资医院。其中,香港特别行政区、澳门特别行政区服务提供者可以在所有直辖市、省会城市及珠三角九市设立独资医院,台湾地区的服务提供者设立独资医院,无地区限制。

在大陆设立港澳台独资医院应履行以下主要审批流程：

(1)先报市级卫健部门办理设置审批初审，市级卫健部门根据医疗机构设置规划提出初审意见，连同医院设置申请材料、当地医疗机构设置规划一并报所在地省级卫健部门审核；

(2)省级卫健部门审核后报国家卫健委审批；

(3)获得国家卫健委设置许可后，报商务部办理外资审批程序(营利性独资医院)或外商投资非营利性医疗机构备案手续；

(4)取得外商投资企业批准证书或备案登记后，向有关市场监督管理部门申请办理注册登记；

(5)按照《医疗机构管理条例》《医疗机构管理条例实施细则》等规定向省级卫健部门申请执业登记许可。

综上所述，外商投资医疗机构在提交材料、审批流程、主管部门等方面有别于图5.1中医疗机构设置审批程序，同时，根据投资者主体、医疗机构设立地点及采取的合资、合作、独资形式的不同，在审批程序环节亦有所不同。

需要注意的是，准入政策和法律环境是设立港澳台独资医院需要考虑的重要因素，鉴于有关投资政策不时更新，且根据拟开设医疗机构的情况不同，各地的准入标准亦可能存在差别，故建议提前与拟开设医疗机构所在地有关商务、卫健、市场监督管理等主管部门进行沟通确认。

四、互联网医院开设流程

根据《互联网诊疗管理办法(试行)》《互联网医院管理办法(试行)》等的规定，互联网医院包括作为实体医疗机构第二名称的互联网医院，以及依托实体医疗机构独立设置的互联网医院两大类。

其中，第一类(即作为实体医疗机构应当或可以将互联网医院作为第二名称的情形)，包括以下两种情形：(1)实体医疗机构使用在本机构和其他医疗机构注册的医师开展互联网诊疗活动的，应当申请将互联网医院作为第二名称；(2)实体医疗机构仅使用在本机构注册的医师开展互联网诊疗活动的，可以申请将互联网医院作为第二名称。

实体医疗机构如仅使用在本机构注册的医师开展互联网诊疗活动，并不申请将互联网医院作为第二名称，仅就诊疗科目增加“互联网诊疗”项目，此种情形下，实体医疗机构应依照《互联网诊疗管理办法(试行)》，申请在《医疗机构执业许可证》副本服务方式中增加“互联网诊疗”。

需要说明的是，互联网医院未设置单独的执业牌照，而是由执业登记机关向符合条件的申请机构核发《医疗机构执业许可证》。识别互联网医院的类别主要依据《医疗机构执业许可证》所载明的医院名称。根据《互联网医院管理办法（试行）》对互联网医院命名的有关规定，互联网医院的设立模式可分为以下三种：

（1）实体医疗机构为主导，独立申请互联网医院。这种模式以浙江大学第一附属医院设立的浙一互联网医院、广州医科大学附属医院设立的广州医科大学附属医院互联网医院为代表。此种模式下，互联网医院以“本机构名称 + 互联网医院”的方式命名。

（2）实体医疗机构与第三方机构合作申请互联网医院。实践中，第三方机构多由互联网企业为主导。这种模式以上海市徐汇区中心医院贯众互联网医院为代表。[1] 此种模式下，互联网医院一般以“本机构名称 + 第三方识别名称 + 互联网医院”的方式予以命名。

（3）第三方机构独立设置互联网医院。这种模式以上海商赢互联网医院为代表。[2] 此种模式下，互联网医院以“申请设置方识别名称 + 互联网医院”的方式命名。

互联网医院的设置审批流程如图 5.2 所示：

〔1〕 上海贯众健康管理咨询有限公司是一家为实体医院提供互联网解决方案的系统开发商，并协助医院为患者开展诊疗和随访进行平台运营，其与上海市徐汇区中心医院暨复旦大学附属中山医院徐汇医院于 2015 年 12 月 16 日合作推出徐汇云医院智慧医疗平台“上海徐汇云医院”，并于 2020 年 2 月 26 日取得互联网医院牌照，是上海市首家获得互联网医院牌照的公立医院。

〔2〕 上海商赢互联网医院于 2019 年 5 月取得医疗机构执业许可证，医院由商赢互联网医疗（上海）有限公司 100% 持股，依托于复旦大学附属妇产科医院，系上海市卫健委批准的上海第一家获得“医疗机构执业许可证”的互联网医院。

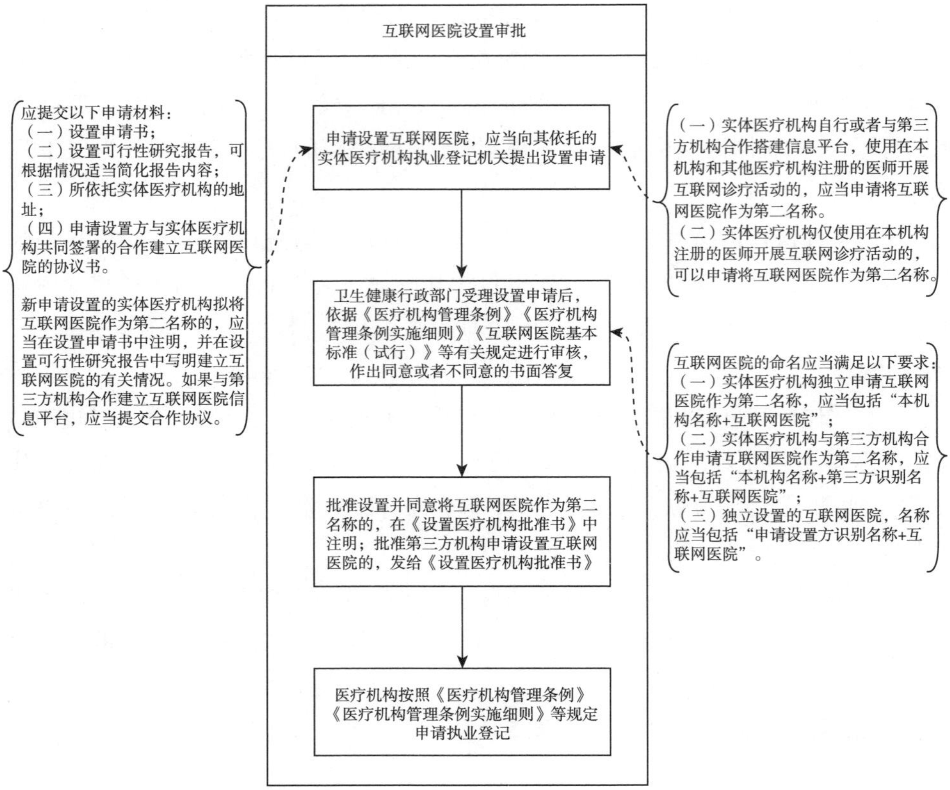

图 5.2　互联网医院的设置审批流程

此外，已经取得《医疗机构执业许可证》的实体医疗机构拟建立互联网医院，将互联网医院作为第二名称的，应当向其《医疗机构执业许可证》发证机关提出增加互联网医院作为第二名称的申请，并提交下列材料：

(1)医疗机构法定代表人或主要负责人签署同意的申请书，提出申请增加互联网医院作为第二名称的原因和理由；

(2)与省级互联网医疗服务监管平台对接情况；

(3)如果与第三方机构合作建立互联网医院，应当提交合作协议；

(4)登记机关规定提交的其他材料。

执业登记机关按照规定对互联网医院登记申请材料进行审核。审核合格的，予以登记。审核不合格的，将审核结果以书面形式通知申请人。

综上所述，就通过上述三种方式设置互联网医院的流程总结如下：

(1)拟通过实体医疗机构独立申请互联网医院、实体医疗机构与第三方机构合作申请互联网医院的，且实体医疗机构尚未履行设置审批程序的，应当按照上述流程图办理互联网医疗机构设置审批，卫健部门将在其出具的《设置医疗机构批准书》予以注明，互联网医院作为实体医疗机构的第二名称，后续实体医疗机构相应办理申请《医疗机构执业许可证》；

(2)已经取得《医疗机构执业许可证》的实体医疗机构拟通过前述两种方式申请互联网医院的，按照前述规定向《医疗机构执业许可证》发证机关提出申请，有关机关审核后予以登记，互联网医院作为实体医疗机构的第二名称；

(3)第三方机构拟依托实体医疗机构独立设置互联网医院的，应按照图5.2中向实体医疗机构登记机关提出设置申请，取得《设置医疗机构批准书》，后续相应办理申请《医疗机构执业许可证》。

此外，互联网医院依托的实体医疗机构与取得《医疗机构执业许可证》的独立设置的互联网医院，应按照《医疗机构管理条例》《医疗机构校验管理办法（试行）》等有关规定办理主体资格登记、检验手续。

第二节　新设医院主体资格登记程序

医疗机构的法律“身份”通过主体资格登记获取，医疗机构依其法律地位、组织形式的不同，其法律主体资格分为：事业单位法人（政府、国有企业举办[1]）、企业法人（包括有限责任公司/股份有限公司、外资企业、联营企业、集体所有制企业、私营企业等）、民办非企业单位、个人独资企业、个体工商户、合伙企业等类型。

以下以表格形式，对上述常见的不同主体资格设立登记流程予以说明：

---

〔1〕 需要说明的是，在实践中，部分国企存在以内部批准或机构调整等方式设立医院，但由于历史原因、行业及监管的特殊性、复杂性（如编制短缺、无法申请事业单位法人等），导致医院未办理事业单位或企业单位法人登记，形成国企下设二级单位，属于非独立法人。该类型国企医院在主体资格登记方面存在法律瑕疵，并且随着国家对国企办医疗机构深化改革的推进及相关政策法规的完善，该类型国企医院未来将面临改革调整，故不属于本书梳理的医疗机构主体资格登记类型。

表 5.1　医疗机构不同主体资格设立登记流程

组织形式类别	事业单位法人（政府、国有企业举办的事业单位法人）	企业法人	民办非企业单位	其他非法人主体		
				个人独资企业	个体工商户	合伙企业
说明	根据《事业单位登记管理暂行条例》，事业单位是指国家为了社会公益目的，由国家机关举办或者其他组织利用国有资产举办的，从事教育、科技、文化、卫生等活动的社会服务组织。事业单位应当具备法人条件。	• 根据《公司法》，有限责任公司的股东以其认缴的出资额为限对公司承担责任；股份有限公司的股东以其认购的股份为限对公司承担责任。 • 公司是企业法人，应按照《企业法人登记管理条例》办理企业法人登记。	根据《民办非企业单位登记管理暂行条例》，民办非企业单位，是指企业事业单位、社会团体和其他社会力量以及公民个人利用非国有资产举办的，从事非营利性社会服务活动的社会组织。	根据《个人独资企业法》，个人独资企业是指依法在中国境内设立，由一个自然人投资，财产为投资人个人所有，投资人以其个人财产对企业债务承担无限责任的经营实体。	根据《个体工商户条例》，有经营能力的公民，依照规定经市场监督管理部门登记，从事工商业经营的，为个体工商户。	根据《合伙企业法》，合伙企业是指自然人、法人和其他组织依法在中国境内设立的普通合伙企业和有限合伙企业。

续表

组织形式类别	事业单位法人（政府、国有企业举办的事业单位法人）	企业法人	民办非企业单位	其他非法人主体		
				个人独资企业	个体工商户	合伙企业
登记机关	县级以上各级人民政府机构编制管理机关所属的事业单位登记管理机构负责实施事业单位的登记管理工作。	●企业法人登记主管机关是国家市场监督管理总局和地方各级市场监督管理部门。 ●经国务院或者国务院授权部门批准的全国性公司，由国家市场监督管理总局核准登记注册。全国性公司的子（分）公司，由省、自治区、直辖市市场监督管理部门核准登记注册。 ●其他企业，由所在市、县（区）市场监督管理部门核准登记注册。	●国务院民政部门和县级以上地方各级人民政府民政部门是本级人民政府的民办非企业单位登记管理机关。 ●国务院有关部门和县级以上地方各级人民政府的有关部门、国务院或者县级以上地方各级人民政府授权的组织，是有关行业、业务范围内民办非企业单位的业务主管单位。 ●登记管理机关负责同级业务主管单位审查同意的民办非企业单位的登记管理。	●市场监督管理部门是个人独资企业的登记机关。 ●国家市场监督管理总局主管全国个人独资企业的登记工作。省、自治区、直辖市市场监督管理部门负责本地区个人独资企业的登记工作。市、县（区）市场监督管理部门负责本辖区内的个人独资企业登记。	●市场监督管理部门是个体工商户的登记管理机关。 ●国家市场监督管理总局主管全国的个体工商户登记管理工作。省、自治区、直辖市市场监督管理部门和设区的市（地区）市场监督管理部门负责本辖区的个体工商户登记管理工作。县、自治县、不设区的市、市辖区市场监督管理部门为个体工商户的登记机关，负责本辖区内的个体工商户登记。 ●登记机关可以委托其派出机构办理个体工商户登记。	●市场监督管理部门是合伙企业登记机关。 ●国务院市场监督管理部门负责全国的合伙企业登记管理工作。市、县市场监督管理部门负责本辖区内的合伙企业登记。

续表

组织形式类别	事业单位法人（政府、国有企业举办的事业单位法人）	企业法人	民办非企业单位	其他非法人主体		
				个人独资企业	个体工商户	合伙企业
条件	申请事业单位法人登记，应当具备下列条件： （一）经审批机关批准设立； （二）有自己的名称、组织机构和场所； （三）有与其业务活动相适应的从业人员； （四）有与其业务活动相适应的经费来源； （五）能够独立承担民事责任。	申请企业法人登记的单位应当具备下列条件： （一）名称、组织机构和章程； （二）固定的经营场所和必要的设施； （三）符合国家规定并与其生产经营和服务规模相适应的资金数额和从业人员； （四）能够独立承担民事责任； （五）符合国家法律、法规和政策规定的经营范围。	申请登记民办非企业单位，应当具备下列条件： （一）经业务主管单位审查同意； （二）有规范的名称、必要的组织机构； （三）有与其业务活动相适应的从业人员； （四）有与其业务活动相适应的合法财产； （五）有必要的场所。	设立个人独资企业应当具备下列条件： （一）投资人为一个自然人； （二）有合法的企业名称； （三）有投资人申报的出资； （四）有固定的生产经营场所和必要的生产经营条件； （五）有必要的从业人员。	/	设立合伙企业，应当具备下列条件： （一）有二个以上合伙人。合伙人为自然人的，应当具有完全民事行为能力（有限合伙企业由二个以上五十个以下合伙人设立，且至少应当有一个普通合伙人）； （二）有书面合伙协议； （三）有合伙人认缴或者实际缴付的出资； （四）有合伙企业的名称和生产经营场所； （五）法律、行政法规规定的其他条件。

续表

组织形式类别	事业单位法人（政府、国有企业举办的事业单位法人）	企业法人	民办非企业单位	其他非法人主体		
				个人独资企业	个体工商户	合伙企业
提交材料	申请事业单位法人登记，应当向登记管理机关提交下列文件： （一）登记申请书； （二）审批机关的批准文件； （三）场所使用权证明； （四）经费来源证明； （五）其他有关证明文件。	申请企业法人开业登记，应当提交下列文件、证件： （一）组建负责人签署的登记申请书； （二）主管部门或者审批机关的批准文件； （三）组织章程； （四）资金信用证明、验资证明或者资金担保； （五）企业主要负责人的身份证明； （六）住所和经营场所使用证明； （七）其他有关文件、证件。	申请民办非企业单位登记，举办者应当向登记管理机关提交下列文件： （一）登记申请书； （二）业务主管单位的批准文件； （三）场所使用权证明； （四）验资报告； （五）拟任负责人的基本情况、身份证明； （六）章程草案。	•投资人申请设立登记，应当向登记机关提交下列文件： （一）投资人签署的个人独资企业设立申请书； （二）投资人身份证明； （三）企业住所证明； （四）国家市场监督管理总局规定提交的其他文件。 •从事法律、行政法规规定须报经有关部门审批的业务的，应当提交有关部门的批准文件。	申请个体工商户注册登记，应当提交下列文件： （一）申请人签署的个体工商户注册登记申请书； （二）申请人身份证明； （三）经营场所证明； （四）国家市场监督管理总局规定提交的其他文件。	•申请设立合伙企业，应当向企业登记机关提交下列文件： （一）全体合伙人签署的设立登记申请书； （二）全体合伙人的身份证明； （三）全体合伙人指定代表或者共同委托代理人的委托书； （四）合伙协议； （五）全体合伙人对各合伙人认缴或者实际缴付出资的确认书； （六）主要经营场所证明； （七）国务院市场监督管理部门规定提交的其他文件。 •法律、行政法规或者国务院规定设立合伙企业须经批准的，还应当提交有关批准文件。

续表

组织形式类别	事业单位法人（政府、国有企业举办的事业单位法人）	企业法人	民办非企业单位	其他非法人主体		
				个人独资企业	个体工商户	合伙企业
审批流程	登记管理机关应当自收到登记申请书之日起30日内依照规定进行审查，作出准予登记或者不予登记的决定。准予登记的，发给《事业单位法人证书》；不予登记的，应当说明理由。	●企业法人办理开业登记，应当在主管部门或者审批机关批准后30日内，向登记主管机关提出申请；没有主管部门、审批机关的企业申请开业登记，由登记主管机关进行审查。 ●登记主管机关应当在受理申请后30日内，做出核准登记或者不予核准登记的决定。 申请企业法人开业登记的单位，经登记主管机关核准登记注册，领取《企业法人营业执照》后，企业即告成立。	●登记管理机关应当自收到成立登记申请的全部有效文件之日起60日内作出准予登记或者不予登记的决定。 根据其依法承担民事责任的不同方式，分别颁发《民办非企业单位（法人）登记证书》、《民办非企业单位（合伙）登记证书》、《民办非企业单位（个体）登记证书》。	登记机关应当在收到全部文件之日起15日内，作出核准登记或者不予登记的决定。予以核准的发给营业执照；不予核准的，发给企业登记驳回通知书。	●申请人提交的申请材料齐全、符合法定形式的，登记机关应当当场予以登记，并发给申请人准予登记通知书。 ●根据法定条件和程序，需要对申请材料的实质性内容进行核实的，登记机关应当指派两名以上工作人员进行核查，并填写申请材料核查情况报告书。登记机关应当自受理登记申请之日起15日内作出是否准予登记的决定。 ●登记机关作出准予登记决定的，应当发给申请人准予个体工商户登记通知书，并在10日内发	●申请人提交的登记申请材料齐全、符合法定形式，企业登记机关能够当场登记的，应予当场登记，发给合伙企业营业执照。 ●除前款情形外，企业登记机关应当自受理申请之日起20日内，作出是否登记的决定。予以登记的，发给合伙企业营业执照；不予登记的，应当给予书面答复，并说明理由。

续表

组织形式类别	事业单位法人（政府、国有企业举办的事业单位法人）	企业法人	民办非企业单位	其他非法人主体		
				个人独资企业	个体工商户	合伙企业
					给申请人个体工商户营业执照。不予登记的，应当发给申请人个体工商户登记驳回通知书。	
其他	●法律规定具备法人条件、自批准设立之日起即取得法人资格的事业单位，或者法律、其他行政法规规定具备法人条件、经有关主管部门依法审核或者登记，已经取得相应的执业许可证书的事业单位，不再办理事业单位法人登记，由有关主管部门按照分级登记管理的规定向登记管理机关备案。 ●县级以上各级人	/	/	/	/	/

续表

组织形式类别	事业单位法人（政府、国有企业举办的事业单位法人）	企业法人	民办非企业单位	其他非法人主体		
				个人独资企业	个体工商户	合伙企业
	民政府设立的直属事业单位直接向登记管理机关备案。 ● 对备案的事业单位，登记管理机关应当自收到备案文件之日起30日内发给《事业单位法人证书》。					

此外，医疗机构通过主体资格登记获取法律“身份”的同时，还可能涉及办理税务登记、社会保险登记、住房公积金缴存登记、公章刻制备案等事宜。

根据2018年3月原国家工商总局等十三部门联合发布的《关于推进全国统一“多证合一”改革的意见》，在“五证合一”[1]基础上，将19项涉企证照事项进一步整合到营业执照上，实行“二十四证合一”，[2]全面实行“一套材料、一表登记、一窗受理”的工作模式。申请人办理注册登记时自行填写“一张表格”，向“一个窗口”提交“一套材料”，登记部门直接核发加载统一社会信用代码的营业执照。

上述举措有助于减少医疗机构开设过程中的证照数量，简化办事程序，降低办事成本。但是，目前各地在推进过程中也存在证照整合标准不统一、部门信息共享不顺畅、营业执照互通互认有障碍等问题，故建议提前与拟开设医疗机构所在地注册登记机关就有关事项进行核实确认。

第三节　新设医院应取得的其他资质许可

除上文所述执业许可（“证”）及主体资格（“照”）外，根据医疗机构的诊疗范围及相关设备设施及运营实际情况，在各细分领域还需要取得其他执业、使用及安环等方面的资质许可，以满足其运营及对外合作方面的合规要求。

医疗机构经营过程中涉及的其他执业许可及经营资质证照等事宜，详见本书第四章第三节“医院法律尽调关键点分析”，此处不重复介绍。

---

[1] 包括营业执照、组织机构代码证、税务登记证、社会保险登记证、统计登记证。

[2] 全国统一“多证合一”改革涉企证照事项目录中24项证照事项包括：粮油仓储企业备案、保安服务公司分公司备案、公章刻制备案、资产评估机构及其分支机构备案、劳务派遣单位设立分公司备案、社会保险登记证、房地产经纪机构及其分支机构备案、单位办理住房公积金缴存登记、工程造价咨询企业设立分支机构备案、物业服务企业及其分支机构备案、农作物种子生产经营分支机构备案、再生资源回收经营者备案、国际货运代理企业备案、外商投资企业商务备案受理、报关单位注册登记证书（进出口货物收发货人）、税务登记证、出入境检验检疫报检企业备案证书、机构代码证、设立出版物出租企业或者其他单位及个人从事出版物出租业务备案、统计证、旅行社服务网点备案登记证明、气象信息服务企业备案、营业执照、分公司《营业执照》备案。

第六章

政府医院并购合作模式

政府医院，顾名思义，是指政府举办的医院。政府医院为事业单位，所有收支纳入财政预算管理。在计划经济时期，政府医院在我国社会医疗服务体系中处于垄断地位；在市场经济时期，社会办医虽得到蓬勃发展，但与政府医院相比，在医疗技术、学科水平、服务质量、品牌声誉、诊疗数量等方面，仍存在相当大的差距，在我国现有医疗服务市场，政府医院仍占据绝对地位。

政府医院作为最优质医疗资源集中地、医疗服务市场中的“白富美”，无疑对社会资本具有巨大的吸引力。然而，社会办医实践中，政府医院因其特有的身份和地位以及监管政策环境，反而成为社会资本最难触摸但同时也是极具吸引力的对象。

一、政府医院的身份和地位

政府医院是政府出资举办的，其经济性质属于“国有”；政府医院在法律上的身份和主体资格为事业单位法人，这样的身份决定其设立不是为“营利目的”，而是为“社会公益目的”，其职能和定位为“基本医疗卫生事业的主要承担者，保障基本医疗卫生服务公平可及”；政府医院作为非营利性法人，根据《民法典》及事业单位有关监管规定，政府医院不得进行利润分配、终止时不得向举办人分配剩余资产。

二、政府医院的监管政策环境

（一）政策监管多而严

政府医院作为医院中的“国家队”，国家对政府医院在人员、资产、财务、药品采购、绩效考核等诸多方面，均有特殊监管规定，政府医院除须遵循医疗机构的一般性监管规定外，还须遵守其基于事业单位、公立医院身份而应遵守的特殊监管要求。

以下简要梳理政府医院在日常经营管理中涉及的常用监管规定：

1. 登记管理方面

政府医院作为事业单位，其登记管理机关为事业单位登记管理局，登记管理事项受《事业单位登记管理暂行条例》《事业单位登记管理暂行条例实施细则》，以及《医疗机构管理条例》及其实施细则规制。监管事业单位在登记事项及登记程序方面不同于企业法人，现有事业单位登记法定变更事项仅限于名称、住所、宗旨和业务范围、法定代表人、经费来源、开办资金等事项的变更，并未包含举办人变更。

实践中，主管事业单位编制委员会一般会在其官方网站公布事业单位变更登记指南，其中有的地区会公布举办人变更工作流程。

结合笔者实务操作经验，事业单位登记机关接受的举办人变更登记事项主要限于"因政府机构改革或其他机构调整造成举办单位名称变化或事业单位隶属关系变更"等原因造成的举办人变更，此类变更一般需要有"政府机构改革或编制委员会批文"方可办理。

据笔者了解，实务操作中，各地事业单位登记机关对举办人变更登记的理解以及审批尺度存在差异。有些地区事业单位登记机关对社会资本参与公立医院改制重组过程中涉及的举办人变更已经开了绿灯。不过，这种情形在《卫健法》施行后，可能会受到一定限制和影响。

2. 财务会计方面

政府医院执行《医院财务制度》《政府会计制度》，与企业执行的财务会计准则存在很大不同。事业单位与企业在会计核算基础、会计要素构成、纳税方式、财务成果计算、成本核算、会计报表等会计处理上，存在差异。比较突出的难点和差异体现为事业单位财务报表没有所有者权益项目，取而代之的是"净资产"项目；利润是企业特有的，但事业单位作为非营利性组织，没有利润这个会计要素，取而代之的是"收支结余"。[1]

3. 资产管理方面

政府医院作为事业单位医院，其资产配置、使用、处置、产权管理等事项，受《事业单位国有资产管理暂行办法》（以下简称《财政部36号令》）及其他相关规定的严格监管。[2]

政府医院申请财政资金购置限额以上资产、申请项目经费；利用国有资产对外投资、出租、出借和担保；出售、出让、转让、对外捐赠、报废、报损以及货币性资产损

〔1〕"收支结余"为财政拨款单位的核算术语。一般是指上年的收支结余数加上本年的累计收入减本年的累计支出的余额。

〔2〕中央级事业单位还应执行《中央级事业单位国有资产使用管理暂行办法》。

失核销等,均应履行必要的报批程序。

4. 医院业务及经营方面

国家对公立医院在绩效考核、药品集中采购、领导人员管理、党建工作等方面,均制定了特殊监管规定和要求,这些规定包括但不限于《国务院办公厅关于完善公立医院药品集中采购工作的指导意见》《国务院办公厅关于加强三级公立医院绩效考核工作的意见》《关于加强公立医院党的建设工作的意见》《公立医院领导人员管理暂行办法》《关于在公立医疗机构药品采购中推行"两票制"的实施意见(试行)》等。

(二)改制改革缺乏实操指引

政府医院的身份、职能和在医疗服务市场的地位,决定了政府医院的改革不是一件小事。

计划经济时代,政府医院承担提供全面基本医疗服务的职能,在我国医疗服务市场处于垄断地位。在市场经济环境下,医疗服务市场进一步开放,政府医院在生存和发展方面也面临挑战和压力。

一方面,政府医院作为医疗服务市场的重要参与主体之一,其日常运营收入来自市场,存在市场化的一面;同时,政府医院作为事业单位,其人、财、物、经营的诸多方面,又受行政性协调机制的制约,存在"行政性"或"政府主导"的一面。

2011 年,国务院办公厅发布分类推进事业单位改革配套文件,即对面向社会提供公益服务的事业单位提出政事分开、管办分离的要求,但仍存在政府医院的主办者既当运动员又当裁判员的情况。

另一方面,国家财政拨款不足以保障政府医院承担基本医疗卫生服务、维持其正常运行和维护其公益性质,为维持生存和发展,部分政府医院将运营目标更多地指向经济创收,逐步迷失了公立医院的公益性,为此,政府不仅重新承担基本公共卫生责任,而且出台了一系列引导、规范、鼓励、推进社会资本参与公立医院改制改革的政策,以解决政府医院面临的发展瓶颈,使资源得到更好的配置。

这些年,政府医院作为医疗服务市场的一个"重要而特殊"的存在,一直在"政府主导"与"市场主导"两种理念中,寻找生存和发展的空间,政府医院是回归"公益"还是留有一定空间与社会资本合作,一直是摆在政府面前的一道难题,两种理念的纠结、冲突,也体现在国家对于社会资本参与政府医院改制改革政策多是比较原则性的规定,缺乏实操性规定。

政策的模糊不清和缺乏实操指引,在某种程度上给予了社会资本"创新和探索"空间。这些年,社会资本积极响应政策鼓励社会办医政策,市场上出现了"宿迁模式”“托管模式”“合资新建模式”“PPP 模式”等各式各样的社会资本与政府医院合作模式，有些模式前几年被“热炒”，但随着政策的收紧和变化，又面临整改的风险。

比如，《新医改方案》《国办发〔2015〕38 号文》《国办发〔2015〕45 号文》对社会力量参与公立医院改革、改制重组持开放态度，并未禁止社会资本与公立医疗机构合作举办营利性机构。

2018 年 11 月，习近平总书记主持召开民营企业座谈会并发表重要讲话，充分肯定了民营经济的重要地位和作用，深入分析了当前民营经济发展遇到的困难和问题，提出了支持民营经济发展壮大的六方面举措。

在此背景下，2019 年 6 月 10 日，卫健委、发改委、科技部等十部门联合发布的《42 号文》从加大政府对社会办医支持力度、简化审批服务等六个方面入手，提出 22 项促进社会办医政策措施，其中在公立医疗与社会办医分工合作方面，再次重申“引导和规范社会力量通过多种形式参与公立医院改制重组”。《42 号文》的出台，让社会资本再次看到投资合作政府医院的希望和前景。

然而，2019 年年底公布并已于 2020 年 6 月 1 日施行的《卫健法》，以法律形式明确规定“政府举办的医疗卫生机构不得与其他组织投资设立非独立法人资格的医疗卫生机构，不得与社会资本合作举办营利性医疗卫生机构”。这一规定意味着，《卫健法》施行后，以往社会资本与政府医院合资新建新院区、分院以及营利性医院，将被禁止。

总体而言，社会资本投资政府医院深受政府和政策影响，公立医院综合改革是全面深化医改的重要任务之一，也是其中最难啃的一块骨头。在改革进入攻坚期和深水区大环境下，继续深化改革必然要涉及一些重大利益关系的调整，以及牵动全局的敏感问题和重大问题。比如，国有企事业单位改革、财政体制改革、收入分配体制改革等诸如此类牵一发而动全身的改革，在这样的大环境下，国家在政策制定过程中，势必会谨慎前行，经历一个由粗到细、由浅入深、由表及里的一个过程。这个过程中，政策的反复和摇摆也是改革中的正常现象。可以预见，政府医院的综合改革注定会是一场涉及面广、受众多、难度大、持续时间长的一场改革。而目前，我国社会资本参与政府医院改制改革，在政策和社会实践方面，尚处在探索阶段，尚未形成成熟的社会资本与政府医院的合作模式。

笔者基于现有政府医院监管政策及近十年社会资本与政府医院投资合作实践回顾，总结出以下七种社会资本与政府医院投资合作模式。

第一节　模式一:社会资本参与政府医院整体改制模式

一、模式概述

政府医院改制重组是一个范围非常宽泛的概念,实践中有的社会资本是参与政府医院整体改制,有的则是参与政府医院某一科室或院区的改制。

笔者此处无意纠结模式定义的完整、准确性,而更多从社会资本实操路径角度考虑,将此模式定义为社会资本参与政府医院整体改制。

社会资本参与政府医院整体改制有两种模式:

(1)直接股权投资方式参与政府医院改制重组,即社会资本通过直接股权投资,将政府医院由事业单位非营利性医院改制为企业法人性质的营利性医院(模式1)。即本书第十章所论述的“非营利性医院转营利性医院”的模式(模式1)。

(2)通过举办人变更,间接对政府医院整体改制:不改变政府医院事业单位非营利性医院性质,社会资本通过变更政府医院举办人方式,在举办人层面实现“社会资本与政府”混合所有制(模式2,亦称间接方式)。

上述两种模式中,在模式1下,将政府医院由非营利性医院变更为公司制的营利性医院,无疑是最彻底的改制。但在现有政策及监管环境下,此模式基本不具可操作性。主要原因在于:

(1)政府医院的举办人主要为各级政府,医院为事业单位法人,在现有法律体系下,社会资本无法对政府及/或事业单位法人进行股权投资或并购,进而变更政府医院举办人;实务操作中,政府医院举办人直接变更,仅限于因政府机构改革或其他机构调整造成举办单位名称变化或事业单位隶属关系变更等情形。

(2)政府医院的身份和其职能地位以及现行监管政策,对于政府医院改制为营利性医院总体持否定态度。尽管《卫健法》出台前,监管政策法规未明确禁止政府医院与社会资本合作并改制为营利性医院,但无论是在计划经济时代还是市场经济时代,政府及政策对于政府医院“公益性质”的职能定位从未改变过,因此实践中模式1很难操作,也鲜有成功或可借鉴案例。《卫健法》出台后,首次从立法层面明确政府举办的医疗卫生机构“不得与社会资本合作举办营利性医疗卫生机构”,“政府举办的医疗卫生机构应当坚持公益性质”。我们预计此模式在现行监管政策导向下,将“保基本”的非营利性政府医院改制为营利性医院很难操作。

模式2不改变政府医院事业单位及公立医院性质,医技人员仍保留事业单位编制，由政府对医院进行事业单位管理，操作难度较模式1要小很多，此模式也是目前社会资本参与政府医院整体改制项目中较为常见的模式。因此本节仅就间接方式参与政府医院改制重组予以分析。

值得说明的是，虽然模式1在现行政策监管环境下不具可操作性，不过实践中也存在一些类似贵阳朗玛信息技术股份有限公司（简称朗玛信息）改制重组贵阳市第六人民医院（简称贵阳六医）这样的特例。虽然从交易结构上与模式1不完全一致，且标的医院有其特殊性，但最终成功实现了社会资本将政府医院由非营利性医院改制为营利性医院的目的。

此案例在现行政策监管环境下，虽不具普遍适用性，但从研究社会资本投资办医模式角度，值得分享。

案例

贵阳六医前身为成都铁路局贵阳铁路分局的职工医院。2004年6月，因铁路单位实施主辅分离，贵阳铁路分局将其职工医院移交贵阳市人民政府接收，并随后更名为贵阳市第六人民医院，医院为贵阳市卫计委下属二级甲等综合医院（此次改制为第一次改制）。

为此次朗玛信息对医院的二次改制重组，2015年9月，贵阳市卫计委批复，由贵阳市政府管理（集团）有限公司（为贵阳市人民政府批准成立的国有独资公司，负责对贵阳市市级公立医院国有资产实施监督管理，代表政府履行出资人职责；简称医管集团）出资成立贵阳市第六人民医院有限公司（简称六医公司），六医公司为医管集团全资子公司。

根据贵阳六医第二次改制方案，六医公司将承继贵阳六医的原有业务、资产和人员。在上述改制完成后，由医管集团引入社会资本朗玛信息。朗玛信息采取以现金方式对六医公司增资入股。

根据朗玛信息公告，朗玛信息和医管集团对六医公司增资，其中朗玛信息以约15529.41万元现金出资，医管集团以贵阳六医改制后资产包，经资产评估值约8000万元出资，增资后，朗玛信息持有六医公司66%股权，医管集团持有六医公司34%股权，六医公司成为朗玛信息的控股子公司。经过上述改制和重组，贵阳六医由政府医院变更为社会资本控制的营利性医院。

前述交易实施前及实施后医院股权控制关系如图6.1所示：

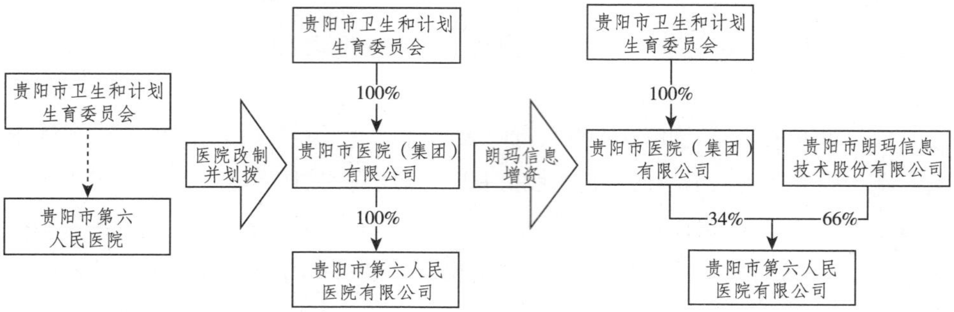

图 6.1　朗玛信息重组贵阳六医交易结构图

上述案例中，标的医院前身为铁路医院，后由政府接收，改制为政府医院。之后经过再次改制和重组及引入社会资本对医院进行二次改制，并由非营利性变更为营利性医院。政府通过新设医院法人主体和交易标的公司（即六医公司），之后，以增资方式将原政府医院的资产、业务注入新医院法人主体，并同时引入社会资本现金投资，从而将原政府医院由事业单位法人改制变更为公司制企业法人，医院由非营利性医院变更为营利性医院。

此交易模式与第七章间接方式改制重组国企医院模式比较接近。

朗玛信息成功改制重组贵阳六医，以下几个因素起到关键作用：(1)地方政府部门的大力支持。(2)标的医院的先天基因为铁路医院，虽然第一次改制变为政府医院，但医院本质上与“与生俱来政府举办”的医院还是存在差异，因此，有些学界或市场人士并未将此案例视为“政府医院改制项目”，而是将其划为“国企医院改制重组”范畴。(3)此交易赶上政策东风。交易适逢国企医院剥离政策东风，且这个时期社会资本投资政府医院政策尚未收紧，《企业国有资产交易监督管理办法》（简称《国资委、财政部 32 号文》）尚未出台，因此社会资本增资六医公司无须进场交易。

如上所述，社会资本参与政府医院改制并将政府医院改制为营利性医院操作难度较大，不是本书所探讨的重点。为此，本节将重点分析社会资本以间接方式参与政府医院整体改制的模式，即通过举办人变更，间接对政府医院整体改制。

二、模式结构及合作步骤

为了清晰阐述社会资本如何以“间接的方式参与政府医院改制的模式”，笔者以某市级人民医院与国有资本合作的一个案例的结构图（如图 6.2 所示）分析该模式下社会资本与政府卫健委改制该政府医院合作的总体思路。

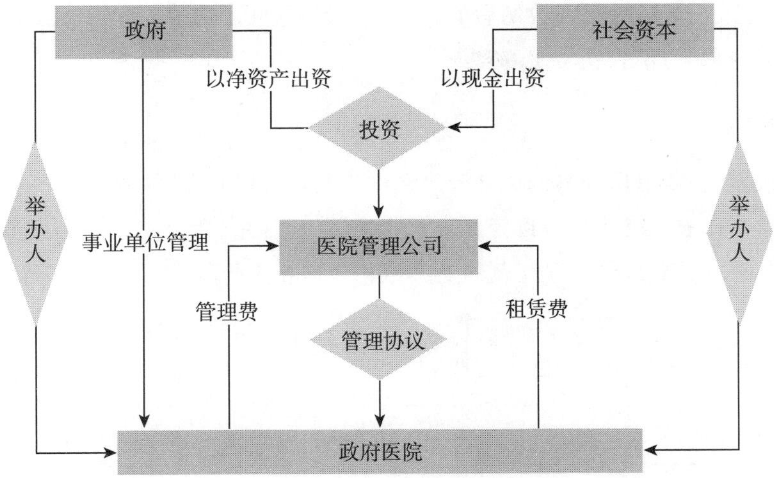

图 6.2　社会资本以间接方式参与政府医院整体改制操作模式

如图 6.2 所示,该模式下的合作步骤为:

第一步:政府卫健委作为合作主体[1],代表政府以净资产出资、社会资本以现金出资成立合资公司,按出资资产和现金比例分别持有合资公司的股权。

第二步:由合资公司对医院进行经营管理。在此步骤中,为了体现社会资本拥有医院的权益,在实际操作过程中,法律结构上有两种处理方式:

方式一:将原由政府/政府卫健委(以下统称政府)持有政府医院的举办权一分为二,即由合资公司的股东——政府和社会资本,在持有合资公司股权的同时,直接持有政府医院的举办人权益。由此,改制前政府医院由“单一举办人”(即政府)变为“双举办人”(即政府和社会资本)。

同时,政府医院应在原登记的事业单位管理部门按合资公司股权比例对“双举办人”进行登记备案。为了保持政府医院在改制前后的“事业单位性质”不变,政府和社会资本在合作协议中约定:仍由政府卫健委代表政府对改制后的政府医院采取“事业单位管理”。

方式二:在合资公司成立后,将原政府持有的政府医院举办权,由政府直接变更为“合资公司”。这种方式在具体操作中应确保合资公司的“国有”属性,以满足事业单位举办人要求(详细分析见下文“四、模式特点”),否则,将面临无法办理合资公司举办人变更登记或办理登记手续不合规的风险。

---

〔1〕 根据相关规定,政府部门作为商业公司的合作主体存在合规性争议,此结构图中,“卫健委”作为合作主体是否合规,我们暂且不论。

第三步:由合资公司与改制后的政府医院签署《管理协议》《资产租赁协议》,从政府医院收取管理费、租赁费。

案例

代表案例:中信医疗与汕尾市政府合作改制市直属公立医院案

该案例为社会资本中信医疗健康产业集团(简称中信医疗)参与汕尾市政府下属的直属公立医院改制。该案例的交易结构如图6.3所示:

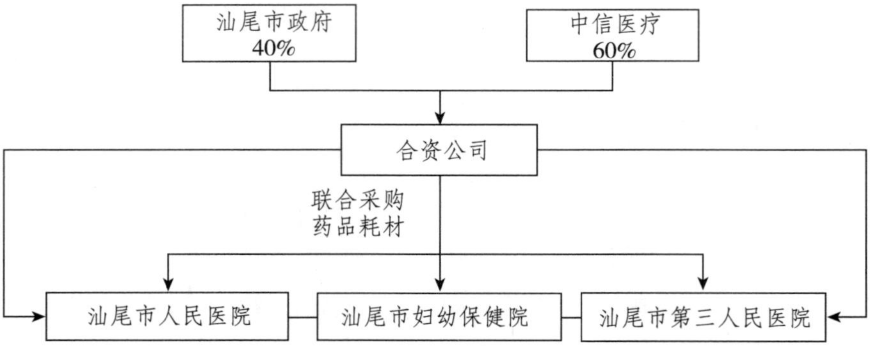

图6.3 中信医疗与汕尾市政府改制政府医院案例操作模式

根据公开信息报道,2014年8月12日,汕尾市人民医院第四届职工代表大会第12次会议表决通过了《改制涉及医院发展及职工权益方面的方案》。2014年8月25日,中信医疗与汕尾市人民政府正式签署《汕尾市直公立医院改革合作协议》,对汕尾市直属三家公立医院(汕尾市人民医院、汕尾市妇幼保健院和汕尾市第三人民医院)进行整体改制。

双方合作范围即为三家市直属医院。三家医院的所有资产由汕尾市政府聘请专业评估机构完成资产评估。三家医院的资产包括土地、房屋、设备等,由汕尾市政府委托汕尾市国资委持有。

汕尾市国资委以前述三家医院经评估的净资产出资,中信医疗以现金出资,共同出资成立一家投资公司,汕尾市国资委持股40%,中信医疗持股60%。

2015年12月13日,合资公司中信汕尾医疗投资管理有限公司(简称中汕医疗)设立完成,三家市属公立医院移交中汕医疗,由政府作为三家医院的举办人变更为中汕医疗作为三家医院的举办人。

三、模式审批流程

目前尚无政府医院改制政策操作指引,实践中此类"以间接方式"改制政府医院的操作及审批流程,一般参照国企改制、国家及地方公立医院改制改革有关政策执行。

常规的操作流程如图 6.4 所示:

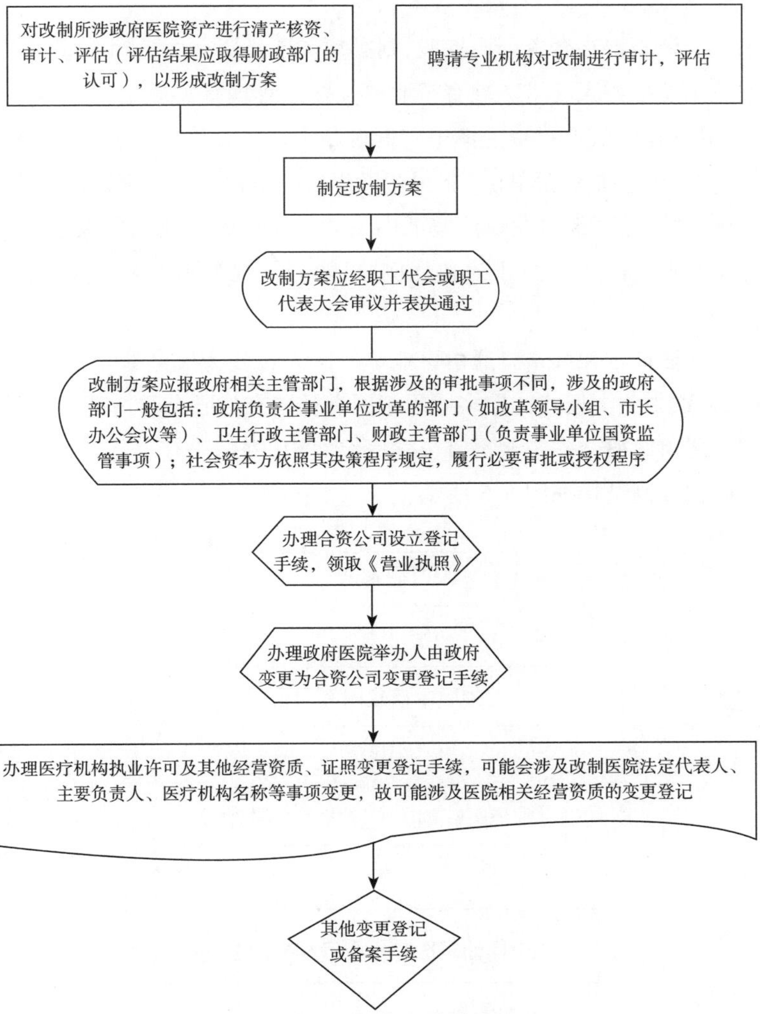

图 6.4　政府医院改制操作流程图

四、模式特点

(一)改制后的政府医院维持事业单位法人性质不变

此模式是在不改变“政府医院事业单位公立医院性质”前提下,对政府医院实施整体改制,社会资本在本质上是将“举办人权益”模拟为“股权”来交易,而举办人的主体性质是认定事业单位法人性质最重要的标准之一。

根据《事业单位登记管理暂行条例》《事业单位登记管理暂行条例实施细则》的有关规定，事业单位是指“国家为了社会公益目的，由国家机关举办或者其他组织利用国有资产举办的……社会服务组织”，能满足前述条件要求的举办人主要为国家机关、国有企业或其他国有资产投资的组织。

如果社会资本拟在合资公司控股，则必须保证合资公司的“国有”属性，否则无法满足事业单位举办人要求。现有事业单位登记管理有关规定，并未对除“国家机关以外”的其他国有资产投资主体中国资成分占比作具体规定，但结合民办非企业单位登记中，对民办非企业单位“非国有资产份额不得低于总财产的 2/3 要求”，以及实操情况，实践中一般事业单位登记机关会要求事业单位举办人，国有资产份额应不得低于总财产的 2/3，低于前述比例，可能会被视为不符合事业单位举办人登记或变更要求。

我国目前法律框架尚未打通由事业单位法人转变为民办非企业法人的法律路径。因此，实践中此类模式比较多适用于国有及国有控股企业这类社会资本。在中信医疗与汕尾市政府合作改制市直公立医院案中，中信医疗最终控制人为国务院，该项目的股权控制结构如图 6.5 所示：[1]

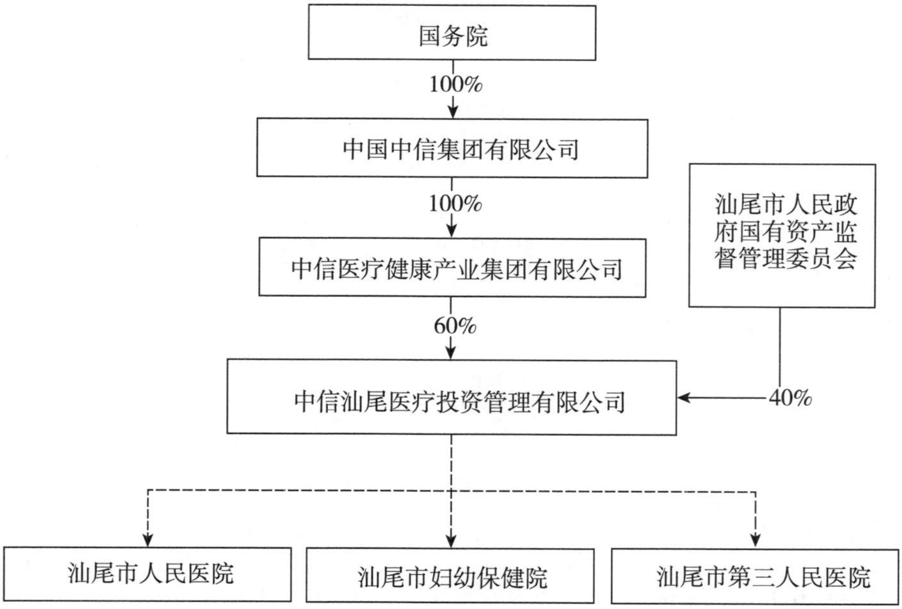

图 6.5　中信医疗股权控制结构图

〔1〕 信息来源于国家企业信用信息公示系统。

（二）政府医院需将全部资产和负债整体注入合资公司

此模式为对政府医院的整体改制，因此，政府作为医院的举办人，在与社会资本的合作过程中，在以净资产作为合资公司的出资过程中，须将改制医院的全部资产和负债注入合资公司，从而明晰合资公司作为公司法人和政府医院作为事业单位法人之间，对改制后医院资产的权属，实现医院资产的“政府与社会资本的混合所有”。

（三）改制后政府医院的治理结构

医院由合资公司进行管理，实行合资公司董事会领导下的院长负责制。同时，医院与合资公司签订管理协议，双方约定董事会及院长办公会的管理权限，形成相互制约的治理结构体系。

（四）社会资本通过合资公司行使对医院的经营管理权及实现投资回报

社会资本通过控股合资公司（新举办人），享有对医院人、财、物、事等方面的控制权，并通过合资公司与医院签订管理协议、服务协议等方式，从医院收取管理费、服务费等，以获取部分投资收益。

同时，就供应链管理收益的获取，因涉及医药批发企业的 GSP 认证资质，可采取由合资公司申请 GSP 认证或由合资公司收购一家 GSP 认证企业，与政府医院签订供应链管理协议，从而获取医院的供应链管理收益。

另外，该模式下因政府已将政府医院的全部资产注入合资公司，因此合资公司可以将资产租赁给政府医院使用，以获取资产租赁费。

五、模式难点和风险

（一）政府净资产出资难以到位

1.“净资产”的概念及出资依据

企业的净资产（net asset），是指企业的资产总额减去负债以后的净额，在数量上等于企业全部资产减去全部负债后的余额。“净资产”不是一个法律概念，为会计学中比较“虚”的一个概念，具体由资产和负债两个比较“实”的部分组成。

《公司法》第 27 条[1]关于公司出资方式的规定，并未明确将净资产列为出资方式，但亦未明确禁止。

[1] 《公司法》第 27 条规定：“股东可以用货币出资，也可以用实物、知识产权、土地使用权等可以用货币估价并可以依法转让的非货币财产作价出资；但是，法律、行政法规规定不得作为出资的财产除外。对作为出资的非货币财产应当评估作价，核实财产，不得高估或者低估作价。法律、行政法规对评估作价有规定的，从其规定。”

实践中，净资产出资的情形比较多发生在企业改制重组项目中。政府医院是事业单位法人性质、重资产的社会服务机构，其资产负债相对一般企业重组，无论是资产构成还是人员身份，均较为复杂。

2.“净资产”出资，政府存在无法出资到位的可能性

此模式中，政府以医院“净资产”注入合资公司，即政府应将医院正在运营的资产和负债全部注入合资公司。从医院的资产端和负债端来看，政府存在出资无法到位的可能性。

（1）政府以医院净资产出资的资产结构分析。

①现金：以货币资金作为出资符合相关规定，应归入合资公司账户并做相关财务处理。但为了不影响医院的正常经营，特别是医院现金流的正常运转，在实操中，合资公司将收到的现金再借回给医院，形成合资公司对医院的债权。

②应收账款：包括医院的应收账款、其他应收款、预付款项。这三笔款项均为对第三人的债权，作为政府的出资资产转入合资公司。在法律上，可视为债权转移，即医院对第三人的债权转移到合资公司名下，形成合资公司对第三人的债权。但在实际操作和管理中，该应收账款作为医院的应收，是医院本身在运营过程中形成的众多客户或供应商的账款，根据《民法典》有关规定，[1]债权转让存在一定限制，故医院作为一个正常运营的法律主体，进行债权转移，具有一定的操作难度，且医院应收账款应属于可以用货币估价并可以依法转让的非货币财产，才能作为出资。

③存货：医院每天使用的药品、医疗器械等，该等动产不需要产权登记，即使其作为资产出资到合资公司后，也会实际由医院继续占有使用，无法现实交付。从法律上看，存货可以作为出资，但如果实操中不具备实际交付并完成转让的条件，则应通过合同约定将该类资产以占有改定[2]的方式进行交付。

④大型设备：主要为医院正在使用的设备、车辆、电梯等。其中，对于有产权登记的大型设备、车辆、电梯等资产而言，其作为出资进行所有权转移的过户登记即可；对于无产权登记的其他设备，则处理方式与存货相同。在实操中，上述设备的实际使用者仍为医院，需由合资公司将上述设备再租赁回给医院使用。这将面临大

---

〔1〕《民法典》第 545 条规定：“债权人可以将债权的全部或者部分转让给第三人，但是有下列情形之一的除外：（一）根据债权性质不得转让；（二）按照当事人约定不得转让；（三）依照法律规定不得转让。当事人约定非金钱债权不得转让的，不得对抗善意第三人。当事人约定金钱债权不得转让的，不得对抗第三人。”第 546 条第 1 款规定：“债权人转让债权，未通知债务人的，该转让对债务人不发生效力。”

〔2〕《民法典》第 228 条规定：“动产物权转让时，当事人又约定由出让人继续占有该动产的，物权自该约定生效时发生效力。”

型设备如何折算折旧,以及合资公司如何向医院收取设备租赁费的问题。

⑤在建工程:在合作初期,政府以资产包作为出资注入合资公司时,新院作为在建工程,是以账面的金额作为出资资产注入合资公司。该在建工程的产权应属于合资公司,同时该在建工程的后续建设资金也来源于合资公司。正常情况下,该在建工程在建设完成并领取房产权证后(包括土地及附着物),其权属也应属于合资公司。但由于政府医院为公益性事业单位,该在建工程的土地为划拨地,而合资公司为营利性法人,不符合划拨地使用主体要求,因此政府无法将医院划拨地转移至合资公司名下。因此,政府同样面临无法将在建工程作为出资,转移至合资公司名下的情况。

⑥房产:一方面,医院房产过户至合资公司,将面临巨大的税负;另一方面,由于医院土地为划拨地,无法转移至合资公司名下,医院房产如转入合资公司,将导致房地分离的法律状态。

⑦划拨土地使用权:如前文所述,政府医院作为非营利性机构,在其名下的划拨地无法转入合资公司名下。若是将划拨地转为出让地,过户到合资公司,政府可获得一笔可观的现金收入,但同时增加了合资公司的投资成本。在医院现有经营收入(如门诊量、住院量)没有任何增加的情况下,将划拨地转为出让地的额外投入,无形增加了社会资本收回投资成本并获取回报的难度。

⑧计算机软件及系统:医院账面上体现的无形资产,主要包括财务软件、医院信息系统软件及医保物价信息系统。该类资产作为出资,应首先识别是否具有专利权或计算机软件著作权,如有,则应办理权属过户手续,但实践中这类软件及系统往往由第三方开发并保留专利及著作权,同时限制了医院对软件系统的再次开发利用。故在此情况下,合资公司难以实际取得软件系统的所有权,对于不具备所有权的计算机软件及系统,亦应参考存货出资的处理方式。

⑨商誉:以医院的品牌作为无形资产,须由第三方评估机构评估作价。在实际操作中,商誉不得作为出资,因此政府也难以将其作为无形资产注入合资公司。

(2)政府以医院净资产出资的负债结构分析。

①应付账款、预收账款、其他应付账款:此类负债是医院运营过程中,由医院与客户(如供应商等)形成的债权债务关系。若将上述负债从医院转入合资公司,根据《民法典》第 551 条第 1 款的规定,债务人将债务的全部或者部分转移给第三人的,应经债权人同意。故实际操作中,将面临医院债务较为分散且难以获得相关债权人普遍同意等问题,较难将此类负债转入合资公司。

②应付职工薪酬、应交税款:此类负债的转移是否涉及员工劳动合同签约主体

以及纳税主体的变更,存在争议。因政府医院为事业单位法人编制,该负债从医院转入合资公司,可能面临现实(员工不愿意)及法律方面的困难。

③一年到期的非流动负债、长期借款等:在法律上没有障碍,可由医院移交合资公司作为负债,但须征得相关债权人(如银行等)的同意。

(3)政府以医院净资产出资的具体操作路径。

①应收账款作为出资。

1)先行确定应收账款是否存在质押等权利限制情形,如存在,应及时予以解除;

2)进一步确认应收账款是否存在第三方约定不得转让的情形,如有,则该应收账款不宜作为出资资产注入合资公司,除非取得第三方同意;

3)由政府医院与合资公司签署协议完成应收账款债权转让,同时通知债务人;

4)上述应收账款应记入合资公司账目并进行财务管理。

②存货、设备作为出资。

1)先行确定存货、设备是否存在权利限制情形,如存在,应及时予以解除;

2)对于可以办理产权登记的车辆、电梯或其他大型设备,应当进行产权变更登记过户至合资公司名下;

3)对于无产权登记的存货、设备,可采取“占有改定”的方式,由政府医院与合资公司签署协议,将前述存货、设备涉及的动产物权转让给合资公司,但政府医院继续占有使用该动产;同时,对于存货应建立代销关系,由政府医院代合资公司销售医用耗材和药品等存货,获得的销售收入归合资公司;对于设备应建立租赁关系,由政府医院租用出资范围内的设备,合资公司收取相应的租金;

4)上述存货、设备应记入合资公司账目并进行财务管理。

③计算机软件及系统作为出资。

1)先行确定政府医院是否拥有计算机软件及系统的专利及著作权、是否存在权利限制情形,如有,则应办理专利、著作权权属变更登记并解除相关权利限制;

2)进一步确定计算机软件及系统是否存在第三方开发者设定的转让限制,如有,则该计算机软件及系统不宜作为出资资产注入合资公司,除非取得第三方同意;

3)对于不具有专利及著作权权属、第三方转让限制的计算机软件及系统,由政府医院与合资公司签署协议完成权属转移;同时,就该等计算机软件及系统使用,合资公司将向政府医院定期收取软件使用费;

4)上述计算机软件及系统应记入合资公司账目并进行财务管理。

④债务转让。

净资产出资中的债务部分可采用下述方式转移：

1）免责的债务承担。

该种方式是指政府医院与合资公司签订《债务转让协议》，政府医院完全脱离原债权债务关系，所有债务均由合资公司承担。根据《民法典》第551条的规定，该种方式应当经债权人同意，此外，对于应付职工薪酬、应交税款等法律规定的债务，原债务人无法通过免责的债务承担进行转让。采取此种债务转让方式，存在合规风险和实操困难。

2）并存的债务承担。

该种方式是指政府医院与合资公司签订《债务承担协议》，政府医院不脱离原债权债务关系。对外，所有债务由合资公司与政府医院承担连带责任；对内，政府医院承担债务后可向合资公司追偿。该种方式对债权人有利无弊，因此不需要取得债权人的同意，且政府医院不脱离原债权债务关系，不涉及对法定债务的免除。因此，该债务转让方式更具有操作上的可行性。

此外，对于应付职工薪酬、应交税款，采取该种债务承担方式则不涉及员工劳动合同签约主体以及纳税主体的变更。对外，可仍由法定义务主体医院，偿付薪酬及缴纳税费；对内，则由合资公司与政府医院进行相关财务处理。

基于以上对政府以净资产出资的资产和负债构成分析，在实际操作时，社会资本以现金出资到位很容易，但政府以医院净资产出资较难履行，可能成为政府出资不到位的“陷阱”。

结合笔者实务操作实例和体会，尽管存在政府以净资产出资的合资模式，但在合作初期合作方案设计时存在的问题，在合作后，仍难以从根本上解决。比如：

①实际操作中，政府净资产出资，因在法律上难以完成，故政府以红头文件的方式确认上述“资产包”出资到位，并由财务确认。合资公司在“确认”收到上述“资产包”后，再将此“资产包”出售或租赁给医院，形成医院和合资公司之间的应收应付，即合资公司对医院的债权。

②以合资公司名义采购的医疗设备，合资公司又将其租赁给医院使用。医院是否按照市场的租赁价格支付合资公司的租金，如医院在合作后仍无偿使用属于合资公司的资产，则会损害社会资本的股东权益。

③土地使用权及其地上附着物（如房产），其产权从法律上没有过户到医院，只能作为政府出资不到位处理，成为合资过程中“悬而未决”的事宜。

（二）合资公司资金如何使用

如上文所述，政府和社会资本成立合资公司，社会资本按比例注入现金到合资公司,而非医院。由于医院与合资公司为分属不同类别的两个独立法人实体,政府医院作为非营利性事业单位法人,其资产的所有权是社会公益性资产,在清算时,须捐赠给其他社会办的非营利性医疗机构或政府认可的慈善基金或机构,即其产权不属于合资公司。

因此,医院在使用合资公司现金时,无论使用过程中形成资产或作为流动资金,其产权均不应属于合资公司。为此,就合资公司将资金提供给政府医院使用,在实践中有以下几种处理方式:

方式一:合资公司将资金无偿提供给医院使用。合资公司通过收取医院管理费和掌控医院供应链获取收益等方式,间接收回无偿提供给医院的上述资金。

方式二:合资公司将资金借给医院。在法律上形成合资公司和医院两个法人之间的借贷关系,即合资公司对医院的债权,由医院分期偿还本金和相应的利息。

方式三:合资公司将资金作为投资注入医院,记为医院对合资公司的长期应付款。合资公司投入医院的资金,形成的资产,权属归医院所有,医院按照医院会计制度对应的折旧费标准计提折旧,并支付给合资公司。

方式四:合资公司购买医院相关资产。如由合资公司购买医疗设备或物业等,之后由合资公司租赁给医院,合资公司收取相关的租金。

方式五:合资公司收取资金占用费。由合资公司代医院支付相关费用,从医院收取资金占用费。

方式六:合资公司自我拓展业务。合资公司借助改制后医院的优势资源,与独立第三方机构开展合作或自行开办独立第三方机构,合资公司获得合理回报。比如,设置独立的区域医学检验机构、病理诊断机构、医学影像检查机构、消毒供应机构和血液净化机构等,实现区域资源共享。

无论采取上述何种方式,医院一旦将部分本属医院的经营活动转移到合资公司,合资公司作为营利性法人,无法享受非营利性医院的各种税收优惠政策,则须缴纳相关税收。

(三)社会资本投资回报难以达到预期

如上文所述,在合资公司无偿将资金提供给医院使用时,采取不收回本金和利息的方式,将可能导致社会资本的投资回报难以达到投资的预期。按照目前常规的合资公司从政府医院获取回报渠道的方式,合资公司从医院的收益包括以医院收入为基础的提取固定管理费(如提取5% ~10%)、以医院收支结余为基础的浮动管理费(如20% ~40%),以及从药品、医疗器械和医用耗材的供应链获取的收益。

但近年来,由于政策的调整,如药品零加成、医院的收入增长不能突破10%及医院管理成本的增加（如医院员工工资上涨）等因素，医院的收支结余和来自供应链收益均有下降的趋势，导致在合作初期合同约定的投资收益难以达到，这将是此模式下的又一难点。

（四）举办人登记变更存在不确定性

如前文所述，事业单位登记管理有关监管规定，未将“事业单位举办人变更”列为变更登记事项。实践中，事业单位登记机关许可的举办人变更登记事项，主要限于“因政府机构改革或其他机构调整造成举办单位名称变化或事业单位隶属关系变更”等原因造成的举办人变更，对于此模式项下“举办人变更”情形，尚无明文规定。

尽管实践中已不乏类似中信医疗与汕尾市政府合作改制市直属公立医院这样的成功案例，但这些案例还属于个案、特案，不具普遍适用性。根据事业单位举办人变更现行监管规定及社会办医政策及实践走向，此模式所涉举办人变更登记是否可以作为参照，被各地政府部门认可和适用，存在不确定性。实操中，建议合作方就合资公司举办人变更登记具体要求提前向主管事业单位登记机关咨询，并以主管部门意见作为决策参考依据。

（五）改制模式偏离商业逻辑

基于政府医院所处的严格监管及生存空间，力求在政府医院的“公益性”和社会资本“逐利性”（合理回报）之间寻找平衡点，导致交易结构比较扭曲，偏离了基本的法律和商业逻辑。从表面上看，此模式成功实现社会资本透过“举办人”间接享有医院举办人权益及对医院的经营管理权，且形式上打通了社会资本的投资渠道。但此模式将医院的全部资产“搬至”合资公司，而合资公司只是一个投资管理平台，并不具备“造血”功能，其从事及登记的经营业务并不包括医疗服务，合资公司自身并没有也不会利用政府出资的医院资产，相反通过租赁、管理协议等方式，仍将政府出资资产返回医院，这种交易安排偏离了医院作为医疗服务提供者本应合理、占有、使用、管理和控制医院资产的“天性”，让医院成为“手无寸铁”，“靠租赁原本自己名下的医院资产”提供服务，这样的交易安排偏离了基本的商业逻辑，不仅伤及医院作为独立法人在资产、业务、运营方面应具有的独立性，而且还导致合资公司和医院两个法人实体之间，财务报表的混乱或不真实，如持有资产主体与收益主体不匹配的现象。

笔者认为，此模式是受限于政府医院现行生存环境、在夹缝中寻找的一条无奈“出路”，不排除该模式在一定时期，有其合理性和可行性，但这种合资公司“搬走”医院资产的模式，从长远来看，并不符合国家对政府医院综合改革宏观政策及政府医院的利益。

第二节　模式二：一址两院模式

一、模式形成背景

“一址两院”是指政府医院以其部分“存量资产”与社会资本合作，在原政府医院所在地成立营利性医院，出现在同一院区“非营利性医院”与“营利性医院”并存的模式。

笔者认为，此模式应是为了实现社会办医的定位，即“公立医疗服务体系的有益补充，满足群众多层次、多样化、差异化的健康服务需求”，而采取的办医方式或手段之一。

具体而言，社会资本与政府在原有政府医院“保基本”的基础上，实现上述社会办医定位的三个目标：

一是基于目前在某些地区，政府公共医疗资源不能完全“满足人民日益增长的美好生活需要”，为此，当地政府与社会资本联手，共同合作在指定的政府医院的同一院区，建设“营利性医院”作为政府医院“保基本”的有益补充。

二是满足“群众多层次健康服务需求”。即社会资本与当地政府医院合作，在同一院区新成立“营利性医院”大力拓展“特需服务”，以规避目前政府医院“提供特需服务的比例需不超过全部医疗服务的10%”的政策限制。

三是实现“与政府医院差异化竞争”的尝试。即通过在同一院区形成“非营利性院区”和“营利性院区”，以实现社会办医与政府医院的差异化竞争。具体而言，在同一院区以政府举办的“非营利性院区”主要开展“基本医保”的核心业务；在以社会办医主导的“营利性院区”，侧重于以“健康保险”为主要的医疗业务。比如，本节介绍的温州市中医院在“营利性院区”开展“医养结合”业务。

二、模式介绍

一址两院，相当于将政府医院的资产“一分为二”，其中，一部分资产仍保留原政府医院的属性和职能，另一部分资产“切割”出来与社会资本合作，成立企业法人性质的“营利性医院”。由此形成在原政府医院的同一院区（即同一地址）出现“非营利性医院”和“营利性医院”共存情形。

此模式交易结构如图6.6所示：

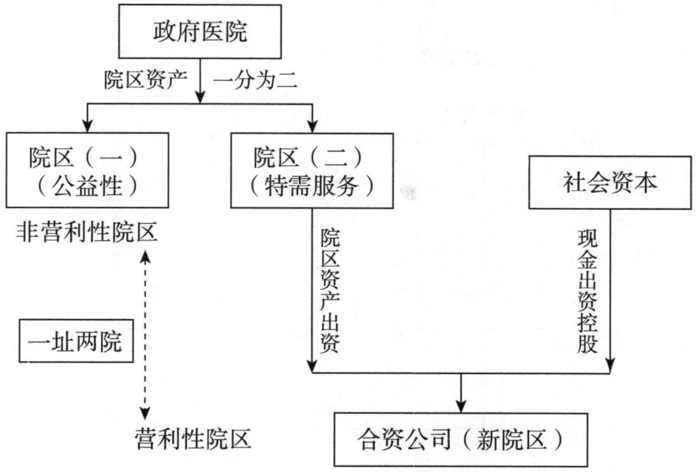

图6.6 一址两院交易结构图

如图6.6所示，政府医院以医院某独立院区（简称院区）资产出资、社会资本以现金出资，双方设立合资公司，即新建的营利性医院。

此模式操作流程与第一节整体改制模式大体相同，实际操作过程中，应特别关注项目所在区域地方政策及政府主管部门的要求。

案例

代表案例：复星医药参与温州市中医院大士门院区改制案

根据上海复星医药（集团）股份有限公司（简称复星医药）公告及媒体报道信息，2015年12月3日，复星医药全资子公司上海复星医院投资（集团）有限公司（简称复星医院投资）与温州市中医院签订《关于设立“温州老年病医院有限公司”的合作协议书》，合作双方拟共同投资设立温州老年病医院有限公司（简称温州老年病医院、新公司或新医院）。

新公司注册资本预设为人民币35477.07万元，其中：复星医院投资拟以现金出资人民币25000万元，占新公司注册资本70.47%；温州市中医院拟以其持有的大士门院区设备、房产、土地使用权等资产评估作价出资人民币10477.07万元，占新公司注册资本的29.53%。

双方合作的范围：温州市中医院原大士门院区所包含的诊疗业务科室和业务。新公司董事会由5名董事组成，复星医院投资委派3名，温州市医院委派2名。根据国家企业信用信息公示系统查询结果，新公司已于2016年2月2日在温州市市场监督管理局登记成立。

上述案例交易结构如图 6.7 所示：

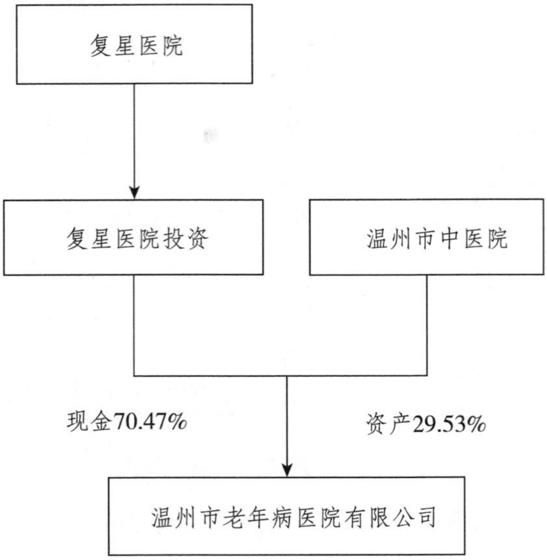

图 6.7　复星医院参与温州市中医院大士门院区改制交易结构图

三、模式分析

（一）模式总体评析

（1）此模式产权关系清晰、合作双方权利、义务约定明确、交易结构法律及商业逻辑合理清晰，是比较干净、彻底的对政府医院部分院区改制模式。

（2）此模式是对政府医院部分院区进行的改制，相对于医院整体改制，涉及的人员、资产、业务面相对小一点，工作量和总体审批难度相对小一些。但由于是将政府医院部分院区改制重组为营利性医院，政府医院是以院区资产作为出资，且院区人员一般会随资产进入新医院，涉及出资划拨地转出让地、房产权属转移、原院区事业单位编制的医务人员身份置换和安置成本等，改制成本相对高一些。

（3）由于政府医院与社会资本合资的为营利性医院，将无法享受原政府医院在税收、财政补助等方面的优惠政策。

（4）此模式比较适合具有资本实力及医院整合能力、以经济效益和股东投资回报为目的的社会资本（尤其是上市公司）。

（二）模式存在风险

1. 此模式面临的主要风险为政策法律风险

《卫健法》颁布前，我国社会办医及政府医院改制改革政策并未明确禁止社会资本与政府医院合作举办营利性医院。《卫健法》实施后，此模式将违反“两禁止规定”，被法律所禁止。

2. 此模式面临“医疗资源”如何分配的问题

此模式在实际运营中将面临如何有效、合规管理、调配同一院区、两家性质不同的医疗机构之间的资源的问题。具体而言：

(1)如何有效管理两家医院“医、技、护”人员，并确保其合规性？

(2)非营利性医院的优质医生资源如何利用“医师多点执业”政策到营利性医院开展服务？医生在两个院区的服务时间、服务报酬如何合理安排？

(3)当营利性医院为其社会股东谋取商业利益时，若社会股东为拟上市公司或上市公司，证券监管部门、医疗行业监管部门有可能对“营利性医院获取的利润是否占用了非营利性医院的资源或利益”提出质疑。

3. 此模式中政府医院资产出资法律适用问题

此模式中，政府医院以院区资产出资，与社会资本设立新公司，从交易行为来看应构成《财政部 36 号令》中规定的事业单位以非货币性资产对外投资。但实践中，对于社会资本参与政府医院部分院区改制中，涉及的事业单位对外投资情形，是否适用《财政部 36 号令》，政策规定不明晰，各地政府部门在执行过程中，在政策理解和执行上也模糊不清。

一方面，《财政部 36 号令》第 19 条规定了事业单位对外投资属于事业单位国有资产使用的一种方式，但对于事业单位“部分”改制中涉及的对外投资是否适用《财政部 36 号令》，以及对外投资“规定限额”并未有明确规定，《财政部 36 号令》将“资产配置、处置事项的规定限额”决定权下放给“省级财政部门”。

另一方面，国家目前尚未出台政府医院改制改革实操性政策指引。目前《中央级事业单位国有资产使用管理暂行办法》对中央级事业单位利用国有资产对外投资限额进行了明确规定，即“单项或批量价值(账面原值，下同)在 800 万元人民币以上(含 800 万元)的，经主管部门审核后报财政部审批；单项或批量价值在 800 万元以下的，由主管部门按照有关规定进行审批，并于批复之日起 15 个工作日内将审批文件(一式三份)报财政部备案”。

毫无疑问，医院改制过程中涉及的事业单位对外投资金额通常会远超 800 万元，如果适用《财政部 36 号令》，地方财政部门是否有审批权仍不明确。如果地方政府部门参照企事业单位改制行使审批权，目前亦无明确政策依据。

上述政策的理解和适用，有待国家和政府从政策制定和执行层面予以明确和澄清。

第三节 模式三：一院两制模式

“一院两制模式”是《卫健法》施行前，政府医院体制机制创新的一种社会资本与政府医院合作最新模式，其目的是政府与社会资本在新建公立非营利性医院过程中，为了解决社会资本在协助政府新建非营利性医院后，无法从非营利性医院获取相应的投资回报的困境。为此，政府与社会资本在建设非营利性医院的同时，同意与社会资本在同一院区建立营利性医院，形成上述的“非营利性医院”和“营利性医院”共存的模式。

本节介绍的“一院两制”模式与上一节介绍的“一址两院”模式的共同点在于：均实现同一院区“非营利性医院”和“营利性”共存的目的和结果。两者的不同点在于：“一址两院”是政府医院利用已有的部分存量资产，与社会资本另行成立企业法人性质“营利性医院”；“一院两制”则是政府与社会资本在合作初期，即从“顶层设计”策划“非营利性医院”和“营利性医院”并存模式，实现了“两院”在人、财、物上的相对独立，在保证非营利性医院公益性的同时，也为营利性医院的市场化运作打下良好的基础。

笔者结合目前实操案例，对此模式予以说明。

案例

案例中目标医院为某市级政府新建公立医院，在引进社会资本的过程中，该医院采取了“一院两制”的模式。合作项目总投资约33亿元，病床数1000张。其中，提供基本医疗服务占地75亩（即非营利性的公立医院用地），设置床位700张；提供特需医疗服务占地30亩（即营利性医院用地），设置床位300张。

一、合作模式

由市卫健委和社会资本成立合资公司平台，共同对合资公司进行出资，其中市卫健委以市财政提供的部分现金作为出资；社会资本同比例现金出资。

在上述案例中，项目合作模式如图6.8所示：

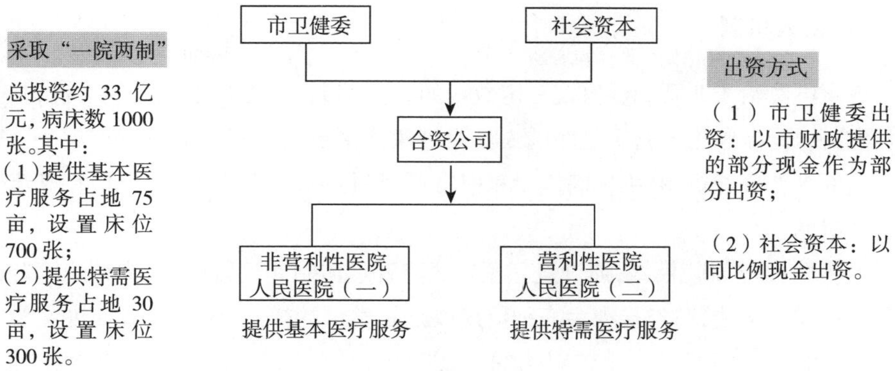

图6.8　政府医院与社会资本"一院两制"合作案例模式图

二、收入分配机制

营利性医院提供的特需医疗服务的运营收入，在扣除成本、按规定缴纳税收后，将其部分净利润分配给合资公司，由合资公司再投入非营利性医院，形成营利性反哺非营利性的新机制；其中部分利润由合资公司分配给社会资本，作为社会资本在此项目融资和投资的部分收益。

三、管理机制

非营利性医院、营利性医院和合资公司建立法人治理结构，实现所有权、经营权、监督权"三权"分离。在合资公司层面形成董事会领导下的总院长负责制，总院长负责对两所医院统筹管理，确保资源共享、平衡发展；总院长下设两名执行院长，分别负责非营利性医院和营利性医院的管理和经营。在"一院两制"下，在合资公司层面形成"一站式综合管理服务平台"模式，取消医院传统副院长、职能部门设置，设立综合管理服务平台；平台下设不同业务职能方向，一站式解决医院行政事务，从而实现了管理扁平化，精简人员，提高效率。

四、服务收费

采取分类指导、区别对待的政策，建立两种性质、两种经营模式并存的医院运行体制，实行差别化的医疗服务项目收费政策。其中，非营利性医疗机构的医疗服务项目收费执行政府定价；营利性医疗机构提供特需医疗服务，医疗服务项目收费实行市场定价。

五、用人机制

政府继续给予非营利性医院一定数量的事业编制，保障骨干人才的引进，其余人员实行合同制聘用。营利性医院人员通过医师多点执业和合同制聘用解决。建立灵活的绩效分配机制，确保高级专家引得来、稳得住，并形成人才共享、相互流动的良性机制。

上述“一院两制”模式，通过建立现代医院管理体制和运行机制，为政府医院改革破题提供了实践，曾经被视为一种值得鼓励和尝试的模式，但此模式尚处在尝试阶段，且属于个案、特案。比较明确的是，《卫健法》颁布前，此模式并未被明确禁止，但《卫健法》施行后，此模式已被《卫健法》所禁止。

第四节　模式四：科室共建模式

一、模式介绍

科室共建模式属于新生事物，处于先行先试的探索阶段，其有利于落实国家分级诊疗政策，促进医疗资源流动，但现有政策法规对科室共建，并未有明确定义。科室共建有关内容散见于国家及地方政府社会办医政策文件中。[1]

根据目前科室共建相关政策及社会实践，科室共建合作模式是指公立医院科室在不脱离原医院监管条件下，与社会资本或其他医疗机构等展开合作，借助其丰富的专家资源、技术、管理运营经验等来实现科室的良好运营。

实践中常见科室共建的表现形式如下：(1)科室整体策划与管理；(2)医生培训与帮扶带教；(3)科室建设与技术咨询；(4)网络服务与科室品牌打造；(5)科室运营与医疗质量管理等。

某案例的科室共建合作模式操作结构如图6.9所示：

---

〔1〕 例如，国务院《关于印发“十三五”深化医药卫生体制改革规划的通知》(国发〔2016〕78号)和《关于促进社会办医加快发展的若干政策措施》(国办发〔2015〕45号)等文件中，提出鼓励社会力量通过建立医疗管理集团参与公立医院的管理或者与医院进行科室共建等形式促进政府医疗卫生体制改革，促进分级诊疗政策的落地和优质医疗资源的下沉。

《连云港市政府关于深入推进紧密型医联体建设的实施意见》(连政发〔2018〕4号)指出，医联体牵头医院，可收取成员单位适当管理费(原则上为医疗收入的5‰左右，具体额度或比例可由合作各方协商并合理确定)，主要用于人员帮扶、科室共建、人才培养、信息化建设、资源共享，推动市、县级公立医院人、财、物全面下沉。

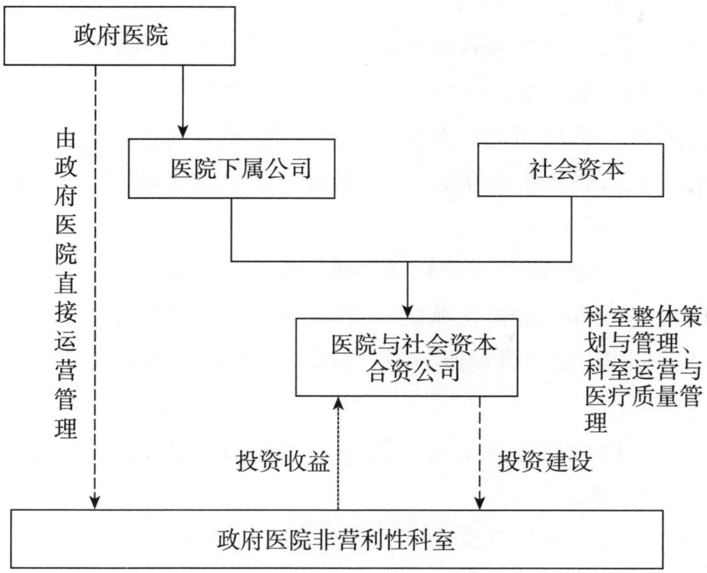

图 6.9　某案例的科室共建合作模式图

二、科室共建与科室承包的区别

科室共建合作模式在实践中面临的最大难点和风险在于,如何避免被认定为科室承包。

如何面对科室共建监管,是社会资本参与医疗投资的热点话题,其起因源自 2017 年媒体曝光的某民营资本承包的部队公立医院科室发生的“魏则西事件”,该事件将社会资本与公立医院的科室共建模式是否可行、合规,推向了“风口浪尖”,其折射出公立医院“科室承包”的行业乱象。财经网曾发文认为,目前科室承包主要有两类:一类是部分军队医院,由于其并不完全归属所在地卫生行政部门的管理,“有空子可钻”;另一类则是部分经营不善的地方公立医院,为了改善经营业绩,将科室出租或外包。

科室承包实质是医院在利益驱动下,将《医疗机构执业许可证》出租、转卖的一种违法行为。科室共建合作模式的合规性,主要体现在科室共建过程中,合作科室自始至终处于公立医院自上而下的管理体系中,科室并未独立于原政府医院,科室的人事、财务、医疗质量、医疗风险等仍属原医院管理,即共建的科室全面纳入公立医院统一管理。

医疗机构的运营过程中会涉及很多问题,如医疗安全管理、医学技术问题、科室建设与管理问题、医院人事管理问题。对医疗机构而言,面对这些问题时,必然会有相对薄弱的环节,而这些薄弱环节刚好是其他医疗机构或者作为管理机构的社会资本方所擅长的,如大型三甲医院具有丰富的专家资源,可以为基层医院医生进行技术培训;医院管理集团擅长医院的管理运营,可以为医院提供科学的管理服务,提高医院的医疗服务质量与效率等。当这些优质的资源之间形成互补时,医疗服务的水平就会得到提升。

当然,这些合作展开时,医院性质不变、国有资产不变、职工身份不变,共同建设医院科室,全面纳入公立医院统一管理,相当于原医院从外购买了医院管理服务、医生培训服务、技术咨询服务等。因此,科室共建合作模式具有合理性、合规性。

下文笔者将从科室承包的表现形式、科室承包与科室共建的合规边界,两者的区别和界限进行分析。

(一)科室承包的表现形式

卫生部《关于对非法采供血液和单采血浆、非法行医专项整治工作中有关法律适用问题的批复》(卫政发〔2004〕224 号)规定,“医疗机构将科室或房屋承包、出租给非本医疗机构人员或者其他机构并以本医疗机构名义开展诊疗活动的,按照《医疗机构管理条例》第四十六条规定予以处罚”。

国务院办公厅《关于支持社会力量提供多层次多样化医疗服务的意见》《关于促进社会办医加快发展的若干政策措施》均明确规定,严厉打击非法行医、医疗欺诈,严肃查处租借执业证照开设医疗机构、出租承包科室等行为,严惩经查实的恶性医疗事故、骗取医保资金、虚假广告宣传、过度医疗、推诿患者等行为。

现有政策法规对科室承包的定义及行为表现形式,并没有明确规定。根据相关文件精神初步判断,科室承包是指个人或机构与医院科室进行合作,使科室脱离原医院监管,进而独立运营医院科室,以该医疗机构名义对外开展诊疗活动,并从原医院收益中获得利润分成的违法行为。

实践中科室承包表现形式主要可归纳如下(见表 6.1):

表 6.1　科室承包的表现形式

序号	表现形式	参考案例
1	医疗机构将本机构原有的(已经设立的)医疗科室交给非本医疗机构人员或其他机构,“自主经营、自负盈亏”(即人、财、物独立管理、风险自行承担),并以本医疗机构名义开展诊疗活动。	2015 年 5 月 9 日,A 公司与 B 医院签订《技术合作协议书》,约定由 A 公司经营 B 医院的数个科室,由 B 医院提供场地并收取费用。A 公司享有相对独立的人事任免、财务、经营管理权并自负盈亏。后 A 公司认为该协议属于科室承包情形应属无效合同,双方遂起纠纷并诉至法院。一审法院认定该协议属于科室承包协议,应认定无效。二审法院则认为 A 公司经营活动都最终受到 B 医院的管理,A 公司不具有足够的独立性,涉案合同应属于科室共建协议,无出借医疗机构执业资格证的情形,因此,合同有效。
2	医疗机构并未设立相应科室,也未将房屋交给非本机构人员或其他机构使用,而是同意由非本机构人员或其他机构在院外自己设立相应医疗科室,并以该医疗机构名义开展诊疗活动,应视为出借、出租《医疗机构执业许可证》。	2016 年 5 月 18 日,苏州市卫生监督所接到举报反映称苏州 A 诊所出借《医疗机构执业许可证》给非卫生人员台某某。经过进一步核查得知,A 诊所与台某某签订协议,台某某可以以 A 诊所名义在其他地点开设诊所,设备、场所及其他费用由台某某自行承担,A 诊所一次性收取台某某一定费用。核实情况后,卫生所认定存在违法出借《医疗机构执业许可证》情形,对有关责任主体处以罚款、没收违法所得、吊销执照的行政处罚。
3	医疗机构与非本机构人员或其他机构共同设立未经审批许可的医疗机构(科室),并以新设立机构(或科室)的名义开展诊疗活动,应视为新设立的机构未取得《医疗机构执业许可证》擅自执业。	2018 年 5 月 8 日,杭州市西湖区卫计局核查到程某某与 A 医院签署《合作协议》,约定共同成立 B 诊所并开展诊疗活动。但 B 诊所未取得《医疗机构执业许可证》。随后,卫计局以未取得《医疗机构执业许可证》擅自执业为由对相关责任主体采取了行政处罚措施。

需要说明的是,除了上述科室承包的表现形式,在实践中还须结合其行为特征是否满足以下一种或多种情形,进而综合判断是否构成科室承包:

(1)双方签订有承包协议,明确承包科室、利润分成等内容,非本医疗机构人员或其他机构享有相对独立的人事任免、财务、经营管理权,负责经营期内所聘人员的工资、个税、社保等费用支出,且负责处理违规经营、医疗事故与纠纷等责任;

(2)医疗机构向承包方提供医疗场所和相关医疗文书;

（3）承包科室有独立或相对独立的财务管理、药品购销形式；

（4）存在使用假劣、过期药品、试剂和未经注册医疗器械等问题；

（5）非本医疗机构人员或其他机构在科室共建期间不接受医疗机构的统一管理，科室聘用的医护人员无执业证书；

（6）违反国家收费标准收费；

（7）承包方为牟取暴利和追求短期投资回报，常常利用违规广告、过度诊疗甚至出具虚假诊断报告等欺诈手段欺骗患者。

（二）科室承包与科室共建的合规边界

1. 法理分析

笔者认为，应先从法理层面厘清科室承包与科室共建的合规边界。

众所周知，医疗机构为患者提供医疗服务，医疗服务的质量关乎到人的健康乃至生命，具有社会公益性。因此，国家对医疗机构的设立、运营、管理等设定了一套严格的标准体系，以确保医疗安全，保护患者的生命健康权。

2016 年卫计委实施《医疗质量管理办法》对医疗机构进行严格监管。公立医院的科室如果外包给个人或者其他非医疗机构，科室实际上脱离了国家的医疗服务监管，当医疗服务变成个人追求利益的工具时，就会产生一系列严重问题。比如，虚假广告、聘用非卫生技术人员从事诊疗活动、违反国家收费标准收费、过度诊疗、出具虚假诊断报告、使用假药等恶劣行为，对公民的生命健康造成严重威胁，影响社会的和谐与稳定。

2. 条款分析

科室共建合作模式的合作协议文本中，通常会约定政府医院将其组织机构、行政管理、财务管理、人事管理、医疗管理、设备采购等经营事务权全部移交给社会资本合作方，据此，在司法实践中，会综合考虑组织经营、医疗管理、人事管理等多个方面因素，对其合规性予以判断。

结合前述分析，为避免科室共建被认定为科室承包，在科室共建合作协议重要条款设置上应注意以下几个方面（见表 6.2）：

表 6.2　科室共建合作协议重要条款设计注意事项

序号	条款	内容设置
1	组织设置及人事管理	××科室初步规划分为门诊、病房、行政办公区域,设置病床数××床;配备主任及副主任医师××人,主治医师××人,住院医师××人,护理人员××人,其他医技人员××人,具体人员安排由××科室根据业务的实际需求相应调整。××科室医护人员为该医院员工,劳动人事关系隶属该医院。 社会资本可委派××名指定人员担任××科室副主任。社会资本委派的副主任在主任的领导下为推动××科室运营和发展从事相关工作;同时可了解××科室开展的业务活动;就××科室的业务发展规划、人员配备及薪酬规划等提出意见和建议;出席与××科室相关的该医院的院长办公会、党政联席会等会议;对××科室经营过程中的各项收入和支出进行监督等。
2	医疗管理及规划建设	医院和社会资本将在本协议生效后 30 日内,按本协议确定的原则,共同编制包含资金使用计划在内的××科室建设运营规划,双方将在该建设运营规划基础上全面展开××科室的建设工作。 ××科室以符合国家法律法规和行业监管要求的方式进行日常医疗运营及管理、采购医疗设备、提供专业技术、负责财务收费并对外承担相应的医疗损害赔偿责任。
3	财务管理	××科室的财务实行独立核算,自收自支。 ××科室须开设两个独立于该医院的银行账户分别用于记录其运营期间的收入和支出。××科室的收入是指发生在××科室的所有收入;××科室的支出是指用于××科室建设运营的所有成本和费用。支出中的医疗业务成本以该政府医院基础科室的收费标准作为参考依据。××科室内部独立核算,收入支出的核算原则以《医院会计制度》为准。

由上文可知,科室共建合作模式项下人事、财务、医疗质量、医疗风险等仍属原医院管理,在合作协议条款设置上应规避"科室托管""收取管理费"等表述。

三、科室共建合作模式下社会资本的投资回报问题

科室共建合作模式下,社会资本如何获取收益,特别是社会资本和政府医院协商的投资与回报途径,是否有可能被监管机关认定为对政府医院的变相分红,这是采取科室共建模式时,需要考虑的重点和难点问题。

为保证科室共建模式的合规性,在合作协议投资回报条款设置上,应注意以下几个方面(见表 6.3):

表 6.3　科室共建合作协议投资回报条款设计注意事项

序号	条款	内容设置
1	资金投入	社会资本负责投入资金，用于××科室的建设运营。将在协议生效后 30 日内，负责投入总额为人民币××万元的建设运营资金。前述建设运营资金投入至××科室账户后，由××科室财务负责管理、专款专用，不应被挪作他用，并根据××科室建设运营需要分阶段支出；××科室在收到资金后 10 日内建立独立的财务账册，并于每月 5 日前向社会资本报送当月资金计划及上月财务报表。
2	收益分配	合作期内××科室应向社会资本支付收益，包括以其收入为基础，向社会资本支付固定收益；以其收支结余为基础，向社会资本支付浮动收益。固定收益按季度结算，××科室向社会资本支付的固定收益 = ××科室季度总收入 ×10%。××科室于每季度计提固定收益，并于每季度财务报表出具后 10 日内以现金形式向社会资本支付该等固定收益。浮动收益按年度结算，××科室向社会资本支付的浮动收益 =（××科室年度收支结余 - ××科室年度总收入 ×15%）×50%。

从社会资本投资路径分析，社会资本将资金注入到与政府医院开展合作的合资公司中，在合资公司产生利润后，社会资本从合资公司分红即可，关键是合资公司本身从科室共建的"××科室"如何获取收益？

如上述协议条款所述，××科室以固定管理费和浮动管理费的方式向合资公司支付收益。在此路径中，确定合资公司对××科室的投资以及××科室向合资公司支付收益的合规性依据是什么？

从投资角度来看，合资公司将资金投入医院（或××科室），是什么性质？是借款还是出资款？

从回报角度来看，合资公司从医院（或××科室）的收益是什么性质？是投资回报还是债务偿还？

就上述疑问，有关财务专业机构和人士从合资公司和"××科室"账务处理的角度，发表如下意见：

（1）投入方面：合资公司对××科室的投入，在合资公司的财务账上，按无形资产处理，并以约定的合作年限进行摊销，这种处理能有效减少合资公司的所得税。与此相对应，在××科室收到合资公司的投入后，在××科室的财务账上，按权益类科目处理。

（2）回报方面：就合资公司投入××科室的回报，××科室以咨询费形式将收益返回给合资公司。

上述专业人士对合资公司和××科室之间资金往来的界定，在二者不存在任何股权和借贷等法律关系的前提下，或许在财务处理上是可行的。但从法律角度来看，笔者认为，这种做法缺乏法律依据，合规性存疑。

对于社会资本与政府医院科室共建模式来说，形式上须关注其与“科室承包”的区别与合规边界划分，实质上更须关注社会资本投资与回报的合规路径与权益保障。

第五节 模式五：委托管理模式

一、模式介绍

委托管理模式是指不以取得政府医院资产、举办权益为目的，而是以获取政府医院经营权和管理权为目的的一种交易模式。社会资本通过与政府医院、政府签署经营权管理协议、委托管理协议、合作协议等形式，约定政府医院在一定条件和期限内，将医院的整体或部分资产的经营权和管理权交给社会资本。

实践中，社会资本与政府医院委托管理合作模式中比较常见形式为IOT（Investment－Operate－Transfer，投资—运营—移交）。一般意义上的医院委托管理或经营管理协议，无须约定社会资本对政府医院的投资义务（这是常规委托管理协议与IOT的主要不同之处），但实践中，政府医院与社会资本合作主要驱动力之一是财政拨款不足、发展受限，因此，政府医院需要社会资本的资金投入。

社会资本对政府医院进行投资，已成为社会资本与政府医院委托管理模式中的标配，IOT模式也成为政府医院委托管理合作模式中，比较主流和常见的模式。

因此，本节委托管理模式以IOT模式为主进行评析。

二、模式分析

（一）模式操作结构

IOT模式一般由社会资本（投资方）与地方政府或卫生主管部门（政府医院的举办人及主管部门，简称政府）、政府医院三方签署合作协议或经营管理协议（名称视项目实际情况可以有不同叫法，下文统称IOT协议），约定社会资本为政府医院的新院区建设、院区改造或医疗设备更新、重点科室建设等提供资金支持；在不改变政府医院资产权属、事业单位性质、人员身份等前提下，政府及政府医院同意将医院的管理经营权（包括但不限于人事任免、财务预算、对外采购等权利）移交给社会资本运营和管理，社会资本通过供应链收益、收取医院管理费和公共服务收益等获得投资回报。

IOT 管理模式常见结构如图 6.10 所示：

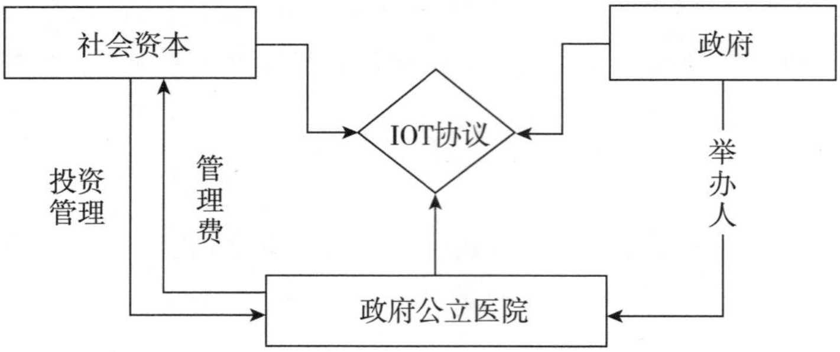

图 6.10　IOT 模式常见结构图

案例

根据公开报道信息，天津市河东区妇产科医院成立于 1964 年 5 月，1986 年迁至现址，建筑面积 5000 余平方米，设有床位 150 张，为天津市河东区卫计委管理下的公立二级专科医院。2016 年 12 月 9 日，天津市河东区政府与上嘉益康（天津）医疗科技发展有限公司（简称上嘉益康）就河东区妇产科医院委托经营事宜正式签订合作管理协议，由上嘉益康对河东区妇产科医院实施经营管理。协议签署后，上嘉益康将一次性投入 4000 万元，全面提升医院的内外环境、医疗设备和专业水平。双方合作后，医院的公益性质、基本医疗服务功能、行政隶属关系、国有资产属性、原有职工身份及独立法人性质均不变，仅改变医院的管理模式，从而使社会资本的资金和管理优势与公立医院相融合，实现共赢。

（二）IOT 模式的特点

IOT 模式最早是在政府医院北京门头沟区医院与原凤凰医疗合作中试行的一种模式，虽名为 IOT，但本质为社会资本通过资金投入、以契约方式取得对政府医院一定期限内经营管理权限，属于委托管理模式范畴。

IOT 模式具有以下显著特点：

（1）轻资产、易实施。IOT 模式不改变政府医院资产权属、事业单位性质、人员身份、医院名称，规避了政府医院整体或部分改制涉及的政策瓶颈和风险，降低了医院举办方的决策风险和改制带来的难度及高昂成本，社会资本以较低的投资额获取医院的运营管理权，迅速搭建医院网络，形成经济和协同效应。

（2）社会资本的持续资金投入是政府及医院愿意合作的前提和基础，因此社会资本需要投入资金，以获取一定期限内，对政府医院的经营管理控制权。在 IOT 合作模式下，社会资本要实现投资回报，通常需要较长合作期限，因此 IOT 模式合作周期一般较长，一般不低于 10 年，有的长达 30～40 年。

(3)IOT 模式下社会资本的投资回报渠道主要为供应链收益、管理费等。因 IOT 模式采取轻资产投资和运营，此模式下投入资本周转较快。特别是占比比较大的供应链管理业务利润率水平高于医院运营业务，使其整体利润率水平高于以医院运营为主的公司。因此，IOT 在轻资产模式下资本回报较高。同时，由于未实际拥有政府医院，社会资本无须合并目标医院财务报表，其开展业务所需管理费用基本体现在目标医院财务报表、未进入社会资本设立的医院管理公司本身财务报表，此模式下社会资本(一般为医院管理公司)的管理费用较低。

(三)IOT 模式的难点和风险

1. 商业模式存在政策法律风险，可持续性存在不确定性

(1)由于政府医院的非营利属性，IOT 模式下社会资本投入医院的资金并不是增加医院的举办资金，而是作为一种债权投入，需要医院在合作期限内有偿返还。[1] 这种资金投入实质上相当于银行借款，需要医院在合作期限内通过支付管理费、供应链收益等方式变相返还(如管理费的收取金额与医院的收入和收支结余挂钩)，并没有实际减轻医院的资金负担。

从政府角度来看，IOT 投资模式下，并没有真正意义上增加医院的公益性资产；从社会资本角度来看，这种模式是否可持续，仍有不确定性。

(2)按照国家有关规定，政府医院收支结余应用于医院再发展和提高人员待遇，[2] IOT 模式下，社会资本从医院提取的利润并没有用于医院的再发展，这与现行国家政策要求相违背。

即使社会资本将从医院获取的利润，由社会资本再投入到医院，但此笔投入资金在性质上已发生了变化，由原先的医院收支结余，在法律上变成了医院对社会资本的负债，其最终结果仍是增加了医院的负担而使社会资本获益。

(3)2017 年《国办 44 号文》明确要求，非营利性医院不得将收支结余用于分红或变相分红；《卫健法》也规定，非营利性医疗卫生机构不得违法分配营业收入。IOT 模式下，社会资本提取“管理咨询费”，存在被质疑或被认定为变相获取医院医疗服务利润、变相分红，进而被叫停的风险。

---

[1] 实操中不返还投资资金的 IOT 案例较少。

[2] 《关于开展建立健全现代医院管理制度试点的通知》(国卫体改发〔2018〕50 号)：允许医疗服务收入扣除成本并按规定提取各项基金后主要用于人员奖励。

2. 收回投资收益难度大

IOT 模式对社会资本的管控、整合能力要求较高，社会资本需要从多个维度进行管理方可能实现投资回报，否则难以收回资金投入。

IOT 模式的盈利点如图 6.11 所示：

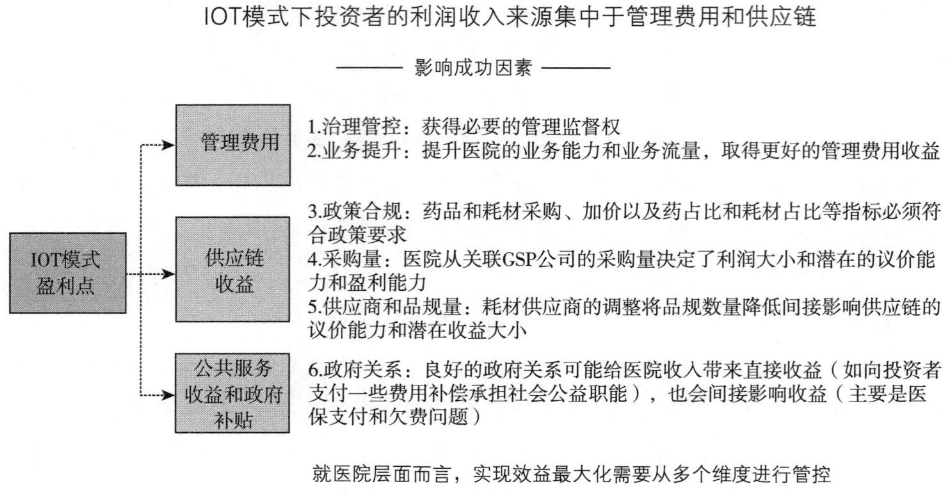

图 6.11　IOT 模式下盈利点示意图

3. “契约式”合作稳定性差

IOT 模式属于“契约式”合作关系，社会资本不掌控医院的资产和人员，与获取举办人权益等合作模式相比较，社会资本对目标医院的掌控力主要靠与政府及医院的“合作协议或管理协议”维系，这种控制力要明显弱于举办人权益合作模式。在管理权限结束后，双方不选择续期，医院管理权将转回医院所有者。如果政策出现重大变化，将导致协议无法继续履行，并提前终止。

即使 IOT 协议不被提前终止，在 IOT 协议到期时，投资者也可能面临无法续约的风险。由于合作期限较长，执行过程中存在诸多不可预测的因素，一旦出现违约，社会资本将形成很大数额的应收账款风险，且无法获得政府财政的相关担保，有可能造成投资本金不能收回的风险。

4. 此模式下社会资本把握投资回报底线较难

如社会资本投资新院建设完成后，该医院资产不属于社会资本，所以社会资本在投资测算时，须以总投资额和投资回报预期作为标杆，以每年的收益，测算年收益的底线。如上文所述，IOT 模式执行中存在诸多不可控因素，这种模式项下社会资本较难把握投资回报底线。

案例

某社会资本与某政府医院采取IOT模式合作两年后，社会资本已投入目标医院数亿资金。现社会资本与政府医院在合作中出现较大分歧和矛盾，拟与政府和目标医院商谈终止合作事宜。社会资本在终止合作的过程中，可能面临如下困境和难题：

（1）“作茧自缚”的违约条款。为避免合作中因政策或政府换届等客观原因引发的合同被终止或其他违约风险，保障社会资本的利益，IOT协议约定：如无正当理由提出合同终止，解除方须支付守约方2000万元的违约金。社会资本现主动提解约，此条款成了作茧自缚的条款。谈判桌上医院院长说：“我当时叫你们不要写这样的条款，现在看，不到两年，你们搬起石头砸自己的脚了吧。”

（2）社会资本投资资金能否返还陷入尴尬境地。政府医院及地方政府为保持医院的“公益性”，社会资本的资金一般是“无偿”投入政府医院，因政府医院的资产为公益性资产，其权属并不属于政府或社会资本，因此，社会资本投入医院的资金及形成的医院资产，很有可能被认定为“捐赠”，以致社会资本投入政府医院的资金存在难以收回的风险。

（3）投资方陷入进退两难的境地。医院可能称：合作协议是你们与政府商谈的，现解约仍须与政府谈，与医院无关；政府则可能说：你们支付给医院的几个亿，已用于医院新院的建设，政府财政仍须投入建新院的资金，财政每年都是政府统一财政预算，不可能有多余资金退还你们的投入资金，何况政府财政需人大同意，我们说了不算。

（4）社会资本话语权有限。IOT模式下，社会资本对医院仅享有经营管理权，因此在医院的法人治理结构层面难以形成有效控制。社会资本在IOT模式下的管理权大多“形”于协议表面，在医院投资资金的使用权、人事任免权等重大事项决策权方面，很难有确定的“话语权”。

就上述IOT协议未约定投资资金返还引发的风险，笔者建议，社会资本在与政府医院合作项目中，有必要在协议中对“协议提前终止情形下，政府医院有义务向社会资本返还投资资金”义务予以约定。

首先，现有法律法规对事业单位性质的政府医院向企业借入资金并未作明确禁止性规定；其次，依据《民法典》、最高人民法院《关于审理民间借贷案件适用法律若干问题的规定》的有关规定，“法人之间、非法人组织之间以及它们相互之间为生产、经营需要订立的民间借贷合同，除存在民法典第一百四十六条、第一百五十三条、第一百五十四条[1]以及本规定第十三条[2]规定的情形外,当事人主张民间借贷合同有效的,人民法院应予支持”,司法实践中也不鲜见政府医院向社会资本借款纠纷案例,最终被认定借贷关系有效且医院应当偿还借款的有效司法判例。

因此,社会资本在与政府医院 IOT 协议中,如不存在合同法定无效情形下,社会资本应可以以“借款”形式向政府医院提供资金,并约定资金返还义务。

三、IOT 模式下社会资本须与政府“博弈”的重点事项

IOT 模式为社会资本、医院、地方政府之间的“契约式”合作关系,因此,社会资本有必要在 IOT 协议中就 IOT 合作过程中的如下具体事宜进行明确约定,以取得政府和医院的相关承诺。

(一)政府相关承诺和支持事项

一般来说,IOT 模式下,政府的承诺包括但不限于以下几个方面。

1. 编制事项

(1)政府继续对政府医院在编职工,实行事业编制报备员额总额管理,维持政府医院在编职工事业单位身份。

(2)根据政府医院总体发展需要,相应调整事业编制报备员额,以满足政府医院经营发展和人才引进需要。

(3)政府医院在编制扩充过程中,政府应尽合理努力避免引发同区域市场医院间的恶性人才竞争,同时兼顾防范政府医院现有人才流失的目标。为实现发展总体目标,政府应当根据政府医院和社会资本提出的建议,给予编制和人才引进优惠政策等方面的支持。

以上承诺的核心目的是保持医院医技护团队的稳定,特别是在目前事业单位

---

[1] 《民法典》第 146 条规定:“行为人与相对人以虚假的意思表示实施的民事法律行为无效。以虚假的意思表示隐藏的民事法律行为的效力,依照有关法律规定处理。”第 153 条规定:“违反法律、行政法规的强制性规定的民事法律行为无效。但是,该强制性规定不导致该民事法律行为无效的除外。违背公序良俗的民事法律行为无效。”第 154 条规定:“行为人与相对人恶意串通,损害他人合法权益的民事法律行为无效。”

[2] 最高人民法院《关于审理民间借贷案件适用法律若干问题的规定》第 13 条规定:“具有下列情形之一的,人民法院应当认定民间借贷合同无效:(一)套取金融机构贷款转贷的;(二)以向其他营利法人借贷、向本单位职工集资,或者以向公众非法吸收存款等方式取得的资金转贷的;(三)未依法取得放贷资格的出借人,以营利为目的向社会不特定对象提供借款的;(四)出借人事先知道或者应当知道借款人借款用于违法犯罪活动仍然提供借款的;(五)违反法律、行政法规强制性规定的;(六)违背公序良俗的。”

改制没完全到位的现状下，通过现有的编制保留，以保障现有的核心医护人员在合作期间及退休后，其个人利益得到保障。同时，授予新增编制，以吸引核心人员加入医院，促进医院的学科发展。

2. 人事管理及职工待遇事项

目前政府医院改革的核心是机制的改革，机制中重要的是建立医院的现代管理制度，所以在 IOT 模式下，须形成以政府和社会资本共同组成的混合所有制的“理事会管理机制”，且应授予医院一定的人事权和薪酬管理及激励机制。就人事和薪酬管理事项的相关承诺主要包括如下几个方面：

（1）理事会应有人事决定权：政府应按协议和章程的约定，及时委派政府医院理事会成员、监事会成员，并促使其委派的理事会成员表决通过理事长的选任，院长、财务负责人（总会计师）以及其他院长负责制的经营管理团队（院长办公会议）成员的聘任。政府应协助政府医院办理理事会成员、监事会成员、理事长、院长、财务负责人（总会计师）以及其他院长负责制的经营管理团队（院长办公会议）成员任职必要的备案或批准手续。

（2）理事会有薪酬分配权：政府医院可以建立符合自身及行业特点、体现岗位绩效和医务人员技术服务价值的收入分配制度，明确考核指标及考核办法；随着业务发展和营业收入的增长，在不违反国家相关政策的前提下，政府医院可以自主决定考核和分配职工薪酬，体现岗位差异，兼顾学科平衡。对于正高、学科带头人等紧缺、高层次人才，可以自主招聘，并自主决定其薪酬待遇。

（3）保持编制内外人员的稳定：政府医院在编职工和编制外职工在职期间的社会保险和住房公积金，以及在编员工在职期间的职业年金，由政府医院承担；移交之前政府医院欠缴的社会保险、住房公积金和职业年金，应由政府承担。

3. 财政、税收事项

社会资本介入政府医院改革后，政府是否继续对改革后的医院提供财政补贴，是社会资本参与政府医院改革最有争议的话题。IOT 模式并未改变政府医院事业单位公立医院的性质，但作为医院改革的一种模式，改革后的医院不但须承担政府指定的公共卫生任务，而且须完成社会资本要求的考核任务，因此社会资本需要明确此模式下，社会资本投入资金后，政府应保障改革后的医院能继续享受改革前医院享有的财政补贴政策。相关承诺内容如下：

（1）政府医院将继续根据相关政策文件，依法享有符合条件的非营利性医院的相关税收优惠政策；

（2）就社会资本及政府医院应承担的、协议项下之合作事项所涉及的符合条件

下的任何税费,政府在其权限范围内,依法给予相应的优惠政策;

(3)政府对政府医院承担政府指定的紧急救治、救灾、援外、支农、支边和城乡医院对口支援等公共卫生任务,按其他未改制政府医院的同等政策办理;

(4)政府对政府医院的财政扶持政策保持不变。

4.建设手续及不动产支持

因政府通过IOT模式引入社会资本,一般来说是由于政府财政及政府医院的资金比较短缺,特别是大部分政府医院在当地政府财政比较紧张的情况下,有新院区建设需求。为此,需要政府对社会资本介入后,在新院区的建设上,如土地建设及不动产等相关政策支持。相关支持承诺一般包括如下几个方面:

(1)政府同意协助政府医院就新院区建设项目取得立项、规划、土地、建设、环评、消防等各项建设批复,并取得相关土地、房产权属证明;政府支持政府医院取得上述建设批复及权属证明不存在障碍。

(2)政府支持政府医院建设及运营所需的必要设施与条件;支持政府医院项目建设,享受招商引资优惠政策。

(3)政府支持医院现有院区取得经营所需的土地、房屋权属证书,并确保政府医院经营使用现有院区土地、房屋,不存在任何障碍。

5.社保和成长性支持

在目前医保总额限额的管理体系下,社会资本介入后,政府承诺其医院享有与其他未改制的医院同等的标准,尤为重要,不能设定双重标准,以保证在同一地区有公平的竞争环境。相关承诺事宜包括:

(1)政府医院继续纳入医保定点管理范围,新院区投入运营后,按规定纳入医疗保险和工伤保险定点服务管理,医保相关管理执行同类同等级政府医院标准。

(2)为满足多样化、差异化、个性化健康需求,支持政府医院经营管理绩效提升,以及政府医院未来新院区的新增医疗服务能力的充分利用。政府同意新院区投入运营带来政府医院的医疗服务能力提升所致一定时期内其医疗费用可合理增长,但需符合国家和省医疗费用增长控制政策。

6.特需服务支持

在目前政府医院不允许分红的非营利性质下,为了保证社会资本能获得一定合理的回报,特别是国有资本参与下,有国有资本保值和增值的压力,政府承诺医院改制后能提供特需服务,让医院发挥其主观能动性,以提供更好的服务获得一定的合理回报,为社会创造价值。IOT协议一般会要求政府承诺,政府支持政府医院在国家政策许可的范围内,开展特需医疗服务,以满足人民群众多元化医疗需求。

（二）社会资本相关承诺和支持事项

社会资本与政府医院合作后，其核心作用除了提供资金外，还应为政府医院带来现代医院管理体系和制度。社会资本的相关义务和承诺主要包括：

1. 管理支持

社会资本应确保政府医院始终有权取得社会资本持续改善的医院管理支持，在诸如战略管理、信息系统规划、人事管理、财务管理等方面获得支持。同时，社会资本将根据政府医院的业务发展需要，帮助政府医院协调相关的专业资源，就政府医院的医疗技术力量、战略规划、组织结构、薪酬绩效、培训体系、运营成本、医院建设等各方面的持续改善提供管理支持。

2. 投资发展金支持

在合作期限内，社会资本及/或其关联方，可通过合法有效的方式，根据政府医院的实际需求，分期向政府医院提供投资发展金。为了更好地开展合作，双方可以约定以下细节条款：

（1）投资发展金可通过协议的方式，约定专项用于政府医院新院区建设。未经社会资本及/或其关联方事先书面同意，不得改变投资发展金的使用用途。

（2）社会资本实际投入的投资发展金，可通过协议的方式约定其在合作期限内的返还标准和金额。例如，在某社会资本与某市级人民医院 IOT 合作案例中，社会资本提供了 5 亿元资金及合作期限为 10 年的项目，可约定自 2015 年起至合作期限届满（即 2025 年）止，以年为单位逐年等额回收，即在每年 12 月 31 日前，政府医院应向社会资本返还投资发展金本金约 5000 万元。

（3）每期投资发展金的投入方案（包括但不限于每期投资发展金的金额、投入时间、投入先决条件、投资发展金回收安排、使用用途、固定管理服务费计算公式、资本性支出计划表等事项），应由政府医院经营管理团队根据政府医院发展的实际需求制定，经政府医院理事会批准后，方可使用。

（三）对社会资本参与医院改革后的考核评价

如前文所述，IOT 模式下，社会资本通过收取医院管理费可以获得一定投资回报。但在收取管理费的比例上，政府设定了对医院的考核评价机制，当医院达不到考核标准时，将对社会资本收取管理费的比例进行惩罚。换言之，若政府以其单方标准考核医院后，达不到标准，处罚的对象不是理事会任命的管理团队，更不是双方提名组成的“理事会”，而仅为“社会资本”（即降低其获得管理费的比例），这对社会资本而言，确实显失公平。因此，IOT 合作协议有必要约定，社会资本有权参与改革后医院的考核评价。

第六节　模式六:特许经营管理模式

一、模式介绍

特许经营管理模式是社会资本与政府医院合作项目中探索的一种新模式。目前国内的优质医疗资源(如北京阜外和安贞医院、上海华山和瑞金医院等)主要集中在北京、上海等一线城市。为了落实政府“将优质医疗资源下沉”的政策,需要将实力强的公立医院的优质医疗资源“下沉”至医疗资源比较落后的基层及偏远地区,“特许经营”模式由此应运而生。

2016 年 3 月 1 日,北京市卫生和计划生育委员会与北京市财政局联合发布《北京市公立医院特许经营管理指南(试行)》(以下简称《北京市特许经营指南》),这也是目前关于公立医院特许经营管理的实操性文件,该指南适用于北京市政府医院与社会资本合作办医情形。

根据《北京市特许经营指南》,特许经营是指经授权的政府医院(简称特许方)依规将公立医院品牌、商标、专利等无形资产以及技术、服务、管理等以特许经营协议的形式,提供给社会资本举办的医疗机构(简称被特许方)使用;被特许方按照特许经营协议约定,在特定的期限内以统一的经营、管理方式和服务流程,向社会提供健康服务,并向特许方支付特许经营费用的活动。特许经营期限原则上不超过 10 年。

我国关于特许经营的相关立法主要包括《商业特许经营管理条例》《基础设施和公用事业特许经营管理办法》,但公立医院医疗服务不属于商业领域,也不同于能源、交通运输、水利、环境保护、市政工程等基础设施和公用事业领域,因此前述特许经营管理规定,不适用于公立医院。

2015 年发布的《关于促进社会办医加快发展的若干政策措施》提到“支持社会力量”通过特许经营、公建民营、民办公助等模式,举办非营利性医疗机构。但目前国家层面尚未出台关于公立医院特许经营管理具体操作性规定。

特许经营模式是委托管理模式的扩展模式,本质上属于获取“经营管理权”范畴,此模式目前尚处于探索阶段。此模式的交易结构如图 6.12 所示:

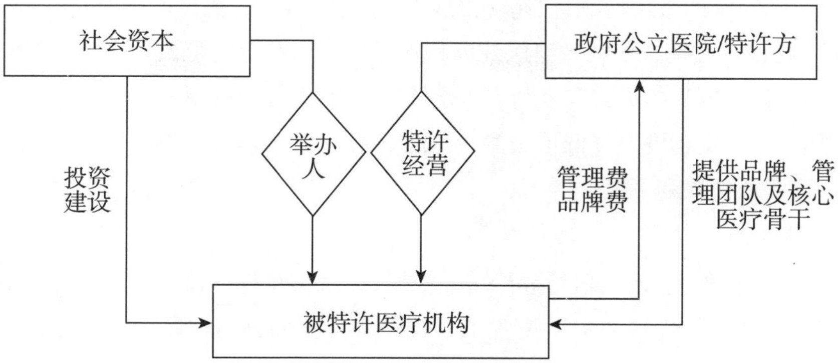

图 6.12　特许经营管理模式结构图

如图 6.12 所示，由拥有优质医疗资源的政府医院与社会资本合作，引入社会资本的资金，在优质资源所在地之外的其他区域，由社会资本新建医院，在此过程中，社会资本承接了“下沉”医院的全部基建事宜，在新院区建设完成后，由政府医院特许新建的“分院”，使用政府医院的品牌，并由政府医院本部向“分院”提供管理团队及核心医疗骨干，并统筹医院的所有管理事宜，与此同时，政府医院收取一定的管理费和品牌费，社会资本可通过其他各种渠道获取相应的投资收益，如通过收取所建医院的资产使用费等。

案例

代表案例：北京安贞医院，全国首个获准建立的“特许经营”试点医院

根据媒体报道，2015 年 7 月，安贞医院与财政部直属的中国东方资产管理公司签署了我国首例以特许经营方式合作办医的协议。根据协议，安贞医院以特许经营的方式与东方资产合作建设一家高水平综合医院——安贞国际医院；由东方资产负责医院的投资和建设，安贞医院输出品牌、管理团队及核心医疗骨干等，保障医疗质量，合作医院向安贞医院支付品牌费及管理费。安贞国际医院是以心血管为特色的综合性非营利性医院，主打中高端医疗资源，医院位于朝阳区东坝，计划建设面积 21 万平方米，设有 800 张病床。

二、模式分析

（一）优势

（1）社会资本可以相对低的成本，较为快速地获取优质政府医院的品牌、医疗资源和支持，减少建设初期的人员培训、市场开拓等成本，通过特许品牌占有规模经济优势及稳定的市场份额，快速获得病人的信任与认可，获得市场份额。

（2）特许经营模式下的政府医院以品牌、商标、专利等无形资产，以及提供技术力量、专业管理团队的形式与社会资本合作。与传统的股份制模式相比，合作方式更为灵活，在一定程度上降低了法律、财务风险，可以缓解公共财政资金压力，助力优质医疗资源拓展和下沉。

（二）劣势

（1）准入门槛高、政策监管较严格。根据《北京市特许经营指南》的规定，首先，对被特许方的主体资格和资质设置了较高要求。比如，应具备独立的法人资格以及相应的资金实力，能够满足医疗服务需求的人力资源及设施、设备等基本条件，在行业内具有一定信誉、诚信良好。其次，在被特许方的选择程序方面也有严格要求，政府医院特许经营管理属于“三重一大”事项，须采用公开招标、邀请招标、竞争性谈判、竞争性磋商等方式进行，且特许方应在取得卫生主管部门和财政部门同意并授权的前提下，方可签署特许经营协议。

（2）被特许医院能否保证医疗质量和服务能力、承继政府医院原有品牌优势，是其生存与发展的根本，也是特许经营合作模式能否成功的关键，此模式项下对被特许方经营风险管控是难点。

（3）这种模式会导致社会资本举办的医疗机构缺少独立性。由于医院运营所需要的品牌、核心人力资源以及由此衍生的医疗技术和医院管理均为政府医院输出，因此，社会资本举办的医疗机构在运营期间，很难有独立性可言，可能相当于是政府医院的一个分院或者分支机构的地位。只能寄希望于在特许经营期间，不断培养自己的品牌和高素质的医护人员。

（4）政府医院特许经营主要是人力资源的输出，作为输出方的政府医院是否会输出其最好的人力资源、是否会长期稳定的输出、输出的人力资源是否能够发挥理想的作用，直接关系到被特许方的医疗质量和经营风险。实践中，政府医院是否能保证前述人力资源输出，存在现实困难和不确定性。

（5）同 IOT 模式一样，特许经营也是一种“契约式”合作模式，协议履行中存在被终止或违约的风险；同 IOT 模式一样，此模式下社会资本把握投资回报底线比较难。同时，社会资本须搭建如何获取投资回报的渠道，也是该模式的难点。

（6）无形资产评估难度大，作价困难，影响特许经营费用的确定。在医院特许经营中，政府医院投入除了品牌、技术、声誉等，还有医院已经形成的规范管理模式、标准流程等无形资产。按照《北京市特许经营指南》的规定，应当聘请具有资质的第三方专业机构对无形资产进行资产评估和可行性论证，以评估结果和可行性论证作为特许经营管理、决策的参考依据。

在实际操作中，无形资产的评估向来都是评估中的难点所在，其受评估方法、评估人员的影响较大。特许经营既要避免评估造成资产流失，又要结合实际、便于操作，使双方的权利和义务得以保证，从而吸引社会资本的积极参与，推动政府医院特许经营改革。[1]

第七节　模式七：PPP 合作模式

一、PPP 模式在医疗行业的应用

广义上，PPP 模式泛指公共部门与私营部门为提供公共产品或服务而建立的各种合作关系；狭义上，根据《国务院办公厅转发财政部、发展改革委、人民银行关于在公共服务领域推广政府和社会资本合作模式指导意见的通知》（国办发〔2015〕42 号）的规定，PPP 模式主要指政府采取竞争性方式择优选择具有投资、运营管理能力的社会资本，双方按照平等协商原则订立合同，明确"责权义"关系，由社会资本提供公共服务，政府依据公共服务绩效评价结果，向社会资本支付相应对价，保证社会资本获得合理收益。

近年来，随着我国经济持续发展和人民生活水平的不断提高，我国居民对优质医疗服务的需求日趋增加，医疗服务供给却愈加紧张，医疗服务的公益性决定了政府参与的必要性，而财政压力之下社会资本办医成为大势所趋。由此，随着 PPP 模式的发展，加之社会资本对医疗行业的关注，鼓励社会资本以 PPP 模式进入医疗领域，成为政府明确的政策导向。

2015 年，国务院办公厅印发的《关于促进社会办医加快发展的若干政策措施》中明确提出，加快推进社会办医疗机构成规模、上水平发展，不断满足人民群众多样化、多层次医疗卫生服务需求，为经济社会转型发展注入新的动力。

2017 年，国务院办公厅印发的《关于进一步激发社会领域投资活力的意见》中又明确指出，引导社会资本以 PPP 模式参与医疗机构建设运营，开展 PPP 项目示范。

截至 2020 年 6 月，根据财政部政府和社会资本合作中心的数据显示，中心项目管理库中共有医疗卫生类项目 256 项，项目储备清单中共有医疗卫生类项目 127

〔1〕 白文华：《公立医院特许经营初步探索》，载《中华医院管理杂志》2017 年第 3 期。

项，合计项目383项。整体来看，入库项目以期满移交的新建或改扩建类项目为主，新建类项目主要运作方式有建设—运营—移交（BOT）及其各类演变形式（ROT、IOT等）。已落地的国家示范项目包括但不限于内蒙古国际蒙医药医养结合PPP项目、四川省宜宾市珙县中医院妇幼保健院迁建及养老中心综合建设项目、甘肃省平凉市华亭县养老服务中心建设项目。

整体而言，PPP模式在医疗行业的应用具有广阔的市场发展空间，值得政府及社会资本深入挖掘其价值。

根据国务院《关于促进健康服务业发展的若干意见》（国发〔2013〕40号）的规定，国家鼓励企业以出资新建、参与改制、托管、公办民营等多种形式投资医疗服务业，该等形式基本涵盖了现有医疗行业PPP项目操作模式。

1. 出资新建

出资新建是指社会资本通过出资进行医疗机构建设，从而在一定时间内换取医院的经营权或股权的投资模式，具体包括BOT、BOO、DBFO、EPC等模式。

BOT模式是指政府通过特许经营授权社会资本进行医疗项目建造、运维，在约定的特许经营期内，通过向使用者收取使用费的形式，收回投资成本，并获取合理回报，特许期结束后，将医疗设施等无偿/有偿移交给政府。

BOO模式相比BOT模式，社会资本或项目公司拥有项目所有权，但必须保证项目公益性，一般不涉及经营期满移交。目前出资新建类医疗PPP项目中BOT、BOO模式占比超过80%，是医疗PPP的主要操作方式。

DBFO模式是指政府提出相关要求，项目公司负责设计、科研、立项、招标、建设、融资、运营等工作，特许经营期结束后移交政府。EPC模式即交钥匙工程，是指社会资本接受委托开展项目建设但不参与运营和管理。

2. 参与改制

公立医院改制是指公立医院资产评估后整体或部分转让，由社会资本独立经营或与公立医院联合经营，卫生行政部门继续行使医药卫生方面的监管权。公立医院改制根据投资主体不同可分为社会资本控股或整体收购经营、原医院管理层或职工收购以及公司制改造形成医疗集团并进行资本运作。

公立医院改制不等于改变医院性质，如果改制后医院仍为非营利性质，则可以继续获得财政补贴、税收优惠。此外，公立医院改制如涉及国有资产转让，需要履行国资审批及进场交易程序（如适用）。

3. 医院托管、公办民营

医院托管、公办民营即实操中常用的委托运营模式，是指在不改变医院公立属性的前提下,将医疗机构运营交由社会资本完成。委托运营不涉及公立医院所有权变更,社会资本通过投资换取一定期限内管理和运营医院、收取管理费及提供供应链服务,该模式能够充分发挥社会资本管理及资源优势,实现所有者与管理者分离,并获得回报。其又可以细分如下:

(1)TOT 模式,是指政府部门或公立医院将医疗机构在一定期限内通过特许经营方式交由社会资本,社会资本通过经营收回全部投资并得到合理回报,再将该项目于期满日交还政府。

(2)ROT 模式,是指既有医院改造项目移交给社会资本,由其负责既有设施的运营管理以及扩/改建项目建设运营,当约定期限届满后,将全部设施无偿移交给政府。

(3)IOT 模式,是指政府将存量资产所有权有偿转让或租赁给社会资本,并由其负责运营维护,合同期满后资产及所有权等移交给政府。与 ROT 相比,IOT 应用范围更广,包括完善基础设施环境、药品和医疗器械、耗材供应和其他运营方面。

需要特别说明的是,本节所阐述的“ROT 和 IOT”定义,为标准的 PPP 模式下的定义,与第六章所阐述的政府医院“委托管理”模式下的 IOT 定义和内涵不完全一致。

委托运营下各细分模式对社会资本方的行业经验、资金实力要求较高,一般适用于大型医疗集团或投资机构,其一方面减轻政府财政压力,提高医院运营水平;另一方面并没有改变公立医院性质,保留了公益性和非营利性,避免了不良社会影响。从社会资本角度来看,其投资相比其他模式要少,但通过既有运营管理及医疗供应链服务,社会资本可以获得一定的投资回报。

二、医疗行业 PPP 项目实操中的困惑

困惑一:政府如何引进社会资本参与政府医院的改制或投资

在实践中,政府与社会资本一般采取以下 PPP 模式的结构,开展与政府医院的合作或投资。按照此结构,社会资本在投资政府医院过程中,首先须解决政府如何引进社会资本。换言之,政府如何确定投资医院的合作主体,是否需要按照 PPP 相关的规定和流程,采取目前常规合作招标程序,这是社会资本在参与政府医院投资中比较困惑的问题。

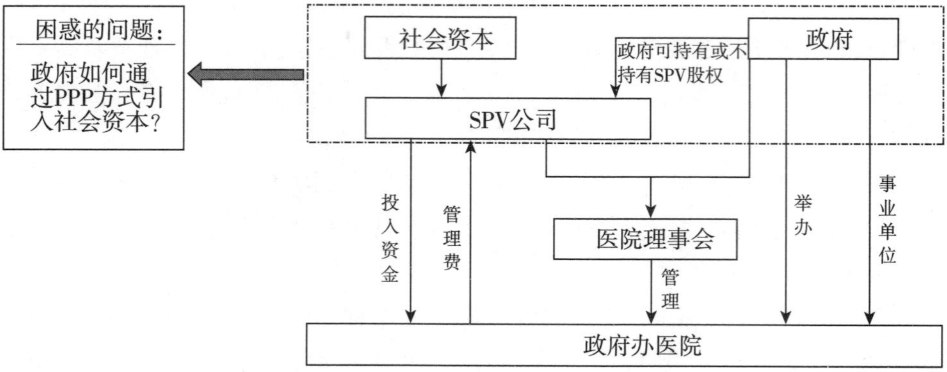

图 6.13 政府医院投资 PPP 模式结构

就目前的实操案例来看，政府为了引进社会资本参与政府医院的投资和合作，其一般要求通过 PPP 竞标的模式，引入社会资本参与政府医院的投资。

如前文所述，由于政府医院本身为非营利性，在社会资本参与医院投资后，不能通过分红方式从医院获取利润，所以社会资本在参与医院投资前，一般须与医院商谈参与医院投资后获取收益的方式，如收获医院管理费或从供应链获取相关收益。

但在实操中，若政府以 PPP 竞标的模式确定社会资本，基于公平、公正和公开原则，将导致政府在揭标前不能和任何第三方签订相关协议，否则有失公平原则。为此，在目前的国家医疗改革政策下，社会资本在参与政府公立医院的投资项目时，对是否一定需要通过 PPP 竞标的模式来确定参与医院投资的合作伙伴，笔者认为，应是一个比较有争议的话题。

如下述某地级市人民医院改制案例，因在某社会资本介入前，医院已获得了财政部的 1 亿元财政支持，使社会资本参与该项目时，政府要求医院投资必须采取 PPP 的竞标模式方可介入，否则将按照违规进行处理。由此可见，对在医院投资中采取 PPP 模式如何引入社会资本，这本身是比较复杂和纠结的事宜。

困惑二：社会资本以 PPP 模式参与政府医院改制演变成单一的“建筑承包商”

目前社会资本在参与政府医院改制时，由于政府方坚持按照 PPP 的招投标程序，确定政府医院投资或改制的参与主体，以致在商务谈判快结束时，社会资本只承包了一项或几项的工程建设，难以参与到改制后医院的经营管理，由此社会资本继续参与政府医院改制的动力不足。

参与医院改制的社会资本大多为医疗行业的“玩家”，他们更多希望在医疗行业有所建树并获取医院改制后的回报，而不只是以工程承包商的身份参与合作。因此，在实践中，社会资本参与政府医院投资时，与政府合作的目的及诉求不完全一致。

案例

某社会资本参与某地级市人民医院的投资，在与政府谈判的前期，政府承诺社会资本能参与该市人民医院的规划、管理和运营。随着谈判的深入，由于该人民医院在社会资本介入前已列入财政部的PPP试点，并获取了1亿元的中央财政补贴，为此，政府要求该项目必须通过PPP竞标模式确定合作伙伴。这样，政府与社会资本在采取PPP模式前已签订的相关合作协议则全部作废。采取PPP模式后，社会资本只参与该市人民医院新院区的基础建设，角色演变成建筑承包商。社会资本要求政府承诺的关于人民医院的运营管理权及获取回报渠道的途径，在PPP模式竞标前均不能事先约定，最后社会资本以退出医院的投资而告终。现将该项目合作谈判中的有关细节分析如下：

该项目按照PPP模式制作并发布的招投标书，基本上将医院投资项目演变成一个新院区建设工程承包项目招标书。

招标书的具体内容为：社会资本与政府合资成立项目公司，由政府授权项目公司负责项目的勘察设计、投资、融资、建设、监理、运营管理及移交。很明显“医院投资项目”已变成一个“基建项目”。

项目交易结构如图6.14所示：

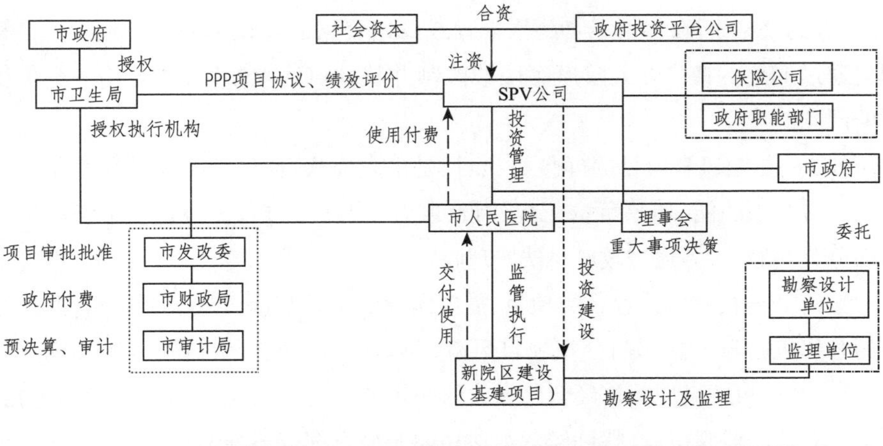

图6.14　某案例社会资本投资某地级市人民医院PPP项目交易结构图

市政府委托其投资平台公司，如市城建集团与社会资本成立项目公司。之后，由政府授权市卫生局作为实施机构，负责项目立项等工作，代表政府与项目公司签署《政府与社会资本合作（PPP）协议》，协议授予项目公司作为独立的法人履行项目设计、投资、建设、运营本项目的义务。在此过程中，由市发改委负责项目的审批、市财政局代表政府付费、市审计局进行审计和预决算。由上文可知，社会资本只是作为一个新院区的建筑承包商的身份参与医院的建设，只负责医院的投资基础建设，并没有参与医院运营管理的权力。社会资本在完成新院区的建设后，基本上已退出，不能参与后续的医院管理和获取新院建设完成后运营的回报。

在本案例中，在社会资本的强烈要求下，政府勉强同意由项目公司与市政府成立的理事会对医院进行管理，行使对医院的“重大事项”的决策权。同时，就回报渠道，政府也勉强同意在新院建好后，由市人民医院将一定比例的“使用费”支付给项目公司。另外，政府在标书中约定“合作期满，项目公司按《政府与社会资本合作（PPP）协议》的要求，将项目的所有资产（含无形资产）、运营权等权益，无偿移交给政府或其指定的单位，移交期满 1 年后项目公司注销”。

由上述案例可知，采取案例中的 PPP 模式引入社会资本参与政府医院改制的方案，对社会资本很难有吸引力。笔者建议，在通过 PPP 的模式引入社会资本前，社会资本须与政府共同确定医院投资 PPP 模式的前期事宜，为后续社会资本能参与医院的投资、管理和获益作铺垫。

困惑三：如何从医疗行业 PPP 项目中获取收益

如前文所述，社会资本以 PPP 模式参与政府医院投资，属于公益性较强的项目，与一般的基础设施的建设，如污水处理或高速公路的建设不完全一致。社会资本如何通过 PPP 的模式介入政府医院的改制并从政府医院获取回报，是一个值得探讨的问题。

例如，一般类 PPP 项目的外包类项目，是由政府投资，民营资本承包整个项目中的一项或几项职能，如只负责工程建设，或者受政府之托，代为管理维护设施或提供部分公共服务，并通过政府付费实现收益。

一般的 PPP 模式特许经营类项目，需要民营资本参与部分或全部投资，并通过一定的合作机制与公共部门分担项目风险、共享项目收益。根据项目的实际收益情况，公共部门可能会向特许经营公司收取一定的特许经营费或给予一定的补偿。通过建立有效的监管机制，特许经营类项目能充分发挥双方各自的优势，节约整个项目的建设和经营成本，同时还能提高公共服务的质量。项目的资产最终归公共部门保留，因此一般存在使用权和所有权的移交过程，即合同结束后，要求私人部门将项目的使用权或所有权,移交给公共部门。

在实践中,社会资本参与政府医院PPP项目投资后,确实提高了公共服务的质量,如提高了医院的管理水平并为患者提供了更好的服务,医院也取得了很好的经济效益,部分解决了老百姓"看病难、看病贵"的问题。在社会资本投资医院后,政府也确实按照合作的协议,赋予了社会资本的特许经营权。如政府将投资后的医院经营管理权移交给了政府和社会资本成立的"理事会",形成了由理事会领导下的医院院长负责制。

政府医院作为公益服务性设施建设,与其他工程类建设PPP模式不同之处在于,政府医院属于非营利性机构,社会资本不能根据医院的收支结余获得收益,而一般的非医疗PPP项目,公共部门可能向特许经营公司收取一定的特许经营费或给予一定的补偿。这是社会资本在参与医院投资PPP模式后最为困扰的问题。

如某社会资本PPP模式参与某人民医院投资后,医院的收支结余大幅提升,而社会资本投资医院约5亿元,却连续5年未获得任何回报。与此同时,社会资本与政府成立的合资公司在管理所投资医院的过程中,账面亏损约1亿元。

三、医疗行业PPP项目难点分析

难点一:社会资本难以有利可图

一般情况下,按照PPP模式的操作路径,由政府与中标社会资本组成项目公司,并由项目公司建设运营该PPP项目,之后政府通过给予项目公司特许经营和收益权来有效运营。在此期间,政府给予中标社会资本相应的政策扶持作为补偿,如税收优惠、贷款担保等政策,以此提高社会资本参与项目的积极性,在这种项目结构安排下,可以在一定程度上保证社会资本有利可图。

由于医疗行业相比其他公共服务行业,改革较晚、政策滞后,特别是非营利性医院特殊的公益属性,以致政府在医院PPP项目招标书中,如上述案例所述,社会资本难以获得回报。

难点二:政府能否给予社会资本参与医院管理等相关承诺

为了避免社会资本在参与医院PPP项目中,演变为只承担院区建设的建筑承包商角色,笔者认为,在PPP项目竞标前,政府须在PPP招标文件中详细约定,社会资本作为竞标参与方,在参与项目过程中,须承担的义务及拥有的相应权利;在竞标成功后,社会资本作为中标单位,其应享有的医院管理权和从非营利性医院获取相应收益的权利及途径。

进一步来说,在PPP招标文件中可以明确,政府授权出资单位与中标社会资本签署合资组建项目公司的《股东协议》。该项目公司有权参与医院经营管理,同时明确项目公司的运营范围、治理结构等,特别是项目公司如何对医院进行管理的权利,如医院作为事业单位法人,采取由项目公司和政府共同组成的理事会领导下的医院院长负责制,其中理事会是医院经营管理的最高权力机构,决策医院的所有重大事宜并有最终决策权。

案例

以某医院 PPP 项目为例,政府为了吸引社会资本参与该院的改制建设运营,在招标文件中,对竞标参与方做出的相关承诺如下:

(1)社会资本在主导项目公司后,应通过项目公司对医院进行相关的投资管理,以建立起现代医院管理体系。比如,通过项目公司投入管理支持及服务,项目公司参与医院经营管理,向医院投入战略管理、财务管理、薪酬绩效、医疗设备、信息技术、品牌与营销、教育与培训等方面的管理资源,以及其内外部丰富的医疗资源,带动医院的学科发展和人才培养,提升医院运营管理效率,提高医疗服务质量和医疗技术水平,促进医院较快较好发展。

(2)医院运营管理权移交以保障稳妥、适时尽快移交为原则。PPP 协议签订后至新院建设期结束前,由政府方与中标社会资本协商完成医院理事会组建,进行运营管理权移交。

(3)由项目公司通过新建供应链平台,掌控医院供应链体系,如对药品、医用耗材、医疗器械的供应链管理,并获得供应链收益。

(4)项目公司根据投入的管理支持及服务,收取管理费。医院管理费的收取比例,以医院医疗业务收入扣除零加成药品及零加成耗材(如实施)收入后进行计算,如收入的 3.5% ~5%。医院管理费与医院的实际经营业绩挂钩,当医院结余为负时,项目公司不得收取医院管理费。

(5)对医院经营的收费权的划分如下:各医院的核心医疗业务的收费权归医院,对非医疗服务,如物业管理、停车场、食堂超市等的收费权由项目公司管理,收费权归项目公司。

综上所述,在医疗 PPP 项目中,政府能否给予社会资本参与医院管理等相关承诺,以及承诺是否因政府换届、政策变化,导致无法兑现,是社会资本参与该类项目的难点及重要风险点。

难点三:医院存量资产和增量资产整合较难

医院 PPP 项目一般是由于政府缺乏资金改建或新建院区,故通过 PPP 模式引入社会资本投资。按照PPP模式,在中标前与政府进行交易方案商谈的社会资本,能否最后中标,存在诸多不确定性等。同时,在中标后,社会资本还面临着新老医院整合的难点。

一般来说,社会资本参与医院PPP项目,其诉求更多的是医院存量优质医疗资源的获取,以及建成后新老院区的统一运营管理。社会资本在完成新院建设后,在统筹新院与老院的医疗资源整合上,面临诸多难题,如新医院的医疗执业许可及法人营业执照获取、老院资产的管理模式、新院的资产权益归属以及无法使用带有"人民"二字的医院名称等问题。上述问题在PPP模式竞标时难以明确,以致社会资本在参与PPP投标时,无法通过协议方式锁定上述诉求,而一旦中标后,将有可能形成管理被动的局面。

第七章

国有企业医院并购合作模式

第一节 概　　述

一、概念及政策概述

国有企业医院（以下简称国企医院或企业医院）严格来讲，不是一个法律概念。国家现有政策也未对国企医院做明确定义。实践中，比较通行从举办人角度将国企医院定义为国有企业举办的职工医院。

国企医院在计划经济时期是作为航空、军供、石油、邮电、煤炭、冶金、机械、建材等大型国有企业中企业职工的医疗保障而产生，其最初设立主要是为本企业系统职工提供福利性质的预防、保健和医疗服务而建立，是我国特定时期特有的产物。由于上述历史原因，计划经济时代，航空、军供、石油、邮电、煤炭等部门大型国有企业集团都拥有自己的企业医院，这些企业医院相当于国有企业集团的一个部门或分公司，大部分只有“医疗机构执业许可证”，没有独立事业/企业法人地位。企业医院的资产包含在企业集团资产范围内。

国企医院兼具“国企”与“医疗机构”的双重身份特点。一方面，其资产来源和权属属于国有企业，因此产权关系上其为国企的组成部分；另一方面，其从事业务为医疗服务，又属于医疗服务机构。因此，国企医院应受国企及医疗机构双重政策及法规监管。

我国关于企业设立及登记管理法规，可以追溯到1982年国务院颁布的《工商企业登记管理条例》，其中规定的工商企业为工业、交通运输业、建筑业、商业、外贸业、饮食业、服务业、旅游业、手工业、修理业的生产、经营单位；国有工商企业应依照该条例办理登记。

1987年《民法通则》颁布实施，其中对法人主体进行了定义和分类，将法人分为企业法人、[1]机关/事业单位和社团法人、联营企业等几类,其中全民所有制企业属于企业法人类别。

1988年4月,全国人大颁布了《全民所有制工业企业法》。与之相配套,同年6月,国务院发布了《企业法人登记管理条例》,该条例废止了1982年颁布的《工商企业登记管理条例》。同年11月,原国家工商行政管理局发布了《企业法人登记管理条例施行细则》。至此,全民所有制企业登记管理体系和制度已基本建立。根据《全民所有制工业企业法》对全民所有制企业的定义,全民所有制为"企业的财产属于全民所有","依法自主经营、自负盈亏、独立核算的社会主义商品生产和经营单位","国家依照所有权和经营权分离的原则授予企业经营管理。企业对国家授予其经营管理的财产享有占有、使用和依法处分的权利"。在计划经济时代,全民所有制企业是国家国民经济的中流砥柱,这个时期设立的国有企业及国有企业集团,在所有制形式上属于全民所有制。

1996年,原国家工商行政管理局在《关于医疗机构登记问题的答复》(工商企字〔1996〕第133号,以下简称《133号文》)[2]中明确,"对由国家核拨经费的医疗机构,可以不登记注册;凡国家不再核拨经费,实行企业化经营的事业单位,包括医疗机构,均应办理登记注册。凡从事医疗业务的各类企业,包括实行股份制、独资、合资、合作经营的,均应办理登记注册"。《133号文》首次把企业登记与医疗机构的执业许可登记联结起来,要求企业类型的医疗机构应办理企业登记注册,并取得医疗执业许可。

1998年10月25日,国务院发布了《事业单位登记管理暂行条例》《民办非企业单位登记管理暂行条例》(以下简称《民办非暂行条例》),分别对事业单位、民办非企业单位进行了定义,并对事业单位、民办非企业单位登记管理事项进行了明确规定,同时对于条例施行前已经成立的事业单位,应在条例施行之日起1年内补办登记或者备案手续。至此,不同类别法人登记管理制度,已基本建立起来。

我国最早的医院登记管理规定为1951年原政务院批准发布的《医院诊所管理暂行条例》,直到1994年,国务院发布了《医疗机构管理条例》,废止了前述暂行条例,卫生部同年发布了《医疗机构管理条例实施细则》(施行日期与《医疗机构管理条例》同日)。现行有效的《医疗机构管理条例》(2022年修订)及其实施细则(2017年修订),目前仍为内资医疗机构设置及审批的主要法规依据。

---

〔1〕 1987年《民法通则》规定的企业法人包括全民所有制企业、集体所有制企业、中外合资、中外合作、外资企业等类型。

〔2〕 此规定已于2014年7月14日根据《国家工商总局关于公布规范性文件清理结果的公告》被废止。

由上文可知,医疗机构的设立登记与国有企业设立登记分属不同的政府部门及监管法规规制,且彼此的监管法规出台时间不同步,由此也导致计划经济时期的国企医院只办理了医疗机构执业登记,未办理企业法人登记。

随着改革开放和经济体制改革的不断深入,国企改革也持续推进。

2002 年,原国家经贸委等八部门发布了《关于国有大中型企业主辅分离辅业改制分流安置富余人员的实施办法》,要求国有大中型企业主辅分离,辅业改制,企业医院属于分离范围。在国企减负的大背景下,大批国企医院以不同形式改制,形成了企业医院改制的第一次高潮,这一时期,国家出台了一系列国企改制政策法规。随着国企改革的不断推进和深入,我国国企改革及国资监管政策及立法,在过去近 20 年间,也得到空前的发展。

2015 年 8 月,中共中央、国务院发布了《关于深化国有企业改革的指导意见》,随着该指导意见的出台,国家及部分重点城市相继出台了国企混改试点的一系列政策。国企混改成为近几年国企改革的热点。进入 2016 年,国企改革明显提速。

2016 年 3 月,国务院《关于印发加快剥离国有企业办社会职能和解决历史遗留问题工作方案的通知》公布,要求国有企业通过分离移交、重组改制、关闭撤销、政府购买服务、专业化运营管理等方式剥离社会职能。

2017 年 7 月,国资委等六部门联合发布《关于国有企业办教育医疗机构深化改革的指导意见》(以下简称《国资发改革 134 号文》),明确要求国企医院在 2018 年年底前完成剥离,并明确剥离的四种方式:移交地方管理、关闭撤销、资源整合、重组改制。

2018 年 7 月,国资委指定华润集团、国药集团、中国诚通、中国通用、中国国投、中国国新等六家央企作为托管平台,没有完成改制的国企医院将被划入托管平台,部分地方国资委也在搭建类似托管平台,为大限“兜底”。

上述一系列政策的出台,自 2018 年以来,社会资本又掀起了新的一轮国企医院剥离与改制。目前,国企医院的剥离与改制重组,基本近尾声。

本章将结合上述国企医院政策变迁大背景,重点对社会资本参与国企医院改制重组相关模式,予以介绍和分析。

二、国企医院法律地位及医院性质

结合国企医院形成的特定历史背景及目前社会资本参与国企医院改制剥离社会实践,从探讨社会资本投资国企医院模式角度出发,本章所称国企医院特指全民所有制形式的国有企业或国有企业集团以及改制为国有独资公司或国有全资子公司的原国有企业或企业集团及其全资或控股子公司(统称国企)投资、举办的隶属或直属于国企的医院。

同时,结合国企医院设立的特定历史背景,并根据《关于城镇医疗机构分类管理的实施意见》的有关规定,[1]国企医院属于非营利性医院。

实践中,国企医院的法律身份和地位主要分为三大类:

第一类:不具有法人地位、为国企下属分支机构性质的企业医院;尚未完成改制的国企医院中,大部分属于此类医院;

第二类:国企100%举办的事业单位法人企业医院;

第三类:国企举办权益低于33%、以民办非企业单位法人形式存在的企业医院。

需要说明的是,以上划分更多的是从便于国企医院改制和重组项目实操角度对国企医院进行的初步分类,未必准确。

三、社会资本与国企医院并购合作中存在的共性问题

笔者结合自身实操经验体会,对国企医院收购、改制重组过程中存在的共性问题进行了初步梳理和汇总,这些问题值得社会资本予以关注,并在交易方案的设计过程中,予以考虑并作出合理安排。

共性问题一:国企欠医院资金较大

有的国企占用下属医院资金较大,形成国企对医院的巨额欠款。如某石油局下属的三甲医院,医院年收入约6亿元,但石油局欠医院的款项高达约3.3亿元,导致医院对供应商应付2.2亿元,同时有银行借款约1.3亿元,现金流压力较大。

共性问题二:内部医保欠费较大

国企与医院之间,其企业员工均享有内部的医保,如"局保",但一般来说,国企拖欠下属医院的内部医保费用较大。

共性问题三:国企医院富余人员较多

国企医院属企业内部医院,相较于所在区域的外部医院,其受监管程度没有外部医院那么严,不少国企医院并未按国家的相关规定对医务人员进行合理的配置,以致国企医院的富余人员较多。

---

[1] 《关于城镇医疗机构分类管理的实施意见》规定,企事业单位设立的为本单位职工服务的医疗机构一般定为非营利性医疗机构;对社会开放的,由其自愿选择并经当地卫生行政等部门核定为非营利性医疗机构或转为营利性医疗机构。

共性问题四：企业医院票据违规融资

由于国企按照企业内部的一个部门对医院进行管理，以致在财务管理和对外融资上要求不严，医院违规现象较多，票据违规融资问题尤为严重。

共性问题五：国企医院土地及房产权属不清

国企医院不同程度存在土地及房屋权属证照不全等问题，社会资本在收购企业医院后面临土地使用权人变更、土地使用性质划拨转出让、补办房产证等问题，由于历史资料缺失、权属混乱，导致办理过程中困难重重。

共性问题六：环保相关证照不全

一些国企医院存在环保相关证照不全情形，改制或合作过程中，需当地市政府在医院补办相关证照时，予以支持。

上述问题中，特别需要重点关注国企与医院之间的欠款，在交易方案顶层设计中，建议通过债务重组的方式予以解决，为医院的后续发展打下一个好的基础。同时医院现有房产和土地存在的问题及下一步医院的发展用地，也是收购须重点关注的事项。

四、社会资本投资并购国企医院操作模式特点

相较于社会资本与政府医院合作项目，国企医院从其投资或举办主体、服务对象、是否承担基本医疗任务等方面与政府医院存在本质不同，因此，国家政策法规对社会资本投资并购国企医院与投资政府医院，存在很大不同。

社会资本与政府医院的合作，不得改变政府医院的“公益性”。但社会资本参与国企医院改制重组、投资并购国企医院，并不存在“公益性”的强制要求，社会资本可以通过直接股权或权益投资，获取改制重组后国企医院的控股权或医院举办人权益等方式，以实现对医院比较直接的控制权。因此，社会资本与国企医院的投资合作，较少采用委托管理、协议控制模式，较多采用彻底、直接的以取得企业医院股权或举办权益为目的的投资模式。

此外，根据社会资本参与国企医院改制重组有关政策及社会实践，社会资本可以将国企医院改制为营利性医院。因此，近年来，社会资本比较青睐国企医院，尤其是国有资本100%举办的企业医院。

社会资本参与国有资本举办的企业医院改制方式比较多，例如，

(1)有的直接在非法人地位企业医院层面进行改制重组；(2)已成为民办非企业医院或事业单位法人的国企医院通过收购举办人权益实施并购；(3)还有的国企在将医院转让给第三方时，先对医院进行内部重组，再出让医院权益。

基于国企医院在产权结构、管理归属、财务状况、职工身份等方面的复杂性，笔者梳理并总结了社会资本投资国企医院的三种模式：

模式一：社会资本参与国企医院改制重组模式；

模式二：直接收购国企所持医院举办人权益模式；

模式三：新设医院法人主体和平台公司，间接收购或改制国企医院模式。

以下就上述三种模式逐一分析。

第二节　模式一：社会资本参与国企医院改制重组模式

此模式是指国有企业集团以国企医院净资产或实物出资、社会资本以现金方式，通过合资或净资产收购方式，将国企医院改制为民办非法人医院、事业单位法人医院或营利性医院。

根据国企医院在社会资本收购前是否具备独立法人资质，此模式在实际操作中又可细分为：

模式一（A）：社会资本与国企通过资产合作模式，对非法人单位国企医院进行改制；

模式一（B）：社会资本与国企通过资产合作模式，对具有法人地位的国企医院进行改制。

本节将对前述两种情形具体操作模式分别予以分析和说明。

模式一（A）
对“非法人单位”国企医院资产合作模式

一、模式概述

（一）模式介绍

此模式是指国有企业集团以其拥有的非法人性质企业医院的净资产或实物出资、社会资本（包括医院员工及管理层）以一定比例的现金出资的方式，将原不具有法人地位的国企医院改制为具有法人资格的医疗机构。改制后的医院，根据国有资产份额或占比多少以及医院是否以营利为目的，可改制为以下三种不同类型的医院：

类型一：以民营资本主导的民办非企业法人性质的非营利性医院（此情形下，改制后医院总资产中，社会资本所持份额不得低于2/3，国有企业集团所持份额应低于1/3）；

类型二：100%国有资本主导或控股的事业单位法人性质的非营利性医院；

类型三：企业法人性质的营利性医院。

以下以某非法人单位国企医院改制为民办非医院为例，对此模式予以分析。此案例交易结构如图7.1所示：

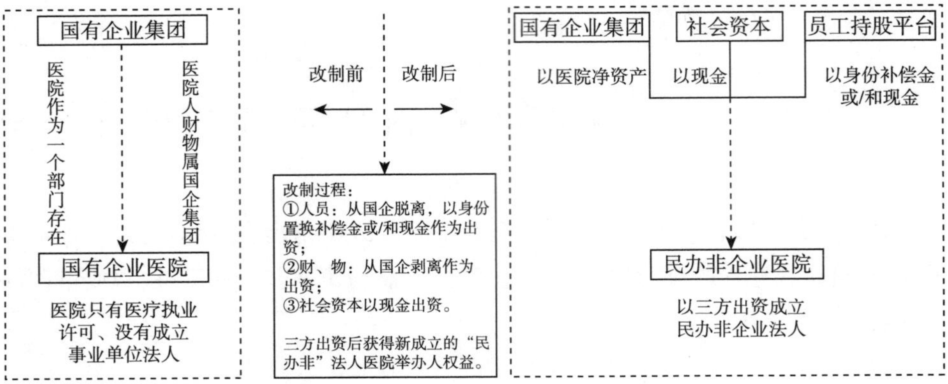

图7.1　非法人单位国企医院改制为民办非医院交易结构图

需要说明的是：

①在上述案例交易结构中，企业员工以“现金和/或员工身份置换金”出资“入股”，持有改制后“民办非医院”的部分权益，这种操作模式，在20世纪90年代末的第一轮“企业医院改制”大潮中普遍存在。

②随着《关于深化国有企业改革的指导意见》、国企混改政策的进一步细化和明确，以及员工持股政策法规的不断完善，现阶段通过上述员工持股方式参与国企混改，在政策上存在限制。

③对于社会资本投资国企医院而言，了解上述交易结构很有必要，因为在目前国企医院并购实操中，有相当一部分国企医院经过第一轮改制，且企业员工参与了第一轮改制，并成为医院的举办人之一，由此给社会资本对医院进行二轮改制带来诸多困难和挑战。

（二）操作流程

根据国企改制重组及主辅业分离有关监管法规，社会资本参与非法人单位国企医院改制重组，一般操作流程如下：

①对改制所涉企业医院资产进行清产核资；

②委托专业中介机构，对医院资产进行财务审计、资产评估（评估结果应履行

国资监管部门核准或备案手续)；

③制定改制方案(含员工安置方案)；

④改制方案经职代会或职工代表表决通过；

⑤改制方案报政府相关部门审批：改制涉及财政、劳保等事项，须预先经同级人民政府有关部门审核，批准后报国资部门审批；涉及医疗机构变更事项，应就相关变更事项报卫生行政主管部门审批；

⑥办理医院新法人主体设立登记手续：如拟设立民办非企业法人，依照民办非企业单位登记管理有关规定在民政部门办理设立登记；

⑦申领新的医疗机构执业许可证；

⑧办理医疗机构执业许可及其他经营资质、证照变更登记或重新申领手续(建议事先与主管卫生行政管理部门沟通，并以主管部门意见为准)；

⑨原国企医院资产、人员、财务、业务等转移至新医院法人主体，实施整合。

(三)操作难点

社会资本在改制重组不具有独立法人地位的国企医院时，往往会发现，国企医院的历史沿革复杂且不规范，其主要表现在主体资格、资产权属、资金往来、人员管理等方面存在诸多问题和瑕疵。

比如，改制过程中，存在国企以医院资产出资不到位问题；离退休人员统筹外费用不足问题；不在岗、不在册员工改制预提费用同样不足问题；员工出资方式及历次股权演变权属不清晰等诸多问题。

社会资本在此基础上进行二次改制重组时，梳理、规范并处置历史遗留复杂问题，存在巨大的挑战和难度。现列举部分上述问题并分析如下：

1. 医院资产出资能否到位问题

非法人单位的国企医院一般设立时间较早，历史沿革较为复杂，人员、资产、财务与国企并未分开，产权关系比较混乱。

此模式项下，国企以企业医院的净资产或全部资产出资至新医院法人主体，需要将土地、房屋、在建工程、固定资产、债权债务等纳入出资资产范围。同时，在将相关资产及债务转移至新医院法人平台过程中，将涉及许多复杂、棘手的法律及财务手续。

如本书第六章就政府以净资产出资问题分析意见所述，国企能否完成前述出资资产转移至新医院法人平台名下并办理相应权属变更登记手续，存在难度和不确定性。此问题是国企医院改制重组存在的普遍难题。

2. 员工安置问题

在国企医院改制过程中，“人”是最难处理的问题之一。

国企医院由于历史较长，员工劳动用工情况比较复杂，有的为“体制内”的全民所有制职工和集体职工身份，有的个别企业医院还存在事业编制的员工，且国企医院离退休人员较多，历史负担较重，国企医院改制过程中，涉及“体制内”国企医院员工身份转换为“体制外”的“合同制”员工、人员安置、改制成本的测算及承担等问题，这些是国企改制重组中普遍存在的“老大难”问题。

同时，在改制过程中，如何确保员工安置方案使国企、社会资本、员工满意，同时避免核心人员的流失，是国企医院改制中“难上加难”的问题。实践中不少国企医院改制由于难以解决好员工安置问题被迫终止。

3. 各相关监管机构在医院登记事项上缺乏有效衔接

国企医院改制前，仅持有医疗机构执业许可等执业资质证照，没有办理法人登记。改制重组后，国企医院的法律地位及法律主体发生变化，改制后的医院需要办理新法人主体登记（根据法人类别，在相应的登记管理部门办理登记手续）。与此同时，医院原持有的医疗执业许可及其他执业资质证照，也需要向卫生行政主管部门申请重新换发或办理变更登记手续。

由于医院法人登记主体与医院执业许可审批登记分属不同政府部门，对于改制重组后医院法人登记事项如何与医疗机构执业许可登记事项衔接和匹配，目前政策法规尚属空白，实践中，各地登记机关与卫生行政主管部门执行情况不统一。

改制后的国企医院存在法人登记与医疗机构登记信息不匹配、相互矛盾的乱象。有的国企医院改制后在市场监管部门申办了企业法人登记，但公示系统显示的医院信息仍为事业单位性质的非营利性医院；有的明明取得了民办非企业单位登记证书，但医疗机构执业许可举办单位仍未办理变更登记。

这种现象的形成，笔者认为：一方面，是由于立法政策缺失、缺乏衔接性；另一方面，目前对于社会办医、国企改制重组，地方立法和政策存在差异，有些地方政策已经超出了上位法规定，加之地方政府对政策的理解和执行方面存在的差异，导致社会资本参与政府或国企医院改制项目，改制后医院的法人性质和登记事项与医疗机构的性质和登记信息不匹配甚至出现矛盾。

4. 此模式对社会资本参与医院改制的挑战较大

此模式由于是社会资本直接参与医院改制重组，社会资本需要面对并解决改制医院涉及的人员、资产、业务、财税等方方面面的问题，对社会资本而言，承受和面对的压力、困难、挑战比较大。

笔者通过以下实操案例对此模式存在的上述问题和难点予以详细阐述。

二、案例分析

本案例中，国企医院为某石油局下属的不具有法人地位石油总医院。国企医院通过员工持股的方式将医院转为民办非企业医院。在转换的过程中，由于医院员工从国有身份转换为非国有身份员工，按照国家相关规定，企业集团须对医院的员工支付身份置换补偿金。医院员工以其身份置换补偿金，转换为对民办非医院的举办人权益，医院员工由此成为改制后民办非医院的举办人之一。

（一）改制操作路径

石油总医院的改制路径，分以下步骤实施：

第一步：石油局将石油总医院视为子公司，将其净资产作为股本（约 2 亿元），以 1 元 1 股，共 2 亿股股本。

第二步：将医院的两千多名员工的工龄进行折算，将员工加入石油局（或医院）的工龄，按照参加工作时间的年限折算成职工身份置换补偿金，用石油局持有的医院"股权"进行换算，石油局不再对员工身份置换费用进行现金补偿，由石油局将其持有的 2 亿股股本按照上述费用成本换成员工对医院的股权（或称医院的举办权），员工由国有身份改为非国有合同制员工。

第三步：医院工会成立员工持股平台，代员工持有上述"股权"。

与此同时，医院员工也可用自有资金按照 1 元 1 股的价格，自行购买上述医院"股权"。

改制完成后，石油局持有医院 33% 的"股权"，员工持股平台持有 67% 的"股权"，改制结构如图 7.2 所示：

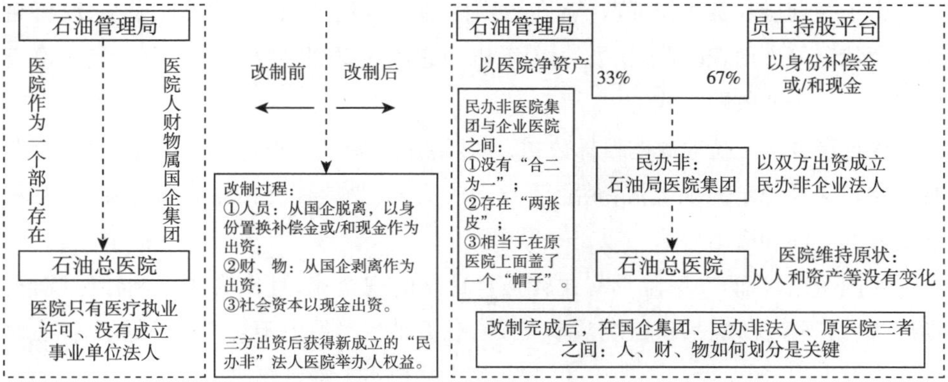

图 7.2　非法人单位国企医院改制为民办非医院交易结构图

上述改制过程和结果与类似公司 MBO 收购模式,所不同之处,表现在以下四方面:

①认购医院“股权”的主体不是公司管理层,而是医院的全体医务人员;

②认购标的不是企业的股权,而是国企医院的举办人权益;

③收购的支付方式及资金来源非自筹资金或杠杆融资,而是以职工身份置换补偿金作为支付对价;

④设立“壳公司”作为医院资产注入及全体员工享有医院“股权”的法律载体,因员工在“壳公司”所持权益份额超过 2/3,“壳公司”注册登记为民办非企业单位法人。

此外,员工取得医院权益后,石油总医院的资产尚未完成注入或转移到“壳公司”名下之法定程序;员工持有“壳公司”权益的退出机制及回购程序存在瑕疵,以致在后续第三方收购员工持有医院股权时,留下较多风险。

(二)改制涉及的内容及流程

1. MBO 收购与员工持股医院改制目的相同

笔者认为,MBO 收购与员工持股医院收购在操作上,应没有本质的区别。一般来说,MBO 收购[1]是指公司管理者收购公司的行为,通常为公司管理者从风险投资者手中回购股权的行为,是管理层买断本公司的股权,进而达到控制、重组公司的目的,并获得超常收益的并购交易。其收购主体是管理层。

在以职工身份置换补偿改制为员工持股的过程中,其收购主体只是将管理层替换为全体员工而已。与一般的企业买卖和资产重组不同,除了强调收益权之外,管理层或员工持股改制后,还强调控制权。

由于管理层或员工持股收购,在激励内部人员积极性、降低代理成本、改善企业经营状况等方面,起到了积极的作用,因而它成为 20 世纪七八十年代流行于欧美国家的一种企业收购方式。

管理层或员工持股收购目标公司,通常适用或要求企业应具备的条件为:企业具有比较强且稳定的现金流;企业债务比较低,企业具有较大的成本下降、经营利润提升的空间和潜力。

对国企医院而言,医院具有比较强且稳定的现金流,且作为非营利性医院,长期以来,由国家无偿投入,医院基本上没有什么债务。但由于管理水平低下,国有医院缺乏效率,且经营者的长期激励问题,均未从根本上得到解决。

---

[1] 牛津大学出版社出版的《商务词典》解释。

因此,国企医院在员工持股改制后,全部医务人员能够得到基于利润等经营目标的股东报酬,从而充分发挥其管理才能和敬业精神。

以本案为例,石油总医院 2007 年改制前亏损 3000 万元,改制 3 年后实现盈利 4000 万元,这说明国有医院有较大的利润提升空间。

2. MBO 收购或员工持股改制须设立收购主体——“壳公司”

为了推进 MBO 收购或员工持股改制,须由收购标的管理团队或员工代表作为发起人,注册成立一家壳公司作为拟收购目标公司的主体。

由于管理层或员工持股涉及人数较多,从合规性、改制后医院决策效率性等因素考虑,实施收购需要设立一个壳公司作为收购主体。按照国家的相关规定,国有大型企业医院的剥离须报省级人民政府审批。本案例中,经省人民政府国有资产监督管理委员会、省财政厅、省劳动和社会保障厅批准同意,在改制国有企业医院基础上成立了“壳公司”(石油局医院集团),“股东”为石油局和石油总医院职工。

“壳公司”成立时,为在民政部门注册的“民办非企业法人集团”,而非公司法中的“有限责任公司”。此次改制的初衷是,将原石油局拥有的医院资产及石油总医院拥有的“医疗执业机构许可”合二为一,使石油总医院成为名符其实的拥有医疗执业机构许可证和民办非企业单位法人的独立机构。

3. MBO 收购或员工持股改制须履行职工身份置换

本案例中,在石油局对石油总医院改制后,石油总医院的医务人员已不再属于石油局体制内的员工,此过程须履行职工身份置换程序。具体操作路径为:

①改制后员工须解除现有合同,重新签订劳动合同,不再存在全民所有制职工和大集体职工身份。员工身份补偿依照《劳动合同法》的离职补偿金计算方法来计算具体金额。[1]

②在改制过程中,作为国企医院的改制已经涉及员工的切身利益,所以改制的方案须经过职代会审议通过。

③方案通过之后,全体员工需根据改制方案,选择重新签订劳动合同、内退、解除劳动合同自谋职业等不同路径,签订相关法律文件。

④其中,与医院重新签订劳动合同的员工,不再领取现金补偿金,直接以现金补偿金换算成企业医院的举办权益。

4. MBO 收购或员工持股改制收购定价

MBO 收购或员工持股收购的定价或其价值的确定,一般是按照目标公司的账

---

〔1〕 虽然没有任何法律法规认可国企身份转换需要经济补偿,但是大多数国企在员工分流和员工安置中认可该做法。

面资产价值评估作价。

因涉及国有资产的改制，所以其估价须委托专业评估机构完成，评估完成后须按照国有资产的监管规定履行相关的备案程序。

在确定收购价格时，要充分考虑建立在公司资产评估基础上的各种价值因素：固定资产、流动资产的价值；土地使用价值；企业无形资产价值；企业改造后的预期价值；被转让的债权、债务；离退休职工的退休养老、医疗保险和富余人员安置费用等。[1]

就本案例，国企医院的改制，管理团队与石油局一起制定了改制方案，并报省国资委、财政厅、劳动和社会保障厅批准，其改制方案确定为：

①聘请审计评估事务所对拟改制的医院审计评估，其经核准的评估净资产约2亿元，内退、离退休人员统筹外企业列支等各项费用5000万元，改制后由石油局按规定逐年支付。

②以评估后的净资产2亿元注册登记改制后持有医院"股权"的新设"壳公司"（即上述的民办非企业法人"石油总医院集团"）。

③按照员工的工龄测算所有员工的身份置换费用，即国企医院员工从石油局脱离，经测算上述员工的身份置换费用约1.3亿元，即职工经济补偿金。

④按净资产2亿元作为总股本，测算石油局以国有资产持有、员工以身份置换费用测算各自在新成立的民办非企业法人（石油总医院集团）所占的权益份额及比例：其中石油局所持权益份额为33%、石油总医院职工持有67%。

由上述的改制定价可知，石油总医院职工所持股份由改制时在岗职工身份置换补偿金1元1股折算而来，实质是石油局从国有资产出资中分出部分医院资产，作为在岗职工身份置换补偿金的对价。

5. MBO收购或员工持股改制须完成产权交接

按照常规的MBO收购或员工持股收购程序，在完成与目标公司的收购谈判及签订合同后，须就被收购或改制目标公司的债权、债务及各类合同的处理方式等进行交接。特别是合同生效后，收购双方要向工商等有关部门办理企业登记、企业注销、房产变更及土地使用权转让手续，以保证收购方的利益和权利。与此同时，进行产权交接，即按照协议办理移交手续，经过验收、造册，双方签证后，会计据此入账。

本案例中，因石油总医院不是独立法人，从法律上，其所有的资产均应属于石油局。但由于医院拥有医疗机构执业许可，所以石油总医院相对于石油局别的"部

[1] 《CFO进行管理层收购时需特别注意的几点事项》，载《CFO》。

门”较为独立(如有独立的财务账目及报表和产权登记程序)。本案例中,石油总医院的所有资产并没有办理由石油局转移至“壳公司”名下的产权转移及变更程序。例如,石油总医院的房产登记权利人仍为石油局,改制至今,石油总医院房产权利人仍未变更至石油总医院或民办非法人(石油总医院集团)名下。石油总医院所有资产中,唯一产权比较明晰的资产是石油局总医院所占用的土地,该土地不纳入改制范围,由石油局与改制后新成立的民办非企业法人(即石油总医院集团)签订租赁使用协议,由改制后民办非医院“租用”。

(三)改制问题分析

石油总医院按照上述的改制方案完成后,从原先的100%国有资本举办的企业医院,变成以员工控股的民办非企业法人医院,并在当地民政部门办理登记,其中石油局作为举办人持有石油总医院33%的权益,员工持股平台持有67%的权益,员工所持权益由企业医院工会代持,记载有每位员工持有股权的详细比例。企业医院改制完成后,存在如下诸多问题。

1.资产存在的问题

如上文所述,由于在法律上,石油总医院不是独立法人,其所有的资产权属应归属石油局。按照正常的企业集团公司对下属公司的内部改制模式,其一般的操作程序和步骤应是:

第一步:将在集团公司名下的这部分“资产”,形成资本金(如部分或全部净资产),出资成立具有独立法人的子公司,即石油局拥有该子公司100%的股权,该子公司持有对应的资产。

第二步:按照“人随资产走”的原则,石油局将人员随相应的资产全部剥离到该子公司名下。

第三步:员工以获得的身份置换补偿金换算成子公司的股权,原子公司的“体制内”员工变成“合同制”的员工。

但在上述石油总医院的改制过程中,先成立的子公司(“民办非企业法人”),并没有以集团公司(即石油局)拥有的资产(即医院的部分或全部净资产)作为资本金注册成立,也没有采取以成立的子公司“购买或无偿划转”等各种方式,将资产注入子公司。以致在改制完成后,资产方面出现了以下问题。

问题一:医院资产所有权属于石油局还是属于民办非石油总医院集团?

(1)改制前,石油总医院仅有医疗执业许可执照,没有办理事业单位法人,医院所有的资产权全部属于石油局。

(2)改制中,在当地民政部门新成立了民办非企业法人(石油总医院集团),其中，石油局出资比例为33%，医院职工出资比例为67%。从行政审批上，上述出资视为对石油总医院或民办非石油总医院集团的举办权。

(3)改制后，从行政审批上，石油局已将医院资产注入民办非企业法人，医院资产应属于改制后民办非医院。

问题二：如何将已改制的“石油总医院”的资产转入到民办非“石油总医院集团”？

(1)如何将原属于石油局的医院资产，从原东家“石油局”转移到新东家“民办非企业法人”名下？

在国企医院改制完成后，如何让改制后医院法人实体同时拥有“医疗机构执业许可”和“医院资产”，成为真正的医院资产运营主体？这是国企医院在资产重组或改制过程中，需关注的“核心点”。

如前文所述，实践中比较常规的国企集团内部资产重组，多采取由集团公司新设一个100%的子公司(简称全资子公司或新公司)，然后由集团公司将其持有的“部分资产”通过内部无偿划转的方式，由集团公司划转至新成立的全资子公司，由此将集团公司名下资产转移至新公司名下。

同样，从理论上，不具备法人地位的国企医院，其资产作为国企集团的“部分资产”(国企医院资产)，也可参照上述操作模式，由国企集团先设立“事业单位法人”性质的新主体(作为改制后企业医院的法律主体)，国企集团拥有该新主体100%举办权，而后国企集团将其持有的前述“国企医院资产”，通过内部无偿划转的方式划转至事业单位法人性质的新主体名下，由此实现集团公司既拥有新主体(改制后企业医院)100%举办人权益，国企医院资产又全部转入改制后企业医院名下。

就本案例而言，该国企医院资产的“转移”，由石油局或其上级机关(如省国资委)，以无偿划拨的方式从石油局划转到新成立的事业单位法人即可。目前现有法律关于无偿划转的规定主要适用于企业法人，非营利性事业法人性质的医院是否可以参照企业国有产权实施无偿划转，存在争议和不确定性。

(2)该案例在资产上存在瑕疵，虽然不可逆转操作，但对以后企业医院的改制有借鉴意义。

例如，在国企医院改制方案“顶层设计”前期，是否按照以下路径操作，即参考上述的子公司资产改制及交割的程序(注：在此暂不讨论上述“医院公益性资产”合规性的争议)：

第一步：石油总医院在改制前，由石油局全资持有的石油总医院先成立事业单位法人；

第二步：由石油局通过内部划转（或出让）的方式，将石油局持有的资产（包括土地和房产）转入到石油总医院新成立的事业单位法人名下；

第三步：在形成石油总医院作为法人拥有完整的医院资产的同时，将相关医院人员按照“人随资产走”的原则，即可完成石油局到石油总医院的资产和人员的剥离；

第四步：以该“事业单位法人医院”进行改制。当然在此步骤改制过程中，也将面临之前所述的，民营资本控股持有“事业单位法人”的尴尬情形。这是另外一个话题。

问题三：改制“原设计方案”与“执行结果”存在差异

从研究的角度，笔者对该改制进行了“复盘”发现：在上述案例改制完成后，其执行结果与原改制方案设计的初衷差异较大。

原方案设计是改制完成后应由石油局和员工持股，分别成为改制完成后民办非企业法人医院（石油总医院集团）的举办人，原石油总医院应不存在。

从该案例操作的结果来看，从法律上，原“石油总医院”和新成立的民办非法人“石油总医院集团”是“两张皮”，即从法律上该民办非企业法人（石油总医院集团）并没有承接原石油总医院的全部资产。

为此，在改制完成后的“事实”是只拥有行业监管的医疗执业许可的“石油总医院”，以及在法律上，既不拥有医院资产，又不拥有医院医疗行业执业许可的民办非法人“石油总医院集团”。

2. 员工安置存在的问题

（1）离退休员人员统筹外费用改制时预提不足。

在改制过程中，须关注离退休人员的安排。按照通常的做法，离退休人员实行养老金社会化发放，移交社区管理。统筹外项目先由改制单位（如石油局）计提后，并由改制单位管理发放，与被改制单位（如国企医院）无关。

如在本案例中，在改制方案中已明确规定上述统筹外费用的管理责任为石油局：“石油总医院内退、离退休人员统筹外企业列支等各项费用，改制后由石油局每年按标准支付。”

但在改制后，却常发现上述的统筹外费用预提费用不足，导致改制单位石油局和被改制单位企业医院之间，就如何补足预提费用不足事宜“扯皮”。

（2）不在岗不在册的预提费用不足。

针对在册不在岗职工，与上述的“离退休员人员统筹外费用”一样，改制单位石油局须一次性支付给被改制单位企业医院，作为“在册不在岗职工”的身份置换补偿费用,以及用于“在册不在岗职工”后续的人工费用支出。

但改制完成后,由于各种因素,经常出现在改制时支付的费用不足的情况,特别是“未来还需发生多少上述人员费用”也无法准确估计。以致上述费用仍由被改制单位承担。由于“在册不在岗职工”并不给被改制单位创造经济效益,成为被改制单位背负的“包袱”。

这也成为第三方收购被改制单位(如国企医院)时,须重点关注的潜在风险。

3. 改制后再改制面临的问题

如前文所述,由于上述第一轮改制不彻底,以致第三方社会资本并购改制后的企业医院时,仍面临不少问题。

如上文所述,石油总医院职工所持“股权”由身份置换补偿金 1 元 1 股折算而来,本质上是石油局将医院部分权益卖给员工的支付对价。改制后,在医院的内部规定中,[1]却要求员工退休时将其“股权”“以 1 元 1 股”卖回给医院,由医院回购注销。实操中出现了有意思的现象,部分员工在退休时,并没有按照医院前述文件规定,办理“股权”回购注销。同时,在此期间,出现了第三方对医院的“股权”进行收购的现象。

在第三方收购时,第三方第一步以一定的溢价(如 2 元 1 股)完成了对石油局持有的 33% 的“股权”收购后,在第二步收购员工持有的 67%“股权”时,因第三方回购价格的差异化安排,造成不同类别的员工“利益不平衡”,也是本案例在改制过程遗留的问题和潜在风险。第三方的差异化安排具体如下:

①对在职的员工:以收购石油局的同等价格,即折合 2 元 1 股收购,皆大欢喜。

②对已退休的股权没有被回购注销的员工:第三方认为应以医院内部文件规定,由医院回购注销。若以 2 元 1 股收购,既不符合医院内部规定,也将引起在职员工的不平衡。但这批员工坚决要求“同股同权”,不同意以 1 元 1 股被医院收购,而是与在职员工同等的“以 2 元 1 股”被第三方收购。

③对已退休的股权已被回购注销的员工:这批员工认为,现第三方能以 2 元 1 股收购,是因为他们在职时,也为医院做出了巨大贡献。因此要求医院补偿过去“1 元 1 股”被回购注销时与现在“2 元 1 股”被第三方收购时的差价。

---

[1] 按照医院内部《员工股权管理暂行办法》(暂且不论其内部的规章的法律效力)的规定:“职工退休后,其持有的医院股权必须全部转让;股东退休的,其所持股份价格按原值转让。”同时,按此规定职工股东并不享有收益权。

模式一(B)
对“法人单位”国企医院资产合作模式

一、模式概述

(一)模式介绍

此模式是指国企与社会资本合资成立医院管理公司的方式对具有法人地位的企业医院进行收购。从操作路径来划分,可分为以下两种方式:

方式一:社会资本以现金方式出资,国企作为医院的举办人以具有独立法人地位的国企医院的净资产或实物出资,双方共同合资成立医院管理公司(简称合资公司);

方式二:采取由国企与社会资本以现金注册先成立合资公司,由合资公司用现金从国企购买企业医院净资产或实物的方式。

以上两种方式操作的路径尽管不同,其本质仍是国企将企业医院的净资产或实物作为出资注入到了双方成立的合资公司。

改制完成后,合资公司将成为医院的举办人或股东。根据改制方案的不同,改制后的医院可以为事业单位、民办非等形式的非营利性医院,也可以为由非营利性医院转化成企业法人性质的营利性医院,社会资本透过合资公司,由此成为改制后医院的举办人或股东之一。

图7.3显示改制后未改变国企医院法人性质的交易结构图:

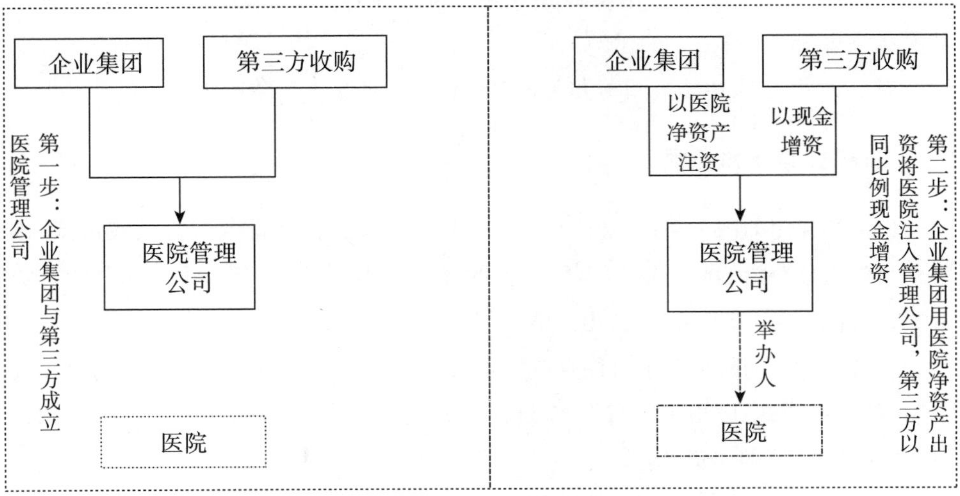

图7.3　社会资本与国企资产合作模式参与法人单位国企医院改制

（二）案例分享

案例

采取以“医院净资产成立合资公司”的模式进行国企医院改制，比较代表性的案例如复星医药与泰康人寿和徐矿集团合作项目。

根据复星医药公告及公开媒体报道信息，2016 年 2 月 22 日，复星医药、徐矿集团、泰康人寿签订《医疗产业重组协议》，各方拟共同投资设立新公司，并就原属于徐矿集团的相关医疗机构的医疗产业重组展开合作。

新公司的注册资本预设为人民币 71429 万元，其中：

（1）复星医药拟通过全资子公司上海复星医院投资（集团）有限公司和上海复星平耀投资管理有限公司出资现金人民币 53846 万元认缴新公司 25000 万元人民币注册资本，出资超过注册资本部分（即人民币 28846 万元）计入新公司资本公积，本次出资后，复星医药间接持有新公司 35% 股权；

（2）泰康人寿拟出资现金人民币 46154 万元认缴新公司 21429 万元人民币注册资本，出资超过注册资本部分（即人民币 24725 万元）计入新公司资本公积，本次出资后，泰康人寿持有新公司 30% 股权；

（3）徐矿集团以直属于徐矿集团的徐州矿务集团总医院、徐州矿务集团第一医院、徐州矿务集团第二医院和上述三所直属医院所属分院及集体企业等医疗机构经评估的净资产（简称出资资产）作价出资认缴新公司 25000 万元人民币注册资本，出资超过或少于注册资本额部分按重组协议约定处置，本次出资后，徐矿集团持有新公司 35% 股权。

新公司成立后，将变更成为相关医院的举办人并负责医院的管理。

二、模式难点和问题

由上述介绍的国企集团以企业医院净资产与投资者进行合作的模式可知，该模式与第六章介绍的政府以“政府医院”的净资产出资、社会资本注入现金的合资模式，在合作方式和思路上“如出一辙”。

二者基本上均是沿袭了过往企业集团“以净资产”出资，对下属子公司进行“股份制”改制的模式，区别主要在于，将过往的“子公司”的净资产，换成了“政府医院”或者“企业医院”的净资产。

因此，国企集团在采取“企业医院”出资模式的过程中存在的问题，与政府医院改制模式中面临的问题不存在本质上的差异。以下重点分析“国企医院”与“政府医院”采取同样模式存在问题的异同点。

（一）从举办人主体变更方面

此模式与第六章所述间接方式参与政府医院改制模式比较相似。社会资本通过与国企设立合资公司方式，将医院资产注入合资公司，并通过举办人变更方式，将医院举办人由国企变更为合资公司时，相对于由政府变更为合资公司要容易一些。

从目前的操作实践来看，只有一部分案例显示：由政府作为原政府医院的“单一举办人”变更为“双举办人”较多，而采取国企医院此种由“原举办人”直接变更为“合资公司”作为“单一举办人”的路径，尚不多见。

（二）从净资产作为出资的合规性方面

国企是以所持事业单位法人性质的“国企医院”净资产出资，如第六章所述，《公司法》《市场主体登记管理条例实施细则》并未明确将净资产列为出资方式，但亦未明确禁止。同政府以政府医院净资产出资面临的问题一样，此模式也存在国企医院净资产出资难以到位的问题（参见前述第六章政府医院并购合作模式中“净资产出资问题”相关内容）。

（三）从医院的收入和资产的不匹配方面

此模式下，医院资产作为出资注入合资公司，而医院的日常运营在医院而非合资公司，造成医院经营资产割裂、收入主体和资产权属主体不匹配，未来资本运作时将增加医院负担。如医院须从合资公司购买医疗设备、专利技术等主要资产，以证明其资产完整，符合上市要求，这将对医院现金流造成极大压力，不利于医院发展。另外，医院资产放在合资公司，将造成合资公司承担较高税负，不利于股东回报。

（四）从资产注入引发的税务方面

医院资产注入合资公司，合资公司须承担设备等折旧，合资公司没有其他收入，导致账面亏损严重。若合资公司通过向医院收取租金的形式对折旧进行对冲，不仅增加医院的负担，合资公司自身也须缴纳较高税负。

（五）从合资公司本身的经营方面

合资公司本身并不是一个“造血”功能的经营实体，换言之，在改制完成后，合资公司本身并不能成为真正的医院（除非一步到位改制成营利性医院）。

（六）从医院作为医疗执业机构的完整性方面

同第六章所述间接方式参与政府医院改制模式，此模式让医院在“手无寸铁”、仅持有医疗机构执业许可证的状况下从事医疗服务，由此可能导致医院不具备医疗服务机构应具备的基本办医资格和条件。若合资公司在购买医院资产完成后，为了保证医院的持续正常经营，再将注入合资公司的医院资产“倒流回”医院，将形成合资公司和医院之间巨额的应收和应付账款。

综上所述，与第六章所述间接方式参与政府医院改制模式的建议一样，笔者仍建议社会资本在投资收购国企医院时，不宜采取以医院净资产合资的模式。

第三节　模式二：直接收购国企所持医院举办人权益模式

一、模式概述

（一）模式释义

此模式主要适用于已办理并取得了事业单位法人资格或国有单一大股东股权（或举办人权益）低于33%的民办非企业法人的国企医院。

如前文所述，国企医院为国企举办的非营利性医院，国企医院在办理法人主体登记时，通常被认定为事业单位法人，其举办单位为国企。根据国家关于全民所有制企业、中央企业公司制改制有关政策，目前大部分国企已经改制为公司制企业。

实践中，事业单位法人医院举办人名称比较多为“××医院集团”或“××医院管理公司”，如××省冶金医院集团、××矿业医院管理公司（统称举办人公司）。

如第二节所述，此模式基本沿袭了第三方投资者直接收购集团公司所属下属子公司股权的“操作手法”。

对企业医院而言，该模式具体操作路径为：社会资本通过收购国企所持有的企业医院的“举办人权益”（或称“准股权或类股权”）的方式，由社会资本直接拥有企业医院的权益。

实践中目前有部分“成功”案例显示，在上述社会资本收购企业医院举办人权益过程中，如果社会资本只收购了企业医院的部分举办人权益，在收购完成后，相应的“举办人权益”登记机构（如事业单位管理局或民政局，视收购的比例高于或低于33%），将国企医院举办人由原国企作为单一举办人变更为“国企+社会资本”共同举办的“双举办人”；如果社会资本收购了国企持有的全部（即100%）的举办人权益，则国企医院的举办人将由“国企”变更为“社会资本”单一举办人。

在收购完成后，社会资本从而享有对国企医院举办人权益及对国企医院的经营管理权。

（二）模式特点

（1）此模式适用于具有事业单位法人资格的国企医院或已改制完成后国有资本仍为单一大股东的民办非企业法人国有医院，社会资本收购的"标的"属国有股权（或举办人权益），因此应依照《国资委、财政部32号文》及其他相关国资监管规定，通过产权市场公开交易，或采用其他法律法规允许的方式。如果社会资本为上市公司或外资公司，还应依照上市公司、外资相关监管法规规定，履行必要的内部决策、外资审批、上市公司信息披露等义务。

（2）社会资本收购国企医院"举办人部分权益"后，若企业医院仍保持事业单位法人性质，社会资本在收购过程中，须确保国有资产份额占医院总财产份额不低于2/3。笔者注意到，实践中，还存在社会资本收购医院举办人权益后，导致医院不符合事业单位法人登记条件的情形。

（3）此模式中，国企医院在改制前自行设立事业单位法人时，由于历史原因，国企医院历史沿革存在诸多不规范之处，比如，国企医院作为独立法人的资产归属、人员身份等，与国企集团之间界限比较模糊，以致社会资本往往在一个不规范的"旧摊子"上实施改制重组，存在较大的难度和风险。

为了清晰阐述社会资本直接收购非营利性医院举办人权益的模式，以下以案例详细分析本模式操作的方式及存在的问题。

二、案例分析

（一）收购方案及结构图

本案例为某省国资委下属的省冶金集团冶金医院，该冶金医院经股份改制后，已成为民办非企业法人的非营利性医院，其中省冶金集团持有该民办非企业法人医院33%的权益，医院工会成立的员工持股会持有67%的权益。

按照省国资委主辅分离的要求，省冶金集团打算将其持有的33%权益进行剥离。为此，省冶金集团将其持有的医院33%权益，以净资产为基础进行了溢价评估，按照国有资产（或股权）的转让程序，在产权交易所以挂牌的方式出让。与此同时，员工持股会也将其持有医院67%的权益转让给同一受让方。收购完成后，受让方持有100%冶金医院的举办人权益，并成为冶金医院的举办人。

本节以此案例为主线，阐述社会资本直接收购国有资本持有的33%的举办人权益及员工持有的67%举办人权益的详细操作过程，以及在收购中存在的问题。

图7.4为本案例的收购结构图：

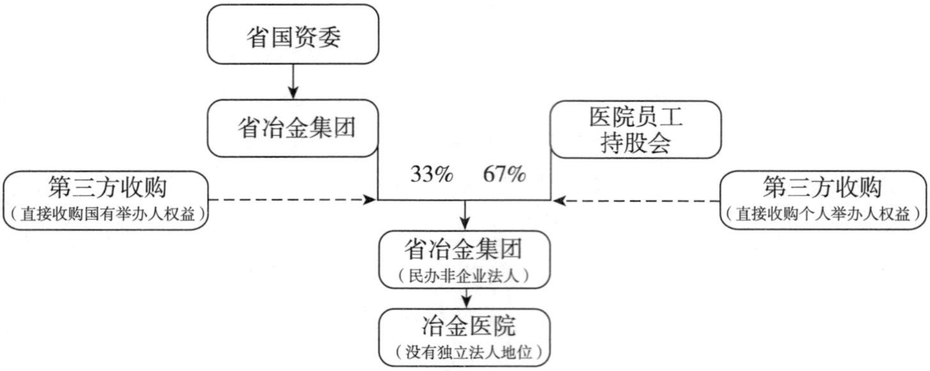

图7.4　社会资本直接收购国企医院举办人权益案例交易结构图

(二)收购难点分析

1.收购的标的是什么?

社会资本直接收购非营利性医院举办人权益模式,首先要了解“举办人权益”的法律内涵。若认为“举办人权益”是“类股权”,即意味着受让方在收购了举办人的权益后,应具有《民法典》物权编赋予的占有权、收益权、使用权及处置权。但事实上,我国的相关法规对事业单位法人和民办非企业法人关于举办人权益的相关规定,并非上述法律所赋予的上述权力。

案例中,改制后的国企医院为民办非企业单位法人,根据民办非企业单位有关法规,民办非企业单位的举办者权利并不具有如股权一样的法定权益(如收取股息的权利、财产分配的权利),而是根据民办非企业单位章程的约定,享有推荐理(董)事和监事、了解本单位经营状况和财务状况等权利。民办非举办者权利具有以下特点:①不具备财产权益;②举办者的表决权、管理权取决于章程约定;③举办者是否能够作为决策机构也取决于章程约定;④理事或董事由举办者(包括出资者)、职工代表(由全体职工推举产生)及有关单位(业务主管单位)推选产生,具体方式可由民办非企业单位章程规定。

对于民办非企业单位是否享有收益权,不少地方立法和政策作出了规定。

比如,有的地方政府允许社会资本举办的非营利性医疗机构在扣除办医成本、预留发展基金以及按国家有关规定提取其他必需费用后,出资人可从办医结余中取得合理回报。因此,社会资本在收购民办非企业单位“股权”后,应可取得一定的财产权益,但需要与当地政府有关部门进一步协商并明确。

根据上述规定,社会资本在收购民办非企业法人医院时,需事先明确民办非企业单位下的举办者权益存在的诸多限制,从法律上明晰收购的标的是什么,以规避收购标的本身存在的及后续整合发展过程中的潜在风险。

如本案例中的社会资本作为受让方受让省冶金集团所持的冶金医院的33%的“股权”,存在以下特征:

(1)将受限于民办非企业单位性质,而并不必然可获得直接的投资回报,同时所取得的管理权利和表决权利,将依赖于冶金医院的章程约定。如其按照出资额行使对应的表决权,因此受让方在受让的33%的“股权”,亦应享有相应的表决权。

(2)目前冶金医院的举办人系国有资本(省冶金集团)及自然人股东,其目前所持的“股权”实质上不是一种权益性、财产性权利,而是基于章程的一种管理、运营民办非企业单位的管理权利。

(3)受让方及自然人股东对冶金医院的全部出资是举办民办非企业的投入资金,其在权属上属于冶金医院。

如上文所述,民办非企业的举办人对民办非企业不享有权属上的利益或权利,与此相对应,民办非企业的开办资金(或资产)不能简单地以划分为所谓“股权”由举办人享有并处分。

本次交易中,社会资本收购冶金医院“股权”事项,其实质上是通过交易的方式获得了国有资本和自然人作为“股东”对冶金医院的“管理权利”。换言之,省冶金集团和员工持股会作为“股东”所持股权并没有对冶金医院享有对应的权益性、财产性权利,仅是一种参与运营管理的权利。从交易后的本质上看,冶金医院股东(省冶金集团和员工持股会)所持的股权是一种“拟制的财产权”。

本案例中,省冶金集团通过员工持股的方式将医院由国有医院转化为民办非企业医院过程中,将员工身份置换补偿金换算为医院举办人权益时,员工持股会可能“朴素”地认为,其出资相应所获得的对价(或权益),就是对冶金医院享有的股权(即权益性、财产性权利),但法律并没有赋予上述权利。

2. 在法律上如何完善收购标的内涵?

如前文所述,由于民办非法人性质的冶金医院不存在“股权”的法定权益,因此,转让标的事实上为省冶金集团与员工持股会在医院章程中约定的权益,而该权益的内涵和外延缺乏明确的法律规定。因此,社会资本(作为受让方)在与转让方(省冶金集团)在交易合同中,对“购买标的物”的定义应谨慎。如仅定义为“出让人拥有的相关权益等”,在法律上可能存在争议。

鉴于目前法律上对于“举办人权益”未有明确定义,当第三方直接以“举办人权益”作为医院收购标的时,笔者建议,须充分关注举办人权益的实际表现形式,并在协议中予以明确约定和落实。比如,“股东代表大会”中的表决权、董事委派权益和董事表决权、医院高级管理人员委派权、医院重大事项决策权及其他相关权益等，确保受让方支付价款的等价有偿。

(三)收购国有和个人举办人权益比较分析

以下笔者分别阐述受让国有资本举办人权益和自然人股东举办人权益在操作上的不同之处。

1. 受让国有资本持有的33%权益分析

省冶金集团作为省国资委的全资企业，将持有的“资产或股权”对外转让时，是否应按照《国资委、财政部32号文》有关规定履行国有资产公开交易程序，实操中存在不同理解。有人认为，“民办非”不是企业，而是从事非营利性社会服务活动的社会组织，因此国有资本转让其在民办非法人单位的举办权益，不属于《国资委、财政部32号文》规范的“企业产权转让”；此外，如上文分析，民办非举办者权益并不具有如股权一样的财产性权利，原因在于非营利性医院的资产是公益性的，不为出资人拥有，其清算时，应捐赠给公益性组织。本案例中，省冶金集团作为举办人，其享有的举办人权益仅为“了解本单位经营状况和财务状况等权利”，因此受让国有资本所持民办非举办人权益不适用前述规定。由于现行法律法规对上述问题尚未出台明确解释性规定，实践中，也有人对于国有资本所持民办非举办人权益，参照《国资委、财政部32号文》执行。

本案例中，省冶金集团选择按照《国资委、财政部32号文》要求，上报省国资委，将其持有的医院33%的“股权”，在省产权交易所挂牌转让。同时，省国资委也批复同意，省冶金集团将其持有的33%医院举办人权益以“股权”的方式进场交易。

上述做法是否具有普遍适用性，笔者认为，有待立法及政策层面做进一步明确。让笔者感到非常有趣的是，本案例中，当投资者(国有资本受让方)受让省冶金集团持有的33%举办人权益时，省冶金集团又报省国资委申请豁免进场。省国资委依据《国资委、财政部32号文》的相关规定，[1]审批同意该转让行为豁免进场交易，受让方与转让方(省冶金集团)采取了以协议转让的方式，转让了其持有的医院33%的举办人权益。

2. 受让自然股东持有的67%权益分析

受让方在收购冶金医院国有资本持有的33%的举办人权益后，为增强其对医

---

〔1〕《企业国有资产交易监督管理办法》第31条第1项规定，以下情形的产权转让可以采取非公开协议转让方式：“(一)涉及主业处于关系国家安全、国民经济命脉的重要行业和关键领域企业的重组整合，对受让方有特殊要求，企业产权需要在国有及国有控股企业之间转让的，经国资监管机构批准，可以采取非公开协议转让方式”。

院的影响力和控制力,又进一步收购员工持股会持有的剩余67%的举办人权益。

本案中,员工持股会所持医院举办权益涉及两千多名出资员工,处理起来极为敏感和复杂,稍有不慎,则可能酿成职工上访、集体诉讼、游行甚至流血的维稳事件。在本案例中,由于受让方给了比较好的溢价,大部分员工均按照受让方的要求签署了股权转让协议。但持有剩余2%"股权"(简称剩余股权)的员工不愿出让持有的股权,而受让方考虑到,将来医院上市及治理结构等方面的各种诉求,希望医院按照《冶金医院章程》及《冶金医院股权管理暂行办法》的规定对剩余股权进行回购并注销,由此最终实现持有冶金医院100%举办权的目的。

由于剩余股权由部分退休、离职及死亡职工股东持有,根据《冶金医院股权管理暂行办法》的有关规定,退休、离职及死亡的自然人股东应当自退休、离职或死亡事项发生之日的10个工作日内,"将其所持有的全部股份应按照每股1元的价格向冶金医院法人股东转让,或者由冶金医院以每股1元的价格向其回购并注销相应股份",然而,事实情况是,持有剩余股权的退休、离职及死亡职工股东,此前均没有按照上述规定履行股权回购程序。现在冶金医院是否可以"主动"且"强制"回购上述剩余股权呢?就此问题,笔者从以下两方面分析"回购"的合法性。

第一,从医院章程及内部《冶金医院股权管理暂行办法》相关规定分析。

根据《冶金医院股权管理暂行办法》的规定:"冶金医院自然人股东必须是在职员工。"笔者认为,这样的内部规定有其合理性。因为在职员工与冶金医院的利益联系较为紧密,通过在职员工持股的方式将这种利益联系予以强化,自然人持股是基于其具有在职员工的身份,自然人股东具有特定的身份属性,且该身份属性是成为自然人股东的前提,这也是《冶金医院股权管理暂行办法》的目的之一。因此,当员工股东退休、离职或死亡时,其已丧失了在职员工的身份,即丧失了自然人股东所必需的特定的身份属性。此时,退休、离职或死亡的自然人股东必须将其所持有的全部股权转让给其他股东或适格在职员工,或回售给冶金医院。就此退出机制,在医院章程中也进行了明确的规定,即"退休、离职及死亡的自然人股东应当自退休、离职或死亡事项发生之日的10个工作日内向冶金医院法人股东转让或由医院回购"。因此,若该等退休、离职或死亡的自然人股东拒绝转让或回售其所持有的全部股权时,笔者认为,医院章程是所有员工真实意思的表示,即使其内部规定不完全合理,所有员工也必须无条件接受。因此,冶金医院有权进行强制回购。反之,若医院章程没有此类规定,这种"强制"回购没有法律基础。

第二,从民办非企业单位相关法规规范分析。

我国目前现行法律法规及各省市的相关规范性文件,对非营利性医疗机构(包括民办非企业及事业单位等）举办人的退出机制，均没有明确的约定。如《民办非企业单位登记管理暂行条例》与《民办非企业单位登记暂行办法》仅对民办非企业清算注销作了一般性的规定；一些地方省政府也仅规定了“社会资本举办的非营利性医疗机构在扣除办医成本、预留发展基金以及按国家有关规定提取其他必需费用后，出资人可从办医结余中取得合理回报”。《民办非企业单位登记管理暂行条例》与《民办非企业单位登记暂行办法》也仅笼统规定了民办非企业单位登记事项（包括开办资金）发生变更的，应当向登记机关申请变更登记；对于民办非企业单位减资事项未作详细规定。

同时，《民办非企业单位登记管理暂行条例》第 21 条第 1 款还规定，“民办非企业单位的资产来源必须合法，任何单位和个人不得侵占、私分或者挪用民办非企业单位的资产”。但是，《冶金医院章程》及《冶金医院股权管理暂行办法》规定的退休、离职及死亡职工股权回购事项，事实上是对举办人退出机制的规范；举办人的退出，不是上述第 21 条第 1 款规定的侵占、私分或挪用民办非企业单位资产的情形。在法律法规对此没有明确规定的情况下，按照民办非企业单位章程及其他规定，经过正当、合规程序，民办非企业举办人应当可以退出该民办非企业，取回其最初投入在民办非企业中的资金。相应地，该民办非企业的开办资金也因此减少，应当向登记机关申请办理变更登记手续。根据《民办非企业单位登记暂行办法》第 12 条的规定，民办非企业单位变更开办资金的，在进行变更登记时须提交变更后的验资报告。就上述举办人退出机制，即股权回购、开办资金减资事项仍需向民办非企业单位的主管登记管理部门进行询问、确认，在得到主管部门的肯定答复后，再办理举办人退出、减资变更登记事项。

因此，冶金医院回购部分退休、离职及死亡职工股东所持全部股份并注销，减少开办资金的方案，在遵守《冶金医院章程》及《冶金医院股权管理暂行办法》、履行必要内部程序且在取得相关民办非主管部门的认可时，是合法合规的。

（四）收购风险分析

社会资本在受让传统国有企业举办的企业医院时，由于医院和国有企业之间的历史“裙带”关系，特别是国有企业和企业医院之间的资产权属关系不明晰、二者之间的债权债务关系不清、职工内部医疗保险与社会保险之间的不平衡、退休员工费用由谁承担等诸多问题，导致社会资本在收购企业医院整合过程中，面临如下诸多困难和风险。

1. 企业医院产权不完善情况较多

（1）购买的部分土地仍在出让方名下：如医院向第三方购买了部分土地，并向出让方支付了土地出让金以取得土地使用权,但是医院和出让方并未签署任何土地转让协议,也未办理土地使用权变更登记,根据《民法典》和《土地管理法》,医院尚未完全取得该项土地的全部物权,无法对抗第三人。

(2)使用的大部分土地及房产全部登记在原举办人名下:医院正使用的大部分房产均登记在原举办人(省冶金集团)名下,而房产对应的土地系由原举办人省冶金集团无偿提供使用。根据相关行政法规的规定,土地使用权和房屋所有权的主体必须保持一致,土地使用权和房屋所有权必须同时转让,不得分别转让。因此,冶金医院房产的权属状态,须在转让协议中进一步明确,要求省冶金集团承诺由冶金医院实际享有该等房产的物权,并以租赁或其他方式允许冶金医院继续使用对应土地。但即便如此,未来冶金医院仍可能无法转让、抵押或以其他方式处置该等房产。

在实操中,尽管转让协议有相关的约定,但在收购后协议的履行过程中,事实证明仍存在无法避免的风险,如没有预估到土地账面值与交割时的价值不一致。

本案例中,交易文件约定:省冶金集团在受让方收购其所持33%的医院举办权后,同意将医院所有的划拨地使用权以账面值约200万元的价格划入冶金医院。但在实际操作时,该项土地面积为8万平方米,划拨地价值近3000万元,以致受让方在收购上述股权后,医院须额外支付2800万元从省冶金集团购买上述划拨土地,而非协议所约定的200万元。

(3)存在较大数量的无产权证房产:冶金医院近1/3的房产为无证房产,该等房产无法以合法方式转让、抵押或以其他方式处置。

2. 企业医院收购时社会医保与企业内部医保的平衡

冶金医院与省冶金集团之间的医疗保险(以下简称局保)无明确协议约束。由于历史原因,大型企业医院的主要病源都是该企业的内部职工。在企业效益好时,企业都给职工比较好的福利。其中一项体现在企业有其自己的内部医疗保险,且内部医疗保险的报销比例均优于社会医疗保险。如省冶金集团内部的"局保",省冶金集团系统职工持"局保"医疗保险卡可在冶金医院刷卡就医,"局保"报销比例较高、报销上限不封顶。因此,作为企业医院,"局保"在冶金医院收入中占有较重要地位。

在医院出售时,由于企业效益下滑,导致企业原给予职工的内部医疗保险有所降低,甚至与社会医疗保险持平。因收购后医院已不再属于原企业,原出台的一些给医院和职工的优惠政策已不再存在。故在收购后,如"局保"无法继续存续,可能导致冶金医院流失部分病人,如就诊、住院等收入可能也会降低,从而对冶金医院的收入产生较大不利影响。这是社会资本收购企业医院时面临的又一大风险。

同时，在本案例中，就“局保”及“局保”定点资格，冶金医院与省冶金集团之间无任何明确的医疗保险协议约束。因此，笔者认为，冶金医院与省冶金集团间的“局保”关系并未形成有效的法律关系，双方均有权利终止该等合作关系。若第三方从原举办人（如省冶金集团）收购企业医院（如冶金医院）后，如果省冶金集团终止上述内部医疗保险关系，将对收购后的冶金医院的病源及运营造成较大的不利影响。为此，在收购时，为控制前述风险，须与出让方协商，在交易协议中约定承诺收购完成后过渡期限内（如 3 年）保证内部医疗保险不被纳入政府医疗保险的统筹管理，并在 3 年后内部医疗保险在可能纳入政府医疗保险统筹管理时，向政府争取更多的优惠政策，以尽量降低因收购导致医院效益下滑的风险。

3. 企业欠医院巨额内部医疗保险和资金挪用

由于在企业医院出售时，一般此时企业的效益较差，所以不但存在企业欠医院巨额的内部医疗保险（如当时省冶金集团欠医院的内部医疗保险金额达 3 亿元），同时还存在挪用医院资金等事宜，这是收购中比较难以处理的内部债权债务关系。为此，笔者建议，在交易方案“顶层设计”过程中，需在举办人、医院及受让方等各利益相关方之间，进行债权债务的内部重组。

4. 企业医院不符合非营利组织免税资格可能面临补缴税款的风险

根据国家相关规定，[1] 免交企业所得税条件的非营利组织，必须同时满足相关条件。尽管冶金医院是非营利性医疗的民办非企业单位，但是在收购之前，在企业章程中并未明确“所属资产不得分配、投入人对投入该组织的财产不保留或者享有任何财产权利、注销后的剩余财产用于公益性或者非营利性目的”等。因此，冶金医院的章程不符合税务部门有关非营利性组织免税的相关规定，且至今未能向主管税务机关申请办理免税证明，在第三方收购后，存在补缴当年企业所得税、房产

---

〔1〕 财政部和国家税务总局《关于非营利组织免税资格认定管理有关问题的通知》（财税〔2018〕13 号）规定：（1）依照国家有关法律法规设立或登记的事业单位、社会团体、基金会、社会服务机构、宗教院校、宗教活动场所以及财政部、税务总局认定的其他非营利组织；（2）从事公益性或者非营利性活动；（3）取得的收入除用于与该组织有关的、合理的支出外，全部用于登记核定或者章程规定的公益性或者非营利性事业；（4）财产及其孳息不用于分配，但不包括合理的工资薪金支出；（5）按照登记核定或者章程规定，该组织注销后的剩余财产用于公益性或者非营利性目的，或者由登记管理机关采取转赠给与该组织性质、宗旨相同的组织等处置方式，并向社会公告；（6）投入人对投入该组织的财产不保留或者享有任何财产权利，该款所称投入人是指除各级人民政府及其部门外的法人、自然人和其他组织；（7）工作人员工资福利开支控制在规定的比例内，不变相分配该组织的财产，其中：工作人员平均工资薪金水平不得超过上年度税务登记所在地的地市级（含地市级）以上地区的同行业同类组织平均工资水平的两倍，工作人员福利按照国家有关规定执行；（8）对取得的应纳税收入及其有关的成本、费用、损失应与免税收入及其有关的成本、费用、损失分别核算。

税及土地使用税的风险。因此，在收购时，需要在交易协议中约定，要求出让方承诺承担相应的税款缴纳义务。

5. 国有资本持有民办非企业法人权益超过33%比例

此次受让方作为国有资本收购冶金医院股权后，国有资本举办权的持有比例已超过了1/3，已经不符合《民办非企业单位登记暂行办法》第5条关于民办非企业的资产中非国有资产份额不得低于总资产的2/3的规定。因此，国有资本在完成收购民办非企业法人医院100%举办人权益后，需在当地民政部门办理举办人变更登记，但实际操作中，办理前述变更登记存在难度。具体说明如下：

(1)办理“法人性质变更”存在法律障碍。

原为民营资本控制的“民办非企业法人”，在国有资本全部收购后，应从“民办非企业法人”变更为“事业单位法人”。我国现行法律框架下，民办非企业单位与事业单位在主体登记及监管方面，受不同监管法规规制，且两种不同主体之间缺乏直接转换路径。如医院在法人主体上已不符合民办非企业法人登记条件，而应办理事业单位法人登记时，民政部门作为民办非企业单位的登记机关无法直接办理“民办非法人”转换成“事业单位法人”的手续，只能要求办理民办非法人登记注销手续，另行在事业单位登记管理局办理事业单位法人登记手续。事业单位登记机关按照事业单位法人登记要求，往往对此类收购引起的变更拒绝办理登记。以本案为例，原为民办非企业法人的医院，在当地民政部门办理“变更登记”时，得到接待人员如下答复：

①原民营资本控制的“民办非企业法人”，现由国有资本控制，原医院作为“民办非企业法人”的根基已不存在，我们不知道如何处理；

②现你们要求注销民办非医院，之后到事业单位管理局重新注册成事业单位医院，我们感觉医院目前经营好好的，应不满足在我们民政部门注销的条件。

同样有意思的是，该医院去当地事业单位登记管理局申请为“事业单位法人”登记时，得到的答复同样是“无法操作”，理由是：

①新成立事业单位法人，需要相关政府的批文，目前国家正在大力裁减和缩编事业单位法人，你们怎么“逆流而上”呢？

②你们以现金注册新成立事业单位法人，这个新成立的事业单位法人，与现在正在经营的医院实体，在资产上有什么关系呢？

据了解，该案例中的企业医院在国有资本收购5年后，仍保持民办非企业法人主体性质。

(2)不能办理“法人性质变更”面临的风险。

①收购方对医院拥有的100%“举办人权益”无法在法定登记机关办理“变更登

记”,其所持权益(变动后权益)不产生公示效力,不能产生对抗第三人的法律效果;

②医院不能在“需在登记机关备案的章程中”规定举办人的开办资金投入具体数额和占比;

③收购后的医院不能享受与举办者出资相关的医疗机构政策。[1]

(3)合规建议

就上述民政部门无法就国有资本持有100%的民办非医院办理举办人权益变更登记情形,已形成民办非企业法人不合规存续的“法律事实”。

笔者认为,第三方及民办非医院可依据《民办非企业单位登记暂行办法》第17条第1款第9项“其他原因需要解散的”规定,申请对现有民办非企业法人进行注销。

建议相关方在实施上述注销程序前,事先分别征询主管民政部门、事业单位登记管理局后,再办理相关具体手续。

第四节 模式三:间接收购或改制国企医院模式

一、模式概述

(一)模式介绍

此模式是在第二节介绍的模式一基础上的一种优化模式。

社会资本不直接对国企医院进行改制重组,而是通过新建医院法人主体(在企业医院没有法人主体的情况下)及新建交易平台公司(一般为医院管理公司),社会资本在新平台公司层面,与平台公司的股东即国企,通过股权收购或增资扩股等方式,实施对平台公司的收购,从而间接达到收购或改制国企医院的目的。

案例

代表性的案例为海南海药收购鄂钢医院。根据海南海药公告及媒体报道信息,2016年9月26日,海南海药通过竞标方式,以3.4亿元成功中标,收购鄂钢医院举办人——鄂州康禾医院管理公司100%股权。

其中,鄂州康禾医院管理公司为鄂钢医院的举办人,也是为实施上述并购新设

[1] 《民办非企业单位登记管理暂行条例》与《民办非企业单位登记暂行办法》对国有资产份额超过1/3的情形并没有规定明确的处理规则。尽管民办非企业单位的举办者及开办资金并不能视同《公司法》下的股东和出资额,但是在实践操作中多将此二者等同。

的交易平台公司。据了解,在该案例中,海南海药在收购鄂钢医院之前,由鄂钢医院的股东鄂钢集团先成立医院管理公司平台,即鄂州康禾医院管理公司。之后,海南海药从鄂钢集团获得平台公司的股权,从而达到收购鄂钢医院的目的。

此模式具体操作步骤如下,如图 7.5 所示。

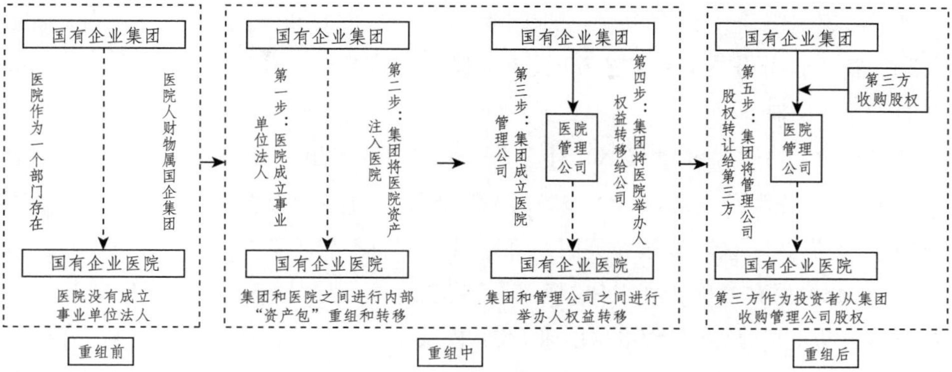

图 7.5　新设医院法人主体和平台公司间接收购或改制国企医院模式

第一步:医院的举办人企业集团,在医院拥有《医疗机构执业许可证》的前提下,以一定的开办资金在医院新成立独立事业单位法人,其中举办人及开办资金与《医疗机构执业许可证》记载的基本保持一致。

第二步:由举办人企业集团,将其所拥有的所有医院资产通过转让、划转或内部重组的方式注入第一步骤成立的医院事业单位法人名下。若该企业集团为国有资本,可采取非公开协议转让的方式。[1] 为此,作为举办人的企业集团和作为独立法人的企业医院之间,医院资产可通过签署资产转让协议的方式,由企业集团注入医院。同时也可采取无偿划转的形式注入,并由企业集团报送国资监管机构备案。

第三步:由举办人企业集团新成立全资子公司,企业集团将上述已拥有医院资产的独立事业单位法人的举办人权益,由企业集团以内部无偿划拨或协议转让方式,转移到新成立的医院管理公司。

第四步:由企业集团通过进场交易(或无偿划转)的方式将已拥有医院举办人权益的医院管理公司的部分或全部股权,转让给收购方。

通过上述步骤的操作,完成国有企业集团将其下属的企业医院转让给收购方。此模式在理念设计上与本书第六章介绍的朗玛信息改制重组贵阳六医有相似之处。

〔1〕 其依据即《企业国有资产交易监督管理办法》规定,“同一国家出资企业及其各级控股企业或实际控制企业之间因实施内部重组整合进行产权转让的,经该国家出资企业审议决策,可以采取非公开协议转让方式”。

（二）模式分析

（1）此模式没有采用第二节介绍的模式一（即直接对国企医院改制模式），而是由国企内部先“洗澡”，即国企集团在与社会资本交易前，国企内部先行进行医院法律主体再造、医院资产注入、新项目公司成为新成立的医院法人主体的“举办人”等一系列内部重组，将内部重组比较难的事务交给国企去办，社会资本在医院“洗完澡”后，在比较干净的平台实施并购，由此避免了直接改制重组可能给社会资本带来的压力和困难。

当然，在上述“洗澡过程”中，社会资本须与国企集团一起策划和设计整个方案的内部重组，并跟踪内部重组实施的每一步骤操作过程中存在的问题，社会资本须做到“心中有数”，以防范国企集团内部重组存在的潜在风险。

（2）此模式在操作步骤上比“模式一”略显复杂，但这种安排均属于国企与医院之间的内部重组，从社会资本角度来看，此模式下，社会资本通过收购“项目公司所持事业单位法人医院举办人权益”的股权交易安排，相比较模式一便捷、简单很多。

（3）此模式属于社会资本间接对国企医院改制重组，最终实现医院资产注入医院法人主体、社会资本享有改制后医院举办人权益，并实现对医院的管理和控制权。因此，通常社会资本需要与国企及改制医院签署整体合作框架协议，对具体交易安排和步骤、各方的权利义务及承诺事项、交易进度安排、改制后医院治理结构、重要或原则性商务条款等予以明确。实施过程中，每一阶段所涉具体交易文件可作为框架协议组成部分，共同构成改制重组项目全部法律文件。

（4）此模式下，社会资本通过受让项目公司所持的交易标的为国有股权（国企全资项目公司所持举办人公司股权），因此应依照《国资委、财政部 32 号文》及其他相关国资监管规定，通过产权市场公开交易，或采用其他法律法规允许的方式。如果社会资本为上市公司或外资公司，还应依照上市公司、外资相关监管法规规定，履行必要的内部决策、外资审批、上市公司信息披露等义务。

（5）新医院法人性质为事业单位法人，社会资本收购国企新设项目公司所持事业单位法人性质医院举办人权益，应注意交易实施后，医院仍应符合事业单位法人登记管理要求。根据事业单位登记管理有关规定，事业单位应保持国有资产份额不低于总财产的 2/3。因此，此模式下，社会资本收购医院举办人权益，应符合并满足前述规定，否则，将面临交易完成后，医院不具备事业单位法人条件，无法持续维持事业法人主体资格的风险，进而面临被责令依法转为其他适格法律主体并办理相关法人登记的可能性，由此还将涉及医疗机构执业登记、资质等诸多变更事项。

以上述海南海药收购鄂钢医院为例，海南海药作为上市公司，从其股权结构来看,海南海药收购鄂钢医院举办人公司——鄂州康禾医院管理公司控股权之后,举办人公司已成为非国有控股上市公司全资子公司,其举办的鄂钢医院应已不符合事业单位法人医院的要求,但经查询国家事业单位登记管理局查询系统,鄂钢医院的登记管理机关为鄂州市事业单位管理局。海南海药2018年年报披露,鄂州康禾医院管理公司举办的鄂钢医院属非营利性医疗机构。前述登记结果显示,鄂钢医院仍登记为事业单位非营利性医疗机构,但举办人公司鄂州康禾医院管理公司为民营控股上市公司,鄂钢医院国有资产份额远低于事业单位所要求的"国有资产份额占总财产份额不低于2/3"的要求。受限于信息查询渠道,我们无法获悉鄂钢医院医疗机构执业许可证以及事业单位法人登记证,也并不确定上述登记信息的即时、有效性。

如前文所述,由于现行法规对于法人主体如何从事业单位法人变更为民办非企业法人或企业法人,以及改制重组后医院法人登记如何与医疗机构执业许可登记事项衔接并同步进行,目前政策法规尚属空白。改制重组中,国企医院法人主体登记与医疗执业许可登记,有待国家政策法规的完善,以及政府在执行过程中予以协调和规范。

(三)此模式与模式一(B)比较分析

此模式是在将下属医院转让给第三方之前,先完成企业集团和医院资产与举办人权益内部重组后,通过新设医院法人主体和平台公司,社会资本在新主体层面实施收购。

前述"模式一(B)"的操作路径是:将医院资产或净资产直接注入合资公司,基本上沿袭了过往将企业资产注入其他公司重组的操作思路。本模式下,将医院资产或净资产先注入新成立的医院事业单位法人名下,此路径是国企医院改制和重组的重大创新和优化。

在企业医院的重组或改购上,无论是采取模式一(B)(以医院净资产出资的模式),还是本节所介绍模式(将企业集团持有的医院净资产先注入新成立的事业单位法人医院名下的模式),两种模式达成的结果基本上是"殊途同归",即重组完成后,原医院的法人实体得以保留,但二者保留的"事业单位法人"仍存在本质区别:

(1)在模式一(B)下,保留的医院法人实体是一个"空壳",即医院所有的"资产包",包括资产和负债,已全部转入新成立的"合资公司"平台,该方案实施的结果是:出现了模式一(B)所述的"资产和收入"在两个不同法人实体之间"不匹配"的奇葩现象。

(2)本节模式在交易前,先将医院的净资产注入新成立的医院事业单位法人以后，基本上将医院“坐实”，不会出现模式一（B）中的“资产和收入”在两个平台“不匹配”的情形。

所以，本节模式是模式一（B）的优化。因为本模式不仅规避了上文所述模式一（B）“直接将医院资产或净资产注入合资公司”存在的难题，还具有以下优势：

（1）从收购后将来社会资本对医院资本运作来看。

从将来收购后资本运作来看，此模式更便捷。而“将医院资产直接注入合资公司”的模式，未来合资公司对国企医院进行资本运作时，如注入上市公司或IPO时，增加了医院从合资公司再购买回其持有的医院资产这一步骤，耗时耗力。

（2）从是否有利于医院经营和发展来看。

从医院发展来看，将企业集团持有的医院资产，先行注入新成立的医院事业单位法人实体的模式，更有利于医院发展。而“将医院资产直接注入合资公司”的模式会造成医院经营资产割裂，势必增加医院使用资产的行政审批流程，影响医院运营效率，若医院租用合资公司资产，将增加医院运营成本，未来若医院购买合资公司资产，也将影响医院现金流。

（3）从是否有利于股东回报来看。

相比较“将医院资产直接注入合资公司”的模式，本模式更有利于减少税费支出。若合资公司采取从医院收取租金的形式对冲资产折旧，合资公司需承担较高的增值税税费。若后续医院从合资公司购买资产，合资公司也须就所得收益缴纳较多税负。以上税费的额外支出，均不利于社会资本作为股东的价值最大化。

（4）从收购价值评估来看。

本模式在操作的第一步，即合资公司从企业集团购买医院举办人权益时，评估确定“举办人权益”的价值，具有可操作性。

在操作的第二步，即社会资本从企业集团购买合资公司的股权时，对合资公司股权的价值评估，实际上包括了合资公司注册资本金及合资公司对医院举办人权益的评估。

其中对“合资公司对医院举办人权益”的评估，就非营利性医院而言，可通过合资公司与非营利性医院之间签署《经营管理协议》，在协议中约定：合资公司向非营利性医院收取管理费的方式，以及供应链的整合和管理带来的“增值服务”，从而在评估过程中，可确定合资公司对医院举办人权益的价值。

另外，从国有资产监管角度来分析，企业集团在将国企医院出让的过程中，最终通过出让合资公司的股权得以完成，上述合资公司股权的估值，大体上相当于“医院的净资产价值加上合资公司的注册资本金”作为出让价格的基础，必要时，给予合资公司控股权的“溢价”，一般来说，应可确保企业集团在将企业医院作为国有资产出让过程中，不会出现国有资产贬值或者流失的风险。

正因为合资公司购买举办人权益方案比合资公司购买资产方案程序更少，推进更快，对医院发展更好，合资公司与医院承担税负最少，因此，在国有企业医院的收购中，间接收购举办人权益模式更合理、更具有可操作性。

以下以某实操案例为例，就国企医院先进行内部重组，通过新设平台公司（管理公司）再由社会资本购买管理公司股权的操作程序，予以详细分析。

二、案例分析

本案例为某石油局下属医院的重组和出售，笔者将详细阐述此模式收购企业医院的程序及在操作过程中存在的问题。

（一）总体操作思路

本案例的合作方式即采取本章所述的“新设平台公司间接收购医院举办人权益公司股权的模式”。交易模式结构如图 7.6 所示：

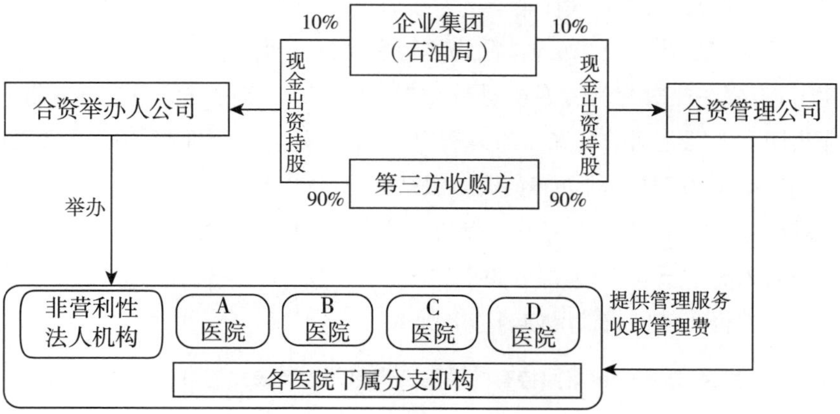

图 7.6　新设平台公司间接收购医院举办人权益公司模式

图 7.6 显示收购方与企业集团成立了两个管理公司，其目的是规避举办人收取管理费构成变相分红违反相关法规，故在实操中部分企业集团与收购方成立双平台：一是合资举办人公司作为合作医疗机构的举办人；二是合资管理公司作为医院投资和健康产业发展的平台。根据医院资金需求向合作医院投入资金，保证医院发展需要。

在实操中，为了下一步医院收购后公司的治理结构及管理的灵活性，一般采用一个平台，即举办人公司与管理公司合二为一。在后续的描述中，均以一个平台来分析该模式具体的操作程序。

(二)操作步骤

第一步:石油局成立医院管理公司及医院成立事业单位法人。

在企业集团成立全资子公司(医院管理公司)之后,再以医院管理公司作为举办人,办理医院事业单位法人登记。同时,建议医院的举办资金与医院的《医疗机构执业许可证》的开办资金保持一致。

但在实操上,企业集团或医院为了节约现金的支出,一般以较少的现金在当地的事业单位管理局办理新设"事业单位法人"登记,导致医院的规模和开办资金存在"头重脚轻"的现象。

实践中,有的企业集团采取以"医院资产"作为新设事业单位法人"开办资金"的方式。目前对以医院资产作为开办资金的可行性,各地的政策和执行尺度不尽一致。

第二步:将石油局持有的医院资产包转入医院法人。

在此步骤中,须将企业集团持有的医院"资产包"转入新成立的事业单位法人医院名下。一般来说,企业集团持有的医院资产包分三个部分:

一是不动产之外的资产负债,在此须特别关注企业集团和医院之间关联的应收和应付,需要在此次交易方案中进行冲抵,如在交易支付对价中进行冲抵,以结清企业集团和医院之间的往来。如案例中,企业医院应收企业集团的关联款达4.66亿元,以致不动产之外的资产负债净额只有约1000万元。

二是已入账的不动产,包括房产和部分土地,在本案例中约1.5亿元。

三是未入账的不动产,大部分为土地。

需转入的资产包构成情况如表7.1所示:

表7.1　案例:须将企业集团持有的医院资产包转入新成立的事业单位法人名下

单位:元

科目	合计(ABCD四家医院)
资产①:不动产外的资产负债	8800000
关联往来应收	466000000
关联往来应付	119000000
资产②:已入账的不动产	149000000
房屋及建筑物	143000000
土地(已入账)	6000000

续表

科目	合计(ABCD 四家医院)
资产③:未入账的不动产	12000000
土地(未入账)按基准地价的 60% 粗算	12000000

在企业医院资产包中,存在两个比较难处理的问题:

一是企业集团挪用医院的流动资金,如“石油局欠医院的关联资金约 4.66 亿元”,须在后续交易结构的设计中,以债权债务重组的方式予以解决。

二是医院的大部分土地和房产在企业集团,且没有房产证,如“已入账的不动产达 1.6 亿元,但大部分土地使用权在石油局,且房产也没有权证”,也须在后续交易方案中予以解决。

就上述资产包,笔者建议,按照以下原则处理:

鉴于流动资产和负债与医院经营密不可分,医院须拥有所有权;非经营性关联往来须剥离,同时根据收购管理公司的对价做出调整。

以下为案例中资产包合法合规转入新成立的医院事业单位法人的具体步骤:

①开办资金需到位。石油局按事业单位章程约定的举办资金额度,将对应的现金或部分资产包转至医院新成立的法人名下,以完成注资到位;医院向石油局购买经营性资产包,形成医院对石油局的应付账款。

②石油局及医院分别出具资产无偿划转文件(或协议转让文件)及资产交割确认文件,以确认截至医院事业单位法人成立日,石油局已将其持有的医院经营性资产、人员劳动关系、债权债务及实际使用的土地、房产等转移至医院名下。

③划转后,医院聘请中介出具验资报告,并按事业单位法人登记的开办资金列支“实收资本”,差额部分计入“资本公积”。

具体划转的内容包括:

①除土地外的资产包:按照石油局《清产核资报告》中的净资产,分别转入医院事业单位法人名下。

②土地:对有明确土地使用权证的,从石油局划转至医院。以石油局财务报表的账面价值进行划转,石油局下账,承接医院上账,最后在医院的《清产核资报告》和《审计报告》中体现。

第三步:医院转入管理公司。

(1)石油局和管理公司签署协议,按协议约定,由石油局基于评估报告确定的交易对价,包括石油局对其下属石油分局持有的医院举办权益(包括但不限于医院经营性资产、人员劳动关系、房产、债权债务及其对医院的举办权等)进行评估,将其旗下医院的举办权转让给管理公司。

具体操作顺序如下:

①评估机构对医院的"举办人权益"进行评估,对标的价值形成初步意见;

②参考上述评估意见,收购方和石油局商谈确定对价;

③参考双方商定的对价,评估中介出具正式评估报告;

④石油局和管理公司签署协议,按双方商定的对价将上述"举办人权益"转让至管理公司。管理公司承担上述对价的支付义务。

(2)该等举办人权益以评估值作价转让至管理公司完成后,管理公司成为医院的唯一举办人;石油局以前述评估后的举办权益调整管理公司的注册资本,并以现金出资,完成公司注册资本的实缴。

第四步:收购方以合适的方式收购管理公司股权。

若收购方为国有资本,在收购医院管理公司的股权时,一般希望采用协议方式(如获取省国资委或更高层次的审批机构批准)进行操作。同时,在获得政府审批同意的情况下,也可采取增资扩股或无偿划转两种方式操作。

如采取增资扩股方式收购管理公司股权,具体操作如下:

①由双方共同委托的评估机构,以管理公司的股权价值进行评估。评估范围应为管理公司全部股东权益,其资产是管理公司作为举办人、拥有全部经营性资产包的医院举办权加实缴出资;在评估基础上确定增资对价,由收购方对管理公司进行增资。

②增资后,收购方持有管理公司相应的股权。

③收购方为了规避风险,对部分土地仍在企业集团(如石油局)名下的,就该部分房屋和土地部分的资金,须在相关土地办理完成不动产权登记手续后,收购方方可支付。

第五步:内部债务重组(包括偿还医院的关联欠款)。

如上文所述,就企业集团持有的企业医院,大部分都存在企业集团占用企业医院巨额欠款,形成了企业集团应付企业医院,而供应商(如药厂或医药公司)大量应收企业医院的债务链。

如上述的石油局拖欠某三甲医院款项合计人民币约3.3亿元,导致医院对供应商应付2.2亿元,同时有银行借款约1.3亿元,资金压力大。

故收购方在收购企业医院时须先进行内部债务重组,如在支付价款时,要求企业集团在收到交易价款后,先行偿还企业集团对企业医院的债务,以保证收购的医院有良好的财务结构和现金流。

现以上述案例，阐述企业医院在收购过程中内部债务重组的操作方式及相关步骤。

在该案例中，重组前医院及石油局的债务现状为石油局应付医院4.6亿元；医院应付石油局1.6亿元。为此，一般的处理方式为：

①将医院欠石油局的1.6亿元的一部分，如1亿元，与石油局欠医院的4.6亿元互抵，互抵后石油局应付医院账款3.6亿元。

②将上述的1.6亿元中的另一部分，如6000万元欠款债转股，增加医院的净资产。

③石油局将医院的举办权转让给管理公司，管理公司支付给石油局的对价（如5亿元）中的一部分（如3.6亿元），由石油局偿还给医院。

④由医院偿还所欠供应商的欠款，之后医院形成比较好的资产负债结构。

上述内部债务重组，均是在医院收购后，收购方对医院整合过程中逐步完成。所以谈判完成后，须在交易协议中对以上债务重组的细节及操作步骤、金额等进行事先约定。

如该案例对相关事宜的约定如下：

“举办人权益的对价，在满足支付条件时，优先用于抵偿石油局对医院的债务。具体支付方式为：石油局委托管理公司将上述举办权益的对价款直接支付到医院，从而清偿‘石油局对医院的债务’和‘管理公司对石油局的债务’。根据业务需要，将医院资金归集到管理公司统筹管理。待石油局对医院的债务全部清偿后，剩余部分在满足支付条件的情况下，由管理公司直接支付给石油局。”

通过上述交易协议中，有针对性的约定，即可在收购医院后的整合及协议的实际履行中保障收购过程中“内部债务重组”的顺利实施和完成。

第六步：将房产土地等转入医院。

如上文所述，企业集团下属的企业医院在成立事业单位法人前，从法律上看，医院账上资产（含房产）和负债属于石油局所有，划拨地虽账面未体现价值但产权也属于石油局。特别是医院实际使用的土地权属关系复杂，难以在短期内完成权属登记（处置），也不能纳入医院法人资产（对应的石油局举办人权益）进行评估。

为推进合作交易，合作双方一般须在协议中事先确定土地处理的相关原则：

①如目前医院正在使用土地，石油局须保障医院继续使用。

②对此次交易中未评估作价但医院须继续使用的土地，可考虑由医院向石油局支付土地使用费。

③该土地在医院使用中涉及有损医院利益的行为,由石油局承担补偿责任。

如表 7.2 所示。

表 7.2　案例:涉及医院土地性质构成的不同分类

不同处理方式下的土地名称	土地用途	土地性质	建议交易方式
1. 已经过户的土地			
A. 医院部分用地	医卫	划拨	已过户
2. 已满足交易条件的土地			
B. 医院部分用地	医卫慈善	出让	无偿划拨过户
3. 可交易拟购买的土地			
C. 医院部分用地	铁路用地	划拨	无偿划拨过户
4. 可交易拟租用的土地			
D. 医院部分用地	工业	划拨	无偿使用/租用
5. 无法交易拟租用的土地			
E. 医院部分用地	采矿	划拨	无偿使用/租用
6. 医院发展需要的土地			
F. 医院部分用地	商住 + 医卫	出让	已同意转让过户

因此,就上述不同性质的用地构成,为了推进交易的进行,双方针对不同性质的土地,在交易协议中设定如下不同的处理方式:

①已在医院名下的土地,石油局保证在正式交割之日起不影响医院合法合规使用。

②可以办理过户的土地,双方同意土地首选以划拨的方式过户至医院,本协议签署前,性质为出让的土地直接由石油局及医院协议转让。石油局保证在正式交割之日起 1 年内将前述地块过户至医院名下,完成过户前由医院无偿使用。

③因权属不清等问题导致难以过户的土地。石油局应争取在 3 年内完成过户,过户前由医院无偿使用;若 3 年后仍无法过户,由医院永久无偿使用。

④因业务规划无须办理过户的土地,石油局保证医院永久无偿使用。

基于不同使用性质的土地,其过户到医院的时间不尽相同,所以须在协议中约定土地交易对价支付原则。

例如,纳入本次交易范围且尚未过户的土地,按本交易评估报告引用的评估价值从交易对价中扣除,过户一宗支付一笔对价,实际交易对价以正式评估报告中的评估值为准。

就上述事宜,须在协议中对土地对价支付事宜进行事先约定。如本案例中,对土地事宜的部分条款约定如下:

“各方一致同意,由石油局与医院按照本协议附录所示主要条款签署《土地交易协议》,约定由石油局将医院实际使用的附录所示土地性质,按照医疗用地进行模拟评估,确定土地交易对价,建立调价机制;由石油局负责先将附录所示的土地用途逐一变更为医疗用地,然后办理土地使用权人变更登记,将土地使用权人变更为医院;土地用途变更完成后土地使用权人变更登记完成前,石油局有权委托中介机构对所涉土地进行评估,并按照《土地交易协议》建立的调价机制按照多退少补的原则进行处理。”

第八章

民办非等特殊类型民营医疗机构并购模式

如前文所述，随着社会办医政策持续开放，我国民营医疗机构近十年得到蓬勃发展，社会资本新建或投资并购民营医疗机构也十分活跃。

民营医疗机构按其设立的组织形式可分为公司形式（有限责任公司、股份有限公司、外商投资企业等）、民办非企业单位、合伙企业、个人独资企业、个体工商户等。

其中，民办非企业单位形式的医疗机构因其“不以营利为目的”在管理类型上属于非营利性医疗机构；其他组织形式的民营医疗机构因其“营利性”特点，则划为营利性医疗机构。

由于历史原因以及非营利性医疗机构在税收、土地房产、政府补贴等方面存在的优惠条件，实践中，不少民营医疗机构是以民办非企业单位形式举办，其中养老机构尤为典型。

此外，我国民营医疗机构“小而散”的特点也体现为不少民营医疗机构在组织形式上采用个人独资企业、合伙企业或个体工商户等非法人组织形式设立。

前述几类民营医疗机构由于其组织形式的特殊性，相比较于常规的以股权或资产方式并购公司制营利性医院，投资并购这些非常规民营医院则受特殊的监管法规规制。

本章重点就这几类非常规民营医疗机构并购模式进行探讨和分析。

第一节　民办非医疗机构并购模式

一般来说，投资并购民办非医疗机构主要操作模式分别为间接股权并购模式、改制模式。

其中,“改制模式”是指通过改制,将民办非医疗机构由民办非改制为公司制法人单位,即将非营利性医疗机构改制为营利性医疗机构。此模式的政策法规依据以及操作路径请参见本书第十章,此处不作重复叙述。

本节主要介绍在投资并购民办非医疗机构过程中,投资者常采用的“间接股权并购模式”。该模式在具体操作过程中,难度比较大、问题比较多。

一、民办非概念及政策概述

民办非企业单位(以下简称民办非)是一个很有时代感的名词。

在《民法总则》出台前的《民法通则》时期,立法规定的法人主体仅包括企业法人、机关法人、事业单位法人和社团法人四种类型。

改革开放后,随着经济和各项社会事业的发展,陆续出现非国有资金开始举办教科文卫等社会服务组织,由于此类单位从事的活动不以营利为目的,有别于以营利为目的的“企业”,因此不适宜登记为企业,由于缺乏法定的管理规范,这类单位更多被视为“民办事业单位”,按照事业单位办理登记。

随着民办非不断增多,民办非自身及对其管理出现的问题日益突出,主要表现为自行审批,政出多门;只批不管,放任自流;未经审批擅自开展活动等问题。与此同时,由于对民办非的管理缺乏健全的体制和统一的登记管理机关,致使民办非合法权益也无法得到保障。

在这种背景下,1996 年国务院针对以往的“民办事业单位”这一概念进行了修正,明确事业单位是国家举办的,民间的不应再称为事业单位,并作出决定,对民办非实行统一归口登记管理体制,由民政部门作为民办非的统一登记管理机关。

同时,对民办非实行双重负责的管理体系:

一是民政部门作为统一登记管理机关,负责民办非企业单位的成立、复查、注销登记、年度检查、行政处罚等。二是各业务主管单位负责民办非企业单位成立、变更、注销登记前的审查及思想政治工作、财务活动、人事管理等。

1998 年 10 月,国务院颁布了《民办非企业单位登记管理暂行条例》(以下简称《民办非暂行条例》),这是我国关于民办非的第一部也是迄今为止唯一一部单行法规,其中定义民办非为企事业单位、社会团体和其他社会力量以及公民个人利用非国有资产举办的,从事非营利性社会服务活动的社会组织。

1999 年 12 月,民政部发布了《民办非企业单位登记暂行办法》(以下简称《民办非暂行办法》),《民办非暂行办法》在《民办非暂行条例》的基础上,对民办非的设立、变更、注销等具体登记事项进行了详细规定。其中，明确民办非企业单位根据其依法承担民事责任的不同方式，可分为民办非企业单位（法人）、民办非企业单位（合伙）和民办非企业单位（个体）三种；民办非企业单位必须拥有与其业务活动相适应的合法财产，且其合法财产中的非国有资产份额不得低于总财产的2/3；《民办非暂行条例》施行前，已经成立的民办非企业单位，应当依照条例及该办法的规定，办理申请登记。

2000年12月，民政部、原卫生部发布《关于城镇非营利性医疗机构进行民办非企业单位登记有关问题的通知》（民发〔2000〕253号，以下简称《民发253号文》），要求除政府举办的非营利性医疗机构以外的各类城镇非营利性医疗机构，在取得《医疗机构执业许可证》后，应当依法到民政部门进行民办非登记。

以下五类非营利性医疗机构可以登记为民办非企业法人单位：

（1）社会捐资兴办的非营利性医疗机构；

（2）社会团体和其他社会组织举办的非营利性医疗机构；

（3）企事业单位设立的对社会开放的，且其总财产中的非国有资产份额占2/3以上的非营利性医疗机构；

（4）国有或集体资产与医疗机构职工集资合办的，且其总财产中的非国有资产份额占2/3以上的非营利性医疗机构；

（5）自然人举办的合伙或个体非营利性医疗机构。

2004年8月18日，财政部发布《民间非营利组织会计制度》（以下简称《新会计制度》），明确民办非属于非营利性组织范畴，民间非营利性组织应具备以下三个特征：

（1）不以营利为宗旨和目的；

（2）资源提供者向该组织投入资源不取得经济回报；

（3）资源提供者不享有该组织的所有权。

考虑到《新会计制度》实施前，很多民办非营利性组织执行《事业单位会计制度》。为做好民办非营利组织执行《新会计制度》的衔接工作，2004年10月9日，财政部下发了《关于印发〈民间非营利组织新旧会计制度有关衔接问题的处理规定〉的通知》。

2015年，十部委联合发布《关于鼓励民间资本参与养老服务业发展的实施意见》（民发〔2015〕33号），其中明确民办非养老机构的以下特征：

（1）机构应当为捐资举办；

（2）机构享有对其资产的法人财产权；

(3)捐资人(举办者)不拥有对所捐赠财产的所有权。

民政部于2016年启动了《民办非企业单位登记管理暂行条例》的修订工作,并形成了《社会服务机构登记管理条例(修订草案征求意见稿)》公开征求社会意见。征求意见稿将“民办非企业单位”名称修改为“社会服务机构”。

“社会服务机构”是一个新概念,最初由2016年3月颁布的《慈善法》提出,即“慈善组织可以采取基金会、社会团体、社会服务机构等组织形式”。

2016年中共中央办公厅、国务院办公厅发布的《关于改革社会组织管理制度促进社会组织健康有序发展的意见》提出,社会组织的主体包括社会团体、基金会、社会服务机构等(统称“三类社会组织”),明确其属于社会组织范畴。

2017年10月1日施行的《民法总则》将社会服务机构归类为非营利法人中的捐助法人,其中对非营利法人定义为:

(1)为公益目的或者其他非营利目的成立;

(2)不向出资人、设立人或者会员分配所取得利润的法人。

社会服务机构属于非营利性法人的一种,非营利法人终止时,对剩余财产的处置有明确的规定:

(1)不得向出资人、设立人或者会员分配剩余财产;

(2)剩余财产应当按照法人章程的规定或者权力机构的决议用于公益目的;

(3)无法按照法人章程的规定或者权力机构的决议处理的,由主管机关主持转给宗旨相同或者相近的法人,并向社会公布。

2018年,按照国务院立法工作计划,三类社会组织登记管理条例将合并修订为《社会组织登记管理条例》。当年8月,民政部发布了《社会组织登记管理条例(征求意见稿)》,向社会各界征求意见。

2021年1月1日,《民法典》施行,《民法典》对社会服务机构的法人归类、剩余财产的使用目的及处理,与《民法总则》上述规定一致。

综上可见,民办非是特有的一类市场主体和组织形式,其在登记、管理、财务制度等方面拥有自身特有的一套监管制度和体系,我国民办非的相关立法工作在逐步完善之中。

二、民办非并购困惑及直接并购的风险

随着国家鼓励社会力量办医的政策不断落地,近年来,无论是国有资本还是民营资本或外资,都敏捷地捕捉到了民办非的投资机会,特别是在康养结合、养老服务行业的投资。

资料显示，近十年来，相当多的社会资本通过并购的方式“快速”进入民办非企业的医院和养老机构，以致近年来社会资本投资民办非的并购交易，已经越来越受到投资者的关注。

从近几年的并购实践来看，国家目前关于“民办非”或“社会服务机构”的现有法律制度，不能很好地与市场需求相匹配，如何通过“创新并安全”的交易安排，实现出让方和受让方的商业目的，是目前社会力量办医进程中，立法者和实践者不可回避的问题。

例如，目前我国的养老机构，从登记的性质上划分，可分为“企业、事业单位、民办非”三类养老机构。从资产的法律属性上看，“事业单位性质”的养老机构，为政府利用“国家财政”或“国有资产”举办设立，目前从政策上，社会资本直接收购政府举办的“事业单位编制”的养老机构，收购难度大。同时近年来，国家对企业性质的养老机构给予的优惠政策不多，导致民间资本或国有资本直接以“企业性质”注册的养老机构数量较少。相反，享受众多优惠政策〔1〕的民办非养老机构，近年来如“雨后春笋”，成为社会资本争逐的主要“并购目标”。

从近几年民办非养老机构并购交易实践来看，在并购过程中，存在一定的难度和法律障碍。其主要原因在于上述民办非机构的非营利性、资产的捐赠性/公益性以及清算的公益性。基于民办非的上述三个特征，社会资本在投资并购民办非医疗机构过程中，面临以下困惑或难处：

(一)收购的标的是什么

如前文所述，民办非不同于公司制法人，民办非的“举办人权益”不同于可以进行商业估值的“公司股权”。就此问题和困惑，笔者在分析社会资本收购民办非企业法人医院时已做详细说明，在此不做赘述。

(二)通过“资产收购”的障碍

由于民办非资产的“捐赠性”，决定了举办人对“民办非资产”没有处分权；特别是根据《民办非暂行办法》的规定，作为民办非的业务主管单位(如民政部门)对民办非的经营业务有明确的监管职责，如“任何单位和个人不得侵占、私分或者挪用民办非的资产”。

基于举办人不得对民办非的资产和权益进行分配和处置，投资者通过“资产方式”收购民办非，不仅在技术上欠缺可行性，而且在法律上也存在障碍。

〔1〕 例如，暂免征收等福利性或非营利性养老服务机构的企业所得税、服务收入营业税以及养老服务机构自用房产、土地、车船的房产税、城镇土地使用税和车船使用税；减免其行政事业性收费(法律另有规定的除外)；同时可享受新建床位补贴和有关行政事业性收费的减免等。

（三）通过"股权收购"的障碍

如前文所述，由于民办非不存在"股权"或"产权"概念，举办人仅具有举办者的身份权，且现有相关政策及法律层面，未设置民办非"变更举办人"的操作路径。[1]

因此，社会资本拟通过直接收购举办人的"权益"并变更"举办人"，在法律上缺乏依据。

因此，民办非碍于其特殊的法律属性，不能采取"公司制法人"最常见的"股权和/或资产并购"的方式来达成并购交易，这给社会力量投资民办非医院带来法律和技术上的困难。社会资本如直接收购民办非医院举办人权益，将面临如下风险：

风险一：举办人变更无法操作。

实践中，就"举办人权益变更登记"事宜，无论是民办非的业务主管民政部门（如对养老机构）或医疗监管机构（如对医院），还是民办非企业机构的登记部门（如社会团体管理局），都对转让方和受让方根据《举办者权益转让合同》申请"举办者登记变更"事宜持保守态度。

因此，社会资本在收购"举办人权益"后，如拟通过行政审批和许可的方式，完成变更登记，在很多地方政府部门，目前难以操作。

风险二：举办人权益视为捐赠无法获取回报。

基于举办人财产权益为一项受限的权益，该等权益在转让时，同样也"受限"。同时，基于举办人投入的"举办资金"视为捐赠，换言之，民办非的资产属于机构本身，而非举办人。为此，举办人在"权益转让"后，能否合规收回开办资金并获取一定的收益，在政策层面不明确。因此，在权益转让过程中，存在风险。

风险三：举办人转让合同有效性受挑战。

基于举办权益转让的受限性，《权益转让合同》的合法有效性受到挑战。比如，出让方和受让方签署的《举办人权益转让合同》是否需经民办非的主管部门（如民政部门）审批后，方可生效？据了解，司法实践中，尚无此等审批先例。为此，有专家认为，就民办非医疗或养老机构的转让，是否需要审批，可参考同为民办非的"民办学校"的相关审批程序。

《民办教育促进法》第 54 条规定，"民办学校举办者的变更，须由举办者提出，在进行财务清算后，经学校理事会或者董事会同意，报审批机关核准"。根据此规

---

〔1〕 例如，民办非医疗或养老机构设立时，在民政部门的登记内容是名称、住所、宗旨和业务范围、法定代表人或者单位负责人、举办者、开办资金、业务主管单位等，没有"举办者权益"登记项，以致大多数政府的民政登记部门不受理"举办者变更"的登记事项，以至于收购方希望通过变更举办者登记信息的方式实现转让，缺乏法律依据。

定,没有经过上述内部决策和审批手续的民办学校转让协议是无效的。依此类推,上述没有经过民政主管部门审批或备案的《权益转让合同》的效力,存在一定风险。

三、民办非间接股权并购模式分析

民办非的“间接股权并购模式”是指:

(1)第三方或投资者(即社会资本)通过收购民办非(如标的机构)举办人公司(包括其控股股东、实际控制人)的股权;或通过增资扩股的方式取得举办人公司控股权的模式。

(2)通过收购举办人及/或其控制人新设的服务/或管理公司作为运营实体(简称新主体)的控股权;或通过增资扩股的方式取得新设主体的控股权模式。

此模式在收购的实际操作过程中,没有改变原民办非的举办人。同时,在此模式下,根据举办人主体的不同类别和性质,又可将此模式划分为以下两类:

以下笔者分别介绍上述两种模式的不同特点。

(一)模式一:可对举办人实施股权收购模式

该模式适用举办人为公司制的法人的情形。即在标的民办非举办人上一层或多层股权控制层面进行股权收购。换言之,该模式在出让方和民办非之间,有“中间层公司”,且该公司即为民办非的举办人,投资者可通过直接对“中间层公司”进行股权收购的模式。

如前文所述,该模式适用于持有医疗或养老机构的举办人为“公司制法人”,社会资本为了获得标的机构,可采取直接收购机构举办人公司股权,从而间接获取标的机构权益。因此,该模式相比“模式二”,操作相对简单。

该模式操作结构如图 8.1 所示:

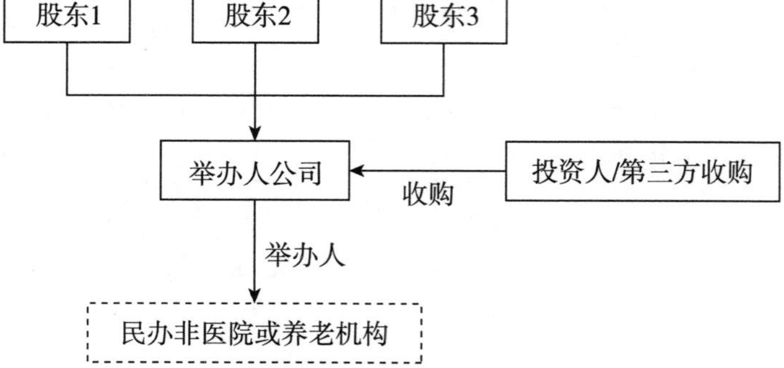

图 8.1　间接收购模式一:直接收购举办人公司股权以间接获得民办非机构

（1）为便于叙述，图 8.1 仅列示举办人公司第一层股权控制层面的收购，实践中，投资者视交易情况，在第二层或更多层股权控制层面实施间接收购。

（2）由于多层级的间接收购可能影响、削弱投资者对标的医院或养老机构的控制力，除非法律或监管机关有限制或商务上有特殊安排，建议投资者尽可能在第一层股权控制层面实施并购，直接收购举办人公司控股权。

因此模式相对简单、易操作，所以近几年社会资本在间接收购医院，特别是养老机构的收购中，运用较多，代表性案例如下：

案例

案例一：

根据公开信息，上市公司西安开元投资集团股份有限公司（后更名为“西安国际医学投资股份有限公司”）2011 年年底以现金方式收购当时民办非营利性医院西安高新医院举办人西安高新医院有限公司 100% 股权，从而迈出其由百货业向医疗领域转型的第一步。

案例二：

2016 年年初，千足珍珠股份有限公司（后更名为“创新医疗管理股份有限公司”）通过发行股份购买资产并募集配套资金方式，收购当时两家民办非营利性医院齐齐哈尔建华医院、江苏福恬康复医院举办人所持 100% 股权，以及另一家营利性医院股东 100% 股权，从而实现公司从珍珠养殖、加工和销售的单一主营业务向珍珠业务和医疗服务业双主业并行的跨界转型。

以上案例，均系采用间接并购模式，通过收购民办非举办人公司或举办人公司母公司控股权方式，从而实现间接并购举办人公司举办的民办非机构。

（二）模式二：不可对举办人实施股权收购的“变通”模式

该模式适用举办人为自然人或非法人主体的情形。由于投资人直接收购自然人或非法人主体所持举办人权益存在法律障碍，因此由作为举办人的“自然人或非法人主体”新设“中间层公司”（即造一个“中间层公司”），并将医院的相关管理权让渡给新设“中间层公司”，投资者通过对新设“中间层公司”进行股权收购，从而达到间接并购民办非医院的目的。

1. 模式结构图

如前文所述，该模式适用举办人为“自然人或非法人主体”。该模式操作结构如图 8.2 所示：

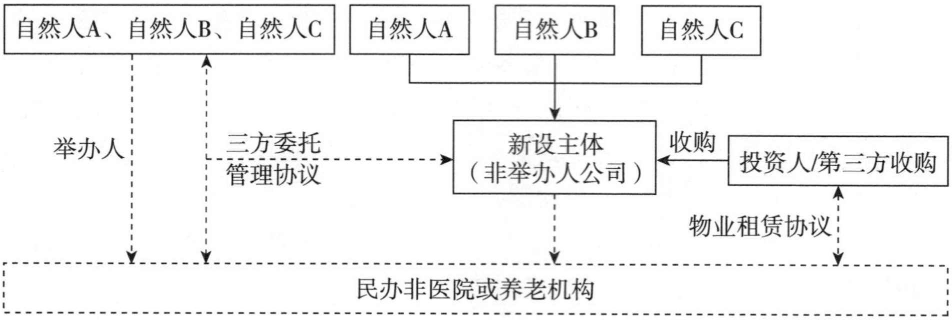

图 8.2　间接收购模式二:通过举办人新设主体及协议管理获得民办非机构经营管理权

在图 8.2 中,自然人 A、自然人 B、自然人 C 作为一家民办非的举办人,现社会资本计划从自然人 A、自然人 B、自然人 C 中,获得该家民办非的“举办人权益”下的所有权利,包括但不限于经营管理权等。

如图 8.2 所示,该模式在具体操作时,由于投资者采取直接收购自然人 A、自然人 B、自然人 C 拥有的民办非的举办人权益的方式,存在法律障碍和风险,为此,采取了“变通”的方式:先由作为举办人的自然人或非法人主体设立新主体。

2. 模式操作步骤

第一步:由自然人 A、自然人 B、自然人 C 先成立新主体(标的医疗机构或养老服务机构的管理公司);

第二步:将作为民办非举办人(自然人 A、自然人 B、自然人 C)的相关管理权利等让渡给新主体;

第三步:由投资者从自然人 A、自然人 B、自然 C 收购所持新主体的股权,从而取得对标的机构的相关权利,包括但不限于经营管理权等。

3. 模式特点

(1)收购完成后,标的机构的举办人仍为自然人 A、自然人 B、自然人 C。

(2)该模式下,投资者从举办人(自然人 A、自然人 B、自然人 C)处直接获得管理权方式,在操作上更为简便、清晰,且便于政府监管部门的审批等。

(3)在收购的同时,新设主体与标的机构签署了管理/或服务协议,因此,社会资本收购了举办人公司的股权,从而间接收购、控制了民办非的经营和管理。

4. 模式收购后的治理

(1)投资者通过变更标的机构法定代表人、修改标的机构章程及内部管理制度以及实施其他法律允许的变更事项,包括派出标的机构管理团队和形成标的机构层面的理事会治理结构体系，以实现在法律层面对标的机构的控制和管理；

(2)同时，通过举办人公司或新主体与标的机构签署管理/或服务协议，实现对标的机构的实质管理和运营。

5. 模式的劣势

(1)由于投资者无法在举办人层面进行“股权控制”，相比较模式一，投资者对标的机构的控制力相对弱一些。

(2)此模式投资者的权利义务主要是通过投资合作协议、管理/或服务协议，以及其他配套文件(统称交易文件)予以约定和保护，且由于法定登记举办人仍为“自然人股东 A、自然人股东 B、自然人股东 C”，因此，投资者有必要在交易文件中，对交易的整体安排及操作步骤、举办人的义务和责任(对举办人的法定义务责任以及合作项目中应履行的义务和承诺等，做出明确约定)、投资者的违约救济保障措施等作详细而具体的约定。

(3)若标的机构的经营场所系通过租赁方式取得，为增强投资者对标的机构的控制力，建议投资者在投资合作协议或意向书中约定：标的机构终止与经营场所出租方的租赁协议，由投资者与经营场所出租方签署租赁协议，然后再由投资者与标的机构签订租赁协议。

6. 该模式需要说明的事宜

在本模式下，采取了由举办人新设主体的“变通”方式来操作，在理论上，也可采取由“投资者(即收购方)新设主体”或利用收购方“已有主体”的方式，将“举办人”(即自然人 A、自然人 B、自然人 C)对民办非的全部或大部分权利，包括但不限于经营管理权等，让渡给投资者(即收购方)“新设主体”或“已有主体”，实现收购方对民办非的控制和管理。

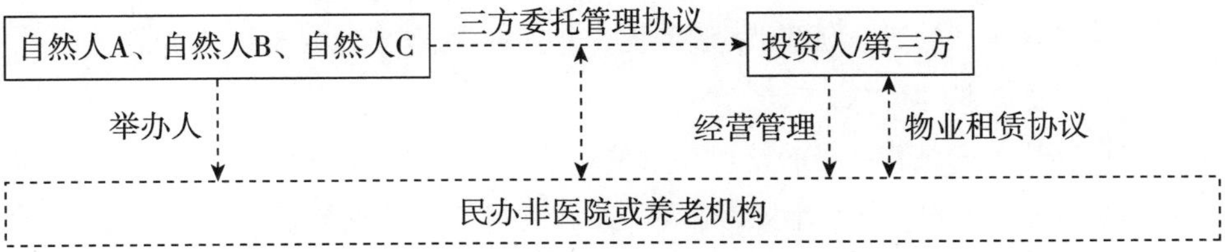

图 8.3　投资人直接通过协议管理获得民办非机构经营管理权

如图 8.3 所示，由举办人、投资者(即受让方)、民办非三方之间签署的《三方管理协议》，基本上类似第六章“政府医院并购合作模式”第五节“模式五：委托管理模式”的 IOT 模式，即投资者通过掌控“民办非”举办人下的所有或大部分权利，包括但不限于经营管理权等，进而在民办非获取其投资的商业利益。

（三）案例分析

案例

为了进一步说明和分析上述“模式二”存在的劣势或问题，以下笔者以实践中操作比较多的“民办非养老机构并购”为例，分析各方在签署《三方管理协议》时需重点关注的事宜：

1. 关于养老机构的经营管理权

在协议中，需明确标的民办非养老机构，全权委托新设主体（可取名为“养老服务公司”）进行日常服务、管理。例如，需在协议中约定：“投资者通过修改目标养老机构章程及内部管理制度、变更目标养老机构法定代表人以及实施其他法律允许的变更事项，从而实现投资者对目标养老机构的控制和管理。”包括但不限于：

（1）民办非企业养老机构的最高决策机构是理事会，成员由举办者（包括出资者）、职工代表（由全体职工推举产生）及有关单位（业务主管单位）推选产生。因此，投资者在收购后，需尽快将理事会成员变更为由其委派的人员，并由理事会决定是继续留用原院长（即法定代表人/负责人），还是重新选聘新院长。

（2）在投资者掌握民办非养老机构的控制权后，需要进一步通过协议安排，将养老机构不同层面的经营内容的重大决策事宜（如重大事项决策、重要干部任免、重大项目投资决策、大额资金使用等），委托给投资者控制的“养老服务公司”。即通过协议安排，将养老机构作为权利主体的经营管理权的重大决策事项，由原养老机构的举办人转移到投资者管控的“养老服务公司”。

（3）为实现投资者对民办非养老机构的经营管理权的长期控制，需在协议中设定严密的违约责任和退出机制，以保障投资者可持续、稳定地实现商业目的。

2. 关于养老机构的“经营场所”

若民办非养老机构的经营场所为租赁取得，如前文所述，为了增强投资者对养老机构的控制力和话语权，建议在收购“举办人新设主体”的同时，将“租赁权”转移。具体操作如下：

（1）养老机构终止与经营场所在收购前与出租方签订的《租赁协议》；

（2）由投资者收购的新主体与经营场所出租方重新签订《租赁协议》；

（3）由新主体与养老机构签订《租赁协议》。

此外，若标的养老机构的经营场所为“小产权房”或权属不清晰的房产，投资者需根据当地的政策法规，谨慎操作。

3. 关于收购价格

在间接收购养老机构过程中，无论是采取“模式一”直接收购举办人股权的方式，还是采取“模式二”在收购新主体股权的同时再签署《协议管理权让渡协议》的方式，都面临对“民办非养老机构”的估值问题。

一般来说，养老机构的收购价格，在常规估值中，都远远高于“举办者的原始投入”。换言之，民办非经过举办人投入并运营一段时间后，其价值均会高于原投资成本。

目前，根据国家和各级政府的地方法规均规定养老机构的举办人在退出时，可以获得“一次性奖励”的增值回报。当然，在确定具体奖励具体时，需聘请第三方机构对养老机构进行相应的审计和评估，并且对获取回报的上限，也作了相应的规定。

另外，由于养老机构的“非营利性”，特别是其资产的权属，仅属于养老机构本身，以致投资者通过股权收购后，也无法拥有养老机构的资产权属。为此，投资者在收购养老机构后，无法如收购“公司股权”那样，在投资者的资产负债表上，将其投资列为“长期股权投资”资产。

特别是，投资者以超出举办人开办资金溢价支付的“现金”无法从相关的《会计准则》和相关政策中，找到合理的依据向出让方（即举办人）支付一笔较大的交易对价，且该“交易对价支付”不能在投资者的资产负债表上得以体现。

如果投资者和举办人在此宗“养老机构”的交易中，通过“其他变通的方式”进行资金安排，作为受让方的投资者，在财务管理的合规性上，无疑存在一定的隐患。类似的“尴尬”，我们在第六章“政府医院并购合作模式”第四节“模式四：科室共建模式”中已有所阐述。

四、民办非间接并购模式的难点和重点

在本节所阐述的社会资本采取“间接收购”标的医疗机构或养老机构的实操中，因该模式下的“模式二”在操作过程中存在部分劣势，且操作的案例不多，所以，以下笔者更多地以“模式一”，即直接收购举办人公司股权的模式，分析“间接收购医疗机构”存在的问题及操作难点。

（一）收购主体产生的问题

由于现行监管法规要求民办非合法财产中以非国有资产为主（不低于总资产的2/3），如投资者为国有投资主体，实践中经常出现并购后国有股权占举办人公司股权比例超过33%，与现行民办非监管规定不符的情况。

由于我国现有法律体系尚未打通从民办非企业法人转为事业单位法人的法律路径，以致实践中会出现民办非企业法人医疗机构的举办权人为国有全资或控股企业的尴尬情形。

（二）收购成本较高的问题

此模式下，因社会资本采取了间接收购，多收购了一层（或多层）举办人公司，因此，此模式可能会增加投资者的收购成本和负担。

对于投资者而言，其关注点和收购目标为标的医疗机构，而非"举办人公司"，但受限于各种客观因素，无法直接收购并变更举办人，所以只能"绕道"间接并购。

由此，投资者除需要对标的医疗机构进行全面尽职调查外，还需要对举办人公司进行全面尽调。若举办人公司名下有若干家医疗机构且良莠不齐的其他不良资产，举办人公司股东一般希望投资者"好的坏的一起收"，这无疑会增加投资者的收购成本。如果投资者只愿意收购部分标的，则需要确定收购标的范围，并与交易对象就如何避免与收购范围之外的"非标的医疗机构"以及未来潜在同业竞争等问题，进行艰难谈判。

（三）收购范围确定的问题

在此模式下确定收购标的范围时，须特别关注举办人公司与下属标的医疗机构是否纳入收购的标的范围

由于举办人公司与其"名下"的民办非医疗机构之间不存在"股权控制与被控制关系"，收购举办人公司控股权是否意味着当然将其下属民办非医疗机构纳入收购的标的范围，在实务操作中是投资者特别关注也感到困惑的问题。

其原因在于收购的举办人公司与下属的民办非企业法人医疗机构之间不是"股权"关系，而是相对松散的"契约"或"举办人权益"关系。

因此，投资者应特别关注举办人下属民办非医疗机构纳入收购范围的法定理由是否成立，以确保收购举办人公司的收购范围完整。

现以某社会资本通过收购举办人公司获取上海A养老机构（以下简称养老机构）案为例，说明在收购标的范围确定上的困惑。本案例中，举办人公司与养老机构之间，存在以下内部关联事宜：

①从管理条线上看，举办人公司管理团队与养老机构管理团队高度重叠，即两个独立法人（举办人公司和民办非法人性质的养老机构）主体，共享一套管理团队。

②从业务条线上看，养老机构业务为举办人公司的核心业务。养老机构一旦切断与举办人公司业务上的联系，则举办人公司无法保持其业务的独立性。因此，在收购时，须考虑将养老机构纳入收购范围以及合并财务报表范围的理由或依据。

③从出资条线上看，举办人公司与养老机构存在出资与被出资关系，举办人公司账面长期资产中也包括相关出资款，从财务上分析，尽管养老机构为非营利性组织，基于举办人公司能控制养老机构的日常经营，并从中获取收益，根据当前会计准则对控制和合并的定义，同样应考虑将养老机构纳入合并范围。

因此，在收购时，被收购的举办人公司的举办人权益，不仅具有举办者身份权，在收购上还应包括养老机构本身的权益，以确保收购举办人公司的收购范围完整。

相反，对举办人公司下属的其他医疗机构，如托管的IOT医疗机构，既无出资关系，又不构成经营共同体的，在收购时，须酌情考虑是否纳入此次并购范围。如不纳入，应确保举办人公司与IOT医疗机构的财务独立，即使二者之间存在借款、借用公司人力、业务资源情形，也应按市场价格予以结算，但应不纳入此次收购举办人公司的标的范围。

（四）收购后回报的合规问题

因民办非医疗机构为“非营利性”，所以社会资本作为投资者需考虑投资回报渠道的合规性及合理性。

目前举办人公司出资举办民办非医疗机构，在获取公建民营项目时具有优势，但举办人公司能否对投资并购后的民办非医疗机构，直接提取收入并实现会计并表（特别是审计方面），这个问题在法律的理解和适用方面，存在较大争议。

《民办非暂行条例》《民法典》明确规定“任何单位和个人不得侵占、私分或者挪用民办非企业单位的资产”；非营利法人不向出资人、设立人或者会员分配所取得的利润。但侵占、私分或者挪用利润的具体表现形式有哪些，认定的标准是什么，现有法律法规没有给出具体答案。

司法实践以及部分省市的地方性规章对于“举办人公司能否享有对民办非医疗机构出资的收益权和处分权”也存在不同的解读。

实践中常见的举办人公司从民办非医疗机构实现“收入回流”的方式有两类：

①从民办非医疗机构收取管理费：通过协议约定，由举办人公司负担医疗机构的业务成本，然后按照一个较高的抽成比例，抽取医院的收入作为服务管理费；

②向民办非医疗机构提供劳务或服务，收取劳务费：通过协议约定，举办人公司为医疗机构提供劳务或服务，医疗机构按照举办人公司提供的服务项目及次数向举办人公司支付服务费。

（五）案例分析

案例

现以某社会资本收购某民办非企业法人广州B医疗康复中心（以下简称康复中心）为例，分析收购民办非康复中心与其举办人公司在回报渠道上存在的相关问题。

此案例中，举办人公司与康复中心之间，存在以下交易行为：

①举办人公司通过向举办的康复中心提供劳务服务的方式实现其投资回报。

②康复中心将其自身应承担的部分成本，转嫁给其举办人公司承担，以便举办人公司从非营利性康复中心收入中，高比例提取来自收支结余的服务费或管理费。

举办人公司在提取康复中心收入时，可能存在以下法律瑕疵：

①举办人公司抽取康复中心收入方式。

在业务结构上，举办人公司与其举办的康复中心属于业务共同体，康复中心在取得康复及护理收入的同时，也发生部分低耗材料费用。但在结算上，却由举办人公司承担绝大部分业务成本。为了平衡收支，举办人公司抽取康复中心收入的80%作为服务管理费，抽取的服务管理费的比例明显偏高，举办人公司承担的业务成本计费明细存在被监管部门质疑有变相分红或违法提取非营利组织收入的风险。

②举办人公司与康复中心之间的业务模式。

举办人公司与康复中心签订《购买康复及护理劳务服务协议》，约定由举办人公司为康复中心客户提供居家上门康复和养老护理服务，康复中心按照举办人公司提供的服务项目及次数向其支付服务费。但签订的协议未列明服务项目及其价格，很容易被监管部门质疑举办人公司存在侵占医疗康复中心利益的嫌疑。

③康复中心与政府服务机构的业务模式。

康复中心与政府社区卫生服务中心/社区卫生服务站合作，是康复中心的重要业务。在该等合作模式下，康复中心免费入驻社区卫生服务中心/社区卫生服务站的办公场所。但康复中心与社区卫生服务中心/社区卫生服务站为两个法律主体，在同一地点提供服务，该种模式可能导致患者混淆服务提供者，从而增加发生争议的风险。

同时，由于该等合作模式下，康复中心提供的部分服务系通过社区卫生服务中心/社区卫生服务站的医保结算通道进行结算，之后康复中心与社区卫生服务中心/社区卫生服务站再就该等收入进行分成。

该等情况可能被认定为社区卫生服务中心/社区卫生服务站于其《医保协议》项下的违规行为,进而影响康复中心业务的稳定性。由于康复中心与社区卫生服务站的合作缺乏明确、详细的合同约定,从而对业务模式的规范性、明晰性、确定性、约束性、无争议、可持续性、可预期性、可复制性造成不利影响。虽然政策鼓励社区卫生服务中心、其他医疗机构与医疗康复中心建立合作服务关系,但应就该等合作进行明确、详细、清晰的约定,且该等合作模式应合法合规,否则将面临前述风险。

上述案例的收入模式,虽然形式上“回避”收益分配,但举办人或其控制的新主体向标的医疗机构提供管理或服务的必要性、真实性、合理性,以及收费定价的公允性,往往是监管部门的关注重点。如果举办人公司无法说明交易的必要性、合理性、真实性、公允性,该交易安排存在被监管部门认定从实质上违反了《民办非暂行条例》《民法典》有关规定的风险。

此外,根据财政部、国家税务总局《关于非营利组织免税资格认定管理有关问题的通知》有关规定,“通过关联交易或非关联交易和服务活动,变相转移、隐匿、分配该组织财产的”,民办非医疗机构还可能面临丧失所得税免税资格的风险。

结合笔者的实操体会,投资者如采取上述“管理/服务费”方式获取“收入”,建议:

首先,应研读、了解地方监管法规及政策,并提前就该模式的可行性与地方主管部门予以沟通、确认。

其次,投资者应充分说明并确保举办人公司或新主体提供管理或服务的必要性、合理性、真实性,以及定价的公允性,避免“纯摆设性”协议[1]被认定违规的风险。

最后,如果投资者拟采用此模式实现举办人公司或新主体境内上市或登陆资本市场的目标,将面临医疗行业和证券监管部门及中小投资者的众多质疑。

因此,建议适时将标的医疗机构由民办非医疗机构变更为营利性医疗机构,彻底解决利润回报及财务并表的合规性问题。

根据公开信息,上市公司国际医学、创新医疗在完成举办人公司收购后不久,已分别将西安高新医疗机构、江苏福恬康复医疗机构由民办非医疗机构变更为营利性医疗机构。

---

〔1〕 指实践中一些举办人公司借“管理协议”或“服务协议”之名行“收取收入”之实。具体表现形式如提供管理或服务缺乏基本的商业合理性、公司自身不具备提供管理或服务经验或资质、协议中对于服务项目/价格不做约定或约定极为敷衍或含糊,此类情形监管部门很容易认定其违规。

五、民办非并购税务问题

(一)公司举办的民办非医疗机构税收优惠

非营利性的医疗机构为民办非企业法人机构时,税局部门在审核确认民办非医疗机构的非营利性组织免税资格[1]后,民办非医疗机构就其收入享受免征企业所得税的待遇;[2]民办非医疗机构作为医疗机构提供的医疗服务,免征增值税。[3]

民办非医疗机构在享受优惠政策时,须同步关注:

(1)公司与民办非医疗机构之间商业安排和合同内容,该等商业安排可能被质疑为公司变向转移、分配民办非医疗机构财产。按照相关规定,通过关联交易或非关联交易和服务活动变相转移、隐匿、分配该组织财产的,将被取消免税资格,且财政、税务部门在5年内不再受理该组织的认定申请。[4] 因此,建议进一步规范和优化公司与民办非医疗机构之间的商业模型和交易模式。

(2)同时,在具备商业合理性的模型下,公司或将无法取得全部民办非医疗机构收入,该等情况将影响公司的盈利预测,从而影响收购的交易对价。

(3)非营利性组织须将取得的应纳税收入及其有关的成本、费用、损失与免税收入及其有关的成本、费用、损失分别核算,否则不满足免税条件。[5]

(二)公司举办的民办非养老机构税收优惠

根据《关于全面推开营业税改征增值税试点的通知》(财税〔2016〕36号)的有关规定,养老机构提供的养老服务免征增值税;民办非医疗机构的居家护理服务、康复理疗等业务免征增值税;举办人公司的居家上门服务业务免征增值税;养老服务中心和民办非医疗机构免征举办人公司所得税。

第二节　民营个体医疗机构并购模式

我国民营医疗机构还存在数量不少的以个人独资企业、合伙企业、个体工商户

---

[1] 某市区国家税务局于2016年4月25日下发《非营利性组织免税资格认定结果通知书》。

[2] 《企业所得税法》第26条。

[3] 财政部、国家税务总局《关于全面推开营业税改征增值税试点的通知》(财税〔2016〕36号)及其附件《营业税改征增值税试点过渡政策的规定》。

[4] 根据财政部、国家税务总局《关于非营利组织免税资格认定管理有关问题的通知》(财税〔2018〕13号)第6部分。

[5] 根据《关于非营利组织免税资格认定管理有关问题的通知》(财税〔2018〕13号)第1部分。

等非法人组织形式设立和存续的小型民营医疗机构。此类民营个体投资医疗机构虽然不是医院并购交易中的主流并购标的,但由于其法律主体的特殊性,投资者在投资并购此类标的医疗机构时,有必要事先了解此类主体特有的法律限制,以避免盲目投资。现以两个案例说明此类主体特有的法律限制。

案例

案例一:"个人独资企业类型"限制

笔者曾为某国有控股医疗投资机构拟收购一个"个人独资企业类型"的中医门诊部提供服务,这个交易最后未果,除去商业方面的因素外,其中很重要一个原因在于:

投资者作为公司法人,无法直接投资个人独资企业,故只能采取合资新建医疗机构模式开展合作,由此将增加投资者的投资成本、时间成本(如前文所述,新建医疗机构须面临较长的审批流程)、交易的不确定性(新建医疗机构无法直接承继原医疗机构的资质和许可及其他优惠条件,新建医疗机构是否可以顺利取得该等资质和优惠条件存在不确定性)。

案例二:"个体工商户类型"限制

笔者经办过一家私募股权投资机构就其拟收购一个"个体工商户类型"体检中心项目,这个交易同样最后未果,其原因是:

根据相关政策法规及与地方主管登记部门确认,由于个体工商户不得发生经营者变更,故该私募股权投资机构无法通过直接股权并购方式变更个体工商户经营者,只能通过注销新设方式开展合作,此交易因此终止。

由此可见,小型民营医疗机构虽小但很有"个性"。

笔者梳理了以下几类非常规性民营医疗机构的法律特征及并购中应关注的特殊限制情形。

一、法律概念及其特征

个人独资企业、合伙企业、个体工商户的基本法律概念及其主要特征如表8.1所示:

表 8.1　个人独资企业、合伙企业、个体工商户的法律概念及特征

组织形式	医疗机构类型	法律定义	设立依据	法律特征
个人独资企业	营利性医疗机构	登记为个人独资企业类型的民营医疗机构	·个人独资企业法 ·个人独资企业登记管理办法 ·医疗机构管理条例及其实施细则	·一个自然人投资 ·财产为个人所有 ·投资者以其个人财产对企业承担无限责任
合伙企业	营利性医疗机构	登记为合伙企业类型的民营医疗机构	·合伙企业法 ·市场主体登记管理条例 ·医疗机构管理条例及其实施细则	·自然人、法人或其他组织设立 ·分普通合伙企业和有限合伙企业两种 ·普通合伙企业中合伙人对合伙企业债务承担无限连带责任 ·有限合伙企业中，仅普通合伙人对合伙企业债务承担无限连带责任 ·国有独资公司、国有企业、上市公司、社会团体不得成为普通合伙人
个体工商户	营利性医疗机构	登记为个体工商户类型的民营医疗机构	·促进个体工商户发展条例	·个人 ·从事工商业经营的 ·可以个人经营，也可以家庭经营 ·可自愿变更经营者或转型为企业

二、并购模式及其限制情形

如表 8.2 所示，个人独资企业医疗机构、合伙企业医疗机构、个体工商户医疗机构，在投资主体、并购模式等方面，受到目前国家相关法规的限制，以及该类限制对投资者在投资或并购过程中的影响。

表 8.2　民营个体医疗机构并购模式及其限制

医疗机构类别	投资主体方面的限制	并购模式及其限制情形	其他影响
个人独资企业医疗机构	·投资主体只能是自然人,公司、组织或其他非自然人主体,不能作为投资主体通过受让投资者股权方式实施收购	·直接股权收购只适用于自然人为投资主体的情形 ·如果投资者为公司或其他企业法人要实施并购,一般只能通过注销标的医疗机构、合资新建医疗机构模式;或者通过经营权并购模式,取得对标的医疗机构的经营管理权	·合资新建模式耗时长,成本高,且医疗机构的执业许可及资质均需要重新申领,对投资者而言不是好的选择 ·经营权收购存在违约风险,利弊分析见本书前文经营权收购模式 ·个人独资企业不能投资设立一人有限公司
合伙企业医疗机构	·国有企业、国有独资公司、上市公司、社会团体不能作为普通合伙人,因此不能收购普通合伙企业类型的标的医疗机构,也不能受让有限合伙企业中普通合伙人所持的财产份额并成为普通合伙人	·不存在股权的概念,投资者只能通过受让合伙人所持合伙企业财产份额方式进行直接权益并购 ·除合伙协议另有约定外,合伙人向合伙人以外的人转让其在合伙企业中的全部或者部分财产份额时,须经其他合伙人一致同意	·合伙企业不能投资设立一人有限公司
个体工商户医疗机构	只能是个人	·受限于原《个体工商户条例》第 10 条关于不得变更经营者的规定,不能收购经营者所持权益 ·只能通过注销标的医疗机构、合资新建医疗机构方式;或者通过经营权收购模式,取得对标的医疗机构的经营管理权	·由于不能变更经营者,并购此类医疗机构实操案例很少

第九章

外资办医模式

第一节　外资办医政策变迁

政策和法律环境是外资医疗进入中国市场需要考虑的一个重要因素,也直接关乎并影响着外资在中国办医的实践轨迹。

我国早期出现的外资办医准入政策法律文件可追溯至 1989 年原卫生部、原经贸部发布的《关于开办外宾华侨医院、诊所和外籍医生来华执业行医的几条规定》,[1] 回顾过去 30 余年外资办医政策演变历程,笔者认为,我国外资政策及法律环境呈持续改善趋势,但由于医疗行业的特殊性,我国政策及法律对外商投资医疗服务市场准入政策还是持谨慎性开放,在逐步放开的同时,也适时进行调整、规范。

我国外资办医政策先后经历了初期探索、体系基本建立、快速发展、调整规范几个阶段。

一、初期探索阶段(1989 ~ 1997 年)[2]

伴随着改革开放政策及我国吸引外资规模的不断扩大,来华人员越来越多,而我国的医疗卫生服务远不能满足外宾日益增长的需求。

1989 年,原卫生部、原经贸部发布了《关于开办外宾华侨医院、诊所和外籍医生来华执业行医的几条规定》(以下简称《卫医字〔1989〕3 号文》),规定外国人在我国独资经营医院或诊所,开展盈利性的外宾医疗服务,不宜同意;对海外华侨不以盈

---

〔1〕 本篇法规已被《外经贸部第二批废止部门规章目录(对外贸易经济合作部令 2001 年第 30 号)》(发布日期:2001 年 12 月 19 日;实施日期:2001 年 12 月 19 日)废止。

〔2〕 刘畅、郭思遥:《新时期我国外资医疗政策变迁及对策思考》,载《中国卫生政策研究》2017 年第 9 期。

利为目的拟在家乡或其他地方独资兴办医院、诊所，以及外国人和华侨与中方合资、合作建医院、诊所，可选择一两家试点；中外合资、合作、独资医院、诊所的设立应报卫生部、外经贸部审批，外籍医生行医资格由卫生部审批。

1992年，原卫生部又发布了《外国医师来华短期行医暂行管理办法》，[1]规定外国医师来华短期行医必须经过注册，取得《外国医师短期行医许可证》，外国医师来华短期行医注册的有效期不超过一年。

1997年，原对外贸易经济合作部、卫生部继《卫医字〔1989〕3号文》后，又发布了《关于设立外商投资医疗机构的补充规定》，[2]规定外商投资医疗机构的中方合营者股权比例一般不低于50%，特殊情况下不低于30%；外商投资医疗机构的董事长原则上由中方委派，医疗机构的负责人（总经理、院长、主任等）由中方推荐，董事会聘任；外商投资医疗机构的经营期限不超过20年。

这一时期，我国顺应对外开放的潮流，初步探索和建立外资办医制度雏形，但内容比较简单，尚未形成统一、完整的制度体系，对外资办医限制比较严格，禁止外资从事营利性医疗服务，且对中方在中外合资、合作资医疗机构中的控制权有明确要求。

二、体系基本建立阶段（1998～2009年）[3]

随着1997年香港回归、中国加入WTO，我国政府为履行"入世"服务贸易关于有限度开放医疗服务市场的承诺、应对区域经济合作挑战，原对外贸易经济合作部、卫生部于2000年发布了《中外合资、合作医疗机构管理暂行办法》（以下简称《合资暂行办法》），对外资办医的准入条件、审批程序等事项进行了明确规定，《合资暂行办法》迄今为止仍然是关于境外投资者办医最重要的部门规章之一。[4]

2003年，内地与香港、澳门特别行政区政府签署了《关于建立更紧密经贸关系的安排》（以下简称CEPA或《安排》），CEPA及其后的补充协议，对香港、澳门特别行政区服务提供者从事医疗服务行业予以了有别于其他外资更优惠的准入条件，允许在广东省等区域尝试独资形式设立门诊部。

---

〔1〕已分别于2003年、2016年被修正。

〔2〕本篇法规已被《外经贸部第二批废止部门规章目录（对外贸易经济合作部令2001年第30号）》（发布日期：2001年12月19日；实施日期：2001年12月19日）废止。

〔3〕刘畅、郭思遥：《新时期我国外资医疗政策变迁及对策思考》，载《中国卫生政策研究》2017年第9期。

〔4〕港澳台地区来内地投资并非外资，但依据《外商投资法实施条例》，参照《外商投资法》及其实施条例执行。本章为便于安排体例，将港澳台投资部分安排在本章"外资办医模式"中。

与《合资暂行办法》相配套,《外商投资产业指导目录》(2007 年修订)明确将外商投资医疗机构划入限制类产业目录,限于合资、合作。

这个阶段,我国外资办医制度及法律体系已初步建立,外资办医仍属于限制投资领域,但国家已尝试在小部分区域内适度放开外资办医准入政策。

三、快速发展阶段(2010~2014 年)

国家出台了一系列鼓励、推进社会办医政策,并开始调整外资办医准入政策,将外资举办医疗机构由限制类改为允许类,逐步取消外资在股权比例方面的限制,允许港澳台地区服务提供者在试点区域设立独资医院,并将外资办医审批权下放到省级卫生健康主管部门。2013 年,上海自由贸易试验区设立,上海市政府同年 11 月发布《中国(上海)自由贸易试验区外商独资医疗机构管理暂行办法》(以下简称《自贸区独资暂行办法》),允许符合条件的外国投资者在自贸区设立外商独资医疗机构。2014 年 7 月,原国家卫计委、商务部发布了《关于设立试点外资独资医院试点工作的通知》(以下简称《外资医院试点通知》),允许境外投资者通过新设或并购的方式在北京市、天津市、上海市、江苏省、福建省、广东省、海南省设立外资独资医院。

这个时期是外资办医政策最开放、最宽松的时期,外商投资医疗机构无论是在数量还是在规模上,均呈现快速发展趋势。

目前市场上为数不多的外资独资医院,大都是在这个时期紧跟着外资办医开放政策而设立的。

例如,2011 年,卫生部批准设置上海禾新医院(台资外资);2013 年,港资独资医院深圳希玛林顺潮眼科医院在深圳开业;2015 年年初,上海永远幸妇科医院(日资独资)在上海自贸区注册成立。

四、调整规范阶段(2015 年至今)

2015 年,国务院决定实行市场准入负面清单制度,并发布了改革试点工作方案。2015 年年初,国家发改委、商务部在《外商投资产业指导目录》(2015 年修订)中将外商投资医疗机构的投资形式由允许类调入限制类,改为"限于合资、合作",此准入政策在《外商投资产业指导目录》(2017 年修订及其后续更新版)[1]、《外商投资准入特别管理措施(负面清单)》(以下简称《外资准入负面清单》)2018 年版及

〔1〕 该指导目录已被《外资准入负面清单》废止。

其后续更新版[1]、《自由贸易试验区外商投资准入特别管理措施(负面清单)》(以下简称《自贸区外资准入负面清单》)2018 年版及其后续更新版[2],均维持不变。

与此同时,国家不断加强和完善外商投资及医疗卫生领域的基础立法工作。2019 年 3 月 15 日,《外商投资法》公布并于 2020 年 1 月 1 日起施行,取代之前的"外资三法"。[3]《外商投资法》明确,在该法施行后 5 年内,已设立的中外合资企业、外商独资企业可以继续保留原企业组织形式等,具体实施办法由国务院规定。

2019 年 12 月,《外商投资法实施条例》发布,其中进一步明确了外国投资者投资负面清单内限制投资领域的审核机制,规定了市场监督管理部门在办理登记注册时审核外商投资是否符合负面清单规定的限制性要求。

《外商投资法实施条例》明确,香港、澳门投资者在内地投资,参照《外商投资法》和该条例执行,法律、行政法规或者国务院另有规定的除外;台湾地区投资者在大陆投资,适用《台湾同胞投资保护法》和《台湾同胞投资保护法实施细则》的规定;《台湾同胞投资保护法》及其实施细则未规定的事项,参照《外商投资法》及其实施条例执行。

外资办医涉及众多监管层面和环节,我国现处在社会办医初级阶段,国家基于国情、当前复杂国际环境及外资办医实践,对外资准入政策持谨慎态度,并适时不断进行调整,也属正常。

回顾总结我国外资办医政策及办医实践,笔者认为,我国外资办医政策总体趋势向好,但法律及配套政策的完善和规范仍将是一项长期及常态工作。

我国外资办医准入政策及法规摘录详见本书附录三。

第二节　外资办医发展历程

外资办医属于社会办医形式之一。伴随着我国外资办医政策的变迁,外资办医作为社会办医特有的一道风景线,也经历着其特有的实践轨迹。我国外资办医实践在不同的阶段顺应着当时的国家政策,并随着每一个阶段政策的变动而做出相应的反应。国家政策的每一次尝试性开放,都会为外资办医带来新的机会。同

---

〔1〕《外资准入负面清单》当前最新版本为 2021 年版。

〔2〕《自贸区外资准入负面清单》当前最新版本为 2021 年版。

〔3〕即《中外合资经营法》《外资企业法》《中外合作经营企业法》。

样，政策的调整和收紧，也直接影响外资医疗机构落地数量和速度。我国外资办医的实践轨迹真实反映了外资办医政策的变迁。

总体而言，在过去30年国家对外资办医持谨慎态度，这体现在市场准入存在限制，审批门槛较高、审批尺度较严，外资开放区域比较有限，且准入政策存在反复情形。我国外资办医目前无论是从规模上还是从数量上都比较有限，外资办医仍处在不断探索的时期。

根据《2015中国卫生和计划生育统计年鉴》、中国医院协会“境外资本在华举办医疗机构情况调研”课题组的报告，截至2014年年底，中国境外资本参与创办的医疗卫生机构仅超过200家，外资医院只有92家，卫健委信息中心公布的《中国卫生健康统计年鉴2021》中未包含外资医疗机构的统计数据。

全球新冠肺炎疫情对世界经济形成重大冲击，中国的外商直接投资（FDI）也受到显著影响，合理推测近两年外资医疗机构的总体数量与前述数据应不会有大幅增长，外资医疗机构目前在中国医疗服务市场所占比重仍然很小，且以相对轻资产、低风险、高回报的诊所、专科医院为主；顺应国家的外资办医政策，外资医院主要集中在经济发达的沿海地区，如北上广、长三角、珠三角等地，外资独资试点的区域也是在此基础上筛选的；外资医疗机构多为合资、合作模式，已设立的外资独资医院数量有限，且主要是在外资办医政策快速发展时期设立的。

虽然外资医疗机构目前在我国医疗服务市场的影响力还比较微弱，但随着我国经济的持续发展、市场进一步开放、城市国际化程度的不断提高、国民收入水平的不断提高，我国高净值人群及外籍人士对外资医疗服务的需求持续增长，外资办医在中国存在市场潜能和积极的发展前景。

2016年7月发布的《中国高净值人群跨境医疗健康白皮书》显示，2015年我国跨境医疗的市场规模为89亿元，2020年跨境医疗的市场规模将达581亿元，年预期增长率可达50%。

目前市场上已设立的外资医院以及寻找合作机会的外资医疗机构，也是看到了我国对高端医疗服务市场的巨大潜力，纷纷在中国布局。

根据媒体报道，上海永远幸妇科医院开业不到三年实现盈亏平衡，比原来预计的五年时间，快了一半左右；深圳希玛林顺潮眼科医院在开始营业后一个完整年度便实现了盈亏平衡。

《中国国际移民报告（2015）》蓝皮书指出，来华定居成为近年国际移民的新热点，中国逐渐成为移民新宠和输入国。《外派人员调查报告2014》（Expat Explorer Report 2014）显示，中国在最吸引境外人员移民地排行榜中位居第三，名次超过英美法日等发达国家。对外籍人员而言，外资医院所提供的服务和理念往往更符合他们的就医方式和行为惯性。[1]

虽然目前来看，外资办医的春天尚未到来，但我们已经看到中国高端医疗服务市场蕴藏的巨大潜能，相信外资办医终有一天会守得云开见月明。

第三节　外资办医模式

一、新设医院模式

（一）投资形式及办医条件

境外投资者通过与中方合资、合作，或者独资形式，在中国境内投资新设医疗机构是外资办医比较常用的模式。

根据《合资暂行办法》，外方指外国医疗机构、公司、企业和其他经济组织；合资、合作中方指中国的医疗机构、公司、企业和其他经济组织。

实践中，可将境外投资者分为三类：

（1）符合 CEPA 定义的合格我国香港、澳门地区服务提供者；

（2）符合《海峡两岸经济合作框架协议》定义的合格我国台湾地区服务提供者；

（3）外国投资者（含外商投资性公司）。

表 9.1 根据境外投资者的类别，简要梳理了外资新设医院，可选择的投资形式及应具备的办医条件和要求：

[1] 余园园、张秀敏等：《基于国际经验视角的我国外资办医存在的问题及对策分析》，载《医学与社会》2018 年第 4 期。

表 9.1　境外投资者在华投资新设医院的条件及要求

境外投资者类别	投资形式	对境外投资者的资质要求	区域限制	准入限制
①香港、澳门地区服务提供者〔1〕	✓合资、合作	《合资暂行办法》要求的下述条件： 能够独立承担民事责任的法人，应当具有直接或间接从事医疗卫生投资与管理的经验，并符合下列要求之一： （i）能够提供先进的医院管理经验、管理模式和服务模式； （ii）能够提供具有国际领先水平的医学技术； （iii）可以补充或改善当地医疗服务能力、医疗技术、资金和医疗设施方面的不足。	无限制	（i）合资、合作医疗机构投资总额不低于1000万元人民币； （ii）其他条件参照《合资暂行办法》
	✓独资	同上	所有直辖市及省会城市；以及珠三角九市〔2〕。	除上述（i）条件外，要求： （i）三级医院投资总额不低于5000万元人民币，二级医院投资总额不低于2000万元人民币； （ii）符合二级以上医院基本标准； （iii）老、少、边、穷地区设置的港澳独资医院，投资总额要求可以适当降低。

〔1〕香港、澳门服务提供者的定义分别见《内地与香港关于建立更紧密经贸关系的安排》中“关于服务提供者的定义及相关规定”、《内地与澳门关于建立更紧密经贸关系的安排》中“关于服务提供者的定义及相关规定”。

〔2〕根据中共中央、国务院2019年2月18日印发的《粤港澳大湾区发展规划纲要》（以下简称《大湾区发展纲要》），珠三角九市具体是指：广州市、深圳市、珠海市、佛山市、惠州市、东莞市、中山市、江门市、肇庆市等九个城市。《大湾区发展纲要》第八章第五节规定：支持港澳医疗卫生服务提供主体在珠三角九市按规定以独资、合资或合作等方式设置医疗机构，发展区域医疗联合体和区域性医疗中心。

续表

境外投资者类别	投资形式	对境外投资者的资质要求	区域限制	准入限制
②台湾地区服务提供者〔1〕	✓合资、合作	同上述港澳合资合作形式下香港、澳门服务提供者要求。	无限制	同香港、澳门服务提供者要求。
	✓独资	同上述港澳独资形式下香港、澳门服务提供者要求。	限定在上海市、江苏省、福建省、广东省和海南省。	香港、澳门服务提供者要求。
③外国投资者	✓合资、合作	同上述香港、澳门服务提供者要求。	无限制	外资持股或权益比例不得超过70%；其他准入条件同香港、澳门服务提供者设立合资、合作医疗机构的准入条件。
	✓独资	(i)外国投资者应为"外国医疗机构为其实际控股人的医疗机构、公司、企业和其他经济组织"； (ii)具有直接从事医疗机构投资与管理5年以上的经验，并且符合下列要求之一： ＊能够提供国际先进的医疗机构管理经验、管理模式和服务模式； ＊能提供具有国际领先水平的医学技术和设备； ＊可以补充或改善所在地在医疗服务能力、医疗质量、技术、资金和医疗设施方面的不足。	✓(上海)自由贸易试验区 ✓北京市、天津市、上海市、江苏省、福建省、广东省、海南省7个试点省市；除香港、澳门和台湾投资者外，其他境外投资者不得在上述省(市)设置中医类医院。	医疗机构最低投资总额;2000万元人民币；其他条件同《合资暂行办法》规定条件。 七省市试点地区外资独资医疗机构的设置条件未有明确规定，一般应参照《合资暂行办法》以及地方性立法及政策，但条件一般应不低于台港澳独资医院。

从表9.1可以看出，境外投资者中，港澳台地区合格服务提供者投资新设医疗机构的准入条件最优惠；其次为上海自由贸易试验区(以下简称上海自贸区)及七

〔1〕 台湾地区服务提供者的定义见《海峡两岸经济合作框架协议》附件五中的"服务提供者定义"。

省市试点区域内境外投资者;最后是除前述两类情形之外的一般境外投资者。

目前外资设立独资医疗机构,仅限于《港澳独资暂行办法》《台资独资暂行办法》《外资医院试点通知》《自贸区独资暂行办法》(统称《外商独资医院暂行办法》)以及《粤港澳大湾区发展规划纲要》规定之几种情形。

其中,港澳台地区服务提供者无疑是外资办医最优惠政策的享受群体,相形之下,《自贸区独资暂行办法》规定的其他境外投资者的注入条件和要求要明显高于前者。

然而,特别值得提示关注的是,继2015年以来,历年《外商投资产业指导目录》《外资准入负面清单》《自贸区外资准入负面清单》,均持续将外商投资医疗机构列入负面清单,目前限于合资。

现行《外资准入负面清单》及《自贸区外资准入负面清单》同时规定,《内地与香港关于建立更紧密经贸关系的安排》及其后续协议、《内地与澳门关于建立更紧密经贸关系的安排》及其后续协议、《海峡两岸经济合作框架协议》及其后续协议,我国与有关国家签订的自由贸易区协议和投资协定,我国参加的国际条约对符合条件的投资者有更优惠开放措施的,按照相关协议或协定的规定执行。在自由贸易试验区等特殊经济区域对符合条件的投资者实施更优惠开放措施的,按照相关规定执行。

根据近几年外资办医审批实践、准入政策的变化,可以看出,我国外资办医准入政策近几年呈收紧态势。尽管上述负面清单对自贸区等特殊区域享受的更优惠政策在政策制定层面予以了认可,但外资在自贸区投资新设独资医院,存在审批难度和不确定性。

(二)设立审批及医院建设流程

实践中,投资新设港澳台独资医院的审批流程基本一致,主要依据《港澳独资暂行办法》《台资独资暂行办法》规定办理;上海自贸区设立外资医院依据《自贸区独资暂行办法》规定,按照"一口受理"工作机制执行。中外合资、合作医疗机构主要依据《合资暂行办法》及其补充规定、《政府核准投资项目管理办法》、《政府核准的投资项目目录(2016年本)》、《外商投资法》及其实施条例、《外商投资信息报告办法》、《医疗机构管理条例》(2022年修订)以及有关地方立法及政策办理。

本书第五章"投资新办医院流程"已就新建医院设立的一般操作流程,以及外商投资医院设置审批所涉特殊流程做了详细说明,在此就前述问题不做重复介绍。

下文以新建中外合资医院为例,从医院设立审批及医院建设两条线,说明新建中外合资医院的审批及医院建设流程。

审批及医院建设一般性流程如图 9.1 所示：

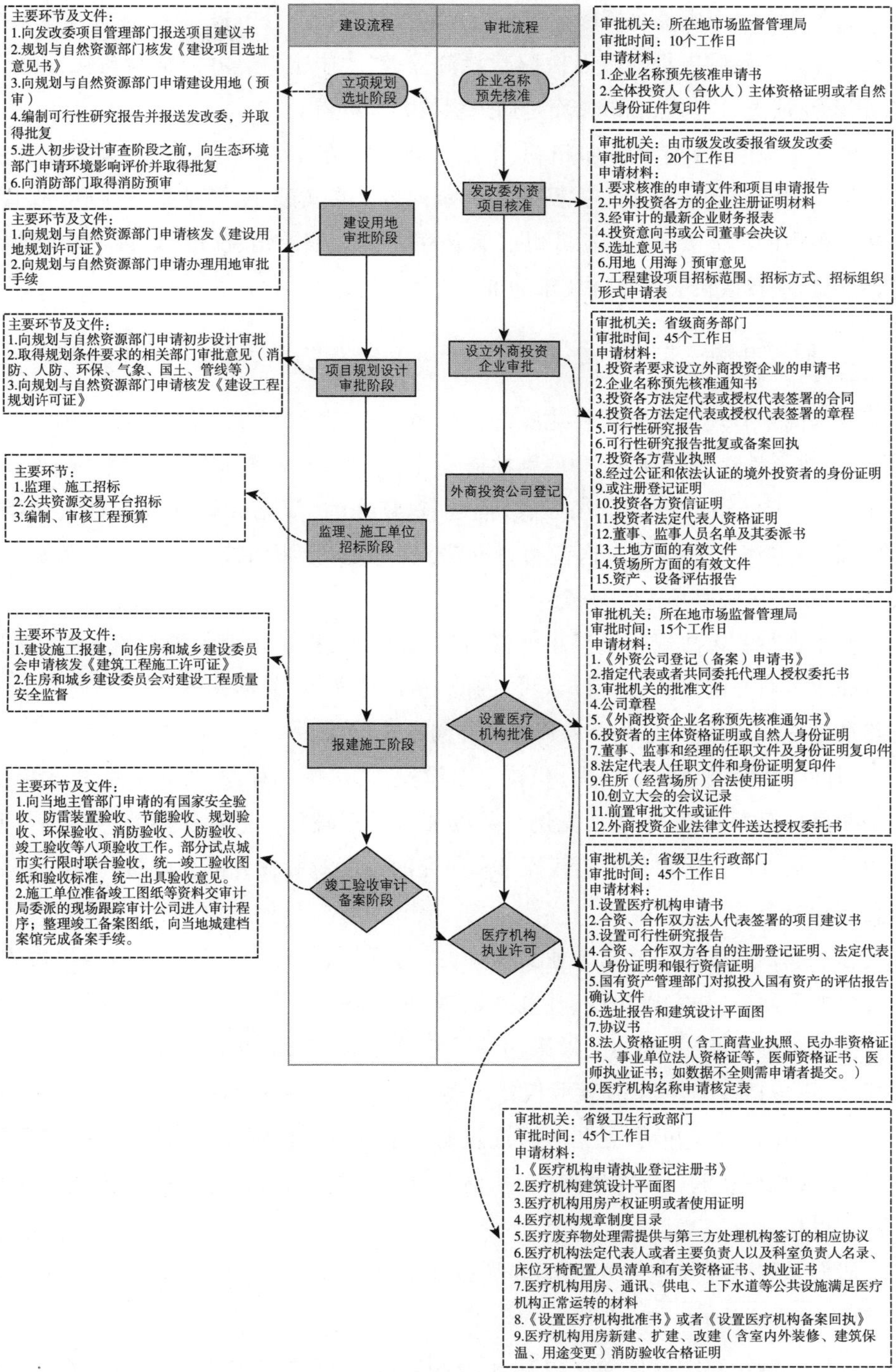

图 9.1　新建中外合资医院的审批及医院建设流程图

需要说明的是：

①图 9.1 是以中外合资医院有限公司为医院建设项目申报主体为例，旨在完整介绍设立合资医院审批流程及医院建设流程；实践中也有一些外商投资医院经营场所，不是通过自建方式取得，而是通过租赁方式取得。

②图 9.1 中所列示的审批机关、审批时间及申请材料等信息，主要来自相关法律法规的规定及行政机关官方网站的公示内容。在实践中，各地行政主管部门在执法过程中的具体要求，可能与列示信息存在不一致的情况，故该等信息仅供参考，应以执法行政机关的实际要求为准。

二、股权并购模式

我国尚未有规范外资股权或资产并购境内医疗机构的专门法规或部门规章，目前仅《外资医院试点通知》中原则性提及，允许境外投资者通过新设或并购方式，在北京市、天津市、上海市、江苏省、福建省、广东省、海南省设立外资独资医院。《合资暂行办法》《外商独资医院暂行办法》等规定，更倾向或侧重对外资独资、合资、合作新设医院事项进行规范。

鉴于现行政策法规并未禁止外资通过并购方式投资设立外商投资医疗机构，且有关政策对并购方式也予以认可，因此，从法律角度，并购模式应为外资办医可选路径之一。实践中，也存在外资通过并购方式，投资举办医疗机构的先例。

但囿于法律及政策的缺失，相较于新设模式，实操过程中，外资并购模式报道案例明显少于新设模式，成功先例为数寥寥，且该等模式，笔者认为并不具有普遍适用性。从外资办医法律及实践探讨和研究的角度对股权并购模式进行探讨和分析具有积极意义。

在一般的外资并购境内企业交易中，并购可分股权并购、资产并购两类模式。就外资办医而言，从实操角度，外资并购境内医疗机构资产缺乏法律、政策及现实商业需求基础，资产并购模式被采用的可能性极低，因此，此处所述外资办医并购模式，暂不包括资产并购，仅就股权并购模式，予以分析和说明。

本节中的“股权并购”是指外资通过购买境内营利性医疗机构(以下简称目标医院)的股权或认购目标医院增资，从而将目标医院变更为外商独资、控股或参股的医疗机构。

股权并购又可分为直接并购和间接并购两种模式。

(一)直接并购

直接并购是指外资直接收购境内目标医院的股权或对目标医院进行增资，将目标医院由内资医疗机构变更为外商投资医疗机构。实操过程中，外资通过直接并购方式变更设立外商投资机构的案例很少。

以笔者实践体会，直接并购模式难以实施，可能存在以下几方面原因：

(1)政策、法律层面缺乏可操作性规定，导致有关政府审批部门无法可依、无章可循、无从下手。

(2)难觅适格的“目标医院”。直接并购模式对于目标医院的“主体资格”要求较高。

首先，受限于政策法规对外资主体资格的要求(必须为法人)以及外资的经济性质，外资并购非营利性医院存在政策及审批限制，外资只能寻找营利性医院，作为并购标的医院；

其次，股权并购的标的为股权，意味着目标医院法律主体应为“公司制企业法人”，非公司制企业则被排除在外(除非目标医院改制为公司制)；

最后，目标医院在业务、财务、法律、战略等方面还应符合外资投资要求。实践中，能满足并具备前述各项条件的目标医院少之又少。

(3)目前外资办医行政审批实践中，卫生行政主管部门对于直接并购模式比较倾向于视同“新建医疗机构”对待，并购后的目标医院不能承继目标医院现有的《医疗机构执业许可证》及其他执业资质和许可，而是应按照《合资暂行办法》新设医院程序重新设立外商投资医疗机构。由于所涉程序烦琐、复杂、时间及经济成本较高、不确定因素较多，外资一般极少采用此模式。

(二)间接并购

间接并购是指境外投资者通过收购目标医院控股股东/控制人/举办者(统称交易对象)所持或控制之目标医院股权，间接控制并参与目标医院经营管理。

由于间接收购模式不直接在目标医院层面进行收购，而是在目标医院上一层或上几层股权控制层面进行的并购，因此可以回避直接股权并购可能带来的目标医院《医疗机构执业许可证》及其他执业资质和许可被注销或重新申办、变更的风险，同时简化审批程序、极大降低交易审批难度，因此间接并购方式更具可操作性。

从税务筹划、交易的灵活性以及便于项目管理，外资既可以通过在香港设立SPV，也可以通过境内设立的外商投资性公司(如有的话)作为收购主体。

图9.2为间接并购变更设立中外合资医疗机构的常规操作模式：

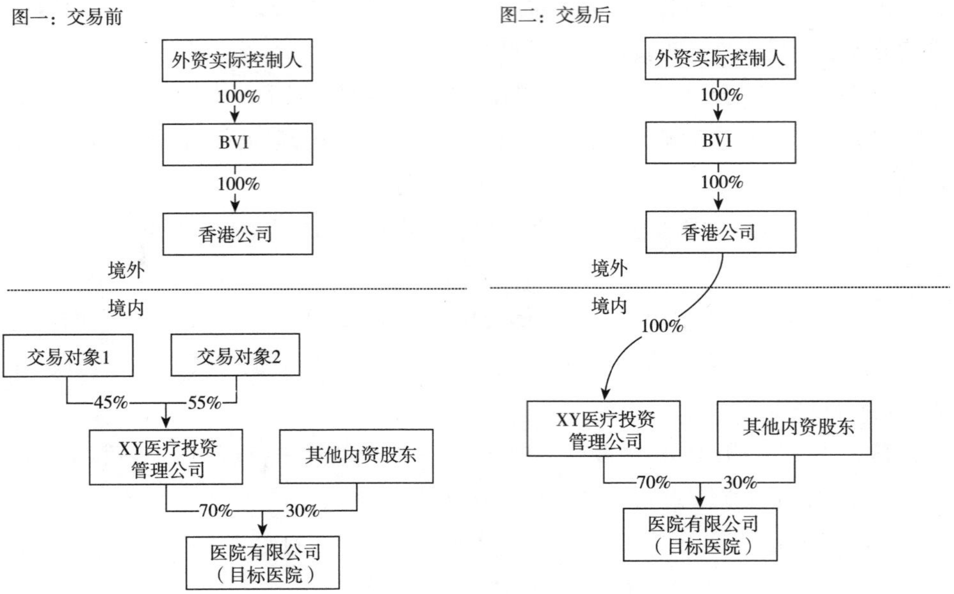

图 9.2　间接并购变更设立中外合资医疗机构操作模式

需要说明的是：

(1)图 9.2 中的外资特指除港澳台地区服务提供者以外的境外投资者。

(2)图一的境外交易主体，外资可以根据实际情况设立若干层 SPV，为表述方便，此图仅列示了两层（BVI、香港公司）；同样地，境内交易主体，也仅设置了两层股权控制结构。

(3)外资通过在香港设立的项目公司（即 HK 公司），收购"境内交易对象 1 和交易对象 2"所持目标医院的控股股东 XY 医疗投资管理公司 100% 股权，从而间接控制目标医院 70% 的股权。

(4)间接收购模式下，外资最终控制的目标医院的股比应以 70% 为限，以符合《合资暂行办法》以及目前外资并购审批实践要求。

(5)由于 HK 公司收购"交易对象 1 和交易对象 2"的交易，构成外资并购境内企业，应依照商务部《关于外国投资者并购境内企业的规定》（2009 年修改）审批流程，办理外资审批手续。

(6)交易应同时符合《关于外国投资者并购境内企业的规定》（以下简称《外资并购规定》）、《外商投资法》及其实施条例、《合资暂行办法》相关审批要求，并购后的中外合资目标医院中方股东，应避免中国自然人作为股东之情形，[1]以保证交易的可批性。

(7)实践中，存在部分境外投资者以外商投资企业再投资方式或 VIE 协议控制方式并购或控制境内医疗机构，以规避外资并购审查及外资准入限制。此类交易模式，存在后续办理股权、资质变动时穿透审查的风险；此外，《外商投资法》及其实施条例对外商投资的定义中还包括"间接投资"，虽然前述法规并未明确"间接投资"的内涵及外延，但以外商投资企业再投资方式并购境内医疗机构或 VIE 协议控制模式控制境内医疗机构，是否属于"间接投资"存在高度不确定性，提示境外投资者关注前述风险，并与监管部门提前沟通。

三、托管境内医院模式

托管境内医院模式是指外资通过与境内医院及其举办人签署经营权管理协议、委托管理协议、合作协议等方式，约定标的医院在一定条件和期限内，将医院的整体或部分资产的经营权和管理权，交给外资进行管理，外资作为受托方，依据委托管理协议收取管理费用。

我国现行法规及政策对外资或外商投资企业托管境内医院，没有明确规定。目前实操中医院托管模式，较多适用于境内社会资本与政府医院的合作项目中，从公开信息渠道，笔者暂未发现，除港澳台外资企业以外的"纯外资"托管境内医院的案例报道。

在国家作出明确规定之前，外资托管境内医疗机构，从政策法律层面，尚不具备现实可操作性。

---

〔1〕 根据《关于外国投资者并购境内企业的规定》(2009 年修改)第 54 条，对外贸易经济合作部、国家税务总局、国家工商行政管理总局、国家外汇管理局《关于加强外商投资企业审批、登记、外汇及税收管理有关问题的通知》(外经贸法发〔2002〕575 号)第 5 条的有关规定，被股权并购境内公司的中国自然人股东，在原公司享有股东地位一年以上的，经批准，可继续作为变更后所设外商投资企业的中方投资者；但《合资暂行办法》中规定的合资、合作中方，并未包括自然人股东；2020 年 1 月 1 日施行的《外商投资法》对于中国自然人是否可以与外国投资者设立外商投资企业也未作明确规定。审批实践中，也少有中国自然人作为外商投资医疗机构股东的先例。在现行政策环境下，建议按照《合资暂行办法》的规定执行，对于确有必要保留中国自然人股东的情形，事先征询外资、卫生行政审批机关意见，并以审批机关意见为准。

第四节　外资办医“禁区”和难题

一、外资投资设立非营利性医院存在政策法律瓶颈

国家在《58号文》、《关于社会资本举办医疗机构经营性质的通知》(卫医政发〔2012〕26号)以及国务院办公厅《关于促进社会办医加快发展的若干政策措施》等文件中均规定,社会资本可以自主申办营利性或非营利性医疗机构;国家鼓励社会资本举办非营利性医疗机构,支持举办营利性医疗机构。此外,《港澳独资暂行办法》也明确规定,香港和澳门服务提供者在内地设立港澳独资医院,可自主选择经营性质为营利性或非营利性。

依照前述规定,外资可以投资举办非营利性医疗机构。然而,实践中,外资投资举办非营利性医疗机构,获批的可能性很低。

根据公开报道,有6家台湾地区资本想在境内举办非营利性医院,但均未获主管部门批复,最后都办成了营利性医院。

目前市场上比较知名的外资医院,均为营利性医院。

上述政策无法“落地”实施,笔者认为,主要原因可能如下:

1. 公司制企业的“营利性”与医院“非营利性”的对立

根据现有政策法规,外资办医(含港澳台投资者)仅限于合资、合作或独资三种形式,外商投资医疗机构设立的法律主体类别,只能登记为外商投资企业,属于营利法人,外商投资企业“营利性”法律属性与非营利性医院的“非营利”形成天然的矛盾和对立。

2. 非营利性医院注册登记与公司制企业法人注册登记的“不兼容”

依据我国现有法律,能满足非营利性要求的市场主体,仅限于事业法人单位、民办非企业单位。外资的经济性质,显然不具备成为事业单位或民办非企业单位开办单位的主体资格,无法登记注册为事业法人[1]或民办非企业单位,[2]在外资

---

〔1〕 根据《事业单位登记管理暂行条例》的规定,事业单位是指国家为了社会公益目的,由国家机关举办或者其他组织利用国有资产举办的,从事教育、科技、文化、卫生等活动的社会服务组织。国家及地方事业单位登记管理局负责办理事业单位法人登记事项。

〔2〕 根据《民办非企业单位登记管理暂行条例》的规定,民办非企业单位是指企事业单位、社会团体和其他社会力量以及公民个人利用非国有资产举办的,从事非营利性社会服务活动的社会组织。民办非企业单位在民政部门办理登记。

医疗机构无法登记注册为非营利性市场主体情形下，外资投资新设非营利性医院存在法律“瓶颈”。

3. 无章可循导致可批性很低

在并购模式下，由于现有法律法规对外资收购非营利性医疗机构，缺乏明确规定，实践中，卫生行政主管部门比较倾向于视同新设非营利性模式处理，获批的可能性也较低。结合笔者近期承办的外资并购某非营利性医院项目经验，项目主管外资部门及卫健委从未批准过外资并购非营利性医院的项目。

二、外资医疗机构准入门槛高，审批程序复杂且存在不确定性

前文已对外资办医的准入条件、限制、主体资格和要求以及审批程序进行了详细介绍和说明，从中可以看出，外资办医存在较为严格的市场准入限制，且准入门槛高、审批门槛高、审批程序复杂、漫长。一家外资医疗机构设立，要涉及卫生、商务、工商、药监、质监、国土、城建、环保、消防、外汇管理等多个部门，从最初提出申请到最后获批《医疗机构执业许可证》，一般需要两年左右时间，且不得设置分支机构。

除符合条件的港澳台服务提供者外，其他境外投资者投资举办外资医院将面临更大的难度。

三、外资医疗机构运营中面临诸多现实困难

（一）外资医院面临较重的税收负担

外资医疗机构作为营利性医疗机构，与非营利性医疗机构相比，在税收、财政补贴、土地优惠政策、服务定价及采购等方面，处于劣势地位。

（二）购置医疗设备方面存在限制

外资设立综合性医院，必然要购置大型和较为高端的医疗设备，但现行的法律规定对外资医院购进医疗设备方面仍然限制较多。

尽管 2010 年 11 月 26 日出台的《关于进一步鼓励和引导社会资本举办医疗机构的意见》中规定“调整和新增医疗卫生资源优先考虑社会资本”“支持非公立医疗机构配置大型设备”，但是，仍明确规定“非公立医疗机构配备大型医用设备，由相应卫生部门实行统一规划、统一准入、统一监管”。

（三）缺乏配套的医保和商业医疗保险对接制度

我国社会医疗保险主要面向基本医疗保障，而外资医院作为高端医疗，收费较高，因此高端的外资医院难以成为医保定点机构，我国目前缺乏与外资医院相配套

的医疗保险制度。

目前我国外资医院尚未建立起支撑其业务收入第三方付费的海外医疗保险体制,同时国内商业医疗保险多数为国有保险公司,对外资医疗机构多处于一种不信任态度,这也限制了外资医疗机构的需求来源,导致外资医院发展壮大受限。

(四)人才匮乏制约外资医院的发展

一方面,我国现有政策要求外籍医师在华从事临床诊断和治疗业务不得超过一年期限,之后须重新注册,这使外籍医生不能长期稳定地提供医疗服务;另一方面,我国目前最优质的医疗资源仍在政府三甲公立医院,尽管外资医院工资较高,但这不足以吸引本地政府三甲公立医院中高端人才,因为这些人员更看重医院的科研能力和稳定的执业保障,而外资医院在这些方面与三甲公立医院相比,不具竞争优势。

第十章

非营利性医院转营利性医院

如前文所述，医院依其法律地位和主体资格来划分，不外乎事业单位法人（主要为政府医院或国企医院）性质的医院、民办非企业单位性质的医院、企业法人性质的医院，以及非企业法人地位的医院。其中事业单位、民办非企业单位性质的医院为非营利性医院；企业法人性质的医院以及非企业法人地位的个体或合伙性质的医院，一般为营利性医院。

随着社会办医的蓬勃发展，过去十年，非营利性医院变更为营利性医院的案例日渐增多，其中既有事业法人地位的国企医院由非营利性医院转为营利性医院，也有民办非企业法人地位的非营利性医院转为营利性医院，甚至还存在国企下属非法人地位的医院直接由非营利性医院转为营利性医院的情形。

例如，合肥爱尔眼科 2007 年采用“同生同死”法由民办非营利性医院改制为营利性医院；西安长安医院经西安经济技术开发区管委会、西安市卫生局、陕西省卫生厅批准，2001 年由非营利性改制为营利性。

将非营利性改制为营利性，社会资本或投资者可以直接享有医院的举办权、经营权、医院资产，有权分配医院的收益；与此同时，投资者须出资购买改制后医院经营所需资产、土地，并持续投入医院未来发展所需资金，获得综合医疗服务收入及供应链收入等收益。

从目前实践来看，在由非营利性转营利性过程中，无论是有法人地位还是没有法人地位的非营利性医院，均须先对所涉及的非营利性医院的资产进行清理核查，在资产产权清晰、债权债务明确的情况下，方可由非营利性医院转为营利性医院。其核心原因在于非营利性医院注销后的剩余财产，仅限于公益性或者非营利目的，投资人无权占有、使用、分配该剩余财产。

为此，本章将重点分析非营利性医院改制为营利性医院的关键要素、操作路径、操作方案、难点和痛点。

非营利性医院转营利性医院的投资模式如图 10.1 所示：

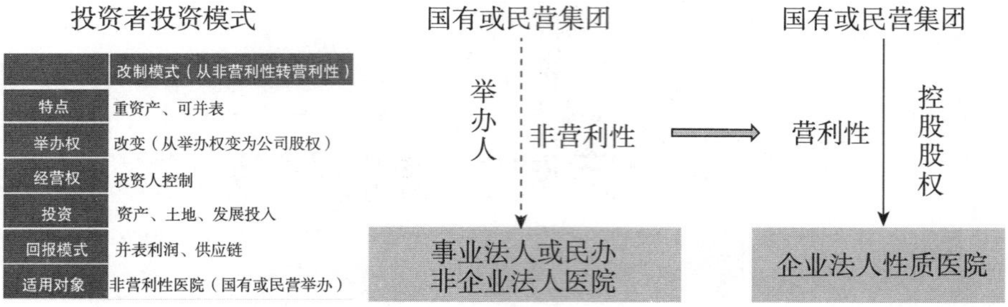

图 10.1　非营利性医院转营利性医院的投资模式

第一节　非营利性医院转营利性医院的政策依据

《医疗机构管理条例》及其实施细则中，没有规定非营利性和营利性医院之间不得进行转变。

2010 年国务院颁布的《58 号文》是新医改实施后不久出台的级别高、力度较大、内容较全的关于社会办医的纲领性文件。《58 号文》明确规定：国家鼓励和引导社会资本发展医疗卫生事业，社会资本可按照经营目的，自主申办营利性或非营利性医疗机构，依法登记，分类管理。鼓励社会资本举办非营利性医疗机构，支持举办营利性医疗机构；鼓励社会资本参与公立医院改制。引导社会资本以多种方式参与包括国有企业所办医院在内的公立医院改制，积极稳妥地把部分公立医院转制为非公立医疗机构，适度降低公立医院的比重，促进公立医院合理布局，形成多元化办医格局；国家将完善非公立医疗机构变更经营性质的相关政策。社会资本举办的非营利性医疗机构虽然原则上不得转变为营利性医疗机构，但确需转变的，需经原审批部门批准并依法办理相关手续。

2012 年，卫生部发布的《关于社会资本举办医疗机构经营性质的通知》（卫医政发〔2012〕26 号）再次重申，社会资本可以按照经营目的，自主申办营利性或非营利性医疗机构。社会资本举办的医疗机构，转变经营性质的管理规定另行制定。

2015 年，国务院办公厅发布的《关于促进社会办医加快发展的若干政策措施》（国办发〔2015〕45 号）明确，各级相关行政部门要按照“非禁即入”原则，全面清理、取消不合理的前置审批事项，整合社会办医疗机构设置、执业许可等审批环节，进一步明确并缩短审批时限，不得新设前置审批事项或提高审批条件，不得限制社会办医疗机构的经营性质，鼓励有条件的地方为申办医疗机构相关手续提供一站式服务。

2019年12月，《卫健法》公布，明确要求政府举办的医疗卫生机构应当坚持公益性质，不得与社会资本合作举办营利性医疗机构；但同时规定，社会力量可以选择设立非营利性或者营利性医疗卫生机构。根据前述规定，《卫健法》生效施行后，在坚持政府医院公益性的法律及监管政策导向下，将“保基本”的非营利性政府医院改制为营利性医院，将难以付诸实施。

综上所述，现有政策及法律允许社会资本选择医疗机构的经营性质，但对于政府医院可否由非营利性转为营利性，目前政策及立法趋于收紧；在现有政策法律环境下，国有企业举办的非营利性医院可以改制为营利性医院，但需履行国企改制及国有资产处置的相关程序；虽然国家政策及法律对社会力量举办的非营利性医院“确需转变”为营利性医院的具体情形及其操作和管理未出台明确规定，但根据上述45号文“非禁即入”原则，社会力量举办的非营利性医院转为营利性医院，具有政策和法律上的可行性。

第二节　非营利性医院转营利性医院操作方案及步骤

根据上述相关政策和精神，以及相关实操案例及经验，医院由非营利性转为营利性的，一般按照以下流程操作：

一、制定非营利转营利方案

在改制前，应对非营利性转营利性的方案进行科学合理设计，特别是须对非营利性医院的资产和负债结构进行充分分析。具体包括但不限于：

（1）非营利性医院的公益性资产捐赠给社会公益机构和组织的金额；

（2）非营利性医院资产和负债的合理“匹配”；

（3）土地资产的变性；

（4）非营利性医院不动产的更名或转移；

（5）改制完成后的营利性医院需取得优化的资产负债结构。

为此，在改制操作前，须对非营利性医院厘清资产负债结构、聘请中介机构对医院资产进行审计和评估，并据此制定改制方案。

二、履行非营利转营利相关内部审批程序

在改制过程中，改制所涉相关主体须履行相关内部决策程序，分别取得社会资本或拟改制非营利性医院的举办人同意、转制医院内部决策机构的批准：

（1）医院的最高决策机构为理事会，各方须按照理事会章程，一致同意医院的经营性质变更为营利性，将非营利性法人实体（如民办非单位法人或事业单位法人）改制为公司制企业法人形式。

（2）若医院为事业单位法人性质，在改制过程中，将涉及国有资产处置，须报国有资产监管部门进行批准方可操作。

（3）改制过程中，涉及医院职工切身利益，如事业单位、国企员工身份转换以及职工安置，改制方案需要经职工代表大会或职工大会审议，通过后方可实施。

三、获取非营利转营利相关政府审批

在改制方案实施中，须就改制中所涉及的不同事项分别报相关政府主管部门批准。

（1）如涉及医疗机构执业许可事宜，须报医疗行业主管部门，即国家或地方卫健委审批；如改制医院为三级及以上的医院，通常应报省级及以上卫健委审批；三级以下（不含三级）或其他医院为地方卫健委审批。

（2）如转制医院为国有企业医院，因涉及将国有资产一部分捐赠给社会公益组织，另一部分在资产和负债配比为“零”的前提下，由非营利性医院平移到营利性医院，因此，在操作过程上，还须报当地财政主管部门或国有资产监管部门批准，以确保国有资产不流失。

四、获取医疗机构相关证照审批

医院在医疗行政主管部门领取《医疗机构执业许可证》的同时，应按照医疗机构执业许可的批复，确定营利性医院的经营范围，须到市场监督管理机关办理公司设立登记手续，领取营业执照。

五、办理营利性相关证照手续

在完成上述审批的基础上，新设公司法人主体需换领营利性《医疗机构执业许可证》，同时办理其他各项医疗服务业务经营资质、许可证的变更手续。

六、注销非营利性相关证照

按照国家和地方政府的相关规定，由非营利性转营利性过程中，须按照“同生同死”的规则操作，即在获取营利性医院新设公司法人主体的同时，注销非营利性医院的法人主体。具体为：

(1)如非营利性医院为国有资本举办的事业单位法人，须到事业单位管理局注销该法人主体。

(2)若非营利性医院为民办非企业单位法人，须到民政部门清算注销该法人主体。

需要说明的是，此环节各地政府执行程序不尽相同。如常州市在改制过程中，要求举办人先行注销民办非企业单位法人主体，方可批准成立营利性医院，此步骤应于上述第五步之前进行。实操过程中，建议提前向主管政府部门沟通、确认。

七、办理营利性医保及税务等手续

在医院领取转制为营利性医院的《医疗机构执业许可证》及公司营业执照后，还需办理社会保险定点资格承继等手续。同时，作为医疗服务机构，须办理相关免税证明，如免征土地增值税、营业税和企业所得税。

根据上述的非营利性医院改制为营利性医院的一般操作方案和步骤，医院非营利性改为营利性操作流程如图 10.2 所示：

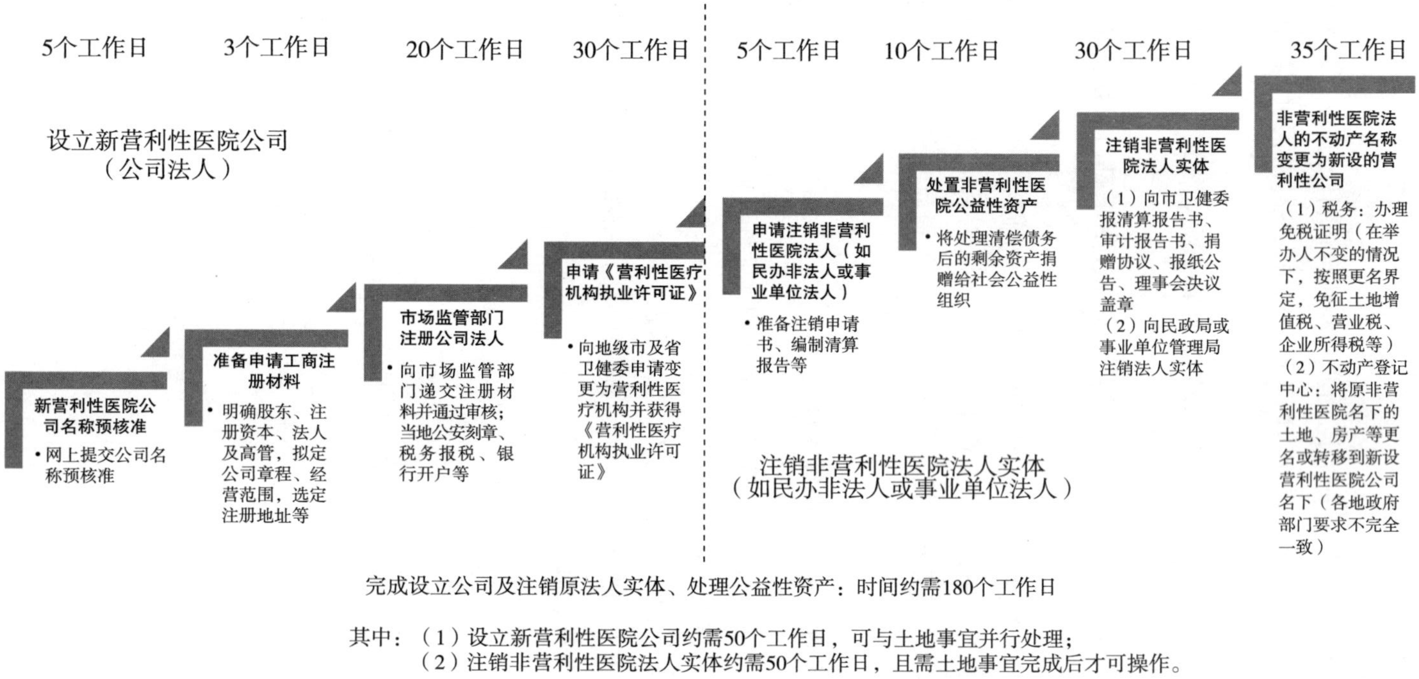

图10.2　医院非营利性转为营利性的一般操作流程图

第三节　非营利性医院转营利性医院关键点及难点分析

一、非营利性转营利性关键点分析

非营利性医院转为营利性医院具体操作过程中，有两个核心关键点：

一是在非营利性医院的举办人名下新设公司，作为营利性公司的法人主体；

二是注销非营利性医院法人主体。

新设公司制营利性医院，操作比较简单，按照《公司法》相关规定，以非营利性医院的举办人作为股东，成立新公司即可。同时按照国家相关规定，在所在地卫健委申请营利性《医疗机构执业许可证》。

在注销非营利性医院法人主体的过程中，须确保非营利性医院的资产处理、税务变更、举办人角色转换等合法合规。应关注的重点具体包括但不限于以下方面：

关键点一：对非营利性医院资产与营利性医院资产进行分割，做到权属清晰

具体操作时，其核心关键点是，如何将非营利性医院的资产一分为二。这涉及两个环节：

一是非营利性医院所有的社会公益性资产，如何捐赠给公益基金或其他合法的接收机构；

二是以资产和负债匹配为“零”的非营利性医院的土地、房产、债务等，如何“平移”到新设公司。

实务操作中，在处理将非营利性医院的原公益性资产捐赠给社会公益组织的过程中，由于改制时，各家非营利性医院的经营状况不一样，其结果也不完全一样：

（1）若医院的经营业绩较差，很容易将非营利性医院的资产和负债以“零”匹配结构，转移到新设公司名下，同时将“匹配”后剩余的一定数量的医院资产，以“现金”的方式，捐赠给社会公益组织。在方案设计和实施过程中，相对容易。

（2）若医院的经营业绩较好，在将非营利性医院的资产和负债以“零”匹配结构，转移到新设公司名下时，“匹配”后剩余的医院资产数量较大，若以“净现金”的方式将“剩余”的资产捐赠给社会公益机构，付出的“代价”太大。

为此，针对经营业绩较好的医院，在改制方案的设计过程中，将出现两种可能：

一是举办人经财务测算后，感觉改制付出成本太大，停止非营利性转营利性的操作；

二是举办人有可能先对医院内部的资产和负债进行重组,之后再制定新的非营利性转为营利性的方案。

因此,投资者在非营利转营利的方案设计过程中,需要根据不同医院经营的实际状况,充分考虑医院后续的持续经营能力,把控改制时机,合理“设计”医院财务结构。

关键点二:需提前关注和策划非营利性医院原举办人角色转换问题

实践中,医院非营利性转营利性后,原非营利性医院的举办人一般很少再作为转制后营利性医院的股东。其原因主要在于:

一方面,非营利性医院的举办人多为国有法人或民营公司的母体,不再适合直接作为营利性医院(法律主体为公司法人)的股东。

①比如:部分政府办医院的举办人为事业单位法人,在改制过程中,受限于事业单位对外投资监管规定,该等事业单位法人不适宜作为对外投资主体。

②比如:高校作为非营利医院的举办人,则存在投资主体受限情形。教育部曾多次发文明确要求:高校要依法组建国有独资性质的资产经营有限公司,由其代表学校持有对企业投资所形成的股权。高校除对高校资产公司进行投资外,不得再以事业单位法人的身份,对外进行投资。

另一方面,医院由非营利转营利后,举办人一般希望将其持有新公司股权转让给其指定或安排的“干净”主体,因为举办人(公司)一般历史较长,公司债权债务较为复杂,或还持有其他资产和业务,如未来实施股权转让,比较麻烦。

基于以上原因,一般采取由新设公司成为营利性医院的股东,为下一步股权转让或资本运作打下良好的基础。

关键点三:非营利性转营利性争取税务最优操作路径

税务问题是非营利性转营利性不可忽视的问题。在部分案例中,大多数举办人采取以下措施:在非营利性医院举办人没有变更的情况下,按照“更名”界定,在当地税务部门的批准下,可免征土地增值税、营业税、企业所得税等税收。在办理完毕税务登记变更手续后,待新设营利性公司正常运转后,再考虑办理举办人变更等手续。

上述方式是否有普遍操作性,在非营利性转营利性的过程中,建议社会资本及原非营利性医院举办人到当地税务部门提前咨询和沟通。

二、非营利性转营利性操作难点分析

由于目前国家和地方层面尚未出台有关非营利性转营利性的具体规定,且非营利性转营利性的实操案例较少，因此，在非营利性转营利性的实操过程中，碰到的难点和痛点问题较多，以下笔者对其中比较典型、突出的难点问题予以说明和分析。

难点一：如何将非营利性医院划拨地转换为出让地

1. 划拨地改出让地操作路径

如上文所述，目前大部分非营利性医院使用的土地为政府划拨地。按照法律规定，医院由非营利性转营利性，医院占有使用的土地要从划拨地转换为出让地。在转换过程中，大部分按照医疗用地基本地价交纳土地出让金。

实操中，一般由非营利性医院向有关部门申请土地变性。

由于非营利性医院通常自身经营情况较差，无多余现金支付土地出让金（对于较大的三级医院，按照其占用面积，一般须交纳的土地出让金近亿元）。

同时，由于非营利性医院举办人不能（或不便于）借款给非营利性医院交纳土地出让金（如对于政府或高校作为非营利性医院的举办人，无法从财政获取相应款项借给医院，以支付土地出让金），所以在实操中，可采用由第三方或非营利性医院举办人的关联方，将资金借给非营利性医院，交纳土地出让金的方式运作。

具体如图 10.3 所示：

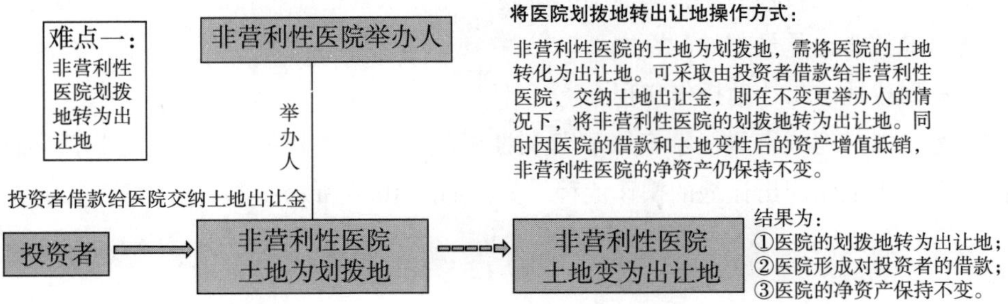

图 10.3　非营利性转营利性划拨土地转出让操作路径

在上述操作中，由于非营利性医院作为独立法人（民办非法人或事业单位法人），将医院划拨地转为出让地后，土地的使用权人仍为非营利性医院的法人作为权利人。

在后续步骤的改制过程中，按照改制“同生同死”的原则，在非营利性医院独立法人注销之前，非营利性医院需“以净资产等额的现金”，捐赠给公益基金（或社会公益性其他组织），之后，新成立的“公司制营利性医院”将承接非营利性医院相应的资产和负债。

因此，由划拨地改为出让地的土地，也应一并转入新成立的营利性医院，这将涉及出让地使用权人变更的问题。即如何将出让地的权利人由原非营利性医院法人(民办非或事业单位法人)转变为新营利性医院(公司法人)作为权利人。

实践中,不同地区政府主管部门对上述问题的理解和处理方式不完全一致:

有的地方自然资源主管部门认为:上述问题属于“土地使用权人名称变更”。

有的地方自然资源主管部门则认为:上述土地使用权人变更“需要履行土地再次转让的程序”,应视为在两个法律主体之间的土地权人变更,是新设公司法人性质的营利性医院(简称“新公司”或“新法人”)和原事业单位法人或民办非法人单位性质的非营利性医院(亦称“老法人”)两个主体之间的转让,需履行土地转移的“招拍挂”程序,不应被视为简单的土地使用权人名称变更。

笔者结合实操经验,提出以下优化操作方案:在将划拨地改为出让地时,该出让土地的权利人登记为新公司。即相当于新公司从非营利性医院“买地”,在新公司交纳土地出让金后,通过土地出让的方式,将原非营利性医院名下的划拨地,变为出让地登记在新公司名下。当然,此操作思路将涉及非营利性医院内部资产和负债的变化,如“原划拨地”与“出让地”之间的补差价等一系列资产和负债的“再平衡”以及“零匹配”需重新测算等诸多问题。

上述操作应可避免由注销的非营利性医院作为土地使用权人,将缴纳土地出让金后的出让地转移到新公司面临的难题。这是非营利性转营利性过程中医院资产转移最核心也是最难的问题之一。

2. 划拨地改出让地操作流程

笔者以某地级市的一家三级非营利性医院转营利性医院为例,梳理非营利性医院划拨土地转为出让地的操作流程。具体如图 10.4 所示:

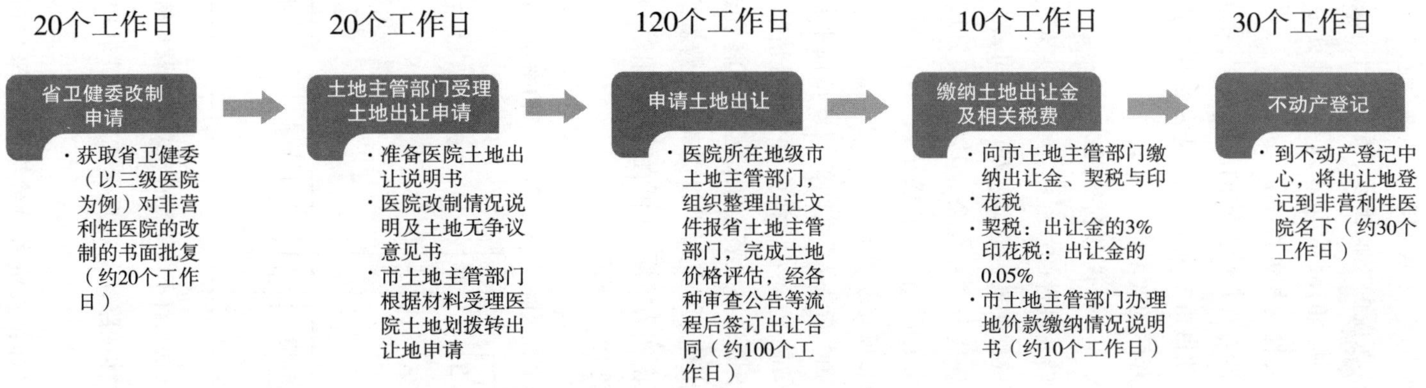

图10.4　案例：非营利性医院划拨用地转为出让地流程图

由图10.4可知，非营利性医院“划拨地转出让地”前，须事先获取当地卫健委对医院非营利性改制为营利性医院的书面批复，便于在土地主管部门进行土地变性的申请。同时须做好土地出让金的测算，以便及早安排资金。必要时，建议聘请土地事务中介，协助办理土地变性的相关程序。

实践中，在非营利性医院转为营利性医院的改制过程，就土地变性约需180个工作日或更长。因此，投资者须做好非营利性改制为营利性医院各步骤时间的统一安排，以提高改制各种交叉程序的效率。

难点二：如何在原举办人名下新设营利性医院

如前文所述，在非营利性转营利性的过程中，须按照法人实体“同生同死”的原则。换言之，在老医院法人实体注销的同时，须成立新公司，为了便于非营利性医院将社会公益性资产捐赠给公益基金或社会公益其他组织，以及为了顺利将“老法人”名下的“土地房产等资产及负债”平移到“新法人”名下，所以，在实操中，一般以非营利性医院的举办人为股东，成立新公司。

同时，为了便于“老法人”和“新法人”之间的资产负债平移，在此步骤中，就医院将“划拨地转为出让地”的借款主体，在实操中可分两种情况：

方式一：如上文所述，由于原举办人资金困难或不便将资金借给“医院法人买地”（即将医院的划拨地转为出让地），此时由投资者直接借款给“医院法人”。

方式二：原举办人本身资金实力雄厚，并可直接借款给“医院法人买地”。

两种不同借款的方式如图10.5所示：

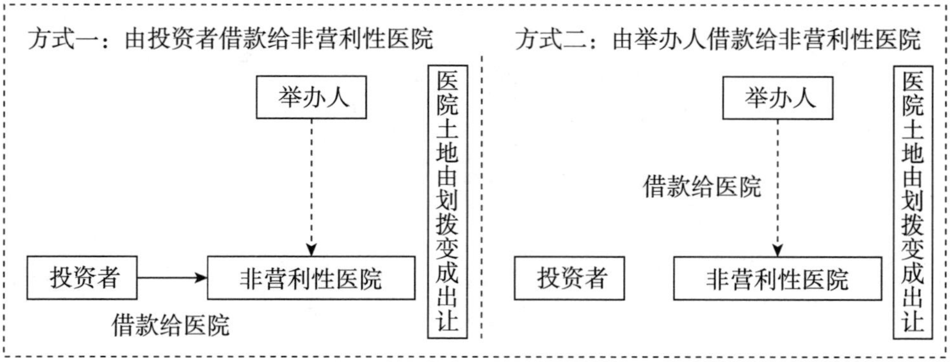

图10.5　非营利性医院两种不同借款的方式：将划拨地转为出让地

以上两种不同的“借款主体和路径”，在后续将“债权”转“股权”的处理上稍有不同。

在此，笔者假设以方式一（即由投资者借款给医院）来分析：投资者、举办人和非营利性医院三者之间的债权转让过程。

投资者借款给医院后，在投资者、举办人、医院三者之间债权转移的流程如图10.6所示。

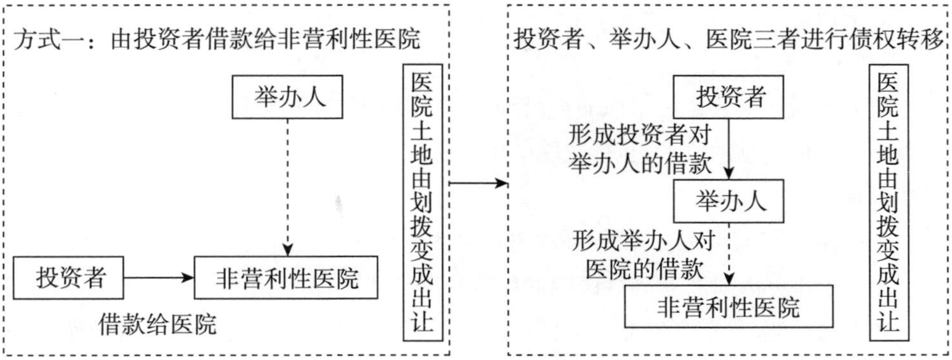

图10.6　投资者借款给医院后，在投资者、举办人、医院三者之间的债权转移

如图10.6所示，债权债务在三者之间转移的流程如下：

(1)由投资者直接借给“老法人”(即非营利性医院法人)，用于交纳土地出让金的款项，通过债权债务转移，形成举办人对投资者的借款。

(2)与此同时，举办人对应地形成对“老法人”等额的债权。

(3)通过以上两个步骤操作，投资者之前形成的对非营利性医院的债权归于消灭。

图10.7为整个非营利性转营利性过程中，在投资者、举办人和非营利性医院之间债权和债务完成过程的具体操作路径：

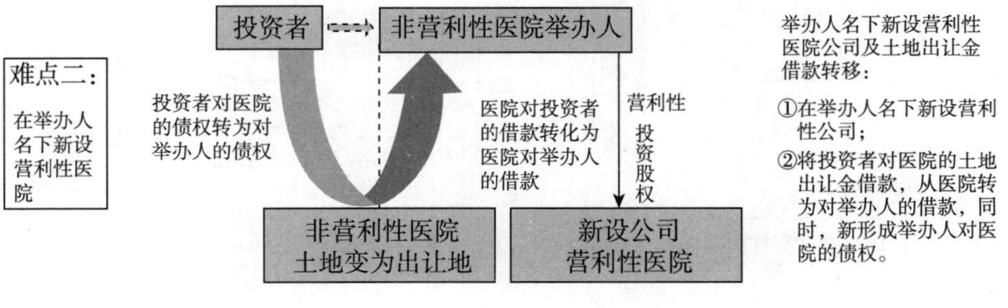

图10.7　投资者营利性改制过程债权债务操作路径图

难点三：如何处置非营利性医院公益性资产

1. 关于非营利性医院资产的处理路径

在非营利性医院内部需完成其资产一分为二的转移：

完成一:捐赠

非营利性医院的公益性资产,按照国家的相关政策,须捐赠给社会公益性组织。在实操中,一般以非营利性医院资产负债表的净资产作为捐赠给公益性组织的等值金额。

完成二:平移

除上述捐赠给公益性组织的资产外,留在非营性医院的"零价值"资产,即医院的资产和负债等额的资产,包括医院的房产土地设备等资产,须"平移"到新设的营利性医院。

在上述资产转移完成后,方可对非营利性医院的独立法人实体进行注销。

2. 关于举办人对非营利性医院的借款处理方式和程序

如上文所述,投资者对非营利性医院用于买地的借款,转为投资者对原医院举办人的借款;与此同步,非营利性医院原对投资者的欠款,转化为对举办人的欠款。

同时,上述的土地、房产等其他资产和负债,由非营利性医院"零价值"平移到新公司的过程中,举办人对非营利性医院的土地借款,也一同转化为举办人对新营利性公司的借款,即举办人拥有对新公司"与土地借款等额"的债权。

如图 10.8 所示,举办人将对"老医院"即非营利性医院的债权,转为对"新医院"即营利性公司的债权,并同步将举办人拥有的"对新医院的债权"转为"对新医院的股权"。

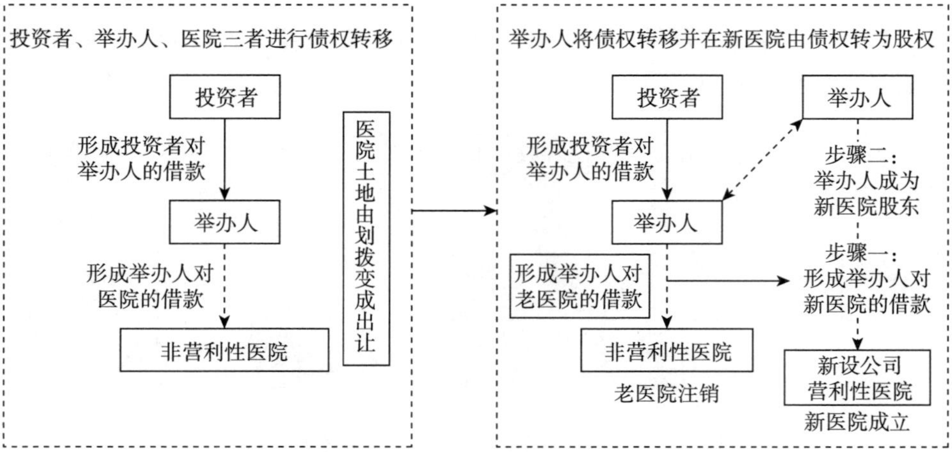

图 10.8 举办人将对老医院债权转移为对新医院债权并将债权转为股权成为新医院股东

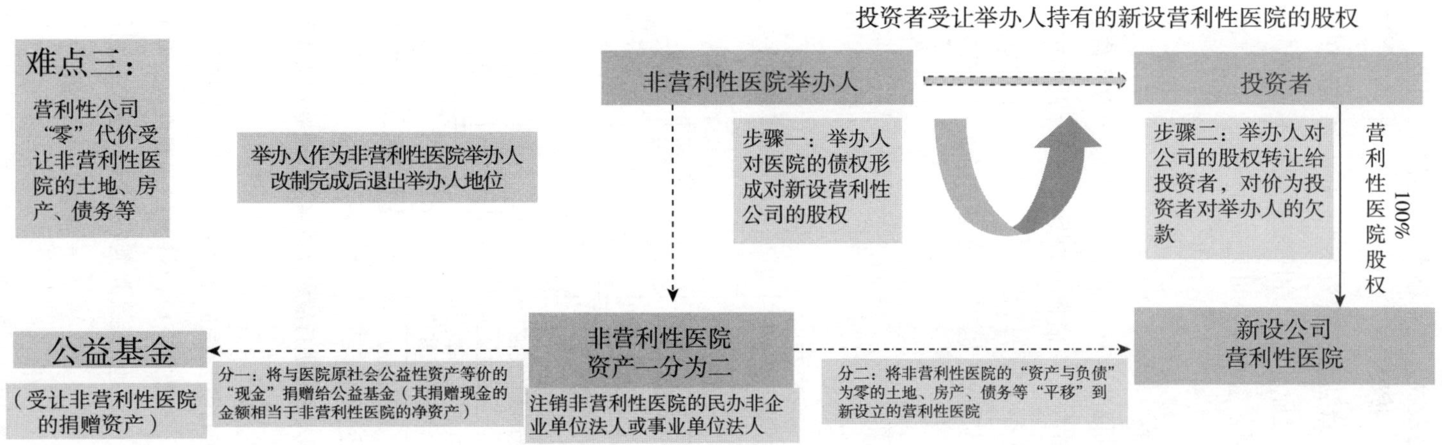

图10.9　非营利转营利过程中将债权转为股权及资产转移结构图

3. 举办人将债权转化为股权并在举办人和投资者之间进行股权交易

(1)举办人债权转股权。

如图 10.9 所示,通过非营利性医院资产"一分为二"后,在将"零资产和负债"的平移过程中,已将举办人对原非营利性医院的债权平移到对新营利性公司医院的债权,此时,可将举办人对新营利性公司医院的债权转化为对新营利性公司医院的股权。

(2)举办人与投资者股权交易。

如图 10.9 所示,在完成原非营利性医院举办人转变为新营利性公司股东后,基于上述的投资者拥有的对举办人的债权,可采取在投资者和举办人之间进行股权交易,其交易对价即为上述等金额的"债权" + 举办人新设营利性医院的注册资金[1]。交易后的结果是,投资者成为新医院股东。至此,完成非营利性转营利性医院的全部流程。

如图 10.10 所示,投资者和举办人之间进行股权交易,最终结果投资者成为新医院公司股东。

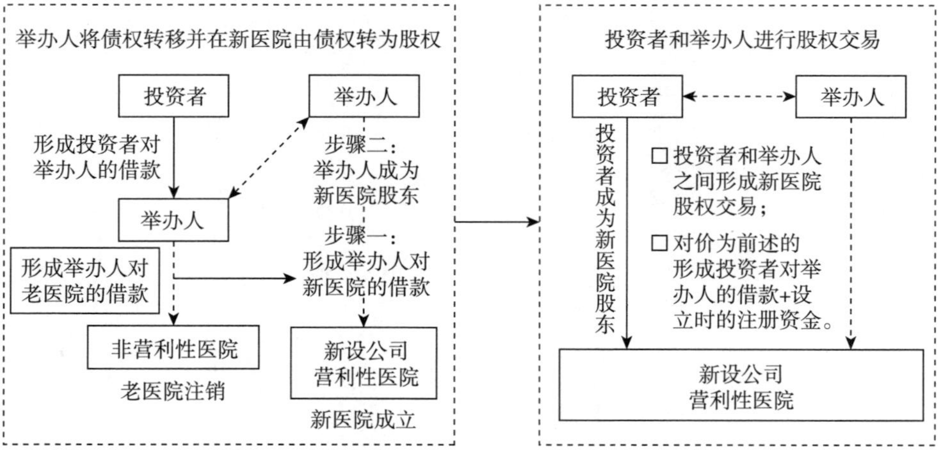

图 10.10 投资者和举办人之间进行股权交易结果投资者成为新医院股东结构图

4. 上述流程需要说明的事项

本章所述的非营利性转营利性医院的所有"流程和步骤",均是在理想化状态下,设定了不少"假设"条件,才得以完成,不具有"普遍性"。例如:

(1)土地由划拨地转为出让地之后,并能顺利转入新设公司法人名下;

---

[1] 注:在实务中,非营利性医院举办人在最初成立"营利性医院"公司法人时,其注册资金一般较少。

(2)原非营利性医院的资产和负债能顺利实现“零匹配”;

(3)非营利性医院举办人愿以等额净资产的现金无偿捐赠;

(4)举办人和投资者之间能“无缝对接”进行债权债务转让;

(5)股权和债权能相互转化;

(6)举办人和投资者能在无任何税负的前提下进行股权交易,且将交易的对价理想化地设定为:土地转性的借款等额“加”举办人成立营利性医院“壳公司”的注册资金;

(7)其他“顺利”的假设条件下完成的。

在实际操作过程中,笔者认为,因个案不同,操作的程序和流程或许更为复杂,需要考虑的因素应更多。

案例

本案例为某医院的两次改制:第一次由营利性医院改制为非营利性医院;第二次由非营利性医院改制为营利性医院。

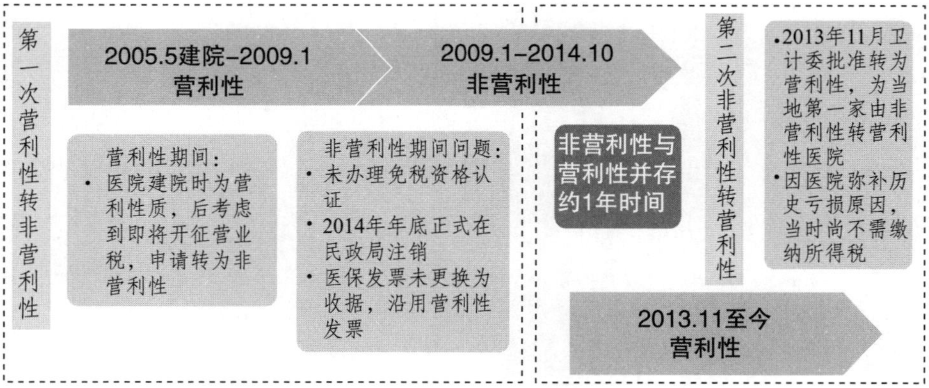

图 10.11　案例:某医院两次改制过程图

就该医院第二次由非营利性转为营利性医院的操作流程予以说明:

1. 内部决策

根据医院2013年7月通过的《理事会会议纪要》,医院全体理事同意医院变更为营利性医院,并注销民办非企业单位登记证书。

2. 变更批复

根据市卫生局2013年8月下发的《关于医院申请变更为营利性医院的批复》及2013年12月在医院《医疗机构执业许可证》上登载的备注信息,医院获准将经营性质变更为营利性医院。

3. 公司设立登记

根据股东(医院举办人)2013年7月签署的《医院有限公司章程》,股东以现金出资人民币1380万元设立医院有限公司,持股100%。根据会计师事务所于2013年8月出具的《医院有限公司验资报告》,医院已收股东缴纳的注册资本人民币1300万元。医院已取得新公司《企业法人营业执照》。

4. 民办非企业单位注销登记

根据会计师事务所2014年12月出具的《清算审计报告》,截至清算基准日,医院的资产总计2亿元,负债总计2.07亿元,所有者权益总计负700万元,直接移交医院有限公司承接。

由上述案例可知,该医院在由非营利性转为营利性过程中,由于其净资产为负700万元,因此不涉及将部分资产捐赠给公益性组织的事宜;同时因该医院在第一次改制前为营利性医院,其土地应为出让地,所以也不存在土地变性事宜。

因此该案例由非营利性改制为营利性医院的程序,相对比较简单。

第十一章

非营利性医院投资回报渠道分析

第一节　概　　述

一般情况下，投资营利性医院可以直接通过股东分红的方式获取投资回报，但是，投资非营利性医院的投资回报方式则相对较为复杂。在前文分析非营利性医院投资模式的基础上，笔者对医院并购投资回报渠道若干模式做如下分析。

一、非营利性医院投资回报有关政策规定

自 2007 年以来，国家密集出台了一系列鼓励社会资本投资医疗服务领域的政策，鼓励社会资本投资非营利性医疗机构，特别是在收益分配上给予了政策倾斜。但规定得比较原则和笼统，可操作性不强。

随着《卫健法》生效实施，对非营利性医院投资回报的规定日渐明确、日趋严格。《卫健法》明确规定"非营利性医疗卫生机构不得向出资人、举办者分配或者变相分配收益"。

以下简要梳理非营利性医院投资回报相关政策法规（见表 11.1）：

表 11.1 非营利性医院投资回报相关政策法规

序号	颁布时间	颁布部门	法规名称	相关内容
1	2000.07.18	卫生部、国家中医药管理局、财政部、国家计委	《关于城镇医疗机构分类管理的实施意见》	1.非营利性医疗机构是指为社会公众利益服务而设立和运营的医疗机构,不以营利为目的,其收入用于弥补医疗服务成本,实际运营中的收支结余只能用于自身的发展,如改善医疗条件、引进技术、开展新的医疗服务项目等。营利性医疗机构是指医疗服务所得收益可用于投资者经济回报的医疗机构。政府不举办营利性医疗机构。
2	2010.11.26	发展改革委、卫生部、财政部、商务部、人力资源社会保障部	《关于进一步鼓励和引导社会资本举办医疗机构的意见》	(十九)……非营利性医疗机构所得收入除规定的合理支出外,只能用于医疗机构的继续发展……
3	2016.11	国务院深化医药卫生体制改革领导小组	《关于进一步推广深化医药卫生体制改革经验的若干意见》	24.加强对非营利性社会办医疗机构产权归属、财务运营、资金结余使用等方面的监督管理,促进社会办医健康发展。
4	2017.04.25	国务院办公厅	《深化医药卫生体制改革2017年重点工作任务》	25. 2017年9月底前全面推开公立医院综合改革,所有公立医院全部取消药品加成(中药饮片除外)……
5	2017.05.16	国务院办公厅	《关于支持社会力量提供多层次多样化医疗服务的意见》	(二十一)……加强对社会办非营利性医疗机构产权归属、财务运营、资金结余使用等方面的监督管理,非营利性医疗机构不得将收支结余用于分红或变相分红。加强对营利性医疗机构盈利率的管控……

续表

序号	颁布时间	颁布部门	法规名称	相关内容
6	2019. 12. 28	全国人大常委会	《卫健法》	第三十九条第四款　医疗卫生机构不得对外出租、承包医疗科室。非营利性医疗卫生机构不得向出资人、举办者分配或者变相分配收益。 第一百条第三项　违反本法规定，有下列行为之一的，由县级以上人民政府卫生健康主管部门责令改正，没收违法所得，并处违法所得二倍以上十倍以下的罚款；违法所得不足一万元的，按一万元计算；对直接负责的主管人员和其他直接责任人员依法给予处分： （三）非营利性医疗卫生机构向出资人、举办者分配或者变相分配收益。
7	2020. 5. 28	全国人大	《民法典》	第八十七条　为公益目的或者其他非营利目的成立，不向出资人、设立人或者会员分配所取得利润的法人，为非营利法人。 非营利法人包括事业单位、社会团体、基金会、社会服务机构等。 第九十五条　为公益目的成立的非营利法人终止时，不得向出资人、设立人或者会员分配剩余财产。剩余财产应当按照法人章程的规定或者权力机构的决议用于公益目的；无法按照法人章程的规定或者权力机构的决议处理的，由主管机关主持转给宗旨相同或者相近的法人，并向社会公告。

二、回报模式分类

根据目前社会资本投资和改制非营利性医院的实践，笔者从业务、财务和法律的角度，初步梳理出实践中常用的几种回报渠道：收取医院管理费（如 IOT 模式下）、收取医院资产使用费（资产租赁费）、收取医院资金占用费、从医院供应链获取回报以及从资本市场获取回报等方式。

具体如图 11.1 所示：

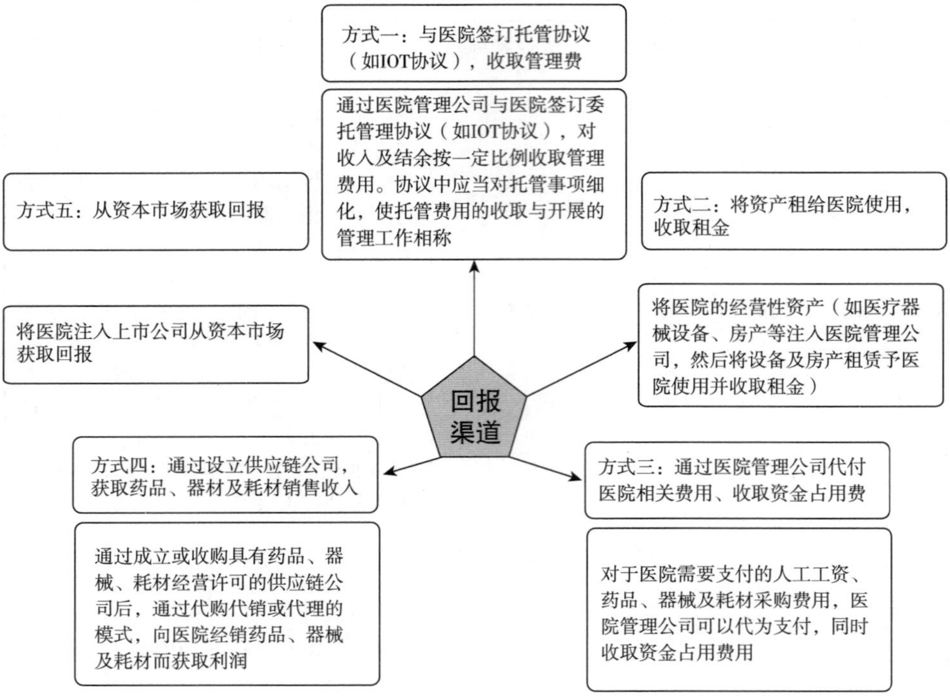

图 11.1　非营利性医院投资回报渠道方式示意图

方式一：从医院收取管理费

这种方式一般较多运用于社会资本对非营利性医院（如政府举办的及国有资本举办的）的投资项目中。

例如，在 IOT 模式或政府以医院净资产出资的合作模式中，由社会资本与医院、举办方（如代表政府的卫健委或国有企业集团）三方签订委托管理协议，对医院的收入及业务结余按一定比例收取管理费用。管理协议中，一般会对委托管理的事项约定比较具体，使管理费用的收取与社会资本提供的管理工作或服务相匹配。比如，由社会资本向政府医院日常经营提供包括技术、人力、医疗资源、管理信息系统、投资发展资金等在内的服务支持的同时，政府同意社会资本有权通过向政府医院收取管理费的方式，就其前述资金和服务的投入获取一定的回报。

方式二：从医院获取资产占用费或租金

如前文所述，非营利性医院特别是政府办医院，谋求与社会资本合作的原始动力，是因为政府医院发展的空间不足，需要建立新院区，同时由于政府财政不足，以致政府寻求社会资本合作共同举办政府医院。为此，产生了前述的政府以医院净资产出资与社会资本成立合资公司建立新院的模式。在新院建设完成后,因资产(如房产)产权归属双方成立的医院管理公司,故由管理公司将前述资产租赁给医院使用、医院支付一定租金或资产占用费,由此建立社会资本获取投资医院的回报渠道。

同样,对医院的经营性资产,如大型的医疗设备,由于在合资过程中已注入管理公司或设备更新时由管理公司购买,也可由管理公司将设备租赁给医院使用,并收取租金,从而打通社会资本投资医院回报渠道。

方式三:从医院收取资金占用费

这种回报方式一般出现在医院经营状况不佳,如现金流不充裕的情况下,或社会资本作为优势资本能从市场获得成本更为低廉的资金,社会资本通过其下属的医院管理公司代医院支付相关费用,之后收取资金占用费。

例如,医院需要支付的人工工资、药品、医疗器械及医用耗材采购费用,则由医院管理公司先代为支付,并同时向医院收取资金占用费。

方式四:从医院外获取供应链收益

社会资本在投资非营利性医院后,无论是通过 IOT 的模式还是资产合资的模式,都希望在投资后掌控医院的供应链,以获取来自医院经营体系之外的收益。

为此,社会资本在投资协议中,一般会约定医院的供应链采购体系交由社会资本掌控,之后,社会资本会通过设立供应链公司,代购代销或代理的模式,向医院经销药品、医疗器械及医用耗材而获取利润。

方式五:从资本市场获取回报

社会资本在投资非营利性医院过程中,需承担部分公益性医疗服务,同时希望能获得合理的投资回报。

例如,国有企业作为社会资本将资金投入非营利性医院后,也面临着国资监管部门对国有资产增值和保值考核的压力。

为此,社会资本通过成立医院管理公司收取来自上述几种途径的医院收益(如管理费等)或医院之外的供应链收益等,之后将医院管理公司的资产或业务进行资本运作。

例如,通过直接 IPO 直接上市或者通过收购重组后注入上市公司实现间接上市,从而获得资本市场高溢价回报,此种模式笔者统称资本市场获取回报的方式。

三、回报模式利弊分析

上述几种方式中,方式四的收益是来自社会资本对投资后医院供应链的重新整合，方式五的收益是来自资本市场基于社会资本对医院的管理提升或获取资源能力的认可，以及未来价值创造进一步提升的预期，市场给予较高的溢价，从而获得收益。

但方式一（来自医院收取的管理费）、方式二（来自医院支付的资产占用费或租金）、方式三（来自医院的资金占用费），均来自医院本身的经营所得。

基于《卫健法》以及《民法典》关于非营利法人不得向出资人分配所取得利润的规定，社会资本在与非营利性医院合作项目中，如采取以上方式一、二、三中任何一种模式，是否存在被认定为变相“分配医院法人所取得的利润”的风险？这个问题已成为令社会资本最纠结和头痛的问题。

一方面，此类模式下，社会资本与政府或国企医院合作，改制后的政府医院或国企医院并未改变医院的非营利性性质，因此，社会资本不能突破非营利性医院不能分红的底线，无法直接实现投资回报。

另一方面，社会资本方通过其投资设立的医院管理公司从医院收取的管理费、租赁费、资金占用费等收益，已由社会资本以股东分红形式从医院管理公司提走，并没有用于医院的自身发展。

因此，上述模式中，社会资本参与投资或改制后的非营利性医院在实际运营中，与现行政策法规存在明显的冲突，主要表现在以下方面：

表 11.2

序号	主要表现
1	社会资本作为非营利性医院的投资主体，特别是该投资主体为上市公司时，由于上市公司的主营业务的收入及利润来自非营利性医院，而上市公司管理层基于股东和资本的压力，为了保证每年的增长，管理层在每年的财务预算中，不得不对其下属医院拟定较高的收入和利润增长指标，以保证管理费和供应链收益。从而变相加重了非营利性医院的经营负担，同时也增加了病人负担，与现行的医改政策进一步解决“看病贵”的政策导向相违背。
2	随着国家政策的不断完善，未来继续通过管理费变相实现分取非营利性医院收支结余的做法，缺乏一定的合理性。如在 IOT 模式中，部分投资者获得经营管理权后，所输出的管理服务与所收取的管理费“不匹配”。
3	按照国家现行相关政策，政府对非营利性医院由“以药养医”转向以医事服务为中心，挤压甚至完全取消药品利润空间（中药材除外），通过财政补贴、提高医事服务费等方式进行补偿。以致投资者通过掌控供应链方式获取收益的方式，正与现行的政策导向相逆而行。

续表

序号	主要表现
4	目前社会资本投资的非营利性医院,均符合国家税费减免的相关条件,但社会资本通过上述的方式,打通的从非营利性医院获取收益的方式或渠道,将可能面临税务风险。其原因是非营利性医院在社会资本改制后,如采取第七章所述以“直接收购国企所持医院举办人权益模式”改制的非营利性医院,社会资本既作为医院的举办人,又作为医院的管理人,在“管办未分离”的背景下,是否可能被监管部门认定为:非营利性医院通过变相分红使举办人获得收益?这样的认定一旦成立,改制后的非营利性医院有可能被税务部门责令补缴所得税和增值税,不能再继续享受非营利性医院的税收优惠待遇。

第二节　模式一:从医院获取管理费方式

一、模式介绍

该回报渠道是基于社会资本参与医院改制或投资后,社会资本向医院提供了先进的管理理念,使医院的效益得以提升,为此由管理输出方(社会资本)向医院收取一定的管理费。

一般来说,在社会资本与政府医院IOT模式合作项目中,社会资本在投入资金和管理后,应可以收取管理费(尽管存在上述风险及争议),该管理费的收取需与政府医院营业收入及收支结余挂钩。

同时,政府还需对医院的效益进行考核,在满足其考核的要求后,才同意按照协议的约定支付管理费。

在实践中,有些政府医院不同意社会资本收取管理费的模式,只同意收取资产占用费或通过医院供应链整合等收费。例如,在政府以净资产出资与社会资本合资项目中,政府医院在合作协议中明确约定,社会资本作为投资者不能从医院收取管理费。

以下以某社会资本的IOT模式合作项目为例,就政府医院管理费收取的模式及操作,予以分析(见图11.2)。

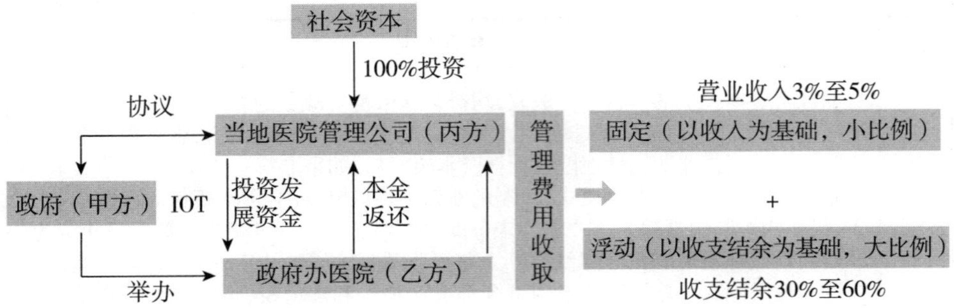

图 11.2　IOT 模式投资管理收费方式结构图

在社会资本以 IOT 模式投资或参与政府医院改制项目中，社会资本在收取医院管理费时，主要依据所管理医院的收入及/或收支结余的百分比计算管理费。

在具体操作上，通常采取以“固定（以收入为基础，小比例）+浮动（以收支结余为基础，大比例）”的模式。

例如，社会资本收取固定管理费，一般收取比例为医院营业收入的 3% 至 5%；收取浮动管理费，一般收取比例为医院收支结余的 30% 至 60%。具体比例会根据医院收入和利润增长的财务预测予以确定。

二、模式难点分析

在政府医院的 IOT 模式项下，地方政府及卫健委同意将政府医院的经营管理权移交给社会资本，需由政府派出人员与社会资本尽快形成 IOT 模式下的最高权力决策机构，即双方派出人员构成的理事会。政府医院在接受社会资本提供的管理服务和投资发展资金款的同时，政府同意社会资本有权就该投入资金和服务的投入获取一定的回报。

社会资本为了获取更多的投资收益，一般希望在实际操作中尽量将收支结余全部提走，医院保持收支平衡即可。为此，社会资本（作为投资者）一般会在合作协议中就医院管理服务费收取的具体内容和相关标准，予以具体约定。[1]

现就社会资本与政府医院在 IOT 模式合作协议中需关注的难点分析如下：

1. 关于协议签约主体

此类合作协议中，协议签约主体一般应包括社会资本方（作为投资者）、地方政府、医院举办单位（一般为地方卫健委）、政府医院（标的医院）等。

由于政府医院的公益性质，其所有收支纳入政府财政预算管理，并承担我国基本医疗服务等社会责任，因此，政府在行业监管、财政补贴、医院改制、重大人事任免及考核等诸多方面，对政府医院享有举足轻重的管理权限。社会资本与政府医院合作项目中，非常有必要将地方政府纳入签约主体范围，以明确政府在合作项目中的态度（例如，对合作的原则、管理费收取等重要事项，应取得政府的同意），并尽可能获得地方政府在财政补贴、土地、税收、医保支持、技术及人才引进等方面给予的政策优惠。

2. 关于管理费收取方式及起算时间

如前文所述，政府医院引入社会资本一个重要因素是因为政府财政资金紧张，不足以支持医院新院区的建设，而在新院建设过程中，分项目建设期和项目运营期。因此，如社会资本投入资金用于医院新院区建设，则有必要根据建设项目的进展阶段，对不同阶段的管理费约定不同的收费标准。

例如，就管理费的收取，可分成两个期间：新院区的建设期及新院区建成运营

[1] 各方同意，在合资公司为医院提供管理服务期间，在保证不影响医院正常运营、不影响医院履行公共卫生职能的资金需求及医院员工待遇不降低的前提下，应由医院根据合资公司的业务管理范围、实际承担的管理工作及管理业绩等情况，向合资公司支付管理服务费。本条自本协议正式签署后开始执行。

（1）管理服务费包括固定管理服务费及浮动管理服务费两部分。

（2）固定管理服务费按照医院医疗收入扣减药品及耗材收入后的约定的百分比计算，每月计提固定管理服务费用，每季度财务报表出具后 5 日内以现金形式支付该季度固定管理服务费。

（3）浮动管理服务费由医院按照当期结余的约定比例支付给合资公司。支付方式为每月计提该月浮动管理服务费，每季度财务报表出具后 5 日内以现金形式支付该季度浮动管理服务费。年度资产负债表出具后 60 日内，按照经注册会计师审计并出具无保留意见的医院会计报表所计算的该年度"当期结余"项目数的约定比例抵减累计已上缴合资公司的该年度浮动管理服务费后的余额，也应作为浮动管理服务费支付给合资公司（以前年度存在亏损的，以当年结余弥补以前年度亏损后的结余作为浮动管理服务费支付给合资公司）。当期结余指，医院收入费用总表中记载的本年度非财政补助结余。

（4）管理服务费的收取标准原则上应每三年调整一次，调整后的收取标准原则上不低于上一收费期间的标准，具体收取方式由各方另行协商确定。如各方未能协商确定具体管理服务费收费标准的调整方案，则仍暂按此前执行标准继续收取管理服务费。同时，管理服务费应按照国家政策变化由各方协商调整。

后的收益期。对新院建设完成后收益期,应适当增加管理费的收取比例。[1]

同时,管理费收取的期间也需明确,如管理费是按季度收取还是按月收取?何时计收?在收取过程中,如何确定医院的收支结余?是通过双方聘请的审计机构还是另行约定?这些具体问题,有必要在协议中明确。[2]

3. 关于管理费收取条件及医院考核机制

为了保障医院的正常运营,社会资本还需与政府约定管理费收取的条件,以及当医院由于经营不善,医院当年的收支结余为负时的处理方式。[3]

实操中,社会资本应关注医院亏损的原因,并建立科学合理的考核机制。

案例

以笔者参与的某案例为例,标的医院为某地级市政府医院,该医院在与社会资本合作前三年,收支结余连续三年基本保持盈利约5000万元,但从双方合作后的第一年却开始亏损2000万元,合作后的第二年亏损4000万元。医院管理层解释,亏

---

〔1〕 投资及管理收益:

1.1 各方同意,丙方有权就其投资以及其提供的各项服务获取合理的投资及管理收益,从而建立丙方对乙方发展的可持续投入机制。

1.2 投资及管理收益分为固定投资及管理收益和浮动投资及管理收益两部分;投资及管理收益将区分项目建设期和项目运营期,分别按照以下标准收取:

(1)项目建设期:【】年【】月【】日起至【】年【】月【】日,此期间内投资及管理收益 = 固定投资及管理收益[乙方收入(剔除政府非经营性财政补助)的【】%] + 浮动投资及管理收益[支付固定投资及管理收益后乙方收支结余(不扣减浮动投资及管理收益)的【】%];

(2)项目运营期:【】年【】月【】日起至合作期限届满之日;如合作期限因丙方追加投资款而延长,项目运营期应相应延长。此期间内投资及管理收益 = 固定投资及管理收益[乙方收入(剔除政府非经营性财政补助)的【】%] + 浮动投资及管理收益[支付固定投资及管理收益后乙方收支结余(不扣减浮动投资及管理收益)的【】%]。

〔2〕 投资及管理收益的收取方式:

(1)季度投资及管理收益的支付:乙方每月按照当期未经审计的财务报表计提投资及管理收益,每季度财务报表出具后【20日】内以现金形式向丙方支付。

(2)年度投资及管理收益的支付与调整:每一会计年度完结后【60】个工作日内,由甲方二及丙方共同认可的会计师事务所对乙方进行审计工作,并出具年度审计报告。甲方二及丙方应当按照审计报告中的数据对上年度投资及管理收益进行确认或调整。如丙方及/或其关联方上年度按季度已收取的投资及管理收益总额小于年度投资及管理收益金额,乙方应在年度审计报告出具之日起【10日】内向丙方及/或其关联方支付差额。如丙方及/或其关联方上年度按季度已收取的投资及管理收益总额大于年度投资及管理收益,则丙方及/或其关联方应在年度审计报告出具之日起【10日】内向乙方返还差额。

〔3〕 在协议中约定:投资及管理收益收取条件:丙方足额收取投资及管理收益的前提是,提取投资及管理收益后乙方当年收支结余不为负数;但如因收支不足导致未能足额收取固定投资及管理收益,则差额部分递延至次年收取,以此类推,直至足额收取完毕。

损是由于国家药品零加成等政策原因所致。但当地卫健委认为，其管辖区域有五家同级别的医院，在同样的政策下，另外四家并没有出现亏损。

由此可见，医院管理层和当地卫健委对医院亏损原因持不同观点。为此，当医院收支结余出现负数情况下，社会资本、医院、政府三方有必要通过建立科学合理的医院考核机制，查找医院亏损的真正原因，并制定相应对策。

例如，合作各方可在协议中约定，当医院出现亏损时，政府启动对社会资本的考核机制，追责社会资本在移交管理权后导致亏损的责任。同时根据协议启动对社会资本的“惩罚”条款。

4. 关于管理费收取的风险防范措施

为了保障投资资金的安全及防范不能从政府（或医院）收得管理费的风险，社会资本有必要在协议中约定政府或政府医院为管理费的支付提供必要的保证措施。

在目前政府不能提供财政担保的现状下，有的社会资本会要求政府将医院的相关资产或权益抵押或质押给社会资本，[1]作为医院管理费支付的保证措施。

上述保证条款的约定，在多大程度上可以保障社会资本的投资资金和管理费收取的安全，在法律上值得探讨。

《民法典》第 399 条第 3 项规定，“学校、幼儿园、医疗机构等为公益目的成立的非营利法人的教育设施、医疗卫生设施和其他公益设施”，不得抵押。

根据上述规定，公益性医院的医疗卫生设施不得进行抵押。

在 IOT 模式下，社会资本合作的大部分非营利性医院为事业法人性质的政府医院，且在该模式下，政府医院的资产权属、事业单位性质并没有发生改变，与社会资本合作后的政府医院的资产仍属“公益性的医疗卫生设施”。依照《民法典》上述规定，应属于不得抵押的资产。

实操中，政府医院上述资产和权益能否依法办理抵押登记，存在不确定性。上述安排实践中确实存在“成功”案例，但上述保证措施的法律效力及可操作性存在疑问和不确定性。

5. 关于管理费收取的考核机制

在 IOT 模式中，政府将经营管理权移交给社会资本后，在社会资本收取管理费

---

〔1〕 在协议中约定：自签署日起，政府同意将其持有的医院的相关资产和权益抵押/质押给投资者用于担保其投资及管理收益支付的义务，内容将由双方另行签订担保协议。医院的资产权益包括但不限于：医院自有出让土地、自有设备以及医院名下相关公司的股权等，作为可适用的担保物。

之前,政府会要求对医院的经营状况作一个考核,并设定一定的考核条件及考核后管理费收取的一定标准,并在协议中予以明确。若医院运营的状况达不到协议中所约定的指标,政府将有权调整社会资本收取的比例,即扣减或无权提取管理费。因此,政府和社会资本需就医院运营的相关考核指标进行商谈,并在协议的相关条款进行约定。

坦率地说,在所有 IOT 模式下,社会资本在与政府医院合作的商业谈判中,常处于劣势。因为政府既作为合同的签约方和利益的输出方,同时也作为医院运营状况的考核方。

下文通过案例就管理费收取模式予以说明。

如前文所述,社会资本收取的管理费分为固定管理费和浮动管理费,其中固定管理费一般以医院的营业收入作为收取的基础,浮动管理费以医院的收支结余为基础。政府在对社会资本经营的政府医院考核后,在保证固定管理费收取不变的前提下,一般以浮动管理费(又名"绩效服务管理费")作为调整的动态系数,实行对社会资本管理费比例的扣减。

案例

本案例中的政府医院也采用了上述原则,即"以浮动管理费"作为调整的动态系数。将浮动管理费进行30% ~70%的拆分,即假如浮动管理费总共为 T,将设为 30% * T 为基数,70% * T 为动态设定一个系数 K,作为考核参数。

按照此规则,社会资本参与该人民医院改制后,能获得浮动管理费的公式为"浮动管理费 =30% * T+70% * T * K"。

其中,考核系数 K 取值如下:

(1)考核结果≥80 分,考核系数 K 按照 100% 计算。即考核结果符合标准,社会资本获得合同约定的全部浮动管理费。

(2)考核结果≥70 分且 <80 分,考核系数 K 按照 90% 计算。

(3)考核结果≥60 分且 <70 分,考核系数 K 按照 80% 计算。

(4)考核结果 <60 分,K=0,绩效考核不合格,当期应付浮动管理服务费为 0。即社会资本在接管医院管理权后,出现了经营上的亏损,社会资本将无权获得管理费,包括固定管理费。

表 11.3　某政府医院管理收取考核体系结构

管理费收取:固定管理费 + 浮动管理费　其中“浮动管理费 = 30% * T + 70% * T * K”

考核得分	考核系数	考核结果
考核结果≥80 分	考核系数 K 按照 100% 计算	获得全部浮动管理费
考核结果≥70 分且 <80 分	考核系数 K 按照 90% 计算	获得浮动管理费递减
考核结果≥60 分且 <70 分	考核系数 K 按照 80% 计算	获得浮动管理费再递减
考核结果 <60 分,K = 0	绩效考核不合格	应付浮动管理服务费为 0

说明:浮动管理费进行 30% 至 70% 的拆分,假如浮动管理费总共为 T,设 30% * T 为差数,70% * T 为动态设定一个系数 K,作为考核参数。

从上述政府对医院的考核评价体系可以看出,一旦政府医院经营不善,社会资本将受到上述考核机制的“惩罚”。即若医院经营没有达到政府要求的考核经营指标,社会资本只能获得协议约定的部分管理费,甚至为“零”的管理费收益。

在目前医改大环境下,有很多因素,尤其是政策等不可抗力因素,直接影响医院的盈利水平和收入。例如,医保控费、药品零加成、“两票制”及“营改增”等政策的施行,导致医院的盈利能力大幅下滑,过去以药养医、以耗养医、以供应链为主要收入模式受到较大冲击。此等政策风险将可能致使政府对医院的考核结果无法客观反映社会资本的管理成果。

因此,社会资本在 IOT 合作协议中,有必要对此类风险做出相应的约定。[1]

在实践中,对医院经营考核结果的认定,按照社会资本投资、管理后医院的治理结构,一般的操作路径为:先由社会资本和政府派出人员构成的理事会达成一致后,再上报政府确定考核结果。

此外,从此案例约定的考核评价标准分析,笔者感觉大部分“定性”的标准在实践中难以操作。例如,案例中,“医院考核评价”分为运营管理考核评价和财务管理及目标管理考核评价两个方面:

---

[1] 1.1　本协议生效后,如果医疗健康领域的法律、法规、规范性文件、政策发生重大修订或重大变化(“政策风险”),致使现有考核评价内容和结果无法客观反映丙方管理成果,各方应在协商一致的基础上对考核评价内容和结果进行修订。各方进一步同意,如政策风险致使乙方现金流无法全额支付医院正常开支及本协议约定的管理服务费,乙方应当优先向丙方支付基础管理服务费,无法支付的管理服务费可依照本协议约定延期至下一年支付。

1.2　本协议生效后,如因政策风险或甲方行政管理程序及各方开展本协议约定的事项所涉及的监管机制等发生变化,致使乙方的运营遭受实质性影响或现有考核评价内容和结果无法客观反映丙方管理成果,各方应在协商一致的基础上对考核评价内容和结果进行修订,以使乙方考核评价结果不受本条约定变化的影响。

①运营管理考核评价(权重50%),主要包括满意度、学科建设及人才发展、政府指令性工作、医疗质量及安全等,具体按当地市级公立医院运营管理成效考核细则及指标的有关安排进行。

②财务管理及目标管理考核评价,其中财务管理权重20%、目标管理权重30%。

从上述协议约定内容可知,考核内容约定中,"定性"内容较多、"定量"内容较少,在实际操作中很容易引起争议。

6. 关于管理费的测算

以下通过案例对管理费的测算予以说明。

案例

本案例中,社会资本与某政府医院在IOT模式《合作协议》中约定合作期限为15年,即期限自2015年至2030年。其中社会资本投资约6亿元投资发展资金,帮助该政府医院建设新院区。

为此,双方就每年投入的发展资金,以及每年社会资本从医院获取的固定管理费和浮动管理费进行了测算,并在协议进行了如下明确约定。

(1)固定管理费的测算:

固定管理费=每年的医院收入*3%,其中医院的收入是根据医院管理团队和社会资本基于医院未来15年的经营状况进行的财务预测。

如表11.4所示测算的:该案例自2015年至2029年共15年每年可收取的固定管理服务费金额。

表11.4　固定管理服务费计划表

单位:万元

年份	2015	2016	2017	2018	2019	2020	2021	2022	2023	2024	2025	2026	2027	2028	2029
a	200	1200	2000	3000	3100	2800	2400	2200	1800	1500	1200	1000	700	300	0

固定管理服务费=[a]　其中:固定管理服务费按照表中每年确定金额收取(表1)。

(2)浮动管理费的测算:

浮动管理服务费=每年的收支结余*40%,其中每年的收支结余也是基于后15年的经营预测,以及在新院区建设期和运营期采取不同的比例,同时按照政府对社会资本经营政府医院的考核状况,参照一定的系数,进行扣减。

如表11.5所示测算的:该案例自2015年至2029年共15年每年可收取的浮动管理服务费金额。

表 11.5　浮动管理服务费计划表

单位:万元

年份	2015	2016	2017	2018	2019	2020	2021	2022	2023	2024	2025	2026	2027	2028	2029
b	2000	2000	2000	2500	2500	2800	2800	2800	3000	3000	3000	2500	2000	2000	2000

浮动管理服务费 = [b]　其中:浮动管理服务费按照表中每年确定金额收取(表2)。

(3)优先支付及解约的约定:

若当年医院现金流无法全额支付管理服务费,医院应当向社会资本优先支付固定管理服务费。当年应交未交的管理服务费,可向社会资本申请延期至后一年支付,并按照中国人民银行同期贷款利率,同时向社会资本支付延期利息。

如医院连续两年无法全额支付管理服务费,则社会资本有权解除本协议,并要求医院承担本协议相应的违约责任。

(4)管理服务费的收取方式:

①固定管理费的支付:政府医院每年 12 月 31 日前应按照一次性支付社会资本当年度固定管理费,社会资本及/或其关联方应按照核对确认的金额向政府医院开具发票;

②浮动管理费的支付:政府医院每年 12 月 31 日应按照一次性支付社会资本当年度浮动管理费。

三、模式存在的问题

就社会资本在采取 IOT 模式后,以收取管理费的方式获取收益,笔者认为存在以下问题:

(1)在 IOT 模式下,社会资本采取以投入资金换取医院管理权的方式,对医院实施管理并收取管理费,合作双方形成的法律关系为委托与被委托关系,社会资本受托向政府医院提供了管理咨询,并向医院收取一定比例的“管理咨询费”。这种通过收取管理咨询的服务,仍摆脱不了变相获取医院医疗服务收支结余(或利润)的嫌疑,在某种程度上,这种方式存在被认定“以非营利性医院变相分红”的法律风险。

(2)按照公立医院有关规定[1],政府医院收支结余应用于医院再发展和提高人员待遇,而通过 IOT 模式收取管理费的方式,社会资本从医院提取的利润并没有用于医院的再发展,这与政府的上述政策要求相违背。即使社会资本将从医院获

〔1〕 例如,《关于开展建立健全现代医院管理制度试点的通知》(国卫体改发〔2018〕50 号)附件 2 任务 8“调动医务人员积极性”具体要求如下:……医疗服务收入扣除成本并按规定提取各项基金后主要用于人员奖励。提高医院人员支出占业务支出的比重,提高职工人均工资性收入。

取的利润,由社会资本再投入到医院,但此笔投入资金在性质上已发生了变化,由原先的医院收支结余,在法律上变成了医院对社会资本的负债,其最终结果仍是增加了医院的负担从而使社会资本获益。

总之,笔者认为,随着国家医疗改革不断深入以及医疗卫生行业国家立法趋势的变化,社会资本以 IOT 模式参与政府医院改革,以提供“医院管理服务”提取医院管理费的方式,长远来说,不符合国家的医改政策和行业发展规律,也无法从根本上实现政府医院的持续健康发展。

因此,社会资本在采取 IOT 模式与政府医院合作时,从投资回报的角度,需谨慎。

第三节　模式二:从供应链获取回报方式

如前文所述,社会资本通过收取管理费的收益只是实现了基础收益,社会资本通过整合供应链却能获取超额回报。本节重点探讨社会资本在投资非营利性医院后,从医院经营之外获取的供应链整合收益的利润来源、社会资本整合医院供应链的方式以及在供应链整合获取收益过程中存在的问题。

一、大供应链模式介绍

如前文所述,由于通过供应链整合获取的回报之高,以致社会资本在参与非营利性医院改制后,无论是通过 IOT 的模式还是以资产合资的模式,社会资本都希望在投资后掌控医院的供应链,以获取来自医院经营体系之外的利润。

从具体操作上,社会资本一般将已投资的非营利性医院纳入其投资的医院管理公司管理体系,对其所有的投资医院进行执行垂直管理,以组织 GPO(Group Purchase Organization)模式,控制医院药品、医疗器械、医用耗材以及其他非医疗物资的采购。

如图 11.3 所示,在医院大供应链的概念下,社会资本尽量通过各种方式去获取医院在经营过程各个环节产生的利润。

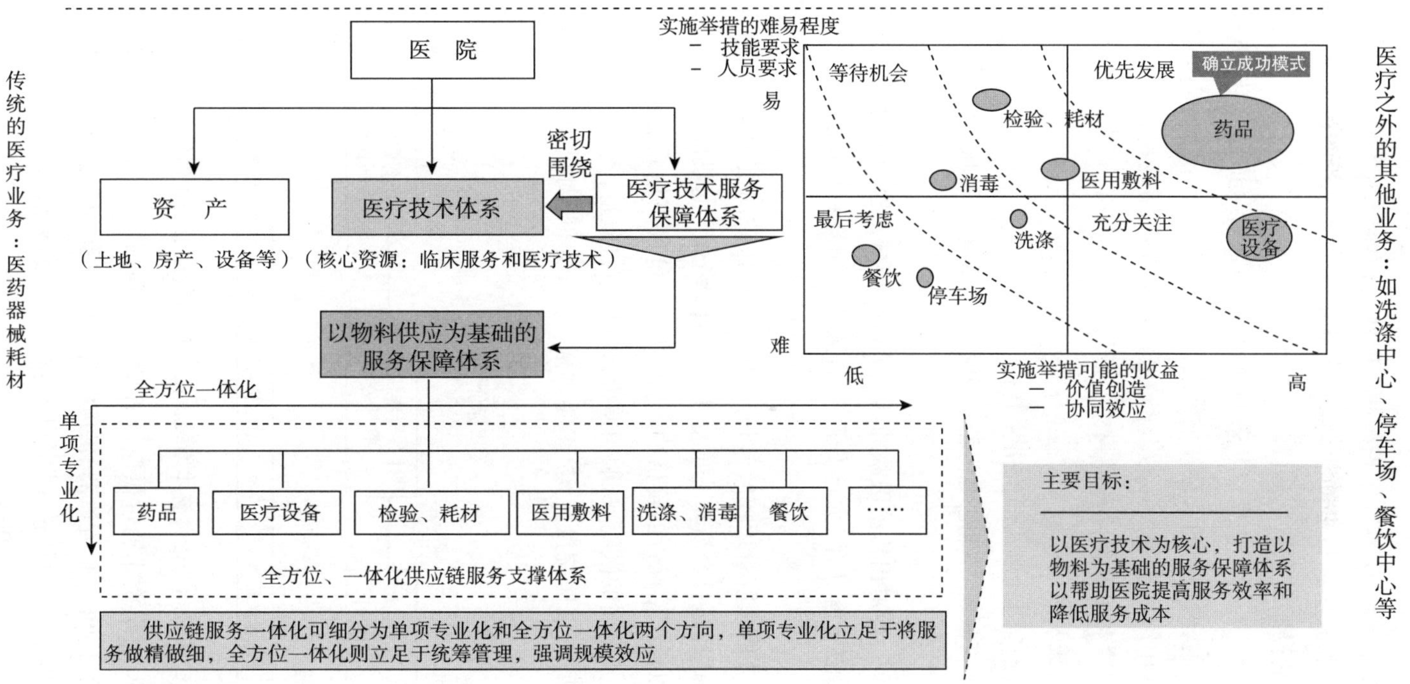

资料来源：某投资者研究

图11.3　大供应链的概念：打造以物料为基础的供应链服务保障体系

由图 11.3 可知，社会资本在掌控医院供应链后，不但希望获取医院传统意义上的药品、医疗器械和医用耗材上的利润，还希望就非医疗业务的供应链管理，如医院的洗涤中心等后勤服务获取利润。

本节主要探讨社会资本在投资非营利性医院后，通过供应链从药品、医疗器械及医用耗材等方面获取的利润及存在的问题。

一般而言，在中国出售的大多数药品、医疗器械及医用耗材，主要是国家基本医疗保险、工伤保险和生育保险药品目录，以及政府主管部门颁布的其他目录中规定的药品、医疗器械及医用耗材。

它们主要受限于两种形式的价格控制：

一是“最高零售限价”，即对出售给病人的药品或医疗器械及医用耗材执行最高限价。

二是“招标价”，即对出售给医院的药品或医疗器械及医用耗材执行最高限价。

供应商提供的所有药品、大部分医疗器械及医用耗材，均受限于上述价格控制。

社会资本在获取医院管理权后，即着手对所管理医院的供应链进行整合。

一般的操作路径是社会资本先成立供应链管理公司，向供应商集中采购，获取大额购买折扣，以低于招标价的价格购入，再以招标价或当地政府机关设定的其他价格上限出售给其下属的医院，从购销差价获取供应链收益。

如图 11.4 所示，以医院没有实行“零加成”政策为例，对供应链管理回报模式予以说明。

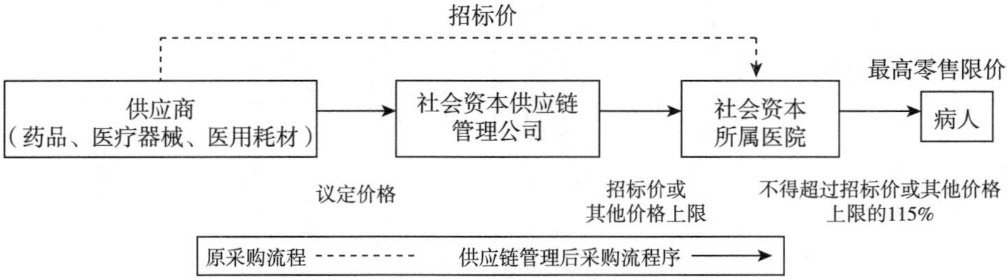

图 11.4　社会资本掌控医院供应链管理业务价值链

图 11.4 显示，社会资本通过供应链管理，将其所属医院的药品、医疗器械和医用耗材的利润，在生产厂商、流通商、供应链管理公司和医院之间重新分配，社会资本新成立的供应链平台公司“挤压”其他利益相关方的利润，通过“虎口夺食”获取原本属于其他利益相关方的利润。

因医疗器械和医用耗材通过供应链获取利润的模式相对简单，为了更清楚地分析社会资本在投资医院后如何获取供应链的利润,笔者以药品供应链为例,简要阐述各利益相关方在供应链各环节利润的重新分配过程。

二、药品供应链模式分析

以下从药品供应链模式及药品利润重新分配两个方面,分析医院药品在供应链环节利润获取过程中,各利益相关方的“博弈”细节。

(一)药品供应链模式概述

目前实践中常见的医药供应链模式有以下三种:

一是传统的医药商业模式。

这种模式较为简单,是按照传统医药商业公司操作的“进销差价”和“返利”,作为其主要盈利来源。目前医院商业公司的行业平均毛利率为6%至8%,平均净利润率为2%左右。因医院作为商业终端,比较强势,以致应收账款周转天数较长,一般均为90天至120天。

二是IOT模式下掌控供应链模式。

该模式是指社会资本将其管理的所有医院的采购体系进行整合,采取统一采购的方式,具有较强的议价能力,从中获取供应链的利润。如社会资本采取搭建属于自己的供应链平台公司模式,其供应链毛利率可高达20%。当然该模式也存在很多问题,在后文将详细探讨这种模式存在的问题。

三是药房托管模式。

这种模式一般是药房托管公司(如医药商业流通公司)与医院药房结为一体,共同获取药品供应链的利润。

以上三种医药供应链典型模式,如图11.5所示:

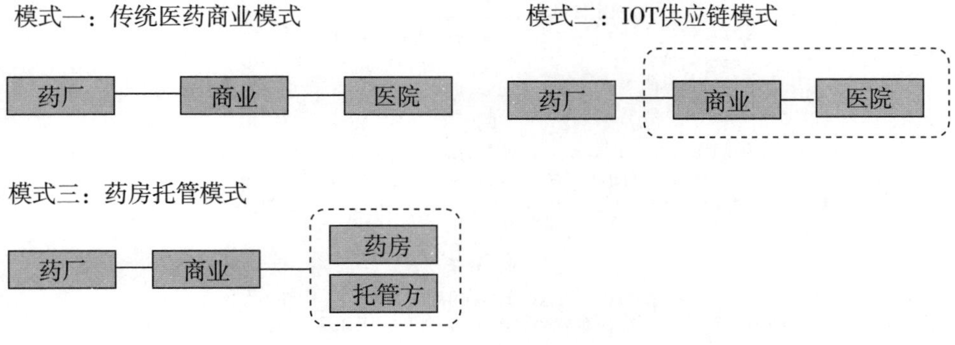

图11.5　药品供应链三种典型模式

上述第三种药房托管模式,又可分为两种方式:

一是托管公司与医院为同一实际控制人。

即由医院直接投资设立医药商业流通公司,作为医院药房的托管公司。因医院与托管公司属同一实际控制人,所以托管公司将不必向医院返利,直接将利润留存公司即可。

二是托管公司为第三方所拥有。

在具体业务操作时,可分为以下两种情形:

①若该托管公司只能获得医院的药品配送权,获利后,一般可从利润中返给医院中标价的10%给医院。

②若该托管公司在获得配送权的同时,还获得了医院药品的采购权,并在获取采购权后,还有权从品规中换取较高毛利润的品种,提供给医院使用。为此,托管公司从此业务获利中,可返给医院中标价25% ~30%的利润给医院。

医院药房托管模式如图11.6所示:

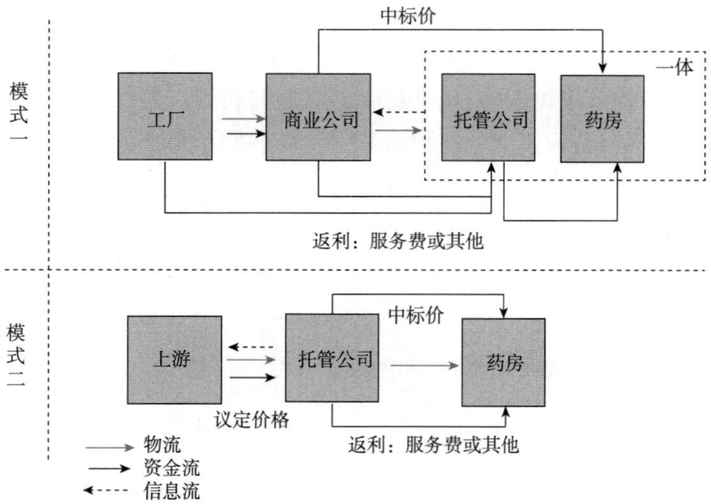

模式

· 托管公司与医院药房为一体，规避了部分地区未按招标配送的政策风险。可探讨托管公司作为GPO的身份，在没有GSP等相应资质的条件下，是否可适用于“两票制”的区域。
同时，若托管公司与医院的控制人为同一控制人，则托管公司将不必向医院返利，可直接将利润留在托管公司。

收益计算

· 在托管方只获得医院的配送权时，可以返给医院中标价的10%。
当托管方获得采购权后（有权更换高利润品种供医院使用），可以返给医院中标价的25%~30%。

优势

· 可以实现共赢，特别是“零加成”的推广，药房成为成本中心后，医院愿意托管并获利。

图11.6 药房托管模式分析

药房托管模式可以在医药商业流通公司和医院之间实现共赢，特别是“零加成”的推广，药房成为成本中心后，医院愿意托管给第三方（如医药商业流通公司）并从中获取额外利润，同时也可规避未按招标配送的合规风险。

另外，需要说明的是，上述的医药供应链模式，社会资本是否掌控医院终端（END - USERS）对供应链业务（如应收周转天数）以及毛利率和净利率等关键指标有至关重要的影响。如前文所述，一般的医药商业公司均是通过“进销差价”和“返利”作为其主要盈利来源，例如，行业的平均毛利率为6% ~8%，平均净利率约2%，应收账款周转天数较长（一般为90~100天，甚至更长）。

但是，一旦该医药商业公司掌控了医院终端，如自己收购或投资了部分医院，其供应链的业务，不但毛利率得以提高，其应收周转天数也基本可控。

（二）药品利润重新分配

就上述的药品供应链模式，笔者接下来分析药品利益重新分配的核心关键点。

按照常规的医药药品流通供应链利润的分配比例，其分配比例如下：

（1）药品制造商占药品成本的25% ~30%；

（2）药品的推广费用（如销售费用和市场费用）约占药品成本的20%；

（3）商业流通费用占药品成本的8% ~10%；

（4）有的医院，医生和药房主任的返利可高达30% ~40%。

就以上药品供应链的各个环节，仍可“挤压”出更多的利润。

如在现有的政策环境和药品价格条件下：

（1）在保守或平稳状态下，可“挤压”出医院采购时“中标价”约10%的返利；

（2）在比较激进的状态下，则可“挤压”出医院“中标价”25% ~30%的返利。

因此，社会资本在投资医院并掌控医院供应链后，通过不同的模式，可从医药供应链利益相关方中进行利益重新分配，将“挤压”出的利润归自己所有。

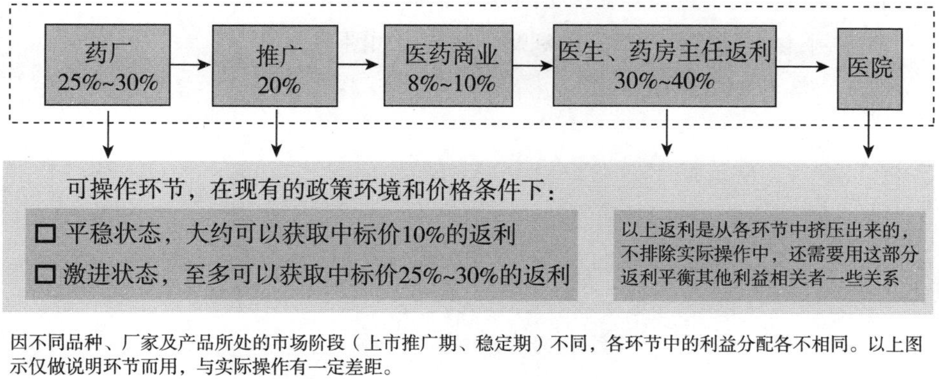

图11.7　利益重新分配前：医药供应链利润分配各环节

由图 11.7 可知,社会资本作为医院终端采购的控制者,可直接从原有的医院供应链的上述环节重新分配利润“蛋糕”,甚至夺走别人的“奶酪”,由此通过掌控供应链,能获取超额利润。

下文以某上市公司披露的财务数据为例,分析社会资本在投资医院掌控供应链的过程中,如何进行药品利益的重新分配。

根据该上市公司披露的财务数字,经测算得出,供应链管理公司压缩上游生产商与流通商的利润占药品总费用的 15% 至 30%。

具体操作如下:社会资本在投资医院后,通过新成立自己的供应链公司,将原医药供应链各环节利润分配的“平衡”打破:

(1)从药厂的销售费用中获取 10% 的利润;

(2)从药厂的市场费用中获取 12% 的利润;

(3)从药厂原有的利润中“抠出”3%;

(4)从医药商业流通企业的利润中“挖出”4%。

由上文可知,供应链公司通过整合上述供应链的各环节,即可获得药品利润的 29%。在获得的 29% 利润中,还不包括药厂直接让利给医院 10% 和医药商业流通企业让利给医院的 2%。

据某媒体报道称,有部分医院尚未完全按照国家“零加成”的政策(即沿袭原有加成 15% 政策)进行药品供应链管理,该部分医院,从药品合计的利润可高达 27%。

即使该部分医院完全按照药品“零加成”政策,医院的利润仍可高达 14%。这或许是部分社会资本“争先恐后”参与社会办医,并“想方设法”掌控医院供应链的动力吧。

在实践中,部分社会资本在控制医院经营管理权后,很有可能将其中的部分医院利润,用以奖励医务人员,以调动员工的积极性,让部分医生将“原在桌下的钱拿到桌面上来分”,逐步过渡到让医生的收入全部“阳光化”。

本案例,供应链管理前后药品利润分配结构如图 11.8 所示:

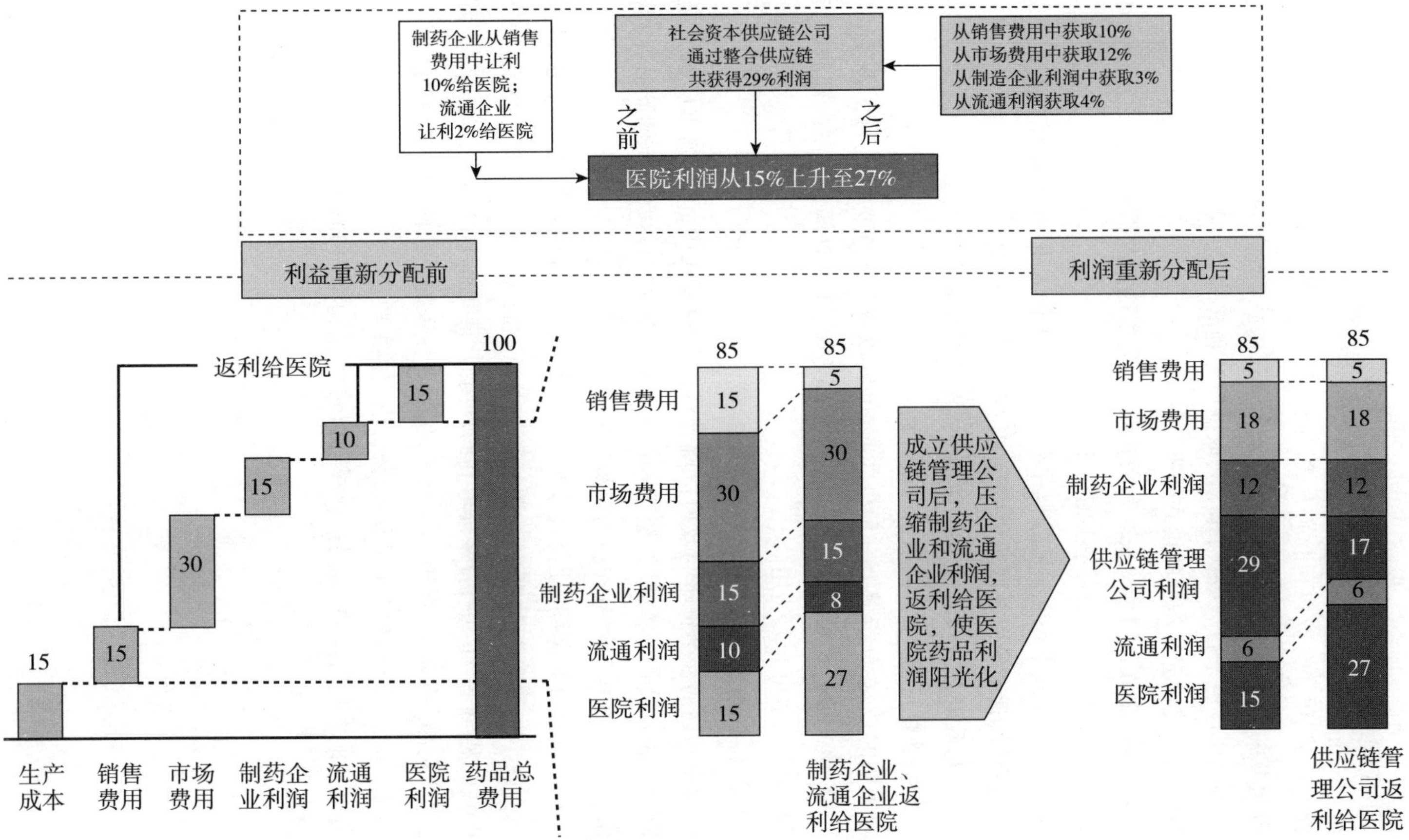

图11.8　供应链管理前后药品利润分配结构图

三、供应链掌控模式分析

如前文所述,供应链获取利润的方式,无论是通过医疗物质还是通过非医疗物资供应链获取利润,均需要社会资本在能完全掌控医院供应链的前提下,尽快搭建医院体系外的供应链平台或模式,作为获取供应链利润的切入点。

三种获取医院供应链利润的模式如下:

模式一:签订服务合同直接获取利润,即社会资本通过与医院和医药商业流通公司签订服务合同的方式,直接获取供应链利润;

模式二:IOT 模式下设立采购控制平台,即在 IOT 模式下,由社会资本单独成立供应链公司,对其管理的所有医院供应链进行垂直整合,获取供应链利润;

模式三:与政府合资模式成立供应链平台,即在政府合资模式下,由社会资本与政府共同搭建供应链平台,获取供应链利润。

需要说明的是,在分析以上三种模式时,笔者以政府医院为例进行了阐述,在实际操作中,该三种模式对供应链的掌控,对国企医院甚至对部分改制的部队医院等非营利性医院,也可参照适用。

(一)模式一:签订服务合同直接获取利润

在第六章阐述的社会资本与政府医院合作的几种模式中,无论是 IOT 模式还是与政府成立合资公司的模式,社会资本在取得政府医院经营管理权的同时,均获得了对医院的药品、医疗器械和医用耗材的采购权。

为了获取供应链的利润,社会资本采取了“签订服务合同直接获取利润”的方式。即社会资本与供应商(如医药商业流通公司等)、医院三方直接签订协议,从供应商和医院的利润“蛋糕”中,直接提取利润。例如,某案例中,社会资本获取“医院集中配送额”药品采购金额的 10% 至 15% 、医疗器械采购金额的 15% 至 17% 、医用耗材采购金额的 17% 至 25% 的佣金,以获得供应链的收益。

笔者以某地方政府医院供应链合作模式(模式结构图如 11.9 所示)为例,对此模式予以说明。

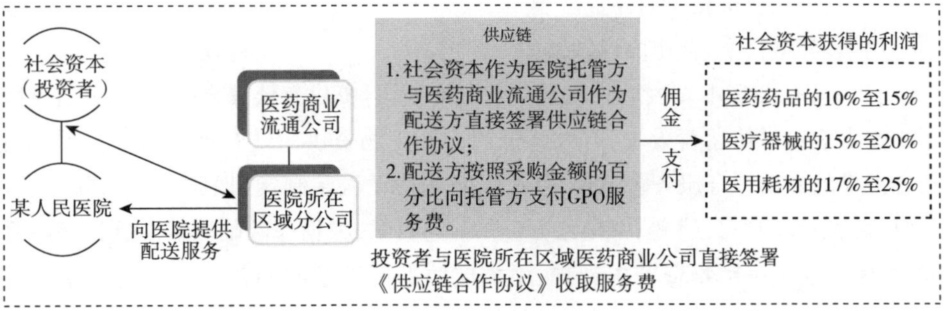

图 11.9　某政府医院供应链模式——以签订服务合同直接获取利润

在该案例中，社会资本的供应链公司（甲方）、医院所在区域的商业流通公司（乙方）、政府医院三方签署了《医用物资供应链服务体系合作协议》。

其中“服务费及支付”条款约定如下：

“针对甲方提供的服务内容，乙方须支付服务费用。该服务费为乙方对医院集中配送药品采购金额的10%至13%（不含增值税）及药品以外其他医用物资采购金额的12%至19%（不含增值税）之和。乙方于每月20日前将上月服务费支付给甲方。”

从上述“服务费及支付”条款可以发现，社会资本获得供应链的收益非常高，社会资本之所以如此“强势”，源于其对所投资医院的供应链采购体系的掌控。本案例中，社会资本在医院使用的药品品规确定、医药商业流通公司配送权甚至采购权等各方面，均拥有掌控权。

形成上述局面的原因如前文所述，社会资本通过IOT模式与政府和政府医院合作，在获得对医院的运营管理权同时，间接获得了对医院医用物质及非医用物质的统一配送管理权。

换言之，社会资本可越过医院直接决定医院的医用物质配送商，以致供应商为了能继续为医院提供配送等服务，只好将本属于供应商自己的利润、应返回给医院的利润点或原本由医院获得的返利，通过医药商业流通公司直接支付给社会资本。

本案例中，社会资本可以获取供应链收益的依据或商业逻辑源于IOT合作协议的如下约定：

“社会资本负责政府医院的运营管理，并对医院的医用物资（包括但不限于药品、诊断试剂、医用耗材和医疗设备）供应链实施统一的采购配送管理。”

此外，社会资本作为医院供应链的掌控方，在医药商业流通公司提供服务的过程中，社会资本为医院以及药品或医疗器械及耗材等供应商，也提供了部分服务或增值，从而借此获得相应的佣金。

例如，某项目中，合作协议做出如下约定：

“甲方（社会资本）为乙方（医药商业流通公司）提供有偿综合服务，提升乙方医用物资供应的整体运行效率，有效降低乙方医用物资供应链管理的成本。甲方向乙方提供的有偿综合服务包括但不限于：负责协调医院制定《医院药品品种目录》和《医院耗材品种目录》等，并向乙方提供前述目录；根据医院临床需求制订医院月度、周度或临时医用物资需求计划，甲方应协助医院及时向乙方传递药品采购计划，负责组织安排乙方与医院的货款结算工作。”[1]

上述协议约定的社会资本向医药商业流通公司及医院提供的综合服务，在实践中有多少能落地，本身并不重要，重要的是社会资本掌控了医院供应链的话语权，所以医院商业流通公司需按协议及时支付“佣金”。否则，社会资本很有可能选择其他商业流通公司作为医院的“配送商”。

如前文所述，此收益模式从本质上是社会资本从药品或医疗器械供应商等获取了本应属于医院或供应商的利润或收益权，所以在实操中，很快“医院”和“供应商”一起联手“反抗”，不给甚至少给社会资本相应的“佣金”。

其原因，笔者分析主要为：

一方面，此模式从实际运作来看，“话语权”最大的不是“社会资本”，而是政府医院的“院长”。其根源在于IOT模式是“契约式”的合作，社会资本并不拥有政府医院“院长”的最终任免权。因此，采取直接签订协议、获取供应链利润的模式，以笔者实操经验体会，在实践中难以为继。

另一方面，该模式随着国家医疗改革的深入和监管的加强，其直接提取“佣金”

[1] 甲方在合作期间需向乙方提供的服务内容：1.在符合相关法律法规规定前提下，甲方协助乙方将其或其上游供应企业药品供应信息系统与其供应医院的药品库存管理相关信息系统进行对接，建立医院医用物资供应链一体化管理体系、标准和流程，提高药品采购与配送的协同效率和管理效益，减少乙方流通环节，降低采购供应总成本。甲方协助乙方通过专业化管理和信息服务，确保乙方供应链管理成本得到有效控制。2.甲方将协助乙方适时在医院中建立一体化条形码技术，在医院医用物资采购环节通过扫码，以物联网管理方式大幅提高乙方对医用物资配送的工作效率并减少差错，降低因乙方原因导致的医院向乙方的退货率。3.甲方协助乙方做好医院的医用物资仓储、采购、配送、验收集中统筹管理，实现在正确的时间、按照正确的数量，正确的质量和正确的状态，提高乙方日常业务的效率及配送精准度。4.甲方协助乙方建立与医院的医用物资采购供应协同机制，使乙方根据最优库存模型实现自动供货，从而使乙方实现库存最小化，提高存货周转率和采购资金使用效率，降低医用物流管理成本。5.甲方建立银行信用结算合作关系，运用现代金融工具为乙方提供供应链的资金管理服务，使货款结算进入良性循环轨道，以大幅提高资金利用效率，节约流动资金和结算成本。6.甲方为乙方提供全程库存跟踪、物流配送过程管理、呼叫服务等供应链服务，确保供应链管理体系的信息安全和高效稳定运行。

的协议约定，在法律上是否有侵占第三人利益的嫌疑？

因此，此模式在商业逻辑上的合理性以及法律上的合规性，值得探讨并需做进一步论证。

（二）模式二：IOT 模式下设立采购控制平台

社会资本通过设立采购控制平台的方式获取供应链利润，在社会资本与政府合作的不同模式下，采取的方式不尽相同。

在 IOT 模式下，由社会资本单独成立全资子公司掌控供应链，社会资本获取了整合供应链的全部利润。

在政府以净资产出资的合作模式下，则由社会资本和政府共同成立的合资公司设立全资供应链平台进行采购，以掌控供应链的利润，其获取的利润按照政府和社会资本在成立的合资平台的股权比例进行分配。

以下，仍以 IOT 模式为例分析社会资本设立全资供应链平台如何获取医院供应链的利润。

1. 该模式商业逻辑分析

社会资本设立全资子公司作为采购控制平台，通过重新组织医院招标选定供应商、控制医院订单管理、控制财务付款等方式，部分或全面切断医院与供应商的联系。

其操作模式如图 11.10 所示：

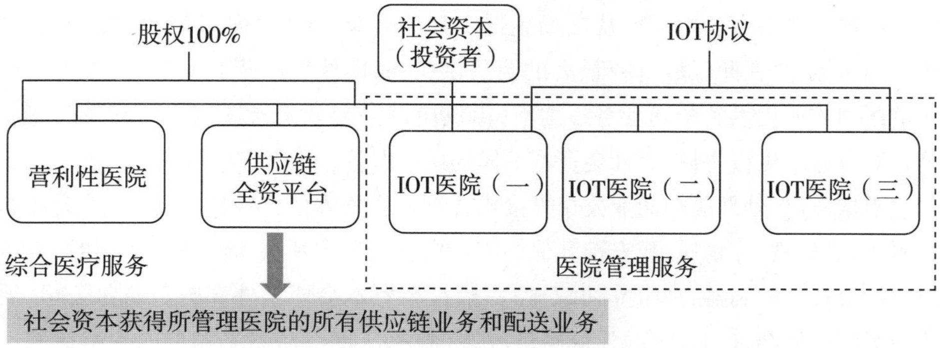

图 11.10　IOT 模式下社会资本单独成立供应链全资平台掌控医院供应链模式

在上述社会资本成立的供应链平台公司基础上，社会资本以组织 GPO（Group Purchase Organization）模式，整合旗下所有医院（包括但不限于 IOT 医院及营利性医院等）、诊所的药品、医疗器械和医用耗材的需求，形成规模效应，从而增加对价格的谈判能力，最终从采购环节获利。

如图 11.11 所示：

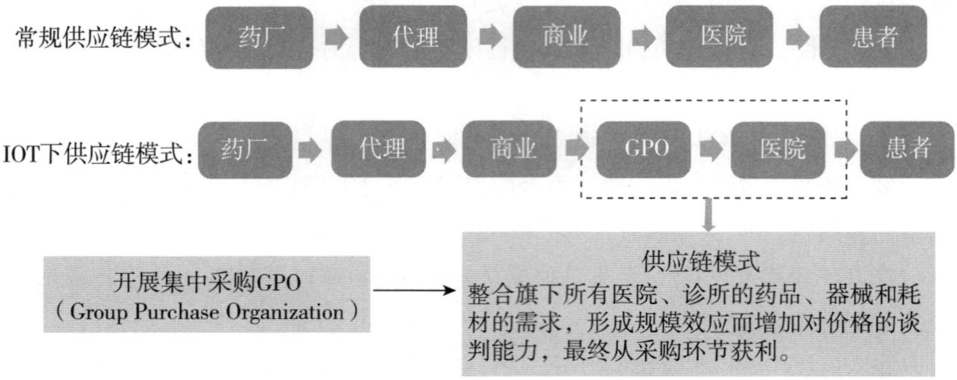

图 11.11　社会资本在 IOT 模式下通过 GPO 管理医院的供应链业务或配送业务

在该模式下，社会资本所管理的医院仅能根据临床需求，向上述采购平台提出品种、品规型号等方面要求，之后，社会资本的采购平台则以二次议价形式，低价从上游供应商处购入药品、医疗器械、医用耗材等，再根据所在地区政府招标价或设定的价格上限，向其下属医院销售，从而通过该购销过程形成的差价，把降低的医院采购成本转化成社会资本采购平台的利润。

2. 该模式操作程序分析

如上文所述，社会资本以由其全资设立的供应链平台作为获取供应链利润的操作主体。该平台公司一般从市场先选定其外部合作伙伴，如在其管理医院比较集中的区域，并在此区域选择最大的药品供应商，即外部医药商业公司，作为其供应链医用物质提供和配送业务。之后，由供应链平台公司与选定的外部医药商业公司双方签订供应协议，为社会资本下属的所有医院进行医疗物质配送。

根据协议，外部医药商业公司直接或透过社会资本的供应链平台，向社会资本所属医院供应医疗物质，或安排其他供应商向社会资本所属医院供应。同时，为了保障社会资本的利益，在合作协议中，一般社会资本会要求外部医药商业公司，须达到医院和社会资本设定的最低经济收益（根据年度药品总采购量的一定比例计算，并且每月对账）。如果社会资本从所属医院转售药品中，获得的毛利低于最低经济收益，外部医药商业公司需向社会资本支付该毛利与最低经济收益之间的差额。

3. 该模式下与商业公司合作分析

在实操中，社会资本供应链平台公司一般与外部医药商业公司有以下三种合作模式：

一是由双方签订协议后，由社会资本供应链平台公司以中标价（如药品）全部供应给医院，之后，由双方就议定的价格差额获取相应的利润。

二是社会资本平台公司和外部商业公司分别以不同比例的中标价（按药品品规或品类划分）提供给医院，之后，由双方按照议定价格及双方约定返利（如服务费）获取利润。

三是对毒麻精放等特殊药品或利润低品种的药品，由第三方（如其他药品供应商）直接以中标价将药品提供给医院，之后，由第三方将返利直接支付给社会资本供应链平台公司。

上述三种合作模式的操作模式如图 11.12 所示：

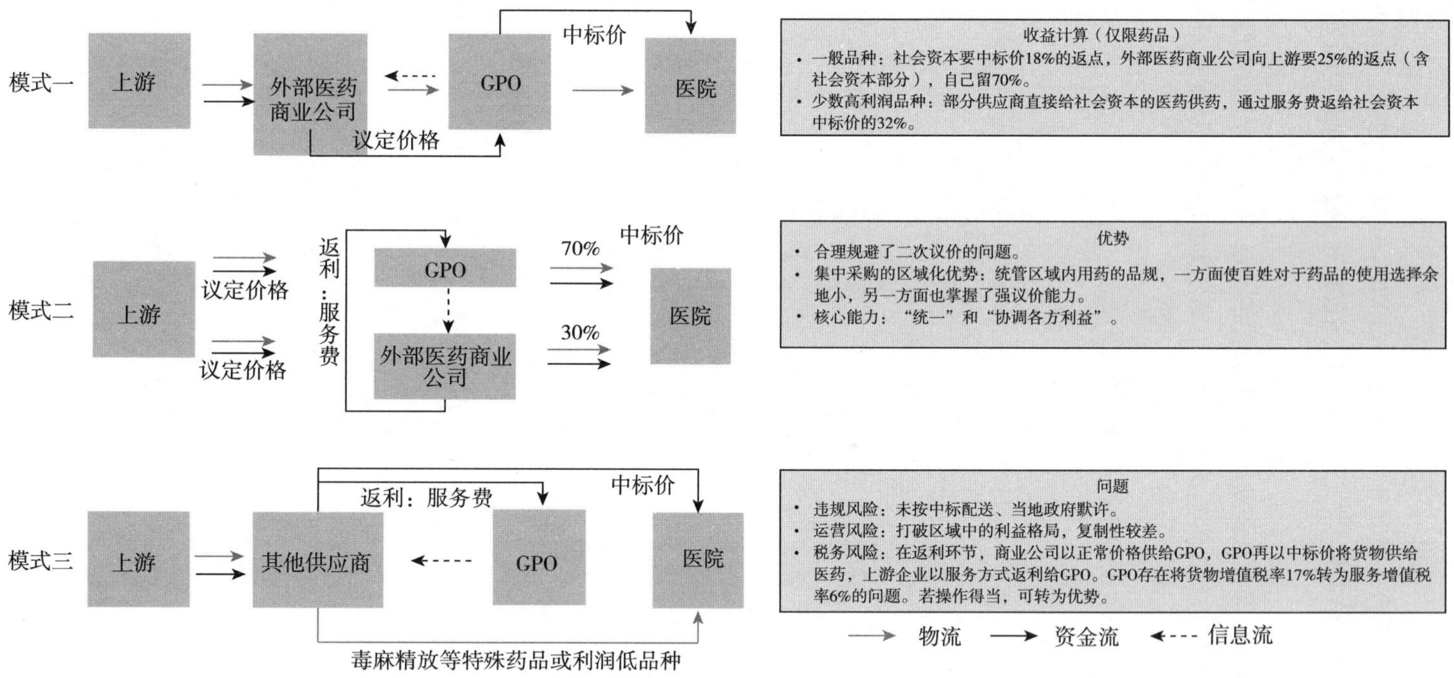

图11.12　社会资本供应链平台与外部医药商业公司的三种合作模式

4. 该模式下存在的问题

在以上分析的 IOT 模式下，社会资本采取成立单独供应链平台通过 GPO 集中采购获取利润的方式，是目前社会力量办医下追逐利润的主要途径，但该模式通过掌控供应链获益，仍存在以下“难以回避”的问题：

（1）从本质上讲，IOT 模式下社会资本通过获取政府医院的经营管理权，将医院的上游供应商（如药品、医疗器械、医用耗材等供应商及中间环节）的利益让渡给社会资本。社会资本从医院体系外，通过掌控供应链获取利益的方式，没有给医院或病人带来一定的益处。随着国家政策的不断收紧，该方式是否可持续，值得进一步论证。

（2）目前国家医疗改革的导向是改变以药养医的格局，实现医药分开，但通过 IOT 模式掌控供应链获取利润的方式，没有实现医药分开，而是将“以药养医”变成“以药养企”，这种生意模式是否可持续，也需进一步研究。

（3）目前社会资本设立的供应链采购平台，不是以中介的身份协助医院直接与供应商完成交易，而是作为医院和供应商中间的一个新的获利主体出现，去切“医院”和“供应商”二者之间的利益，在国家逐步推行药品和医用耗材“两票制”的政策下，这种增加交易环节的模式，笔者认为将难以持续。

（三）模式三：与政府合资模式成立供应链平台

上文阐述了在 IOT 模式下，社会资本在投资政府医院后，由社会资本单方成立供应链平台获取供应链利润的模式。此处则讨论社会资本与政府合资模式下，社会资本如何搭建供应链平台获取利润的模式。

因此，笔者先将两种模式下搭建的供应链平台的异同点进行比较，并进一步分析该模式存在的问题。

1. 两种供应链平台的比较

IOT 模式下成立的供应链平台与政府合资模式成立的供应链平台，二者在结构上存在较大差别。

这两种供应链平台结构如图 11.13 所示：

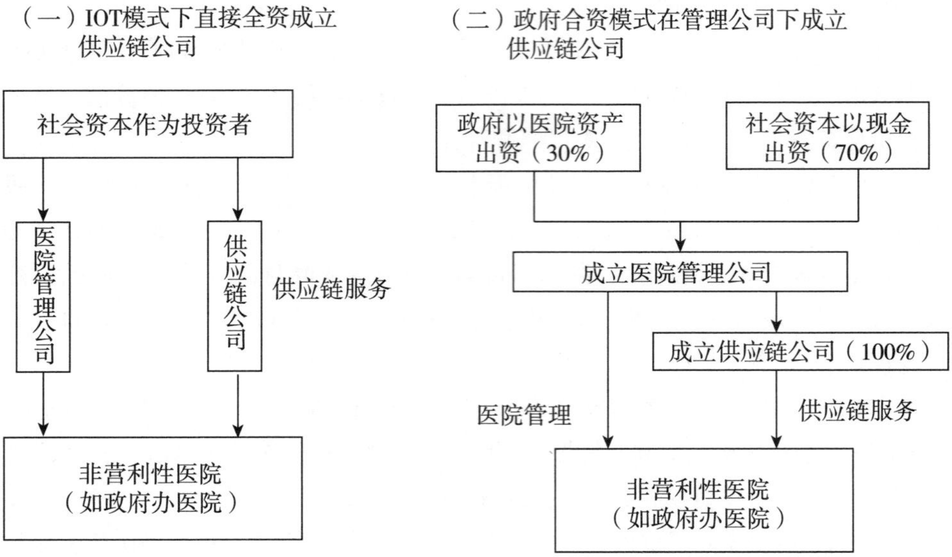

图 11.13　IOT 模式与政府合资模式两种供应链平台结构的异同点比较

由图 11.13 可知，前者是由社会资本单方成立的供应链平台，可以完全纳入社会资本的 GPO 采购体系，所以无论是在采购规模上还是在与制造商及供应商的合作深度和广度上，均实力较为雄厚，在实务操作上，基本上切断了医院与原供应商的所有采购渠道，将医院医用物质的所有采购全部纳入了社会资本搭建的单方供应链采购体系，由社会资本直接与制造商或供应商议价，从中赚取差价，获得利润。

后者则是在社会资本和政府的合资平台下重新搭建新的供应链平台，由于该供应链平台只为与政府合资的该家医院提供应链业务，所以无论在采购数量上还是在采购的资质上，均受诸多限制，以致在实务操作上，一般在该平台上，将原医院的采购一分为二：

一部分是通过药品品规的归集，在不影响医院日常经营的情况下，切断原供应商的渠道，由新的平台自行采购，获取差价利润。

另一部分是新的平台无法直接采购（例如，须经过批准，凭“印鉴卡”向省、市的定点批发企业采购）或利润空间较低的品种，仍依靠原供应商配送，提取部分佣金。如部分特殊药品（如麻醉、精神类）不能进行直接购买，以及受配送等方面的限制，仍需委托第三方进行配送（当然在前述的 IOT 模式下，在实践中也会或多或少遇到同样的采购难题）。

2. 该模式优劣势分析

在该模式下，社会资本为了掌控医院的供应链，需在与政府的合资平台下单独成立一家供应链公司，现就这种操作方式的优劣势及其风险分析如下：

（1）在当地新成立或收购一家带有 GSP 资质认证的供应链企业非常难。如上述案例中，由政府医院管理公司收购一家有 GSP 资质认证的医药商业公司，花了整整 1 年的时间。

（2）新成立的供应链平台在收购的医院进行药品归集的过程中，医院需要将与在社会资本介入之前的原有药品供应商终止合作。

医院在终止与原供应商到期或未到期的医疗物质《供应合同》的过程中，将可能给医院正常用药的不及时性带来风险，包括不限于：新成立的供应链公司在保障药品购销质量方面存在不确定性因素；供应链公司指定的唯一上游供应商不能全方位满足医院的药品需求。这两个因素均有可能导致医院存在一定的医疗用药风险。

（3）在社会资本与政府成立的合资公司、合资公司下成立的供应链公司及医院三者之间，在实际运营中出现了治理结构和决策范围混乱的问题，如在实际药品、医用耗材、医疗器械采购中，均出现了职责、权限、程序不清的现象。

因此，社会资本在对政府医院改制或合作过程中，采取合资公司下成立供应链公司的模式，在实践中也不断面临挑战和各利益相关方的质疑。

四、供应链掌控获取回报面临挑战

前述的社会资本掌控医院供应链的方式，无论 IOT 模式还是政府合资模式下的供应链回报模式，在现有政策及监管环境下，均存在较高的不确定性和经营风险，主要原因包括但不限于：

（1）药品零加成政策在全国推广，将严重影响医院利润水平；

（2）目前无法预测政府是否会在今后降低“招标价”，即药品、医疗器械及医用耗材将会受限于价格控制；

（3）若该“招标价”进一步降低，社会资本的供应链业务与供应商议价的空间会缩小，将难以获得更高的毛利；

（4）由于销售价格降低，即使社会资本销售同等或更多数量的相同药品或耗材，产生的收益也可能较少。如 2019 年年底北京取消了医用耗材加成，近 3700 所医疗机构按进价收费。

因此，从长期看，政府基本药物集中招标采购价有较大下行趋势，医疗相关政策将降低供应链业务的盈利水平，其结果是非营利性医院的供应链业务将存在不可持续的风险。

此外，社会资本通过供应链平台获取回报，在采购的程序和商业逻辑上，同样深受国家政策变化的影响，如“两票制”、招投标管理等相关规定，以致社会资本在通过供应链的方式获取非营利性医院供应链收益时面临较大的挑战。

以下分别就社会资本自行成立的供应链平台在具体采购药品、医疗器械及医用耗材的程序和商业逻辑等方面存在的问题和挑战进行详细分析。

（一）从供应链获取药品收益面临的挑战

随着“两票制”的推行，从供应链获取收益的模式受到较大影响。众所周知，2016 年 12 月 26 日，国务院医改办会同国家卫生计生委等八部门联合下发《关于在公立医疗机构药品采购中推行“两票制”的实施意见（试行）》，该意见要求，综合医改试点省（区、市）和公立医院改革试点城市的公立医疗机构要率先推行药品采购“两票制”，鼓励其他地区执行“两票制”，要求药品从药厂到一级经销商到医院、每个品种的一级经销商不超过 2 个，以减少流通环节的层层盘剥、缓解市民看病贵之痛。“两票制”的落地，促使药品的流通扁平化，药品的流通路径以及中间价格变得透明、可追溯。

“两票制”影响示意图如下：

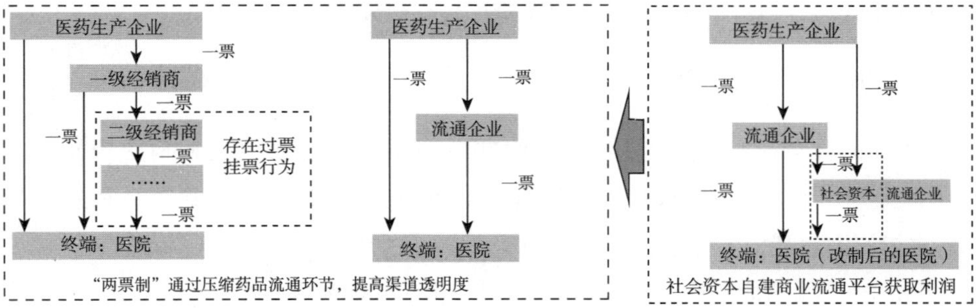

图 11.14 “两票制”影响示意图

由图 11.14 可知，“两票制”的实施能有效减少药品流通环节，提高流通效率，降低药品虚高价格。但同时其也给社会资本在投资非营利性医院后从供应链获取药品收益的过程中带来比较大的影响。

如前文所述，社会资本在投资非营利性医院后，一般通过设立供应链公司（如医药商业流通平台）来掌控改制后的医院供应链的采购端资源。由于社会资本新设的供应链平台只为该家医院或该区域投资的医院提供部分药品的供应，以致无论在提供药品的品规上、数量上、授权代理的种类还是配送能力上，仍需通过其他规模较大或品种更为齐全的一级经销商来进行配送或提供给社会资本自行设立的供应链平台,这样将导致提供的药品不符合上述“两票制”的规定。为了规避“两票制”的规定,部分社会资本采取以下两种方式继续从投资医院的供应链获取收益。

方式一:直接提取“返点”。

如上文“签订服务合同直接获取利润模式”部分所述,社会资本在自行成立商业流通平台的同时,限于“两票制”的限制,将药品采购业务从供应链平台进行部分剥离,由规模较大且品种较为齐全的医药商业流通企业对社会资本所投资的医院进行药品供应和配送。与此同时,社会资本与该医药流通企业通过签订协议的方式,直接从该医药流通企业提取药品的返点方式,获取利润。

方式二:社会资本自行开设“大药房”。

社会资本自行开设“大药房”,作为所投资医院药房的重要补充,并承接该医院的外流处方药品销售。由此,一方面可以“减轻”医院的“药占比”(在此暂不论此种做法的合规性);另一方面社会资本可从经营的零售药店获取利润。

其中,“大药房”经营的药品、医用耗材产品目录,基本上是依据医院临床需求确定,由药店从产品生产企业或代理商“低价”购进产品,再以一定的加成卖给医院患者,实现“大药房”收益。

如前文所述,上述两种方式,只是部分社会资本规避“两票制”的限制,为了获取供应链收益的“变形”操作方式,其商业逻辑的合理性及法律合规性,在现行监管环境下,面临极大挑战。

(二)从供应链获取医疗器械收益面临的挑战

如上文所述,药品采购的“两票制”已在全国全面落实,但由于医疗器械完全不同于药品的采购,如医疗器械的价格体系不透明、不规范,其中间流通环节的灰色地带更多,以致对医疗器械在全国范围内实施“两票制”,条件尚不成熟,目前只是部分省市进行了试点。

因此,社会资本目前在改制后的医院获取医疗器械的收益时,应不受“两票制”的影响,除非社会资本改制的医院所在区域对“两票制”有特别的规定。

与此同时,由于医院采购的医疗器械大部分为大型设备,作为政府医院或受国有资产监管的企业医院,为了降低采购成本、提高采购效率,一般需按照国家有关招投标的法律法规及政府或企业内部相关的招投标管理规定,履行相关的招投标程序。

因此,社会资本采取自行成立供应链平台对医疗器械进行采购,并从中获取相应的收益。

在实践中,就医疗设备采购的各环节,特别是政府医院和国企医院,在是否需履行“招投标程序”方面，同样面临极大挑战。

目前社会资本通过自行成立的供应链平台获取医疗器械(以下以大型医疗设备为例)收益的方式一般有以下两种：

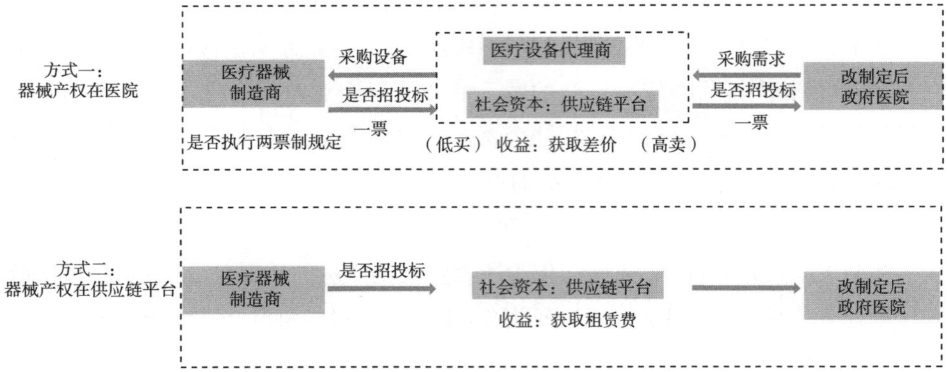

图 11.15 从供应链获取医疗器械收益示意图

方式一：采取“低买高卖”的方式。

由社会资本自行成立的供应链平台从设备制造商或代理商以“较低”的价格购得医疗设备。之后，再加价以“高价”从供应链平台卖给医院。在该方式中，医疗设备的采购主体为医院，且所采购设备的产权在医院。社会资本获取医疗设备的收益为“低价”买入和“高价”卖出的差价。

方式二：采取“设备租赁”的方式。

由社会资本自行成立的供应链平台从设备制造商或代理商以“较低”的价格购得医疗设备，并形成供应链平台的固定资产，即设备的产权在供应链平台。之后，以“较高”的租金租赁给医院使用，由医院定期向供应链平台支付租金，社会资本从中获得收益。

社会资本采取的上述两种获取医疗设备采购收益的方式在实际操作中面临诸多问题和挑战：

1.“低买高卖”存在的问题

因医院设备采购程序较为复杂，且其中的“猫腻”较多，以致性质不同的医院，如民营医院、企业医院、政府医院在设备采购过程中的要求和程序不尽一致。

为了分析方便，以下均以社会资本与政府医院合资模式下成立供应链平台为例，分析社会资本成立的供应链平台在采购医院大型设备过程中，以“低买高卖”获取收益过程中存在的问题。

对于未与社会资本合作改制的政府医院，医院大型设备一般的采购流程为：

(1)由设备使用科室提出申请后,再由设备科按照医院医疗设备采购流程审批后,交由采购部组织公开招标。其内容包括项目基本信息、供应商、设备名称、品牌型号、数量、第一、二次报价、服务承诺、付款方式等。

(2)按照"评定分离"的原则,由评标小组专家按综合评分法确定评标意见,由监督小组和招标委员会定标。

(3)若该采购事项属于医院"三重一大"事项,须按"三重一大"有关规定进行决策。

按照上述程序,在社会资本投资改制后的政府医院进行设备采购时,政府医院确定设备采购需求后,社会资本的供应链平台只是作为参与医院设备招标的代理商之一,按照招投标管理基本的"公平、公正、公开"原则,该供应链平台在同等条件下将难以获得"中标"的机会,以致社会资本难以从医院设备采购中获得"低买高卖"的收益。

案例

以笔者参与的某社会资本参与政府医院改制项目为例,社会资本认为:

既然在前期与政府商谈医院改制时,政府已承诺,将医院的供应链交由社会资本掌控,并可获取收益,因此社会资本有权将其新设的供应链平台作为采购主体,由该主体直接与设备制造商或设备代理商商谈,并以"较低"的价格获得设备,之后,"加价"以"较高"的价格卖给医院,以获取"差价"收益。而不应由医院作为采购主体,按照上述改制前的设备采购程序进行招投标,并在此招投标的过程中,只把社会资本的供应链平台作为众多招投标的代理商之一。相反,作为改制后政府医院需要做的是:只提供医疗设备临床需求即可,其他原应由医院组织的招标采购工作,全部交给社会资本的供应链平台去完成。

笔者认为,上述案例中,社会资本的做法存在以下问题:

(1)改制完成后的政府医院,仍作为政府监管的非营利性医院及医疗设备产权的拥有者和使用者,在医疗大型设备的采购中,如不依照国家和政府的相关招投标管理规定,存在违规风险。

(2)社会资本自行成立的供应链平台,在按照医院提供的设备需求,从设备制造商或代理商处以"低价"购得设备后,如何以相对"合理的高价"卖给医院?这个"加价"的过程中,有悖国家医改解决老百姓"看病贵"的精神。

(3)若社会资本自行成立的供应链平台与改制后的医院实际控制人均为该社会资本,有以下问题,需要在操作过程中,进一步厘清:

①供应链平台为同一控制人下的设备使用者医院进行采购,该"供应链平台"

是否可定义为"用于出售商品采购"的商业公司?

②供应链平台作为国有控股公司,为其控股(或控制)的设备使用者医院采购,在此采购过程中,是否需履行招投标的程序?

③换言之,其履行的招投标程序是否可"替代"上述政府医院设备采购的常规招投标程序和要求?

④供用链平台和医院均为同一控制人的内部业务单元(BUSINESS UNITS),以"内部协同采购",采取"非招标"的方式进行设备购买,是否合规?

⑤同时,供应链平台若定义为"商业公司",从设备"差价"中,其获取的利润需交纳相关税负,这与作为设备的最终使用者,即免征相关税负的"适格主体"非营利性医院,二者作为同一控制人的业务单元,在"商业逻辑"上是否存在矛盾?

⑥退一步说,即使上述"商业逻辑"不存在矛盾且合规,即社会资本通过供应链平台从非营利性医院医疗服务外获得了其应得的"商业利益",采取此种方式的根源是为了规避"因举办人或投资方不能直接从经营的非营利性医院变相分红"的刚性规定,而不得已采取的这种"变通"的获益方式。在目前国家医改不断进入"深水区"的大背景下,这种商业模式是否可持续?

综上,笔者认为,在社会资本采取"低买高卖"获取收益模式中,其商业合理性及法律合规性值得进一步探讨和论证。

2."设备租赁"存在的问题

鉴于上述"低买高卖"方式存在的不确定性和风险,实操中,有些社会资本采取"设备租赁"的方式来获取收益。

从实质上来说,社会资本在供应链平台采取的"设备租赁",应为"融资租赁"或"金融租赁[1]"。但在形式上,社会资本供应链平台采购医疗设备租赁给医院使用,也不属于完全意义上的"融资租赁"或"金融租赁",其原因在于:

(1)社会资本成立的供应链平台只是为改制后的政府医院获取供应链收益而临时成立的商业公司,并不拥有经中国银行保险监督管理委员会批准的"融资租赁业务"经营资质。

(2)由于社会资本成立的供应链平台不拥有上述的融资租赁公司的"资质",因此上述开展的"租赁"业务,只能认定为传统租赁,即以承租人(医院)租赁使用物件的时间计算租金,而非以融资租赁以承租人占用融资成本的时间计算租金。

---

[1] 指租赁公司对承租人自主选定的租赁物件,进行以其融资为目的的购买,然后将该租赁物件长期出租给该承租人使用,承租人按期支付租金。租赁到期时承租人可以获得设备所有权,本质上是以"融物"的方式满足承租客户"融资"的需求。

(3)正因为医院以上述医疗设备的使用时间计算租金,如何计算租赁方可让医院和政府监管机构认为是“合理的对价”?这成为社会资本和政府及医院利益“博弈”的焦点。

在上述案例中,社会资本的供应链平台购买的医院设备在租赁给医院使用时,按照政府财政部门要求,医院设备的租金(或称资产使用费)只能以“固定资产折旧的金额”向医院收取,且每年收取租金时,需报政府部门重新审批,在批准后方可获得政府医院支付的租金。由于获得政府批文的时间不可控以致社会资本难以按期获得租金。同时按照国家税务有关规定,税务部门需就上述租金收取租赁税费。

因此,笔者认为,社会资本采取“设备租赁”的方式获取医院设备收益的“商业逻辑”同样不可取。

(三)从供应链获取医用耗材收益面临的挑战

如前文所述,目前在公立医疗机构药品采购中,“两票制”不但在医改试点省份和城市率先推行,而且2018年在全国全面推开,同时,医疗器械与耗材的“两票制”也在试点和加速推进。如陕西、安徽、青海、宁夏、西藏等地耗材“两票制”均已相继落地,具体涵盖22类耗材和试剂产品,既有高值耗材也有普通耗材,既有通用试剂也有专用试剂。因此,社会资本通过自行建立供应链平台来获取医用耗材收益时,也将面临“两票制”的极大挑战。

目前,在医用耗材没有实施“两票制”的区域,社会资本在该区域对政府医院进行改制后,基本上仍采取上述医疗设备“低买高卖”的获利方式。

相比医疗设备,由于医用耗材的单一品种的价值较低且种类繁多,所以目前一般医用耗材的采购不受招投标相关规定和程序的约束,以致社会资本通过供应链平台获取收益的渠道和途径,在目前短期看来,还较为畅通。

目前部分社会资本一般通过以下路径,实现医用耗材采购的获益:

由于医院在采购医用耗材(试剂)的采购订单中,一般均事先明确了所需采购产品的生产企业、产品规格、产品价格;且依照目前医用耗材行业的“习惯做法”,大部分医用耗材生产企业在同一区域对同一家医院,一般只授权一家代理商作为医院的供应商。基于此,社会资本的供应链平台很容易成为该家改制后政府医院的医用耗材试剂的集中配送企业,从而为“低买高卖”获取收益做了很好的铺垫。

在实践中,社会资本成立的供应链平台基本上能按照政府医院的采购需求,以“较低”的价格从产品生产企业或代理商购进医用耗材,并以“较高”的价格卖给医院,获取“差价”。

一旦在改制后的医院所在的区域要求实行“两票制”，上述获利方式将面临与药品同样的挑战。

第四节　模式三：从医院获取资产使用费方式

一、概述

从医院获取资产使用费的方式，可细分为以下四种方式：

方式一：出租房产给医院获取资产使用费。

如前文所述，社会资本将投资新建的医院新院区的房产租给医院使用，从医院获取资产租赁费或资产使用费。

方式二：出租设备给医院获取租金。

由社会资本购置医院的经营性资产，如大型医疗设备，然后将设备租赁给医院使用，并收取租金。

方式三：向医院提供资金收取资金占用费。

社会资本在投资医院后，通过医院管理公司借款或其他方式，向医院提供资金，包括但不限于用于医院改扩建建设、支付人工工资、医药药品、医疗器械及医用耗材采购等费用。先由医院管理公司代为支付，之后，向医院收取资金占用费。

方式四：向医院收取人力外包的佣金。

社会资本在投资医院的同时成立医院管理公司，并由医院管理公司取得相应的资质后，由医院管理公司与医院员工签订劳动合同，并由医院管理公司将该等人员派遣给医院使用，收取人力外包佣金。

基于以上四种获取收益的方式，除了收取资产使用费较为复杂外，其他三种方式均较为简单。

为此，本节重点介绍社会资本在投资非营利性医院后，采取以收取资产使用费（或资产租赁费）的方式作为回报的模式，并分析此模式存在的难点。同时，就社会资本与政府医院合作时，社会资本采取融资租赁的方式，将医院的不动产进行租赁融资，是否可作为社会资本从医院获取收益的模式进行分析。

基于第六章政府医院并购合作模式的分析，由于政府与社会资本的合作模式不同，在新建院区建设过程中，社会资本对新院区建设的投资方式不尽相同，以致社会资本采取的回报渠道方式也不尽相同。

例如，前述的 IOT 模式，社会资本以“放债式”的投资，即将资金类似金融机构的“借贷”方式,借给政府医院,由政府医院自行新建院区。

新院建成后,其房产等全部产权均归属医院或政府财政,社会资本不存在通过收取资产使用费的方式获取收益。

因此,在IOT模式下,即使社会资本投入了资金,并完成了建设新院区,其采取的回报渠道方式,仍是前述的通过收取管理费及医院分期偿还借款和资金占用费的方式。

在社会资本参与政府医院整体改制模式(详见第六章第一节)中,社会资本和政府采取以净资产出资投资政府医院时,政府医院新院区建设的投入资金及建成后的房产的产权,均归属于合资公司,当政府医院运营新院区时,即形成了政府医院租赁合资公司的新院区房产的租赁关系。新院区在运营过程中获得收支结余,需支付合资公司租金,即本章所指的“资产使用费”。

在实际操作中,由于新院区的土地性质不同,即产生了在支付租金过程中的不同法律关系。如为划拨地时,新院区建成后其产权难以在合资公司名下,以致在此种模式下收取资产使用费时,碰到了诸多难点。

二、收取资产使用费难点分析

社会资本与政府医院合作时,就医院新院区建设的土地性质,一般分为医疗出让地、医疗划拨地两种性质。以下分两部分对前述两种情形下的资产使用费收取进行具体阐述和分析,与各位同人分享:

方式一:以医疗出让地的新院资产使用费收取;

方式二:以划拨地的新院资产使用费收取。

(一)方式一:以医疗出让地的新院资产使用费

1. 该方式下资产结构分析

在该方式下,政府与社会资本合资成立医院管理公司以后,政府医院启动新院区建设之前,由双方成立的医院管理公司为主体以医疗出让地的方式,从政府获得医疗出让地使用权,之后由医院管理公对新院区进行投资建设。

新院区建成后,其房产产权属于医院管理公司。

此模式交易结构如图11.16所示:

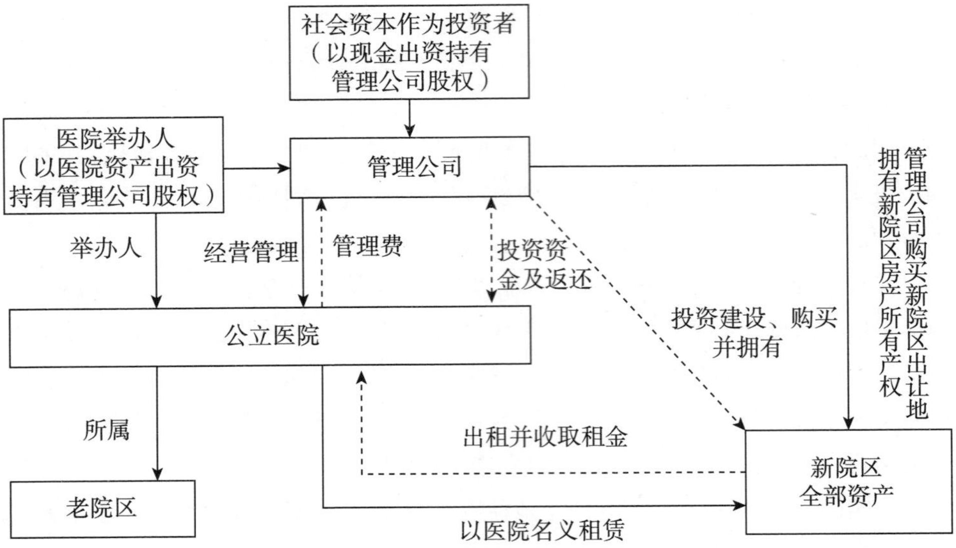

图 11.16　方式一：管理公司购买出让地拥有房产产权的资产占用费

在新院区正式运营后，政府医院作为合同主体与医院管理公司签署房产租赁合同，就新院区的房产使用权的租赁事宜，予以约定。[1]

由于新院区的建设涉及医院运营的事宜，较为复杂，所以在约定资产使用费支付时，政府医院和社会资本需重点关注以下事宜：

（1）资产租赁费的计算方法及支付时间。一般双方可以以医院会计制度规定

---

〔1〕 关于资产租赁费的收取约定：各方同意，在合资公司为医院提供管理服务期间，在保证不影响医院正常运营、不影响医院履行公共卫生职能的资金需求及医院员工待遇不降低的前提下，应由医院根据合资公司的业务管理范围、实际承担的管理工作及管理业绩等情况，向合资公司支付管理服务费及资产租赁费。

1. 资产租赁费

（1）各方同意，由合资公司将登记在其名下的房产、设备等医疗经营资产租赁给医院使用，医院应向合资公司支付资产租赁费。资产租赁费以医院会计制度规定的资产折旧摊销成本方法计算，付费方式为每季度财务报表出具后 5 日内由医院以现金形式向合资公司支付该季度资产租赁费。

（2）土地使用权的租赁费支付标准由各方另行协商确定。

（3）合资公司新建的医院新院区房产移交给医院使用后，医院即应向合资公司支付租赁费，合资公司是否已实际取得新院区的土地、房产权属登记不影响或不免除医院支付租赁费的义务。相应租赁费支付标准由各方另行协商确定。

（4）各方同意，由合资公司根据经营管理需要出资购置的医疗设备等医院经营资产以租赁方式提供给医院使用，医院应向合资公司支付设备租赁费。设备租赁费以医院会计制度规定的资产折旧摊销成本方法计算，付费方式为每季度财务报表出具后 5 日内由医院以现金形式向合资公司支付该季度设备租赁费。

的资产折旧摊销成本方法，计算资产租赁费，并通常按季度作为时间段进行支付。

(2)新院区的资产使用费的起算点。因新院区的房产建成后，办理产权证等耗时较长，为了合理保障社会资本利益，一般社会资本会要求在新院区房产移交给医院使用后，医院即应向合资公司支付租赁费，至于合资公司是否已实际取得新院区的土地、房产权属登记，不影响或不免除医院支付租赁费的义务。

(3)新院区医疗设备租赁事宜。由合资公司出资购置的医疗设备等医院经营资产，以租赁方式提供给医院新院区使用时，医院应向合资公司支付设备租赁费。并就设备租赁费，以医院会计制度规定的资产折旧摊销成本方法计算。

2. 该方式下的难点分析

在该方式中，双方成立的管理公司从政府以医疗出让地的方式，获得新院区的建设，并在新院建成后，通过房产租赁的方式，获取资产使用费，在“理论上是科学的”，但“经济上不是不可行，似乎不太合算”。具体原因如下：

从商业和投资的角度，将划拨地转化为出让地建设非营利性机构，将付出巨大的购买出让地的成本，由于社会资本目前获取非营利性医院投资的回报渠道有限，因此将增加社会资本收回投资成本并获取合理回报的难度。

此外，新院区建成后仍为非营利性机构，在背负交纳了“土地出让金”的资产负债结构上，其与同区域的非营利性医院竞争(例如，未改制的政府医院)，将处于不利地位。

在实操中，为了解决上述的“尴尬”，有两种较为常见的做法：

一种是社会资本在取得医疗出让地的基础上，将该医疗机构办成营利性的医院；另一种是保持“划拨地”的土地性质，将该医疗机构仍保留为非营利性机构。

否则，存在非营利性机构下医院资产的“一院两性”，一块资产为划拨地性质资产，一块资产为出让地性质资产，使该院处于不公平的竞争处境。

笔者认为，应按照市场化的“一院两性”来处理较为合理，即在同一医院，一部分为建立在“划拨地”基础上的非营利性医疗业务，保证政府要求的大部分公益性的基本医疗服务；另一部分为建立在“出让地”基础上的营利性医疗业务，保障患者特需或多样化高端需求的营利性医疗服务，使医院处于同一市场化的公平竞争态势。

(二)方式二：以划拨地的新院资产使用费

如前文所述，在方式一中，双方合作的管理公司以“医疗出让地”的性质获取了新院区的土地并收取资产使用费。在实践中，政府医院作为公益性服务机构，按照国家相关的法律规定，新院区的土地一般由老院区作为法人(如事业单位法人)拥有划拨地。

从法律上很难将新院区的该宗土地以划拨地的名义，以政府作为投资方的身份注入管理公司。为此，政府为了加快医院新院区的建设，新院区的划拨土地在属于老院区（或政府的名下）状态下，仍要求社会资本对医院进行建设，以致造成了所有的新院区的建设资金来源于合资的管理公司，但形成的资产（如房产）的产权仍在老院区法人（或政府名义）下的法律状况。

此模式交易结构如图11.17所示：

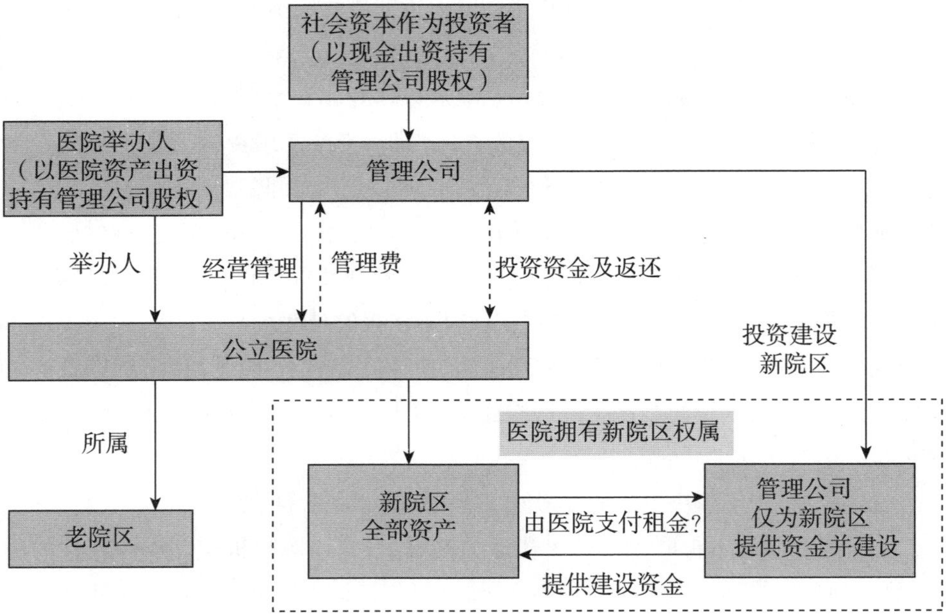

图11.17　方式二：管理公司在“医院划拨地”建设新院的资产占用费

就上述管理公司以划拨地的方式建设新院收取资产使用费的方式，现分别从以下两方面进行分析：一是以划拨地（在建工程）的新院资产使用费；二是以划拨地（新建）的新院资产使用费。

1. 以划拨地（在建工程）的新院资产收取使用费

如图11.17所示，政府在引入社会资本时，通过政府以医院的净资产和社会资本以现金的方式成立合资公司，建设新院区。其中政府以净资产出资的“资产包”包括“在建工程”。即政府在引入社会资本办医前，新院的建设已是在建工程，即新院的建设已是一个“半拉子”工程，只是政府尚未竣工和验收。社会资本介入后，如何接手新建的医院？在实践中，也面临诸多问题。例如：

一是社会资本如何接手尚未完工的在建工程，其问题包括：

（1）在建工程在交割前已超概预算如何处理？

（2）在建工程如何划分政府施工时与社会资本接手时的工程责任？

（3）由于管理主体发生了变化，前期的招投标项目及后期工程的招投标项目如何合理对接？

二是前期资金由政府财政单方投入，后期的资金投入和回报，也面临以下问题：

（1）双方成立的管理公司资金如何投入？即以借贷的方式还是以无偿投入的方式。

（2）建成后的房产如何处理？其产权全部在医院，但后续的资金来源于合资的管理公司。

（3）双方合资的管理公司如何从建成的新院运营后获取回报，可否采取前述的收取资产使用费的方式？

就上述两个问题，笔者以下述实际案例作为主线进行分析。

案例

某地级市政府在引入社会资本前，先期破土动工启动了政府医院的新院区建设，政府在建设前原批复的投资概算为2.5亿元。在建设过程中，发现工程投资概算漏项及暂估偏低部分约1亿元，实际建设过程中投资达3.5亿元。同时，政府医院新院区搬迁运营需购置医疗设备、办公用品等资金共计2.5亿元，总投资达6亿元，目前已投入1.5亿元，缺口尚达4.5亿元。

结论是：项目投资超概算1亿元，资金缺口达4.5亿元。

上述案例中，社会资本与政府成立的合资公司如何接手此“烫手山芋”？

一是在实际建设中发现所需资金超过前期概算约1亿元，该责任应由哪一方承担？在完工后，是由政府承担还是政府和社会资本一起承担？

二是完工后，此项目是划拨地上建的房产，产权应归医院，社会资本投入的资金如何收回？若以资产使用费的方式，合资的医院管理公司没有拥有新院区房产的产权，即所有权，何谈收益权？

因此，此类在划拨地的基础上，由在建工程形成的新院区的房产，不适合采取资产使用费的方式获取收益，而应通过向医院提供资金，收取资金占用费方式获取收益。

换言之，在社会资本参与新院区建设后，由双方合资的医院管理公司通过借贷的方式，向新院区提供建设资金。完成后，由合资公司向医院收取资金占用费用，而非资产使用费的方式,获取回报。

2. 以划拨地(新建)的新院资产收取使用费

社会资本与政府合作后,双方从“零”开始,启动新院区的建设,即政府在引入社会资本后,寻找划拨地,启动新院区的建设。

在法律上,从“零”开始的新建院区,与上述的“在建工程”形成的新院区,在房产完成后,应没有本质的区别,因为都是以医院划拨地形成的房产,建成后房产的产权均在医院名下,仍建议以资金占用费的方式获取回报。

本节重点讨论的是对于政府刚建成的新院区房产,在合资时,政府以净资产出资合作的方式,将新建成的院区房产以资产包的方式注入双方合资的医院管理公司之后,如何收取资产使用费的问题。

换言之,在引入社会资本后,合资公司不拥有新院区的房产产权,即在由医院拥有新院区房产权属的情况下,合资公司仍向医院收取资产使用费,存在哪些财务和法律瑕疵。

为了更清晰阐述该方式存在的问题,我们仍以一则案例为主线进行分析。

3. 案例分析

在本案例中,在引入社会资本办医的过程中,政府与社会资本成立合资公司,其中政府以医院的资产作为出资,即政府将医院所有的资产全部注入合资公司名下。

其“资产包”从财务上划分,应包括以下三部分:

一是医院的流动资产和负债;二是医院的设备;三是不动产(如土地房产等)。

其中医院的流动资产(如应收账款和存货等),因为医院运营的需要,在注入后再由合资公司卖回给医院,形成医院对合资公司的债务,医院以偿还债务的名义,将医院收入的一部分支付给合资公司,相当于合资公司开辟了一条新的投资回报渠道。

难点是房产和土地:

①在“财务”上,从医院转移到了合资公司,在之后的医院运营中,合资公司以此为依据向医院收取资产使用费。

②在“法律”上,上述房产和土地权属关系,并没有在房产和土地登记部门办理产权过户程序,这较易引起争议。

某政府医院以资产合资形成的资产使用费结构如图 11.18 所示:

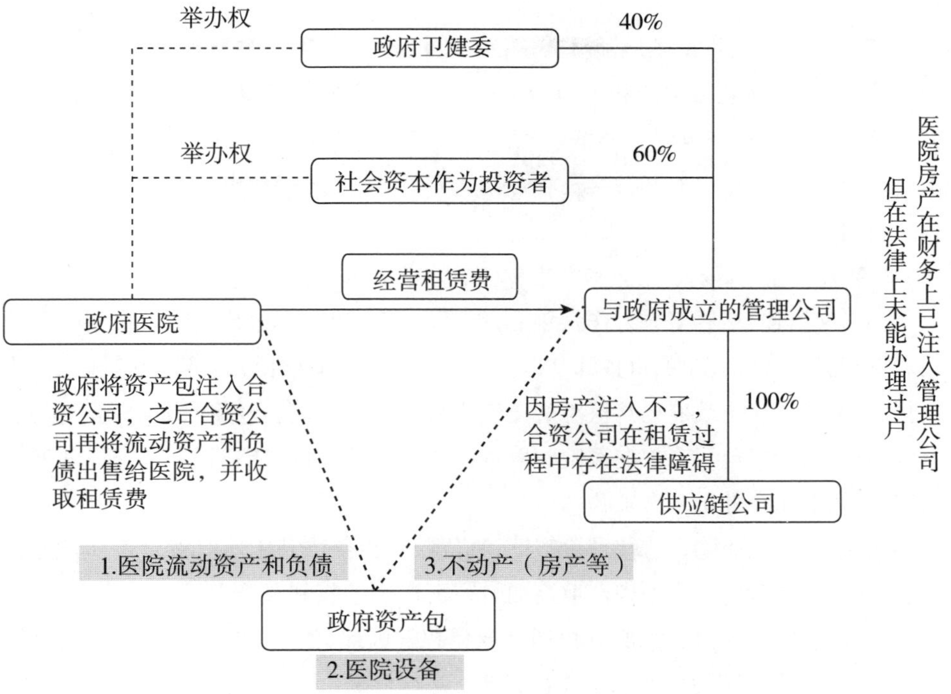

图 11.18 案例分析:某政府医院资产合资—资产使用结构图

在本案例中,政府以净资产注资的方式,将医院的资产包约 4 亿元作为政府出资的资产从医院转移到合资公司名下,其中刚建成的土地房产以账面评估值作价约 1.5 亿元,也一并随资产包注入到了合资公司。

如前文所述,尽管在“财务”上已将 1.5 亿元的房产注入到了合资公司,但在法律上,只有价值约 5000 万元的 10 套房产在产权登记部门办理了过户至合资公司名下的手续,其余土地房产约 1 亿元均未办理过户手续。

基于以上事实,在实际操作中,该人民医院在改制后的运营和管理中,出现了以下“奇葩”现象。

“奇葩”之一:土地房产的过户不以登记部门的变更为准。

如上文所述,在该案例中,当地政府为了证明“上述约 1.5 亿元的土地房产已从医院转移到合资公司名上”,即以市政府的名义下发文件(以下简称《政府证明文件》),说明该资产已全部注入合资公司,并完成了出资义务。同时要求三方(政府、社会资本、医院)另行签署《资产交割函》,在交割函中约定如下:

(1)现三方约定:根据某评估机构出具的《资产评估报告》,该评估报告下的所有资产(包括房产和土地)已交付给双方合作的管理公司,并确认其为上述资产的唯一所有权人。

(2)三方确认,不论土地和房产是否完成权属变更手续,在资产交割日后,该人民医院所有资产(包括房产和土地)的所有权为双方成立的合资公司享有,任何一方对该所有权不存在争议。

事实上,在当地政府和社会资本合作六年后,上述房产和土地产权至今未能办理产权过户手续。

"奇葩"之二:不基于财产的所有权而获取其收益权。

如上文所述,尽管双方合作六年后,仍没有将房产和土地从医院过户到合资公司名下,然而,合资公司的审计师却以上述的《政府证明文件》和《资产交割函》作为依据,从财务上认定政府已将医院的土地和房产已从医院转移到合资公司。据此,审计师认为,合资公司有权向医院收取资产使用费,同时审计师将上述资产的所有折旧、摊销费用全部记入合资公司名下。

从法律上,按照物权法律理论解读,收益权是指获取基于所有者财产而产生的经济利益的可能性,是人们因获取追加财产而产生的权利义务关系。换言之,资产的收益权是基于所有权,无所有权即无收益权。因此,依据《政府证明文件》和《资产交割函》认定医院的房产和土地权属缺乏法律依据。

"奇葩"之三:合资公司一而再、再而三地亏损。

在该案例中,政府以 4 亿元净资产作为出资注入合资公司,在政府医院和社会资本合作六年后,由于政府及政策的原因,合资公司和医院的资产权属关系,至今未能从法律上厘清,主要包括:

(1)政府未能按照协议约定完成全部出资,尚有约 1 亿元的土地房产未办理过户。

(2)作为政府出资的医院流动性资产(原估值约 1 亿元)产权,实际在由医院使用和收益,医院未支付任何资产使用费。

(3)合资公司的无形资产由医院在使用和收益,医院也未支付任何资产使用费。

由于上述资产状况,根据会计师事务所提供的公司 2018 年审计报告,合资公司累计亏损已达 1 亿元。审计师认为,造成公司亏损的主要原因是:

(1)亏损原因之一:固定资产折旧亏损。

审计师从财务上依据《政府证明文件》和《资产交割函》认定,政府出资的土地房产及其他流动性资产已全部属合资公司所有,所以,审计师从账务处理上,将上述土地和房产的所有资产的折旧等,从合作以来起算全部记入合资公司账目上。

由于医院和当地政府的不配合,从合作以来医院拒绝按照三方(政府、社会资本、医院)签订的《资产使用费协议》支付任何资产使用费,导致合资公司从合作以来未能从医院获得任何收益。由此,造成管理公司账面上产生大额亏损。

(2)亏损原因之二:资产使用费税费亏损。

①合资公司就资产使用费以固定资产折旧的金额向医院收取,按照国家税务有关规定,税务部门需就上述资产使用费收取租赁税费,结果因资产使用费造成第一次税费亏损。如根据相关规定,不动产租金需交额外的12%房产税。

②同时,医院的土地和房产从法律上未能办理过户,因此,税务部门认为,上述固定资产折旧不能计入成本,结果造成合资公司需要缴纳企业所得税,造成第二次税费亏损。如根据相关规定,对于未过户资产折旧,不能税前扣除,需重复交25%所得税。

(3)亏损原因之三:无形资产摊销亏损。

政府已将医院的无形资产以资产包的方式注入合资公司,但在医院的实际运营中,该无形资产仍由医院在使用和收益。如上文所述,政府和医院拒绝向合资公司支付使用费,结果造成合资公司承担无形资产摊销费用而无任何收益,造成合资公司再次亏损。

结论:由上述亏损原因可知,从财务上,医院的资产产权在合资公司,实际仍由医院使用,由此产生的经营成果全部体现在医院,以致在合资公司和医院的财务结构上,资产和收益不匹配。同时因合资公司承担了上述资产的大量折旧、摊销等,且未能收取资产使用费,结果是:自合资以来,合资公司持续大额亏损。

三、关于医院不动产能否作租赁物分析

基于上述案例在收取资产使用费过程中存在的相关问题,为理顺资产权属关系,扭转合资公司亏损局面,实现医院可持续发展及社会资本作为投资者的利益能得到合理的保障,最后实现社会资本、医院、政府"三赢"的局面,需要各方都做出一定的让步,优化原方案。

实操中,可采取以下措施,调整原政府以净资产注入合资公司的资产结构:

(1)调整合资公司拟收取医院资产的资产范围和收费标准。

①收取资产使用费的资产范围增加,如应包括合资公司提供给医院使用的无形资产;

②收费标准应调整为:资产折旧和摊销金额(以第三方审计机构出具的审计报告为准)+税收成本+适当资金成本(以上述每年收费资产范围内的资产净值为基

数，以中国人民银行同期贷款基准利率计算利息）；

③对于土地和房产在收取资产使用费的不合理事项，须做相应调整。

（2）合资公司将上述流动性经营资产包，按原估值约1亿元转让给医院，明确权属，保障医院业务的连续性、规范性的同时，由医院向合资公司偿还上述应付账款。

除了上述调整外，本节重点探讨关于医院不动产能否作为融资租赁交易项下租赁物的事宜，分析社会资本是否可“以医院不动产”作为租赁物，通过融资租赁的方式，获取收益作为社会资本回报渠道的可行性，以解决或取代上述以划拨地形成的房产在收取资产使用费过程中的“困境”。

解决该“困境”的核心是，该划拨地形成的房产是否可作为融资租赁的“适格租赁物”。具体分析如下：

（一）关于租赁物的认定标准

现行法律法规对租赁物的认定标准，可分为行业主管部门的认定标准以及司法认定标准。

（1）就行业监管标准，根据相关规定[1]，行业监管标准下的适格租赁物应同时具备客观存在、权属清晰且能够转让，以及能够产生收益三种属性。

（2）就司法认定标准，根据最高人民法院相关规定及司法解释等，司法标准适格租赁物至少应具备实际存在、所有权清晰且能够转让、价值与租金基本匹配三种属性。

（二）关于医院作为公益性资产是否为适格租赁物

因政府医院具备为社会公共利益服务以及依据国家有关法律法规不得或不宜变现两种属性，故政府医院应属公益性资产。基于该等属性，出租人应难以将公益性资产医院进行变现以获得收益。

同时，根据《民法典》的相关规定，不动产产权转移办理登记方为有效。医院办公楼为不动产，其产权转移应以登记为准。

---

〔1〕《融资租赁企业监督管理办法》第10条第1款规定：“融资租赁企业开展融资租赁业务应当以权属清晰、真实存在且能够产生收益权的租赁物为载体。”第18条规定：“按照国家法律规定租赁物的权属应当登记的，融资租赁企业须依法办理相关登记手续。若租赁物不属于需要登记的财产类别，鼓励融资租赁企业在商务主管部门指定的系统进行登记，明示租赁物所有权。”第19条规定：“售后回租的标的物应为能发挥经济功能，并能产生持续经济效益的财产。融资租赁企业开展售后回租业务时，应注意加强风险防控。”《金融租赁公司管理办法》第4条规定：“适用于融资租赁交易的租赁物为固定资产，银监会另有规定的除外。”第32条规定：“金融租赁公司应当合法取得租赁物的所有权。”

但在实际操作过程中，存在以下困难：一方面，不动产产权转移涉及高额税费，实际操作过程中产权一般不会转移至租赁公司；另一方面，医院的办公楼所在土地一般为划拨土地，转让需取得主管部门的同意，甚至可能涉及补缴地价。

综上所述，如出租人并未实际控制和实质性取得租赁物的所有权，即出租人无法获得租赁物所有权，将可能导致出租人无法要求承租人返还租赁物，并对其进行处置变现的后果。

据此，笔者认为，公立医院（如政府医院或部队医院）办公楼属于公益性资产，因其不得或不宜变现的属性，难以进行产权转让，应不符合法律法规对租赁物的认定标准，难以被认定为“适格租赁物”。

（三）关于以医院的不动产作为租赁物的风险

笔者认为，社会资本若以其下属的融资租赁公司，以医院的不动产作为租赁物，开展融资租赁业务，将面临如下风险：

1. 利益回收风险

如上文所述，医院的办公楼及在建办公楼属于公益性资产，公益性资产因其所有权，难以转让以及不得或不宜变现之属性，无法发挥对租赁物的担保作用，导致在承租人发生违约情形时，出租人无法变卖或拍卖租赁物进行减损。

除此之外，以医院的公益性资产作为租赁物，其利益回收风险还在于因租赁物不适格，导致融资租赁法律关系可能被法院予以否定，而以其实际构成的法律关系替代，当事方的权利义务包括债权本金、利息等，将根据法院认定的法律关系确定，由此融资租赁合同中诸如手续费、保证金等费用将可能被法院认定为“砍头息”而不予支持。

2. 行业监管风险

结合当前趋势，融资租赁具有融资和融物的双重属性。

就融资租赁与传统银行信贷之间的差别，从目前监管趋严的态势来看，一旦融资租赁公司以不适格租赁物开展业务，并最终被认定为借贷关系，有可能遭受行业主管部门的处罚。

（四）合规建议

社会资本与政府医院合作时，采取融资租赁的方式获取回报，可优选医疗器械、救护车等动产作为医院的租赁物，如该等动产金额不足，可以考虑将医院办公楼内的设施作为租赁物，包括电梯、消防设施、电力设施等。

该等物品原则上为独立的“物”，因嵌入不动产成为不动产的一部分，一般来说，分离不易，实践也存在一定争议，但是，笔者的理解是，该等资产并不完全属于不动产,并不完全不具备拆除条件,作为租赁物尚且具备争辩空间。

因此,社会资本在与政府医院合作中,采取以融资租赁的方式将医院的房产作为租赁物,获取回报的风险较大。为此,笔者认为,将政府医院房产作为融资租赁物,以获取收益并作为回报渠道之一,不具备现实可操作性。

第五节　模式四:从资本市场获取回报方式

如前文所述,社会资本投资医院不只是承担部分基本公益医疗服务,最终还是希望能获得合理的投资回报。

本节所述的"从资本市场获取回报"是指社会资本在投资医院时获取前述回报的基础上,将医院投资所形成的权益注入上市公司,以从资本市场(本书所涉"资本市场"的内容分析仅限于国内A股及H股市场进行分析)获取回报。

鉴于社会资本在医院投资过程中的复杂性,特别是对非营利性医院的投资,无论是资产权属性,还是从医院经营中直接获取回报方式的合规性,目前在理论界和实践界,争议都较大。因此,社会资本在将投资或收购的非营利性医院注入国内A股,特别是H股过程中,受到了来自中小股东及证券监管部门的挑战和质疑。

基于此,笔者在本节从以下角度分析社会资本在将非营利性医院注入上市公司(或IPO)过程中面临的问题。例如,从目前国家对注入上市公司重组的有关监管规定、将非营利性医院注入上市公司的模式、对拟注入非营利性医院资产或权益如何进行估值以及在注入模式和估值过程中碰到的难点进行重点分析。

本节拟分为以下五个部分,详细分析比较社会资本在将医院资产注入上市公司过程中,与其他行业的资产注入上市公司的异同点,得出社会资本从资本市场获取回报需关注的关键点:

第一部分:有关监管规定

第二部分:资本市场回报的模式分析

第三部分:注入医院资产的估值分析

第四部分:从资本市场获取回报的难点和痛点分析

第五部分:注入医院资产的风险分析

一、有关监管规定

社会资本将医院投资所形成的权益注入国内A股及H股上市公司时,涉及的主要监管规定如下：

表 11.6　社会资本将医院投资所形成的权益注入上市公司时涉及的主要监管规定

序号	颁布时间	颁布部门	法规名称	相关内容
1	2020.3.20	中国证券监督管理委员会	《上市公司收购管理办法》(2020 年修正)	第五条　收购人可以通过取得股份的方式成为一个上市公司的控股股东,可以通过投资关系、协议、其他安排的途径成为一个上市公司的实际控制人,也可以同时采取上述方式和途径取得上市公司控制权。 收购人包括投资者及与其一致行动的他人。
2	2020.3.20	中国证券监督管理委员会	《上市公司重大资产重组管理办法》(2020 年修正)	第十三条　上市公司自控制权发生变更之日起 36 个月内,向收购人及其关联人购买资产,导致上市公司发生以下根本变化情形之一的,构成重大资产重组,应当按照本办法的规定报经中国证监会核准： (一)购买的资产总额占上市公司控制权发生变更的前一个会计年度经审计的合并财务会计报告期末资产总额的比例达到 100% 以上； (二)购买的资产在最近一个会计年度所产生的营业收入占上市公司控制权发生变更的前一个会计年度经审计的合并财务会计报告营业收入的比例达到 100% 以上； (三)购买的资产净额占上市公司控制权发生变更的前一个会计年度经审计的合并财务会计报告期末净资产额的比例达到 100% 以上； (四)为购买资产发行的股份占上市公司首次向收购人及其关联人购买资产的董事会决议前一个交易日的股份的比例达到 100% 以上； (五)上市公司向收购人及其关联人购买资产虽未达到本款第(一)至第(四)项标准,但可能导致上市公司主营业务发生根本变化； (六)中国证监会认定的可能导致上市公司发生根本变化的其他情形。 上市公司实施前款规定的重大资产重组,应当符合下列规定：

续表

序号	颁布时间	颁布部门	法规名称	相关内容
				(一)符合本办法第十一条、第四十三条规定的要求; (二)上市公司购买的资产对应的经营实体应当是股份有限公司或者有限责任公司,且符合《首次公开发行股票并上市管理办法》规定的其他发行条件; (三)上市公司及其最近3年内的控股股东、实际控制人不存在因涉嫌犯罪正被司法机关立案侦查或涉嫌违法违规正被中国证监会立案调查的情形,但是,涉嫌犯罪或违法违规的行为已经终止满3年,交易方案能够消除该行为可能造成的不良后果,且不影响对相关行为人追究责任的除外; (四)上市公司及其控股股东、实际控制人最近12个月内未受到证券交易所公开谴责,不存在其他重大失信行为; (五)本次重大资产重组不存在中国证监会认定的可能损害投资者合法权益,或者违背公开、公平、公正原则的其他情形。 上市公司通过发行股份购买资产进行重大资产重组的,适用《证券法》和中国证监会的相关规定。 本条第一款所称控制权,按照《上市公司收购管理办法》第八十四条的规定进行认定。上市公司股权分散,董事、高级管理人员可以支配公司重大的财务和经营决策的,视为具有上市公司控制权。 创业板上市公司自控制权发生变更之日起,向收购人及其关联人购买符合国家战略的高新技术产业和战略性新兴产业资产,导致本条第一款规定任一情形的,所购买资产对应的经营实体应当是股份有限公司或者有限责任公司,且符合《首次公开发行股票并在创业板上市管理办法》规定的其他发行条件。 上市公司自控制权发生变更之日起,向收购人及其关联人购买的资产属于金融、创业投资等特定行业的,由中国证监会另行规定。

续表

序号	颁布时间	颁布部门	法规名称	相关内容
3	2018.5.16	国务院国有资产监督管理委员会、财政部、中国证券监督管理委员会	《上市公司国有股权监督管理办法》	第六条　上市公司国有股权变动的监督管理由省级以上国有资产监督管理机构负责。省级国有资产监督管理机构报经省级人民政府同意,可以将地市级以下有关上市公司国有股权变动的监督管理交由地市级国有资产监督管理机构负责。省级国有资产监督管理机构需建立相应的监督检查工作机制。 上市公司国有股权变动涉及政府社会公共管理事项的,应当依法报政府有关部门审核。受让方为境外投资者的,应当符合外商投资产业指导目录或负面清单管理的要求,以及外商投资安全审查的规定,涉及该类情形的,各审核主体在接到相关申请后,应就转让行为是否符合吸收外商投资政策向同级商务部门征求意见,具体申报程序由省级以上国有资产监督管理机构商同级商务部门按《关于上市公司国有股向外国投资者及外商投资企业转让申报程序有关问题的通知》(商资字〔2004〕1号)确定的原则制定。 按照法律、行政法规和本级人民政府有关规定,须经本级人民政府批准的上市公司国有股权变动事项,国有资产监督管理机构应当履行报批程序。
4	2015.10.28	商务部	《外国投资者对上市公司战略投资管理办法》(2015年修正)	第五条　投资者进行战略投资应符合以下要求: (一)以协议转让、上市公司定向发行新股方式以及国家法律法规规定的其他方式取得上市公司A股股份; (二)投资可分期进行,首次投资完成后取得的股份比例不低于该公司已发行股份的百分之十,但特殊行业有特别规定或经相关主管部门批准的除外; (三)取得的上市公司A股股份三年内不得转让; (四)法律法规对外商投资持股比例有明确规定的行业,投资者持有上述行业股份比例应符合相关规定;属法律法规禁止外商投资的领域,投资者不得对上

续表

序号	颁布时间	颁布部门	法规名称	相关内容
				述领域的上市公司进行投资; (五)涉及上市公司国有股股东的,应符合国有资产管理的相关规定。 第十条　投资者对上市公司进行战略投资,应按《证券法》和中国证监会的相关规定履行报告、公告及其他法定义务。
5	2021.12	香港联交所	《香港联合交易所有限公司证券上市规则》(2021年第136次修订)	第十四章关于"反收购行动"的规定。 该规定将上市发行人通过交易实现将收购资产上市的意图并规避新申请人规定的行为定义为反收购行动,对拟进行此反收购行动的上市发行人当作新上市申请人处理。 "反收购行动"通常包括:(1)在进行"非常重大的收购事项"时发生或导致上市公司控制权转移;(2)在上市公司控制权转移36个月内,取得控制权人进行"非常重大的收购事项"。 "非常重大的收购事项"是指按照《证券上市规则》计算的资产比率、代价比率、盈利比率、收益比率或股本比例达到或超出100%。 据此可以认为,若不构成"非重大的收购事项"或上市公司的控制权人和资产转让方不存在关联关系,则可不视为"反收购行动"。

二、资本市场回报的模式分析

社会资本投资营利性医院及非营利性医院后,从资本市场获取回报,有以下四种模式:

一是上市公司通过资产或股权收购方式,取得社会资本拥有的医院资产和业务;

二是上市公司发行股份购买社会资本持有的投资医院权益;

三是上市公司发行股份及现金购买社会资本持有的投资医院权益;

四是借壳上市,即社会资本将持有的投资医院的权益注入上市公司时形成反向收购,社会资本变成上市公司大股东。

如前文所述，社会资本投资医院所形成的权益，一般由其成立的医院管理公司持有，即社会资本将投资医院的权益，具体表现在社会资本持有的医院管理公司股权的价值，所以社会资本在"资本市场获取回报"的具体操作是："将社会资本持有医院管理公司的股权注入上市公司。"

为此，社会资本将其持有的医院管理公司股权注入上市公司时，社会资本需先比较拟注入医院管理公司所持有的资产与上市公司的资产规模，同时，社会资本作为投资者在注入上市公司并从资本市场获取回报时，需考虑以下因素：

一是社会资本注入上市公司，是希望全部获取现金还是可转债，抑或兼而有之？

二是若社会资本将注入的医院管理公司资产超过上市公司的资产，有可能成为上市公司的大股东，是不是社会资本所希望的？还是只希望作为战略或财务投资者，不希望成为上市公司的控制股东？

在考虑上述因素后，方可形成社会资本获取回报的四种方式。

以下以图表的方式，说明社会资本将持有医院管理公司股权注入上市公司获取回报的四种形式。

方式一：注入资产规模较小，不形成控制权，社会资本将医院管理公司的股权卖给上市公司，获取现金，实现其投资成本的价值最大化。此方式如图 11.19 所示：

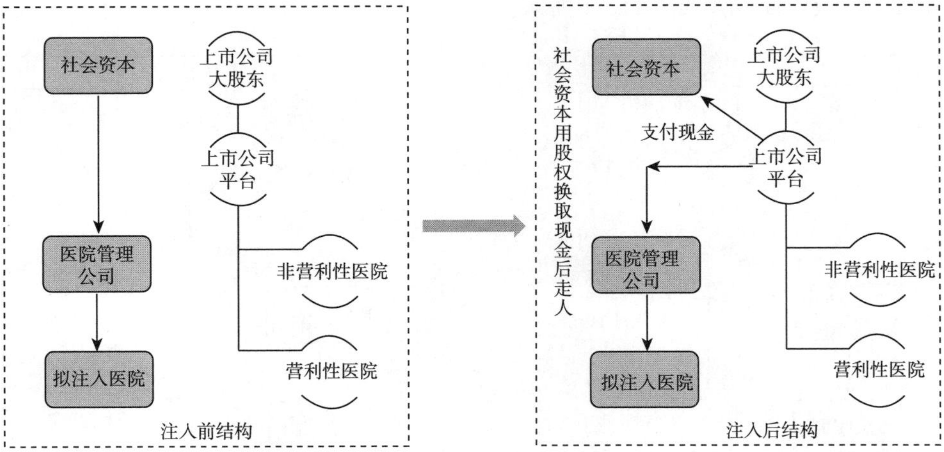

图 11.19　社会资本将持有医院管理公司股权注入上市公司获取回报方式一：只换取现金

方式二：注入资产规模较小，将其注入的资产换成等比例的股权，作为上市公司的小股东获取分红，不参与上市公司的管理。此方式如图 11.20 所示：

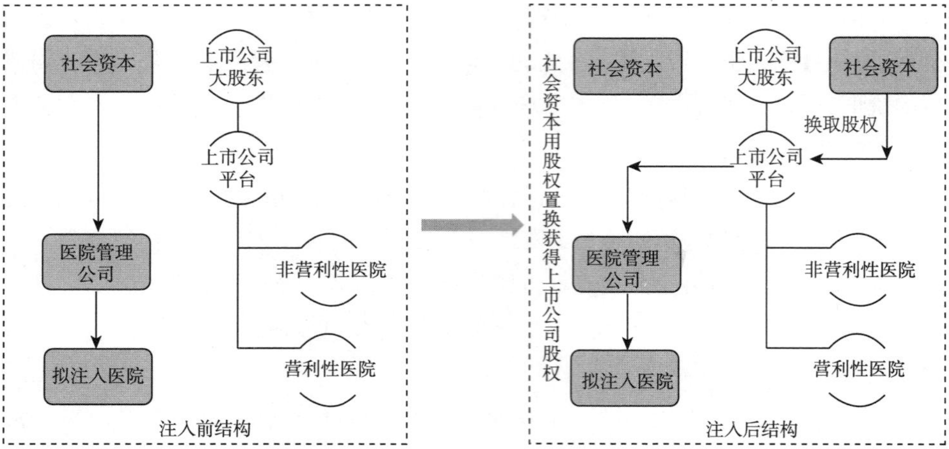

图 11.20　社会资本将持有医院管理公司股权注入上市公司
获取回报方式二：只换取股权但不控股

方式三：注入资产规模较大，将形成控制权，但社会资本不希望成为控股股东。

社会资本为了获得资产注入方案的审批成功，可采取“部分股权 + 现金”、“部分股权 + 可转债”或“部分股权 + 现金 + 可转债”等技术处理，使社会资本在注入资产时，没有成为控股股东，实现其投资医院资产部分套现退出的同时还持有上市公司部分股权。此方式如图 11.21 所示：

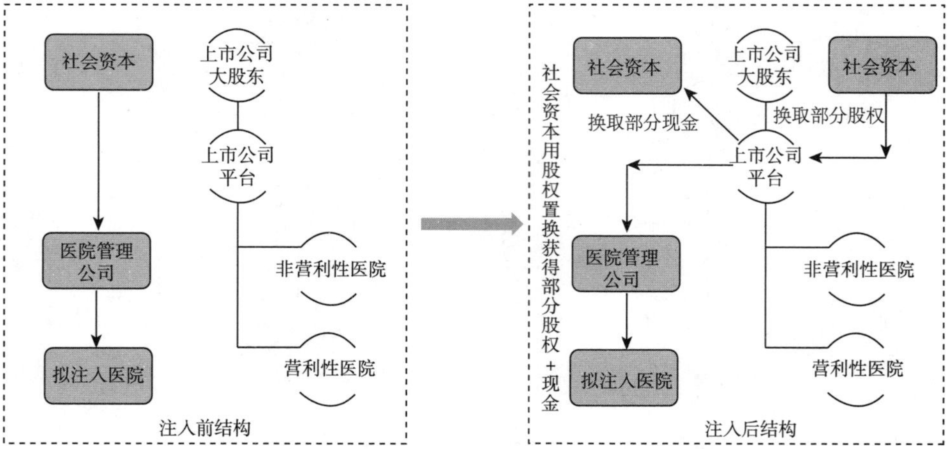

图 11.21　社会资本将持有医院管理公司股权注入上市公司
获取回报方式三：现金 + 股权

方式四：注入资产规模较大，社会资本为了获取上市公司平台，以“反向收购”

的方式，成为上市公司的控股股东，原控股股东成为上市公司的二股东。此方式如图 11.22 所示：

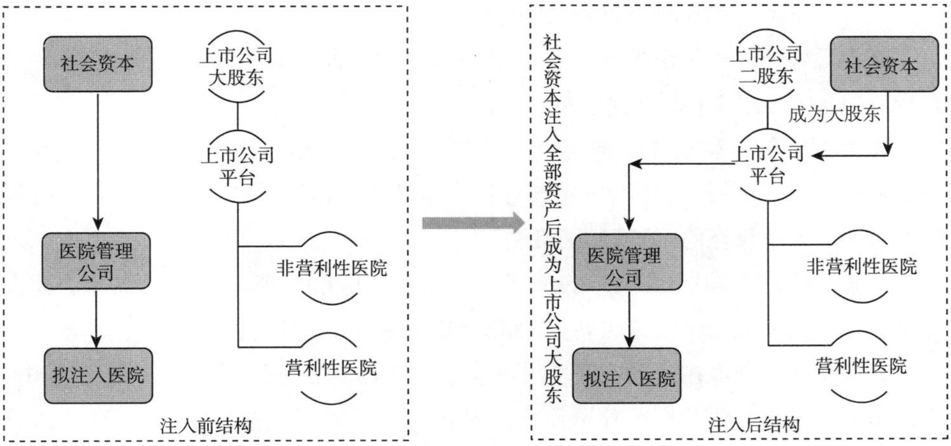

图 11.22　社会资本将持有医院管理公司股权注入上市公司获取回报方式四：成为上市公司大股东

上述方式中，方式一和方式二较为简单，在此不作探讨。

本节着重分析方式三及方式四在交易安排过程中存在的问题以及如何通过合法合规的交易安排，实现社会资本注入上市公司资产的价值最大化，从而从资本市场获得最大的回报。

（一）注入资产规模较大，不希望成为控股股东

1. 成为控股股东的两个条件

以香港证券市场为例，社会资本资产规模较大，在注入过程中，若满足以下两个条件，即有可能被认定为“反向收购”，并可能在注入后，成为上市公司控股股东：

条件一：若社会资本注入非营利性医院的资产远高于上市公司的总资产，根据上市规则[1]，该次注入将会被认定为“非常重大并购交易”。

条件二：社会资本注入资产的估值较高，若全部换为上市公司的股权，社会资本这次注入上市公司的交易行为，将被认定为导致上市公司控制权变更，即社会资本将成为上市公司实际控制人，而原上市公司大股东，在本交易后将不再是控股股东，将可能成为二股东，以致该交易将可能被认定为“公司控制权发生变化”。

若社会资本在交易中符合上述两项条件，本次交易将被认定为“反向收购”，根

[1]　若无特别说明，本章均指香港联合交易所上市规则。

据上市规则,社会资本注入的资产,需重新完成上市流程,方可获得审批。

在实践中,某些社会资本不希望成为上市公司实际控制人,其原因可能是:

①社会资本不愿意对上市公司进行管理。

②担心资产注入重组失败。其原因是通过注入资产出售医疗资产的方案,一旦构成"反向收购",审批难度加大。

③由于社会资本来源于国有资产,在此次交易中,国有资本希望引入"混改制",此次交易后的资产,暂不纳入国有资产监管体系,以保持"混改"过程中,决策的灵活性。如有较好的"股权激励机制"等。

④某些社会资本由于下一步拓展或收购新纳入医院时,现金流短缺,希望在此次交易中,暂以获取部分现金或可转债、加部分股权的方式,解决目前的现金流困难。

⑤某些社会资本在内部资产重组过程中,有"难言之隐"。如在注入的过程中,因其旗下的某些非营利性医疗资产尚未打通盈利模式、且过去几年未实现任何盈利,该重组被认定为"反向收购"后,将导致交易无法完成。

因此,不同的社会资本基于其不同的商业考虑,可能在资产注入过程中,暂不希望成为上市公司的控股股东。如图 11.23 所示的社会资本注入资产规模较大,不希望成为控股股东的结构:

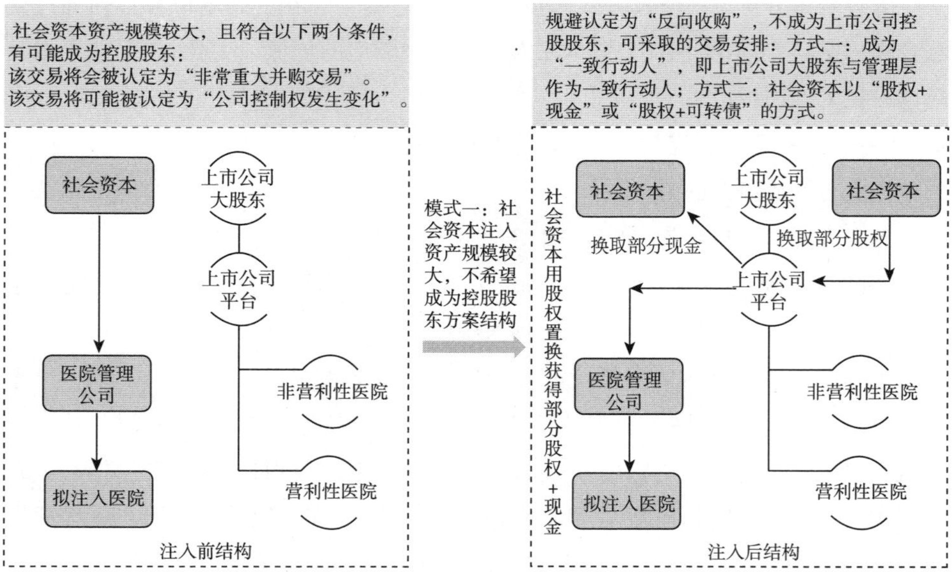

图 11.23　模式一:社会资本注入资产规模较大、不希望成为控股股东方案结构(H 股市场)

2. 规避成为控股股东的方式

如上文所述，社会资本希望在此次资产注入过程中，不成为上市公司控股股东，即社会资本为了规避被交易所认定为“反向收购”，一般可采取以下交易安排：

方式一：原大股东与管理层成为“一致行动人”。

在社会资本将资产注入上市公司过程中，在采取“原大股东与管理层变成一致行动人”方案时，可能有以下两种情况：

(1)在此次社会资本资产注入的过程中，若社会资本拟持上市公司的股权比例，高于上市公司原大股东持有上市公司的持股比例，但仍低于原大股东与管理层持有上市公司的比例之和。

在上述情形下，可采取上市公司原大股东与管理层作为“一致行动人”，以保证社会资本将资产注入完成后，上市公司原大股东与管理层合并持股，依然超过社会资本资产注入后换取的上市公司股权的持股比例。

上述操作则可保持上市公司原大股东的实际控制人地位不变，以致不被交易所认定为“反向收购”，从而变相阻止了社会资本成为上市公司股东地位的可能性。

(2)若上市公司原大股东与管理层的持股比例之和，仍低于社会资本持有的股权比例，即社会资本在资产注入后，社会资本在持有上市公司的股权比例上，仍然是上市公司单一第一大股东。

因此，可通过“一致行动人”安排，使上市公司的所有重大决策，例如，相关的实质性权利，包括但不限于自身所享有的实质性权利以及其他方所享有的实质性权利，由“一致行动人”主导上市公司相关活动的权力。

换言之，“一致行动人”必须至少同时满足控制的三要素。例如，必须在上市公司的权力机构中占据绝对的话语权及优势，能够主导上市公司的经营决策、运营管理、人事任免等重要决策。

结果是：上市公司管理层与原大股东合并持股成为“一致行动人”后，公司控制权并未发生改变。

在这种交易结构安排下，证券监管机构一般不会将社会资本的此次资产注入的交易认定为“反向收购”。

方式二：降低在上市公司的持股比例。

如上文所述，由于社会资本注入的资产规模较大，为了规避其成为大股东，除了上述可采取上市公司原大股东与管理层成为“一致行动人”的方式外，还可采取：社会资本在注入资产、换取股权时，降低社会资本所持上市公司股权比例的方式。

例如，在注入资产时，社会资本可采取：以获取“股权 + 现金”、“股权 + 可转债”

或“股权＋现金＋可转债”的方式，作为社会资本注入资产的对价，[1]而不是以获取全部“股权”的方式。

结果是：社会资本在资产注入后，不会取代上市公司原大股东的控股股东地位。

由于资本市场对社会资本所注入的医院资产的质量较为敏感，特别是中小股东对社会资本注入资产的可持续性及对注入资产未来的发展前景比较关注。在关注的同时，特别在意在此次交易中，社会资本注入资产时获取对价的方式。中小股东认为，这体现了社会资本对上市公司未来发展信心强弱的信号。

因此，上述交易安排获取对价的方式，如是注入资产换取“股权＋现金”，还是换取“股权＋可转债”，社会资本在注入时，需分析不同的方式下对资本市场的影响。例如：

(1)对价为“股权＋可转债”的方式。

采取这种方式，对社会资本而言，利弊兼有，具体说明如下：

不利的方面是：社会资本在短期内无法取得现金，即无法在短期内收回前期社会资本在并购医院时的投资成本。

有利的方面是：能向资本市场的中小股东传递出正面信息，表明社会资本作为投资者，在将资产注入上市公司后，仍对上市公司的未来发展充满信心，将在未来分享上市公司股价上涨带来的溢价收益。

(2)对价为“股权＋现金”的方式。

采取这种方式的好处是，社会资本有持有上市公司小部分股权的同时，收回了前期投资医院资产时的部分甚至全部投资成本。

不利之处是，由于社会资本通过注入资产直接获取了大部分现金的行为，将会被资本市场的中小股东及上市公司独立董事认为，社会资本对注入资产的持续经营及上市公司未来的发展缺乏信心。为此，在方案投票表决时，社会资本将资产注入上市公司的交易方案或行为，有可能不能获得上市公司中小股东及独立董事的同意。

通过上述交易安排，即使社会资本此次注入上市公司的资产规模较大，在交易完成后，使社会资本在上市公司没有成为实际控制人，但这种交易安排，也会给社会资本带来一些不利的因素。

例如，社会资本无法在上市公司拥有占多数的董事会席位、社会资本作为集团

---

[1] 在实际操作中，其实际对价金额，应以公告时股价确定。

公司不能将上市公司纳入财务合并报表的范围，特别是社会资本可能无法完全控制上市公司未来业务发展的战略和方向。

（二）注入资产规模较大，形成上市公司“反向收购”

1. 社会资本拥有上市公司平台的内在动力分析

如上文所述，社会资本在注入上市公司的过程中，可采取上述的“不成为上市公司控股股东”的方式，从资本市场收回现金和/或持有股权，获取相应的回报。

更多的社会资本还是希望拥有上市公司平台，继续做大做强“大健康”产业。然而，目前中国医疗资产在资本市场证券化的难度还比较大，特别是获得 IPO 或通过其他方式取得上市公司控股平台存在较大难度。

同时，中国医疗企业在资本市场的上市的，非常有限。

其主要原因在于我国医院在经营性质上分营利性和非营利性两种。在现有法律监管体系下，非营利性医院如未转制为营利性医院，无法直接上市。只能通过委托管理、举办人权益收购或变更等间接方式，将来自非营利性医院的收益（如管理费）或医院之外的供应链获益等，注入上市公司的方式，达到间接上市的目的。

目前香港市场以境内医院作为主业，已 IPO 或正在 IPO 的公司，合计有十几家，境内 A 股上市公司通过投资收购境内医院涉及医疗业务的，有二十多家，且不少境内上市公司已将医疗服务作为主业。

笔者收集了 2013 年至 2019 年香港上市的医院集团及其主营业务简要情况汇总如表 11.7 所示：

表 11.7　2013～2019 年香港上市的医院集团及其主营业务简要总结

上市公司序号和名称	主营业务
1. 凤凰医疗（HK. 1515）	上市日期：2013 年 11 月 18 日，凤凰医疗于 2018 年 10 月 11 日更名为华润医疗控股有限公司，公司简称变更为华润医疗。
2. 和美医疗（HK. 1509）	上市日期：2015 年 7 月 7 日，私立妇儿医疗集团。
3. 康宁医院（HK. 2120）	上市日期：2015 年 11 月 20 日，以精神专科为主的连锁医疗集团。
4. 联合医务（HK. 722）	上市日期：2015 年 11 月 27 日，在我国香港特别行政区和澳门特别行政区向合约客户提供企业医疗。
5. 瑞慈医疗（HK. 1526）	上市日期：2016 年 10 月 6 日，经营综合医疗、体验中心及诊所的多元化私营综合医疗服务集团。
6. 康华医疗（HK. 3689）	上市日期：2016 年 10 月 27 日，综合医疗集团。
7. 新世纪医疗（HK. 1518）	上市日期：2017 年 1 月 18 日，儿科兼妇产科医疗服务集团。

续表

上市公司序号和名称	主营业务
8. 弘和仁爱医疗(HK. 3869)	上市日期:2017 年 3 月 16 日,医疗运营管理集团。
9. 希玛眼科(HK. 3309)	上市日期:2017 年 12 月 29 日,香港特别行政区及广东眼科服务提供商。
10. 锦欣生殖(HK. 1951)	上市日期:2019 年 6 月 25 日,辅助生殖服务提供商。
11. 德视佳(HK. 1846)	上市日期:2019 年 10 月 15 日,主要从事光学行业的德国公司,在德国、丹麦和中国提供视力矫正服务。

此外,目前香港和境内 A 股市场的上市公司,均存在以 IOT 模式“管控”非营利性医院的案例。

笔者同时也收集了通过收购境内医疗机构涉足医疗业务的部分境内 A 股上市公司信息,具体如表 11.8 所示:

表 11.8　通过收购境内医疗机构涉足医疗业务的部分境内 A 股上市公司情况汇总表

名称	价格(元)	涨跌幅	名称	价格(元)	涨跌幅	名称	价格(元)	涨跌幅
华邦健康	5.63	1.62%	银江股份	9.08	4.80%	金陵药业	7.43	2.20%
双鹭药业	27.80	1.68%	三诺生物	13.12	1.31%	益佰制药	6.63	0.91%
绿景控股	8.22	1.11%	模塑科技	3.84	3.50%	誉衡药业	4.02	10.14%
平潭发展	4.28	4.65%	国际医学	5.96	1.53%	人福医药	11.45	-0.17%
马应龙	20.60	0.52%	安科生物	20.88	2.25%	人民同泰	7.21	5.41%
北大药业	6.46	4.03%	千红制药	4.88	2.31%	复星医药	29.80	0.78%
通策医疗	57.81	-1.80%	诚志股份	13.20	-0.75%	信邦制药	5.48	1.29%
恒康医疗	4.04	4.94%	康美药业	11.55	3.59%			

以上数据来源于 2019 年 3 月 6 日上海证券交易所。

由上表可见,目前在 A 股,以医院投资为主的上市平台资源比较稀缺。因此,社会资本在投资医院有一定规模后,大多会积极寻找以医院投资为主业的上市公司,以期通过上市公司平台加快拓展大健康产业的步伐。社会资本通过将医院资产注入并控制上市公司平台,存在以下优点:

优点一:解决目前 A 股或港股市场,非营利性医院无法单独上市的困境。

如前文所述,目前非营利性医院不能分红,即使采取本章第二节“模式一:从医院获取管理费方式”,投资者和举办人通过“管办分离”实现由管理公司向医院收取管理费的方式获取收益,由于该收益大部分属于“同一实际控制人的”关联交易,以致管理公司通过合并“法定口径”的数据,无法满足监管机构所要求的“单独上市”的条件。

即使采取非营利性医院转营利性医院的方式，打通上市路径，但如第十章“非营利性医院转营利性医院”所分析的，“非营利性转营利性”实操过程中，仍存在诸多难题和不确定性[1]。

如选择港股市场，拟注入上市公司的医院资产还需进行以下测试，以判断其是否满足单独上市的条件。

(1)盈利测试:3年的会计账上首两年归属股东盈利超过3000万港元，最新一年盈利超过2000万港元；

(2)市值及收益测试:有3年的会计账，作价高于40亿港元，最近一年收益高于5亿港元；

(3)市值/收益/现金流测试:有3年的会计账，作价高于20亿港元，最近一年收益高于5亿港元，最近三年总现金流入高于1亿港元。

优点二:社会资本可利用上市公司平台提升公司管理水平并建立起市场化的薪酬机制。

一般来说，上市公司在公司治理、规范化运作方面要明显高于非上市公司。社会资本选择治理结构完善和管理水平较高的上市公司，在将医院资产注入上市公司后，可以有效提升注入资产的管理水平。同时，在上市公司平台建立新的股权激励机制，提高管理团队的积极性，保证医院管理团队的稳定性。

优点三:社会资本拥有上市平台后，有利于利用资本市场整合、拓展其大健康业务，提高市场竞争力，实现并购协同效应。

比如，社会资本在将拥有的医院注入后，可以与原上市公司的医院，在医院运营管理、医院业务整合、医院营利性改制、IOT医院合作模式、供应链获利等诸多方面，进行互补和共享。

综上所述，将医院资产注入上市公司，并实现借壳上市，对社会资本而言，无疑具有很强的吸引力和驱动力。

2. 通过“反向收购”方式成为上市公司控股股东的交易安排

借壳上市，是中国资本市场上的一种习惯称呼，在中国证监会发布的部门规章

[1] 例如:(1)政府批准难度较大、程序极为复杂、时间较长(详见第十章“非营利性医院转营利性医院”)且政府部门不会批准政府办的非营利性公立医院转为营利性医院;(2)医院划拨地需补交大额土地出让金;(3)补交以前年度免征的税费;(4)需重新申请医保定点资格，由于性质变化导致医保病人起付标准可能会被降低，进而影响医院收入。可能无法申请医保定点，即使申请了医保定点，医保病人的起付标准也会降低，进而影响医院收入。有的地方医保、新农合不报销患者在营利性医院治疗产生的费用。在目前医院改革的主力中，对二级和三级医院来说，医保和新农合患者又是他们的主要收入来源，因此不得不继续保持其非营利性的身份。

及规范性文件中，通常不使用“借壳上市”或者反向收购这样的概念，而是指《上市公司重大资产重组管理办法》第 13 条第 1 款规定的重大资产重组交易（具体内容见上文第五节第一部分）。

如上文所述，社会资本在将资产注入上市公司时，若注入资产规模较大，在交易安排上，可采取“借壳上市”或“反向收购”的方式，成为上市公司控股股东。

一般来说，从实现其上市公司政治及经济目标的角度来看，社会资本持有上市公司的股权比例应不低于 30%。

同时，若社会资本预判其注入医院的经营状况不错，上市公司在未来三年发展得会更好，社会资本在注入资产时，除了直接持有部分股权外，还可采取持有上市公司部分等值换股权证（适用港股）[1]的形式。这样社会资本可以随时通过执行换股权证持有上市公司更多的股权，进一步控制上市公司。

总之，通过上述交易安排，不仅使社会资本通过注入资产换取上市公司一定比例的股权成为第一大股东，而且使社会资本同时获得部分现金及等值换股权证，社会资本在收回部分医院投入成本的基础上，并控制上市公司，为医疗未来发展提供更好的发展平台和先进的管理经验。

“反向收购”或“借壳上市”常见交易结构如图 11.24 所示：

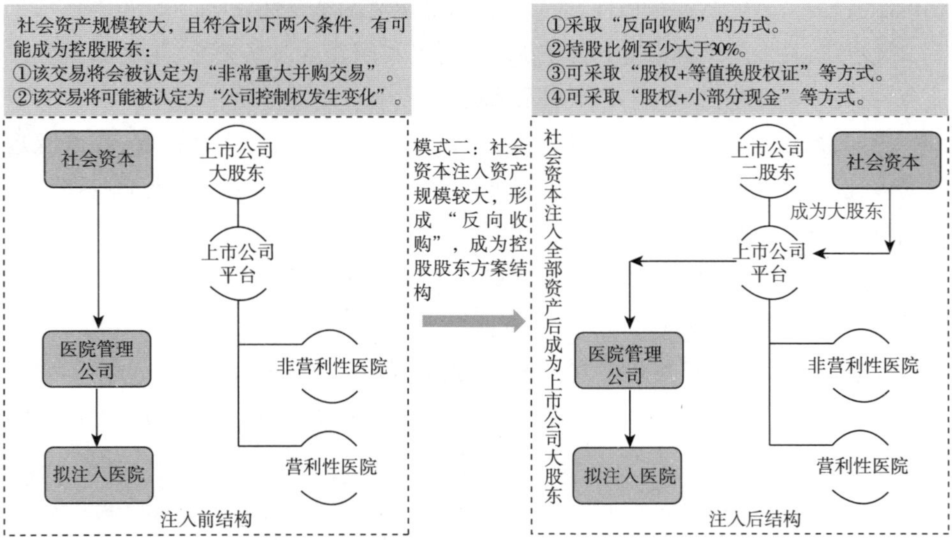

图 11.24　模式二：“反向收购”或“借壳上市”常见交易结构

〔1〕 换股权证为公司进一步控制上市公司提供灵活性：若在未来三年内上市公司发展良好，投资者随时可以通过执行换股权证持有上市公司更多的股权，进一步控制上市公司。

社会资本成为上市公司控股股东后，可通过以下安排实现对上市公司的控制：

①调整董事会人员构成：按照所获取的股权比例调整董事会（包括董事长以及在董事会的席位）。

②对于重大事项具有一票否决权：作为第一大股东，社会资本可对某些重大事项拥有一票否决权，如投资、出售重大资产，改变公司章程，委任董事等。

③调整管理层：社会资本对高管岗位具有任命权，如董事会主席、总经理以及财务总监。此外，社会资本还可考虑增设如战略部等职务部门，由社会资本委派人选担任部门主管，有利于上市公司未来在医院业务的拓展，并控制上市公司的发展战略。

④变更公司名字：使用“社会资本”字号的名称等。

3. 案例分享：美年大健康集团

案例

2015 年 3 月，上市公司江苏三友集团股份有限公司（简称江苏三友）（002044）公告将以“重大资产置换 + 发行股份购买资产 + 发行股份”募集资金方式，收购美年大健康产业（集团）有限公司（简称美年大健康），该次交易构成借壳上市，美年大健康作价 55 亿元，江苏三友主业将转为健康体检和管理。

2015 年 7 月，美年大健康借壳江苏三友重组方案成功取得证监会批文。

2016 年 1 月，上市公司江苏三友更名为美年大健康产业控股股份有限公司（简称美年健康）。

2017 年 7 月 12 日，美年健康发行股份及支付现金购买资产并募集配套资金暨关联交易事项获批。该次交易是指美年健康拟以非公开发行股份及支付现金的方式，购买天亿资管等 5 名股东持有的慈铭健康体检管理集团有限公司（简称慈铭体检）72.22% 的股权。慈铭体检 72.22% 股权的交易作价为 26.97 亿元，美年健康以非公开发行 150765381 股股份及现金支付 3.50 亿元的方式支付。此次交易完成后，慈铭体检成为美年健康的全资子公司。

三、注入医院资产的估值分析

公司估值，指着眼于上市或非上市公司本身，对其内在价值进行评估。

一般来讲，公司的资产及获利能力取决于其内在价值。对拟注入拥有非营利性医院资产的医院管理公司注入上市公司的估值，需以其拥有医院的资产及其盈利作为基础，采用市场上常用的方法，如可比公司法（可比交易法）、现金流折现法及乘数估值法进行估值。

1. 现金流折现法

现金流折现法是通过预测公司未来自由现金流、资本成本,对公司未来自由现金流进行贴现,公司价值即为未来现金流的现值。

即社会资本将其所拥有的非营利性医院注入上市公司,可采取现金流折现法对拟注入的医院资产包进行估值。

其方法是基于社会资本对所属各医院后五年业绩的财务预测,同时假设社会资本可通过收取管理费等方式将部分利润转为税后可支配的自由现金流,从而测算出社会资本拟注入"医院资产包"估值金额。

从交易的角度来看,该估值结果从少数股东角度适用性相对较低。

在采用现金流折现法时,按照医疗行业的现状,对所估值的医院作以下基本假设:如 WACC(为 7.2%)、永续增长率(为 1.0%)、医院管理公司对医院的管理费提取比例等事项,作为估值的假设前提。

在使用现金流折现法测算时,社会资本需基于后五年的医院的业绩(如现金流)等进行测算,社会资本应特别关注拟注入上市公司的医院在注入前,是否已打通盈利渠道:

(1)假设拟注入上市公司的医院盈利渠道可打通。

社会资本对后五年拟注入医院可实现的营业额内涵增长比例(如 10%),以及经营利润内涵增长比例(如 12%)作合理的预测。

同时需明确各项利润占总额的比例,如管理费占利润总额的比例(如 30%),以及医院之外的供应链占利润总额的比例(如 60%)。

(2)相反,如拟注入上市公司的医院盈利渠道不可打通。

此种情形下,交易方案很难被少数股东和资本市场接受。除非在医院资产注入时,社会资本提供对后三年或五年的盈利保证。

此外,在估值过程中,需对交易进行敏感性分析。一般来说,对医院收购交易的敏感性因素包括但不限于:

①如明年或后年经营利润较预测值下调 10%;

②管理费提取水平降至 90%;

③现金流折现法的折现率按资本市场评估上市公司 10% 计算等因素。

在进行上述的敏感性分析后,对交易估值的结果将有可能下降。为此,在上述交易中,若社会资本采取以资产换取上市公司股权的交易方式,社会资本所能换得的上市公司的比例,相应有可能同步下降。

2. 可比公司法

公司估值的可比公司法,需要挑选与非上市公司同行业可比或可参照的上市公司,以同类公司的股价与财务数据为依据,计算出主要财务比率,然后用这些比率作为市场价格乘数来推断目标公司的价值,如 P/E(市盈率,价格/利润)、P/S 法(价格/销售额)。

包括同类型的可比交易法,也需挑选同行业、在估值前一段合适时期被投资、并购的公司,基于并购交易的定价依据作为参考,从中获取有用的财务或非财务数据,求出一些相应的中小企业融资价格乘数,据此评估目标公司。

表 11.9 为 2014 年上市公司并购"非营利性医院"的部分案例,从该表可以看出,由于医疗服务行业处于发展初期,非营利性医院并购价格相对应的 PE、PB 波动较大。

例如,最低的 PB 为 1.00 倍,最高的为 2.46 倍,当然此仍为个案,整体来说参考价值有限。

表 11.9　2014 年上市公司并购"非营利性医院"的具体情况

单位:百万元人民币

并购公司	并购时间	医院	医院等级	评估日净资产	上半年净利润	并购价	持股比例	权益价值	PE	PB
金陵药业	2014 年	发庆石化医院	二级甲等	72.58	2.87	136.72	87.8%	155.78	54.25	2.15
恒康药业	2014 年	辽渔医院	二级甲等	51.9	6.67	127.8	100.0%	127.80	19.16	2.46
信邦制药	2014 年	务川昇辉医院	二级甲等	7.72	2.28	7.74	100.0%	7.74	3.39	1.00
								平均值	25.6	1.87

从目前注入上市公司的案例来看,现拟注入上市公司的医院管理公司股权价值,其"资产包"除了部分营利性医院,其余大部分由非营利性医院的资产包组成。

因此,在使用可比公司法时,需将医院管理公司下属医院的"资产包"打开,分别进行估值,之后再将各部分的估值进行汇总。例如:

①对盈利较好的医院,以盈利为基础,采用 PE 作为指标进行估值;但若该交易在非营利性医院注入上市公司进行实际交易操作时,拟注入的非营利性医院与医院管理公司之间的盈利模式尚未打通,则在交易估值时,很难参考其他专科营利性医院的估值(如标杆上市公司:康宁医院 2120. HK),而应参考同样拥有非营利性医

院估值的上市公司或非上市的收购非营利性医院的相关案例,并给予一定的折价进行估值,应较为合适。

②对盈利较差的,可不以非营利性医院的盈利作为基础进行估值,即不宜采用上述的PE法,可考虑用“净资产加投资成本”进行估值;也可考虑以3年期的投资回报要求(如7.2%),或以PB作为“单家非营利性医院”的估值底线。

此外,在估值过程中,需进行情景分析。

i.在情景分析中,以下因素可提高社会资本对拟注入医院的交易估值,若在交易上采取“资产换取股权”的方式,则可为社会资本争取到交易后,持股比例有一定的溢价,例如,

a)基于社会资本在医疗行业的品牌和影响力;

b)社会资本在下一步拟注入医院项目资源的强大获取能力及财务优势,以提高资本市场对未来孵化项目的注资预期;

c)过往的经验表明,社会资本对收购医院有强大的整合能力,特别是对注入医院管理和经营效率有大幅提升的潜力,则有利于社会资本获取市场溢价的因素。

ii.在情景分析中,除了上述有利于社会资本的溢价因素外,还需考虑上市公司在医院资产注资交易完成后,对上市公司产生的一些不利因素,例如,

a)在将医院资产注入上市公司过程中,在交易结构上,需将拥有“非营利性医院”的举办人公司(即医院管理公司)也注入上市公司,为此,上市公司需额外承担原应由社会资本承担的医院管理公司的总部费用;

b)在注入医院估值测算过程中,原预测的从医院收取的管理费可能较高,例如,无论是以医院收入提取的固定管理费还是以收支结余提取的浮动管理费,由于医院的实际运营效率降低,导致实际收取的管理费与原预测的有一定差距。例如实际提取管理费比例可能为原预测的80%~90%。

以上情景分析的各类因素,均有可能导致新注入医院对上市公司的实际贡献低于前述医院原来预测的估值。

3.乘数估值法

乘数估值法又称相对价值法,主要通过拟估值公司的某一变量乘以估值乘数来进行估值。乘数估值法是在成熟的资本市场上最常使用的对公司股权进行估值的方法。例如,中国证券市场对股票进行估值,绝大多数情况下使用的乘数只有市盈率。显然,确定适当的估值乘数是应用估值乘数法的关键。估值乘数既可以基于资产负债表,也可以基于损益表,甚至其他变量。

如前文所述,在采取可比公司法时,除了上述需考虑的因素外,还可构建相关

核心指标"采取乘数估值法"对非营利性医院进行估值。

下文以案例为主线,分析运用乘数估值法对非营利性医院进行价值判断的思路。

根据《资产评估执业准则——企业价值》,在选择可比企业时,应当关注业务结构、经营模式、企业规模、资产配置和使用情况、企业所处经营阶段、成长性、经营风险、财务风险等因素。

由于可比医院在估值时,各项因素选择涉及指标较多,仅仅利用单个评价标准对非营利性医院进行估值,难以形成全面、科学的结论,指标的评价结果存在一定的不相容性。

因此,可利用公开资料对市场上近年来部分非营利性医院的收购案例进行统计,选取医院的净资产、总资产、床位数量、营业收入这 4 项指标为基础,进行价格乘数比较分析。

同时,从理论上,利用构建的特征指标体系,通过选择可比医院,并选取标准差数值较小的指标,对拟收购的目标医院进行估值,可以有效避免由于非营利性医院的特殊经营性质带来的估值困难。

在实践中,在对非营利性医院进行估值时,存在以下困难:

a)非营利性医院不能以利益最大化为经营原则,需兼顾一定的公益性。

b)非营利性医院资产的特殊性,如划拨地的成本难以准确估算。

c)非营利性医院的收入受政策影响较大。例如,每年医院收入增长幅度不能超过 10%,以及供应链收益的递减趋势等因素。

d)非营利性医院在经营中可能带来的收支结余为负的情形对估值的影响。

e)非营利性医院的无形资产,如"人民医院"品牌潜在价值,存在难以评估的"难题"。

因此,对非营利性医院估值,在考虑上述实际困难的同时,需要给予一定的合理假设"前提",方可得出较为客观且"合理"的估值结果。

4. 案例分享:非营利性医院如何合理进行价值评估

案例

根据广州白云山医药集团(简称广药白云山)发布公告称,将出资 10 亿元与山东济宁市合作进行医院投资,参与济宁市第一人民医院(三甲)、济宁市中医院(三级)、济宁市传染病医院(三级)、济宁市妇女儿童医院(三级)、济宁市精神病医院(三级)和济宁市直机关医院 6 家公立医院的建设、经营和管理。上述 6 家医院床位规模从 300 张至 1200 张之间,平均床位数量为 700 张。

广药白云山拟现金出资10亿元左右、占股约33%；济宁市政府以6家医院及4家医疗机构的土地、房产及1万元以上的医疗设备评估作价11.5亿元左右，占股49%。

就上述案例作为非营利性医院的估值，考虑到作为政府非营利性医院不能分红，以致不以追逐利润最大化作为目标，若采用收益法进行评估，则不能体现医院的真正价值。

因此，本案例采用了“乘数估值法”进行价值判断，以确定该案例的非营利性医院的收购价格。

(1)收购价格与总资产倍数分析。

该6家医院总资产最低值为0.63亿元，最高值为6.66亿元，平均总资产4.07亿元；收购价格与总资产的倍数最低为1.24，最高为2.02，平均倍数为1.59。

虽然这6家医院总资产差异较大，但是其收购价格与总资产的倍数之间差异较小，且在4组倍数之中，该倍数的标准差也最小，表明收购价格与总资产的关系最为密切。

(2)收购价格与净资产倍数分析。

该6家医院净资产最低值为0.47亿元，最高值为3.26亿元，平均净资产为1.53亿元；收购价格与净资产的倍数最低为1.91，最高为7.94，平均倍数为3.96。

由于该6家医院净资产差异较大，导致其收购价格与净资产的倍数之间差异也较为显著，说明医院净资产与总资产相比，总资产因素对收购价格更为明显。

(3)收购价格与营业收入倍数分析。

该6家医院营业收入最低值为0.72亿元，最高值为4.97亿元，平均营业收入2.62亿元；收购价格与营业收入的倍数最低值为1.25，最高值为2.85，平均倍数为2.15；在剔除最低倍数和最高倍数后，其余4家医院的收购价格与收入倍数基本上都在2.3倍。

上述数据表明，医院的收购价格与营业收入倍数分歧相对较小，通过该倍数比率对医院的价格进行评估，交易双方对评估结果，也较容易趋向一致。

(4)医院平均每床位的收购价格比较。

该6家医院平均每床位的收购价格从最低值36.5万元至165.4万元不等，平均价格为81.6万元，明显差异较大，且标准差数值在4组乘数之间也最大。

上述数据表明，利用医院的平均每床位收购价格进行比较，较难以达成一致。

从广药白云山与济宁市6家医院的合资案例来看，该项目采取的收购模式即为第六章所述社会资本与政府共同成立合资公司，将医院相关资产注入合资公司的模式。

从估值的角度，笔者将以下两种收购医院的模式进行比较：

a）模式一：政府将医院资产注入社会资本与政府“双方成立合资公司”的模式，其获取收益的途径为：合资公司从医院获取管理费和供应链整合等收益，社会资本再从合资公司获取股权的分红；

b）模式二：第七章所述“直接收购国企所持医院举办人权益模式”，在该模式下，由于收购后，社会资本即为该非营利性医院的举办人，其获取收益的途径为：社会资本直接从医院获取管理费和供应链整合等收益。

上述两种不同的收购模式及不同的获取收益的路径，对被收购的“同一家医院”而言，从理论上，二者收益的结果应不会相差太大（当然在此没有考虑合资公司本身的管理成本）。

然而，从收购成本上分析，在采取“乘数估值法”进行估值时，上述的模式一即“通过合资公司模式”所付出的收购成本，应比模式二即“直接收购医院举办权的模式”所付出的成本少很多。

因此，从估值和收购成本的角度，社会资本在收购非营利性医院时，包括不限于政府医院或国企医院，是采取模式一还是采取模式二？哪一种模式更有利于社会资本？

从医院收购估值的角度或者说从投资者的收购成本来考量，笔者认为，在实际操作中，需要运用“比较分析”的方法，进一步探索和论证。

四、从资本市场获取回报的难点和痛点分析

如前文所述，社会资本将所投资的医院资产，采取以所持有的医院管理公司股权注入上市公司变现、获取股权或获得上市公司控股股权的模式，在实操中，确实存在很多挑战和难题。

从社会资本作为卖方的角度，从以下几个维度分析其在实践操作中碰到的一些难点和痛点。

第一，社会资本希望通过“借壳上市”的方式，将所持有的医院资产，特别是非营利性医院的资产，注入上市公司，需要社会资本在资本市场上能寻找到合适的上市公司平台，同时该上市公司同意与社会资本合作，这可能需要“缘分”。

第二，社会资本拟注入上市公司的医院资产合法合规，没有相关的瑕疵，即符合上市公司的相关标准，能注入上市公司的平台，主要包括但不限于以下方面：

①拟注入医院盈利模式是否打通，其盈利是否合法合规？如在非营利性医院，

收取医院的管理费是否存在变相分红的违规问题。

②特别是非营利性医院的资产质量，由于存在不同的举办人持有（如政府作为举办人），是否可完全注入。需要社会资本在注入前，对所持有的非营利性医院进行重组和梳理，剥离出不能注入的资产，先放置于重组平台进行梳理和孵化，待时机成熟时，在后续的交易中再注入。

③因医院资产注入上市公司时间较长（例如，其时间跨度可能为一年甚至两年），在此过程中，需处理好在注入过程中，对其他潜在收购对象的处理，即与上市公司协商，新医院收购标的是以上市公司平台收购还是以上市公司之外的孵化平台收购？需要在交易过程的过渡期对收购主体进行选择。

第三，从监管机构的角度，如何看待拟注入上市公司的医院资产存在的相关问题及触发全面要约收购的问题。

基于在注入过程中上述列举的部分问题，本节接下来从以下三个方面进行分析：

a）需对拟注入非营利性医院的盈利来源点及如何寻找目标上市公司“壳”资源进行分析；

b）需对拟注入非营利性医院分类及资产特性进行分析；

c）需重点关注监管机构对注入非营利性医院资产的关键点。

（一）难点分析一：医院注入业务盈利来源和寻找合作的上市公司“壳”资源

1. 医院注入业务盈利来源分析

如前文所述，社会资本通过将其拥有的医院管理公司股权注入上市公司的方式，达到了间接将其持有的非营利性医院上市的目的。

由此可见，非营利性医院注入上市公司的资产，并非医院资产的本身上市，而是借助管理公司对非营利性医院经营管理权的控制，由管理公司获取非营利性医院的管理费，以及从非营利性医院体系外的供应链获取收益等获利，从而形成管理公司的利润，将其权益注入上市公司。

就管理公司对非营利性医院的掌控，一般通过以下两种途径：

一种是社会资本通过向非营利性医院举办人购买举办权，以掌控医院产权的方式，控制非营利性医院。在实际操作中，该方式较多用于国有企业医院或民办非企业法人的非营利性医院。

另一种是通过 IOT 方式，以避开医院的产权，由社会资本直接向非营利性医院输出管理，以获得医院管控权。该方式一般用于资产产权难以明晰的政府医院。

至于非营利性医院业务的盈利来源结构，详见本书第三章，在此不再赘述。

2. 寻找合作的上市公司“壳”资源

社会资本为了将其拥有的非营利性医院注入上市公司，需组成专业工作团队，研究在 A 股、港股及美股等投资医疗行业的上市公司。

社会资本的投资专业团队需评估（如至少 30 家在 A 股和 H 股上市公司）在医院管理能力及股权结构等各个要素，以研究与社会资本合作的可能性。

例如，需要分析每家上市公司投资医院的模式，如是轻资产的 IOT 模式还是重资产的资产或股权投资模式等。

寻找到合适的上市公司标的后，后续操作流程如下：

首先，准备工作阶段：

（1）社会资本需同步梳理其拟注入上市公司非营利性医院业务存在的问题，确定其是否符合注入上市公司的条件，包括但不限于以下方面：

①如社会资本控制的管理公司从其下属的非营利性医院获取收益的合规性；

②管理费收取协议的有效性；

③非营利性医院报表的法定口径是否合规等。

（2）确定理想的合作上市公司后，需与上市公司大股东及其核心团队研究交易方案，包括但不限于交易架构及执行方案。

（3）在确定合作初步方案后，双方管理团队交叉走访上市公司及拟注入上市公司所属医院，深入了解管理模式并评估业务协同价值。

（4）在上述初步调研的基础上，双方需敲定合作意向。

其次，操作阶段：

（1）在双方初步确定估值方法及拟注入非营利性医院资产的基本估值后，需初步确定社会资本将持有上市公司的股权比例，并进行五项测试，以确定上市公司的披露审批权限，以及是否可能构成“反向收购”等。

（2）为防止内幕交易信息泄露，导致上市公司的股价上升，增加交易难度，同时增加税费等交易成本，需要双方尽快履行完成内部审批程序、尽快签署备忘录。并与上市公司所在的交易所协商停牌事宜，以锁定交易作价及持股比例。在签署备忘录后，双方需协商在收购期间的具体事宜。

（3）社会资本需细化拟注入非营利性医院的内部资产重组及账务调整等工作，会同上市公司及专业机构共同推动交易顺利完成。

（4）在双方签署交易备忘录完成公告后，需聘请审计师、律师、评估师等中介机构，开展审计、尽职调查、评估备案等工作。

（5）双方签署买卖协议，确定上市公司组织架构并完成其他内部重组公告。

(6)安排股东大会,审议通过交易。

(7)交易实施及完成。

(二)难点分析二:需对拟注入非营利性医院分类及资产特性分析

1. 注入前需分析非营利性医院特性

为了便于分析社会资本将非营利性医院资产注入上市公司,笔者在此将“非营利性医院”划分为:政府举办的非营利性医院和其他主体举办的非营利性医院。

除了其投入资产来自不同主体和系统外,不同的医院举办人受政策的影响也不完全相同。因此,社会资本将其拥有的或正商谈的非营利性医院注入上市公司前,需综合考虑以下因素,例如:

(1)在注入前需进行内部重组,即社会资本需分析其拟注入“资产包”中,根据不同非营利性医院举办主体的不同要求、资产的不同性质,分拆出:

①哪些医院目前可以注入(如国有企业医院)?

②哪些医院暂不可能注入(如政府举办的专科医院,政府可能暂不同意注入)?

③哪些根本就不可能注入(如某些政府医院的合作,政府明确不同意由民营资本或外资背景上市公司间接持有)?

对不能注入的,需从注入的非营利性医院“资产包”中剥离。

(2)社会资本在将医院资产注入上市公司的过程中,一旦构成重大资产重组,耗费的时间会较长(一般半年以上),在此期间,可能不断出现非营利性医院收购或拓展的机会,无论是上市公司还是社会资本都面临诸多收购机会。

因此,在资产注入过程中,需平衡、考虑选择哪个收购主体更有利于上市公司和社会资本后续发展。此外,还应关注收购重组是否构成关联交易、重组上市后是否会产生持续性关联交易及同业竞争问题。

(3)一般情况下,可将重组后的上市公司作为未来收购医院的直接主体,而将社会资本原来的医院管理公司作为孵化平台。将不能直接进入上市公司且满足既定孵化条件的项目,由社会资本原有的医院管理公司孵化。

表11.10初步汇总了社会资本将非营利性医院注入上市公司需考虑的部分因素:

表 11.10　社会资本将其拥有的或正商谈的非营利性医院注入上市公司需考虑因素

医院类型	操作方式	需考虑的因素
政府医院	孵化	1. 由于政策原因,资产注入方已收购的政府办综合性医院,目前尚不适合注入上市公司,对此类已签约项目,等待时机成熟时,另行协商。 2. 对于满足孵化条件的政府专科医院,可考虑采取先改制的方式,例如,通过变更举办人主体等方式,从政府资产包中予以剥离,可考虑由上市公司先行托管并孵化,为下次注入做好准备。 3. 对于当地政府明确提出不希望进入上市公司的签约项目,资产注入方需审慎投资,可考虑退还给政府。 4. 对拟定的政府孵化项目,例如,新建的"一院两制"项目,需进一步细化孵化条件,包括但不限于.孵化项目运作安排、孵化时间以及退出机制,进一步明确与政府医院的合作方式及签约条件,保障项目孵化利益的最大化。
高校医院	孵化或上市公司直接购买	1. 对合作的高校医院,若目前政策允许,可考虑将高校举办的非营利性医院注入上市公司,对正商谈未签约的,可考虑由上市公司平台作为签约主体,直接进行收购。 2. 若存在政策限制,则比照上述政府医院项目处理方式。
国企医院或民办非医院	上市公司直接购买	1. 对国有集团或民营资本举办的非营利性医院,一般为"产权式"的收购方式,此类项目不适合作为孵化项目,可直接由上市公司购买。 2. 若医院效益较差,可考虑先内部梳理,待效益好转后,再注入。

为了便于详细判断拟注入上市公司的非营利性医院的资产和业务状况,以下以表格的方式(如表 11.11),从医院规模及投资方式等各个纬度,分析非营利性医院注入后对上市公司的影响。

这些纬度包括但不限于医院级别、财务状况、资产性质及盈利模式等因素,以帮助投资者全面了解拟注入非营利性医院"资产包"是否符合证券监管机构对重组资产的"刚性"要求。

表 11.11　从医院规模及投资方式等纬度分析非营利性医院各业务

需考虑纬度	需分析要素
资产规模	例如,医院的总资产、负债、净资产(对营利性医院需分析归属于股东的净资产)。

续表

需考虑纬度	需分析要素
医院级别	例如,医院的级别划分:三级、二级、一级医院,以及社区机构数量,总床位数。
医院规模	例如,门诊总量、住院总量、出院量及医院收入、收支结余。
财务规模	例如,营业额、净利润(是否未包含终止银贷费用及股权激励等非经常性损益)。
投资模式	例如,分析各家医院投资模式的差异,如区分医院为股权投资、IOT 投资或股权投资 + IOT 模式的混合模式。
资产性质	例如,分析医院资产是属于股权投资后自有资产,还是通过 IOT 模式后代为管理的国有资产。
盈利模式	例如,分析利润是通过管理费收取方式打通盈利模式,还是通过供应链业务整合实现盈利,抑或其他模式,如通过收取房产使用费等方式。

2. 需对非营利性医院资产和审批程序进行分析

(1)非营利性医院资产属性。

如前文所述,社会资本在收购非营利性医院过程中,其获取的是管理公司对其管理权或非营利性医院的举办人权益,并通过打通非营利性医院的盈利模式,从而获得管理公司的收入及利润,之后对管理公司估值,注入上市公司,换取对应比例的股权或现金。

非营利性医院的资产,属社会团体机构或非营利性机构的"公益性"资产,因此,医院所属的资产在清算后,需捐赠给社会办的非营利性医院或政府认可的慈善基金或机构。即在非营利性医院法人实体注销时(如民营资本举办的民办非法人、国有资本举办的事业单位法人),需按照《医院财务制度》的规定进行清算,剩余资产经主管部门和财政部门核准后并入接收单位或上交主管部门,举办人、出资人不能全部取回。

因此,一般在注入上市公司时,管理公司对医院的资产分自有及管理医院资产。自有的资产即为股权投资能并入报表的资产;而代为管理的国有资产,一般是不能并入管理公司财务报表的资产(如通过 IOT 模式经营管理的资产)。

(2)非营利性医院划拨地及房产。

医院管理公司以收购举办权的模式收购非营利性医院时,医院的土地房产也面临同样的问题。

一般来说,非营利性医院的土地均为划拨地,对以股权或以收购举办人权益模式投资的非营利性医院，其土地的使用权大部分都在原举办人（如政府或国有集团）名下，而非医院作为法人实体的名下。

除了产权清晰外，对以股权方式获得的非营利性医院资产，在社会资本注入上市公司时，证券监管部门会关注医院资产的完整性，即医院是否自主拥有土地和房产。

因此，在将非营利性医院注入上市公司过程中，最好将原属于举办人名下的划拨地，转入医院法人名下（无论是事业单位法人还是民办非企业单位法人）。

在转移的过程中，需考虑医院的财务承受能力。其原因是：因土地支付成本较高，若医院本身现金流不佳，需从银行大额贷款，导致每年需支付大额利息。所以在医院以自身流动资金（自有资金及银行贷款等方式）作为收购主体时，需考虑医院本身的资产负债、现金流等状况，以保证医院持续经营的稳定性。

对举办人持有的土地和房产，除上述医院直接收购的方式外，医院还可考虑其他方式：

例如，优先考虑以资产租赁的方式继续使用医院土地房产；若医院暂有困难短期不能收购，可考虑由医院与原举办人先行锁定长期租赁合约，以降低以后土地挂牌出售时，可能被第三方摘牌的风险。

（3）国有举办非营利性医院资产处理程序。

除上述资产以外，社会资本将其持有的医院管理公司资产（或股权）注入上市公司过程中，若管理公司属国有管理资产（或股权），且管理公司与上市公司本身不属于同一实际控制人，需履行国有资产的“进场交易”程序。

为了清楚说明上述资产注入或从上市公司出售国有资产的操作流程，现以一则具体案例进行说明。

3. 案例分享：国有资产出售操作流程分析

假设某国有社会资本的 A 股上市公司持有一家非营利性医院，现需从该上市公司卖出（或者剥离），为注入该社会资本的另一上市公司平台做准备。

为了出售该非营利性医院，该上市公司将持有该非营利性医院举办权的医院管理公司的股权进行出售。

该上市公司为国有控股上市公司，其将拥有的非营利性医院管理公司股权在卖出过程中，因社会资本为大股东且为两家上市公司的同一实际控制人，因此，在董事会或股东会层面对此议题决议时，该社会资本需回避表决，所以该上市公司出售资产的关联交易，需获得独立董事与主要中小股东同意。

在实际操作过程中，将出现以下情景：

①若独立董事及中小股东均无反对意见，且相关的董事责任可接受，该非营利性医院从上市公司的出售，在获得董事会批准后，即可交易并公告。

②若独立董事及中小股东对上市公司出售给关联方的交易价格提出反对意见或质疑，或者相关的董事责任不可接受，将考虑通过进场挂牌的方式完成转让，即履行国有资产进场交易的挂牌程序。

在挂牌过程中，很有可能被第三方（半路杀出的程咬金）摘牌夺走。故从交易技巧上，为避免第三方摘牌，需对摘牌条件进行设定。

上述案例的交易流程详见图 11.25：

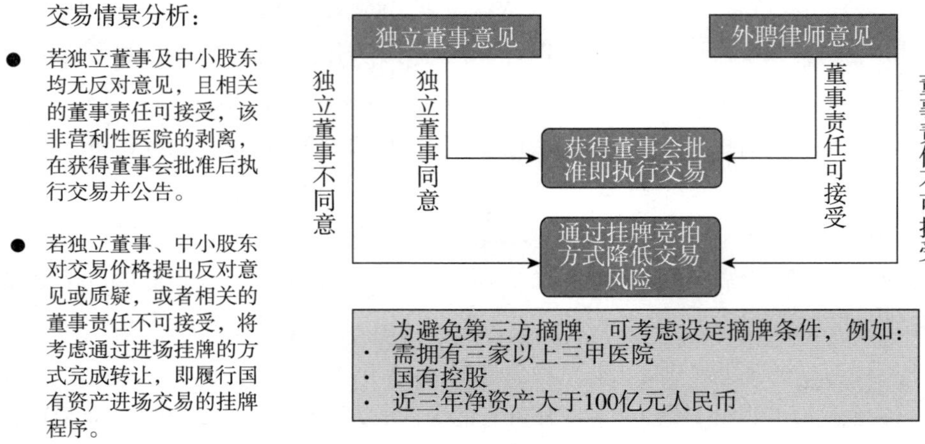

图 11.25 案例：某社会资本的 A 股上市公司持有非营利性医院剥离后注入其另一上市公司审批程序

如前文所述，因社会资本为国有资本，就上述交易相关事宜，需同时履行国资备案手续。

同样对非营利性医院的举办人或管理公司股权协议出让的过程，也需履行国资备案手续。例如，若为 H 股上市公司，需履行以下程序：

（1）在公告前，对涉及的相关注入上市公司的资产，需完成国有资产监管授权的内部评估和备案工作；

（2）在公告后，国资监管部门认为交易金额重大，资产注入方需向国资监管部门提供相关汇报材料。

（三）难点分析三：需处理好监管机构对交易关注点的沟通

社会资本采取将持有的医院管理公司的股权注入上市公司的模式，从资本市场获取回报的交易过程中，无论是获取现金、股权还是上市公司控股权，除了着手解决前述的非营利性医院的盈利模式搭建、注入资产的估值及注入过程中的技术性问题外，还需按照上市公司所在地的监管机构，如香港联交所、中国证监会等的要求，合法合规地完成整个交易。

特别是在注入过程中，社会资本对注入股权的披露内容、程序、注入的资产质量或涉及要约收购豁免（清洗豁免）等事宜时，更需处理好监管机构对交易的关注点。

因证券监管机构对“借壳上市”重组关注的“关键点”较多，在此以港股市场为例，选择投资者比较关注的以下三个方面进行分析：

（1）关于注入资产质量和审批程序事宜。

（2）关于清洗豁免事宜。

（3）关于拟注入医疗机构物业合规事宜。

以下通过案例阐述社会资本在将内地的医院（如非营利性及营利性医院）的资产或股权注入港股上市公司的过程中，就香港联交所（联交所）所关注的“关于注入资产质量和审批程序事宜”、“关于清洗豁免事宜”和“关于医疗机构物业合规事宜”进行分析。

（四）案例：某国有资本将两家医院注入港股上市公司存在的问题

某国有资本在成都和重庆通过医院管理公司分别拥有一家非营利性医院和一家营利性医院，在评估作价后，拟将国有资本持有的上述两家医院注入香港的上市公司。上市公司作为买方在聘请中介机构完成对上述两家医院的商业、财务、法律和人力资源调查后，该国有资本作为卖方与作为买方的上市公司，初步达成交易的合作意向和架构（简称项目）。

按照程序，上市公司申请联交所同意发出“股东通函”，以召开股东大会，同意上市公司购买上述医院资产。

联交所在审核该上市公司的“股东通函”时关注的重点是该项目的风险因素。联交所认为：上市公司聘请的中介机构在尽职调查中，发现的问题及风险是实质性的，并要求上市公司在股东通函中，彻底披露在尽职调查中发现的风险及处理的方式，是否损坏了中小股东的利益。

如联交所关注的以下事宜：

①在该国有资本将上述两家医院注入上市公司交易之前，上市公司做了哪些尽职调查工作？上市公司董事会认为前述的尽职调查工作，是否足够了解拟注入医院的全面业务及风险？若认为前述的尽职调查工作对本交易风险的判断已足够，其依据是什么？

②股东通函提到了很多尽职调查发现的问题，这些存在的问题及风险，在该资产或股权注入上市公司后，对上市公司有什么不利的影响？

③在股东通函中，就上述问题和风险，该国有资本作为卖方已就该交易提供了担保，就这类担保，请上市公司董事会出具这个交易对上市公司及全体股东有利的依据和意见。

就联交所关心的上述三个问题，联交所以书面形式回复上市公司。并要求上市公司就上述三个问题做出符合联交所要求的答复后，上市公司方可披露公告上述“股东通函”及推进交易的后续操作。

换言之，联交所意思是上市公司作为买方和该国有资本作为卖方，在解决注入资产在尽职调查中发现的问题之前，不允许上市公司发出上述“股东通函”。

因此，该案例中，上市公司递交给联交所的“股东通函”涉及在拟注入资产中上述非营利性医院和营利性医院资产或股权，在尽职调查中发现的相关问题，以进一步分析，联交所作为监管机构对注入上市公司资产所关心的部分细节问题或风险。

联交所作为监管机构对医院资产的关注点，主要集中在以下方面：

1. 关于注入资产质量和审批程序事宜

(1)国有产权转让涉及的“进场交易”事宜。

因卖方作为国有资本将其所持的医院资产出售给港股上市公司，应属于境内国有资产股权转让，按照《国资委、财政部32号文》，该国有资本须取得其上级国有资产监管部门的同意和该国有资本的股东出具的相关批准文件，如该两家医院资产或股权在本次境内股权转让豁免进场交易的书面批复文件。

笔者认为，既然监管机构提出这类问题，作为卖方的国有资本，在当时的时间点，应还没有取得相关批准文件。

(2)收购标的资产质量。

对注入上市公司的资产，作为监管部门，更关注注入上市公司的资产是否存在权力属性等其他法律上的瑕疵。监管机构关注的问题列举如下：

①土地属性。

土地属性是监管机构在注入资产中较为关注的重点。

如前文所述，在目前的医院体系下，非营利性医院作为公益性服务机构，医院的土地属性一般为划拨地，营利性医院拥有的土地为出让地。

在此案例中，监管机构认为，拟注入的医院目前使用的土地中存在使用权风险。如其中一家拟注入的营利性医院目前仍为“工业用地”，作为营利性医院有被收回的风险。

因此,监管机构要求该营利性医院在注入上市公司前,与当地主管部门沟通土地属性变更问题,理应重新签署土地出让合同,以补缴土地出让金的方式,将土地从“工业用地”变更为“医疗出让用地”。

②医院环境保护问题。

在注入的医院资产中,其中一家医院由于未经环保验收便进行医院经营,受到政府环保部门的环保处罚,医院已被责令停产,存在无法继续经营的风险,需尽快解决环保问题。

监管机构要求,卖方与当地环保局沟通环保处罚问题。待政府环保部门收到全部缴纳罚款,并同意“停产停业”处罚,转为“整改观察期”后,监管机构再考虑此家医院注入上市公司的申请。

③社会保险、住房公积金问题。

在上市公司对拟注入医院的人力资源尽职调查中,发现其中一家医院未能按时足额为其全体员工缴纳社会保险、住房公积金及未能办理住房公积金缴存登记。因此,监管机构要求卖方与当地社保局沟通职工社保欠缴部分,补缴所欠缴费用后,再考虑此家医院的注入申请。

此案例中,拟注入医院存在的问题较多,监管机构甚至要求上市公司进一步说明,其聘请的中介机构是否完成了所注入医院的全方位尽职调查,并能使其他投资者确信注入资产的风险可控。

因此,监管机构要求上市公司出具“清洁”的法律意见书,以消除其他投资者的疑虑,尽量解决上市公司作为买方在财务及法律等尽职调查清单中的未完成事项,包括但不限于医疗设备配置许可证、已投入使用建筑物相关必备手续、租赁合同及出租方权属证明等瑕疵。

如上文所述,由于监管机构对社会资本拟注入的资产质量存在较大的疑虑,将对上市公司及下一步交易的推进造成较大的负面影响。

如不彻底解决上述重大问题,即使上市公司管理团队同意将上述的“股东通函”进行全面无保留的披露,也难以满足监管机构的要求。同时,该议案也难以取得上市公司独立董事的同意,以致上市公司不能披露上述的股东通函,也无法召开股东大会表决同意交易的后续推进。

因此,社会资本在采取从资本市场获取回报时,需梳理好其拟注入医院的资产质量,先行解决拟注入资产的相关瑕疵和重大风险事项,在处理好监管机构的相关关注点的同时,需配合协调上市公司做好独立董事的沟通,将相关意见反馈给监管机构并报其审核,以便顺利发出股东通函并召开股东大会,推动资产注入工作的完成。

2. 关于清洗豁免事宜

在该案例中,由于该社会资本注入的资产规模较大,以致社会资本在资产注入后,将有可能成为上市公司的控股股东。

根据《香港公司收购、合并及股份购回守则》(以下简称《收购守则》)的相关规定,"当香港上市公司发行新股集资,或以股份作为代价收购资产而导致该上市公司之控股权出现变动时,其交易对手可能会产生强制性全面要约责任。在此情况下,有关人士可要求香港证监会执行人员豁免全面要约责任,即获得清洗豁免。香港证监会之执行人员就清洗豁免的考虑条件之一,是有关清洗豁免已获得独立股东投票通过"。

为此,在此案例中,根据上述规定,该社会资本需向联交所提交清洗豁免,以使该社会资本在获得上市公司控股权的情况下,将在不进行全面要约的条件下,获得上市公司控股股权,从而避免产生全面要约所需的大量额外资金成本。

3. 关于注入医疗机构物业合规问题[1]

在将境内医院的资产注入上市公司或 IPO 筹备工作中,"物业合规"是大多数医疗机构都不同程度需要解决的问题之一。

由于国内大部分民营机构医院在开业时是租赁物业或新建建筑物,所以在上市或资产注入港股上市公司过程中,很多上市公司不同程度出现了"物业不合规事项",以下列举了部分境内医院集团公司出现的部分问题:

(1)医院租赁物业未取得产权证明。

代表案例:弘和仁爱医疗(HK. 3869)、康宁医院(HK. 2120)。

①问题:上述两家上市公司的部分医院租赁物业的业主,未取得土地或房屋产权证明文件,可能面临被要求搬迁的风险。

②解决措施:由上述上市公司的实际控制人出具《承诺函》,承诺尽快取得住建等相关主管机关不处罚的确认,并需要聘请独立检测公司出具房屋检测报告,确认相关物业不存在结构性缺陷,可安全运营。

(2)医院租赁物业未进行环保、消防验收。

代表案例:康宁医院(HK. 2120)。

①问题:该上市公司旗下两家医院的租赁物业均在开业前,未取得环保以及消防验收。

---

[1] 郎元鹏、张露、李文博著,北京市竞天公诚律师事务所:《民营医疗机构:赴港 IPO 之合规注意事项探析》。

②解决措施：该上市公司主要采取了取得环保、公安消防部门确认不处罚的访谈或书面确认。即确认公司未因相关手续的缺失而受到主管部门的行政处罚或被要求停止营业。

(3)医院租赁物业用途与规划用途不一致。

代表案例：中国口腔医疗集团有限公司(2020年2月10日递交申请版本A1文件，以下简称中国口腔医疗)。

①问题：该上市公司旗下若干家医院的租赁物业用途与土地使用权证所列的规划用途不一致，即租赁工业用地等非医疗卫生用地的物业开设医院。

②解决措施：中国口腔医疗在招股书中披露其已就相关问题，取得了当地住建部门、城乡规划部门的确认。

主要确认事项包括：批准该租赁并确认该租赁为合法及有效；确认该租赁已向相关政府部门登记；确认续租不存在任何法律障碍；确认可使用相关物业作为医疗机构经营；确认不会以任何方式收回该等物业的土地使用权或施加任何不利措施。

五、注入医院资产的风险分析

就非营利性医院注入上市公司，无论是获取现金还是获取上市公司平台，从理论上分析，均应存在较大的风险，其原因是：

①非营利性医院的性质决定其不能以营利为目的，其注入上市公司的收益一部分来源于医疗服务本身而被抽取的管理费，以及在医院之外的供应链获取的收益等其他获利。

②同时还涉及非营利性医院资产本身的公益性，如以划拨地获取的土地等。

③从业务发展的角度来看，重组后的上市公司将面临政策风险、经营风险、回报风险等业务风险。

④从注入上市公司的整个重组来看，其交易风险包括法律风险、投资风险及合规风险，甚至还包括舆论风险及控制权等风险。

(一)从业务发展的角度分析其存在的业务风险

1. 政策风险

医疗服务行业监管制度的变化，尤其是医疗改革政策及公共医疗保险政策的变化，可能对整合后的非营利性医院产生重大不利影响。在注入的所有非营利性医院资产包中，其中政府办的公立非营利性医院，在目前公立医院引入社会资本改革方向尚不明朗，政府办的公立医院能否顺利注入上市公司存在较大的不确定性。

2. 经营风险

新注入的医院与原上市公司的医院合并后，双方管理团队能否在发展战略上，特别是在经营理念上有效融合，使双方合并后在人力、物力、财力上达到互补，使各项资源真正有效发挥效用，实现“一加一大于二”。若整合后，未能有效管理成员医院，将导致盈利能力和业绩增长速度下降。

3. 并购整合风险

在目前国企和民企“混改”的大环境下，特别是企业文化，如国企与民企的混合所有制，二者在运行机制和薪酬激励方面有较大差异，未来是否可有效融合并充分发挥双方优势，存在诸多不确定性。

4. 回报风险

从目前整个非营利性医院给社会资本产生的营业额和利润构成来看，社会资本一半以上的经营利润来源于供应链业务。如前文所述，目前药品“零加成政策”已在全国陆续推广，将严重影响医院利润水平，并且政府基本药物集中招标采购价，有较大下行趋势，从长期看，医疗相关政策将降低上市公司供应链业务的盈利水平。

社会资本在换取上市公司股票后，未来可能面临因回报下降而导致股价下行的压力。因此，无论在上市公司还是在非上市公司，非营利性医院的供应链业务存在不可持续的风险。针对供应链业务的风险，需要合作后实现营业额结构调整，缓解上市公司股价下行压力。当然，目前中短期内，供应链业务依然是上市公司高回报的重要支撑。

因此，交易完成后需尽快打通并拓展社会资本医院资产的其他盈利模式，以调整上市公司的收入结构，缓解未来股价下行的压力。

(二)从注入上市公司的交易角度分析其存在的交易风险

1. 被认定为规避反向收购的风险

如前文所述，因社会资本拟注入非营利性医院资产规模较大，且所持部分非营利性医院，在未打通盈利模式的情况下，即着手重组。因此，社会资本为了能将非营利性医院注入上市公司且顺利获得监管机构的审批，以致社会资本采取了不希望成为上市公司控股股东的“变通”的技术处理方式，如上述的“一致行动人”或“股权 + 现金”等技巧处理(即以重大交易 + 控股权变动)，但该等处理方式有可能被交易所认定为规避反向收购的风险。

2. 反向收购的审批风险

如上文所述，若社会资本希望成为上市公司控股股东，同样面临风险，如前文提到的注入上市公司的资产存在业务回报下降风险，其原因是从非营利性医院产生的利润中至少50%来源于供应链业务，从长期看，医疗相关政策将降低上市公司供应链业务的盈利水平，甚至导致该业务反向收购交易审批风险。[1]

3. 打通盈利模式承诺未能实现

一般而言，注入时，上市公司会向中小股东承诺注入后，尽快完成盈利模式的搭建。若由于整合过程不顺畅，特别是已注入医院的关联方，如政府换届不再同意原盈利模式的打通[2]，可能延缓新注入医院的盈利模式搭建的进度，影响合作计划的执行，从而对上市公司股价产生负面影响。

4. 变相分红问题

若注入的资产为非营利性医院，在注入后通过供应链或收取管理费等方式打通盈利模式，存在社会资本（即管理者）与已注入的非营利性医院的举办人（举办者），为同一实际控制人的可能性，以致不符合国家要求的“管办分离”，即公司举办人不能从非营利性医院获取分红。

此举将有可能被医疗卫生监管部门认定为变相分红。特别是非营利性医院新注入上市公司后，医院管理公司的股权结构图被全方位披露后，更容易被市场和监管机构所关注。

5. 税务风险

若社会资本所拥有的医院全部在境内，但注入的上市公司为港股或美股，则交易将被认定为在境外间接转让境内资产，可能面临税务局要求社会资本缴纳资产转让溢价部分的所得税的风险。

6. 划拨地可能需补交出让金

目前社会资本下属医院所用的土地，若医院为非营利性医院，在前期医院初建时，基本上均为划拨地，该部分资产注入上市公司，可能面临监管机构要求补交土地出让金的风险。

---

[1] 由于本次交易属于反向收购交易，上市公司将被视作犹如新上市申请人处理：（1）上市公司需召开股东大会，以获得小股东同意，而估值合理性是决定能否获得通过的关键因素之一；（2）拟收购资产需符合上市规则中有关新申请人的营业记录及其他所有规定，由于目前注入资产可分配盈利较少，是否能通过监管机构审核具有不确定性。

[2] 如对医院所用房产支付资产使用费的方式。

7. 社会资本承担的社会责任可能被质疑

交易注入的资产为非营利性医院时，一般来说，非营利性医院在所属地均存在一部分公益性质，一旦将非营利性医院注入上市公司的交易完成并披露，社会资本从非营利机构中获取利润的方式，估计会被资本市场放大，为此，非营利性医院本身及作为社会资本（特别是国企）承担的社会责任，可能被质疑。

第十二章

医院并购治理结构分析

第一节 “党委领导下的院长负责制”对医院治理结构影响

一、“党委领导下的院长负责制”的焦点问题

2018年6月中共中央办公厅印发了《关于加强公立医院党的建设工作的意见》（以下简称《意见》），并发出通知，要求各地区各部门结合实际认真贯彻落实。《意见》明确，公立医院实行党委领导下的院长负责制。一时间，引发市场和行业对“党委书记”的高度关注和热议。围绕“党委领导下的院长负责制”，医疗并购圈普遍热议的焦点问题包括但不限于以下方面：

（1）如何处理“理事会领导下的院长负责制”关系？

（2）如何处理党建和业务关系？

（3）党委书记和院长是否可以由同一人担任？

就此等社会资本及公立医院领导普遍关心的问题，《意见》作出了原则性与“敞口”性并存的规定，即：二级及以上的公立医院、市属及以上的公立医院、设党委的公立医院，应当实行党委书记、院长分设，其他公立医院根据规模大小等实际情况宜兼则兼、宜分则分。党委书记和院长分设的，院长是中共党员的同时担任党委副书记；党委书记和院长由一人担任的，可设立专职副书记，专心专责抓党建。

党委班子成员应当按照章程进入医院管理层或通过法定程序进入理事会，医院管理层或理事会内部理事中的党员成员一般应当进入医院党委班子。

二、“党委领导下的院长负责制”对医院治理结构的影响

自国家医疗改革以来，公立医院运营管理大多实施以医院院长作为医院管理第一责任人的“院长负责制”，党委书记的角色更多是作为监督与政治保障者。《意见》的出台，恢复党委领导下的院长负责制，公立医院党委书记成为医院管理的第

一责任人，院长则变身为医院运营的执行者。

社会资本关注的重点在于公立医院引入社会资本过程中，如何落实和执行上述《意见》？党委领导下的院长负责制，对已引入和即将引入社会资本的医院治理结构将产生什么影响？如何处理“理事会领导下的院长负责制”与新的“党委领导下的院长负责制”的关系？《意见》出台后，引入社会资本的政府医院，是否仍可采取“理事会领导下的院长负责制”？

结合笔者的实操体会，若政府医院在引入社会资本后，采取党委领导下的院长负责制，可能面临以下问题：

（1）如何确定与社会资本合作或改制后医院党委的上级党委？是合作、改制前的政府有关部门的党委，还是引入的社会资本方的党委？若引入的社会资本为外资或民营资本，尚未建立党组织，这种情形如何处理？

（2）按照党组织属地化管理的原则，是否可采取双重管理？

（3）在医院章程或政府与社会资本成立的合资平台公司的章程中，如何明确并细化党委领导下的院长负责制？

（4）党委书记职业化是否可为引入社会资本的医院治理结构找到一个突破口？

此外，《意见》明确要求公立医院把党建工作写入医院章程。[1] 医院章程要明确党组织的设置形式、地位作用、职责权限和党务工作机构、经费保障等内容要求，明确党委研究讨论医院重大问题的机制，以确保党的领导融入医院治理各环节。

据笔者了解，目前医院章程较大程度上脱胎于公司章程，其体例及内容与《意见》上述要求和安排并不匹配，这意味着医院需要根据《意见》上述要求，对现有医院章程做较大幅度的修订和补充，这对医院而言，也是一项新的工作和挑战。

总之，就上述问题，笔者认为，《意见》从出台到具体落地执行，尚需经历一定的过程和时间。目前“党委领导下的院长负责制”的落地仍在路上。一项新政策出台，往往需要通过时间和实践，让政策由抽象到具体。

三、医院并购治理结构设计总体思路

对民营医院而言，因《意见》对此类医院没有强制要求实行“党委领导下的院长

---

〔1〕 例如，《关于开展建立健全现代医院管理制度试点的通知》（国卫体改发〔2018〕50 号）附件 2《试点医院建立健全现代医院管理制度重点任务》第 1 项“制定医院章程”方面具体要求如下：制定符合医院发展改革实际的章程，明确医院功能定位、办医方向、管理制度以及举办主体、医院、职工的权利义务等内容。把党建工作要求写入医院章程，明确党组织在医院内部治理结构中的地位和作用。以章程为统领，规范内部治理结构和权力运行规则，提高医院运行效率。

负责制”，对于社会资本投资举办的民办非企业法人性质的非营利性医院，仍可沿袭“理事会领导下院长负责制”的医院治理结构。

对民营资本举办的公司制营利性医院，则可适用《公司法》相关规定。因《公司法》对公司治理结构体系有比较完善的规定，笔者在此不对此类医院的治理结构作赘述，而是侧重探讨政府、国有企业举办的非营利性医院的治理结构。

目前政府、国有企业举办的非营利性医院的治理结构，是由举办人、理事会、医院管理团队构成的管理体系，其中医院举办人、理事会的权利和义务约定比较简单，对股东会、董事会的权利和义务依照《公司法》规定，均有明确的约定。究其原因，一方面是由于医院的管理体系立法相对滞后，另一方面是由于此类医院的所有制性质（政府或国有企业举办）及公益性属性，决定医院多为事业单位法人性质的非营利性医院，因此其治理结构体系为事业单位法人特点的理事会管理体系。

当社会资本参与上述非营利性医院特别是参与政府医院投资和改制后，医院的治理结构将面临极大的挑战。哪一方将对医院的管理权享有最后的话语权？是政府、医院举办人、社会资本与政府设立的合资公司、医院理事会还是双方设立的其他决策机构？政府医院因其公益性，即使与社会资本合作后，仍需承担一定的公益性责任，如何在（政府医院）公益性与（社会资本）逐利性并存的环境下，合理设计医院的治理结构，已然成为当前形势下摆在社会资本和政府医院面前的新课题。

本章从社会资本与非营利性医院（政府或国企医院）合资成立的医院管理公司治理结构体系入手，对不同投资模式下的医院治理结构进行梳理。

第二节　医院管理公司层面治理结构分析

如前文所述，社会资本在投资非营利性及营利性医院时，一般会先成立一个平台公司，如医院管理公司，作为投资或改制非营利性医院的法人实体，并通过医院管理公司，同时进行下属所有医院的供应链体系的整合和管理，以及下属所有医院的医疗评价和风险的统一管理。

因此平台公司一般由三个部分的职能组成：

一是常规的公司内部管理职能，如 HR、财务、IT 等；

二是供应链管理及营利性医院等下属公司的股权投资管理；

三是对非营利性医院的管理，如 IOT 模式下的医院管理、拥有部分或全部举办权的企业医院以及与政府成立合资平台的医院管理。

医院管理公司的治理结构如图12.1所示：

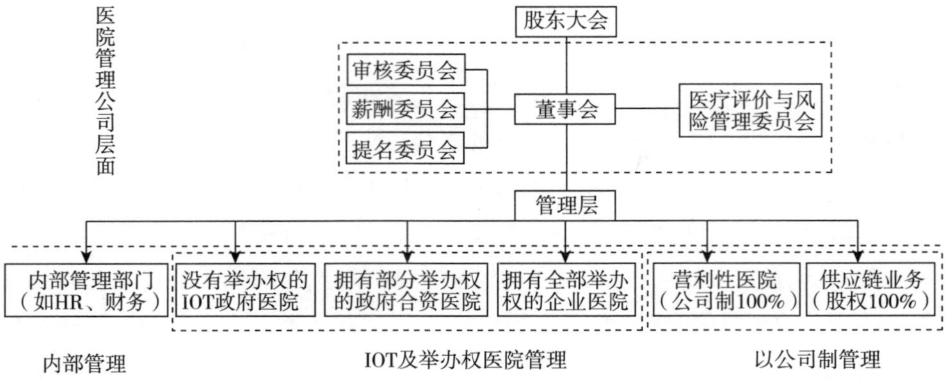

图12.1　医院并购治理结构设计图

为了更为全面、清晰地阐述医院管理公司层面治理结构体系，本节将所述医院管理公司举例定位为“港股上市公司”，并以此进行分析。

一、医院管理公司治理结构

医院管理公司作为港股上市公司，一般应根据医院管理公司注册地公司法及香港联交所上市规则、上市公司章程等规定，建立公司治理结构、制定公司章程。

以本节所述医院管理公司为例，该公司在开曼群岛设立，因此其章程根据开曼群岛公司，以及香港联交所关于上市公司有关监管规定，建立了由股东大会、董事会及管理层所构成的公司治理结构的内部治理体系。

其中，股东大会作为最高决策机构，董事会对股东大会负责，执行股东大会的决议，并在其职权范围内行使职权，管理层作为执行层，对董事会负责，执行董事会决议及董事长下达的工作任务。

董事会下设薪酬委员会、审核委员会、提名委员会。各专业委员会的人员构成及主要职责如下：

（1）提名委员会：由一名董事和两名独立非执行董事组成。其主要职责是向公司提出有关任命和撤换董事及高级管理人员的建议。

（2）薪酬委员会：由一名董事和两名独立非执行董事组成。其主要职责是制定董事的薪酬政策、评估业绩、就董事及高级管理人员的薪酬方案提出建议、评估雇员福利安排并提出建议。

（3）审核委员会：由三名独立非执行董事组成。其主要职责是协助董事会提供有关集团财务报告流程、内部控制和风险管理系统的独立意见，监管审核流程并履行董事会委派的其他职责。

除上述专业委员会外,考虑到医院管理公司拥有并管控众多医疗机构,还需在董事会下设医疗评价与风险管理委员会,以统一管理和防范医疗风险。

董事会提名产生高级管理层,董事会和各委员会之间的关系和工作机制按公司章程细则规定执行。同时在公司章程中详细规定需要股东大会审批的事项。

根据香港联交所《企业管治守则》的规定,医院管理公司的董事会必须包括至少三名独立非执行董事,其中至少一名独立非执行董事必须具备适当的专业资格,或具备适当的会计或相关的财务管理专长,独立非执行董事必须占董事会成员人数至少1/3。有关独立非执行董事的委任需呈交股东大会审议通过。在公司章程中需明确上市公司的董事会职责、股东大会普通决议与特别决议的议事规则。

医院管理公司在中国境内的控股参股公司,如供应链公司、公司制营利性医院,应根据《公司法》有关规定,建立由股东会、董事会、监事会、高级管理层构成的公司治理结构。

二、医院评价与风险治理结构

根据医疗服务机构行业特点及监管规定,可将医院管理公司在医院管理过程中的风险分为四类:医疗伦理风险和合法合规方面的风险、医疗管理风险、医疗技术风险、EHS(指 Environment 环境、Health 健康、Safety 安全)方面的风险。为了防范这四类风险,需在医院管理公司的治理结构体系中建立由董事会提名设立的医疗评价与风险管理委员会。目前采用较多的医疗风险管控架构如图12.2所示:

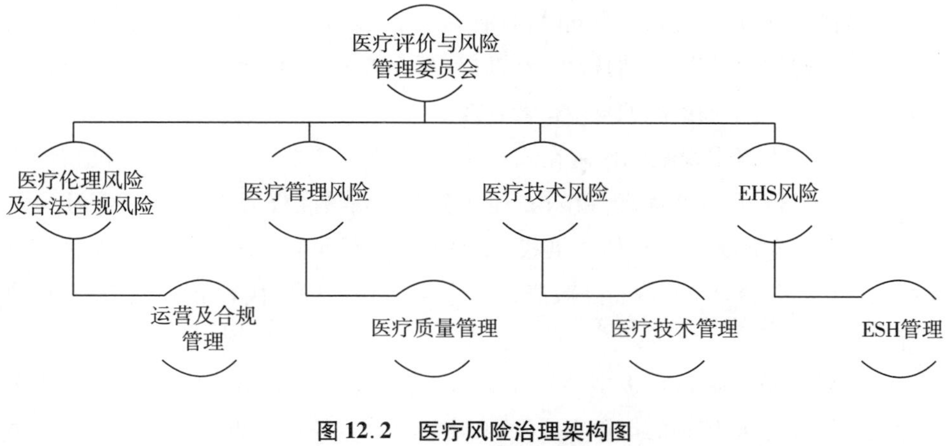

图12.2　医疗风险治理架构图

医疗评价与风险管理委员会的成员一般由董事以及内外部专家组成。

其中,医疗评价与风险管理委员会需制定其主要职责,并报董事会批准。其职责包括但不限于：

在非营利性医院和公司经营中，如何平衡非营利性医院的公益性及可持续性发展资金的需求与社会资本逐利性之间的矛盾？如何界定或找到医院在经营中在患者利益最大化和商业利益最大化之间的平衡点，并制定非营利性医院及营利性医院在经营过程中的行为准则和道德标准，如卫健委、医保局、中医药局印发的《医疗机构工作人员廉洁从业九项准则》。

同时，为了有效地防范上述四类风险，在医院管理公司和医院的治理结构中，需成立专职部门负责各类风险的管控，如设运营和合规部管控合法合规方面的风险，医疗质量部管控医疗管理风险，医疗临床管理部管控医疗技术风险，并由运营和合规部同时管控医疗伦理风险，EHS 部管控 EHS 风险。

第三节　IOT 模式治理结构分析

一、治理结构的设计模式

在 IOT 合作模式中，与社会资本合作后的政府医院性质并未发生改变，只是医院将其管理权在合作期限内授权给了合作的社会资本，所以，在治理结构的设置上，仍需满足政府设定的一些基本原则，比如：

(1)“政事分开”原则：指政府在引入社会资本后，需合理界定政府作为出资人的举办监督职责，并通过建立现代医院法人治理结构，保障医院根据协议及章程的约定，享有自主运营管理权限。同时，政府应保障医院独立性，医院有权独立自主地开展运营管理活动。政府除履行其行政监管职责或通过参与医院理事会行使其举办人权利外，不得干预医院的自主运营管理。

(2)“管办分开”原则：指医院在改制后，需建立决策权、执行权、监督权“分立、相互制衡”的现代医院法人治理结构，理事会为医院最高权力机构。政府、社会资本通过共同组建理事会并行使决策权，以保障政府对医院的发展权和重大事项决策权。院长办公会议负责执行。政府、社会资本及医院职工代表组成的监事会行使监督权。

(3)“院长负责制”：指理事会领导下的院长负责制。院长办公会议是医院医疗、教学、科研、行政管理的议事决策机构；院长办公会议应当根据章程行使议事决策权。院长是医院依法执业和医疗质量安全的第一责任人，落实医疗质量安全院、科两级责任制。

按照上述原则，在 IOT 模式下，医院一般建立由理事会、监事会、医院管理团队组成的法人治理结构，形成决策、执行和监督既合理分立又相互制衡的运行体系。具体如图 12.3 所示：

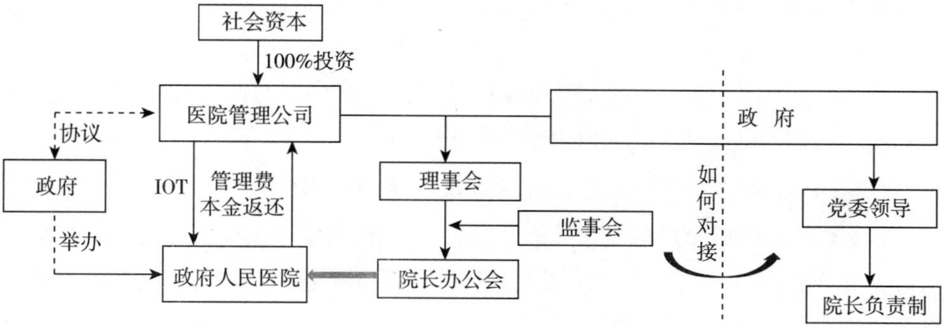

图 12.3　案例分析：IOT 协议下的治理结构

二、设计模式难点分析

（一）“理事会领导下的院长负责制”与“党委领导下的院长负责制”的关系处理

如前文所述，在 IOT 模式治理结构设计中，以院长为“班长”的管理团队对政府和社会资本组成的理事会负责。

按照《意见》的要求，在“党委领导下的院长负责制”，院长需对党委会负责。如《意见》规定：“医院党委会议由党委书记召集并主持，研究和决定医院重大问题。院长办公会议是医院行政、业务议事决策机构，由院长召集并主持。重要行政、业务工作应当先由院长办公会议讨论通过，再由党委会议研究决定。”按照《意见》的要求，以党委书记为核心的医院党委，其管理方向是医院的宏观方向和重大问题，如发展规划、年度计划以及医院人财物的进出决策等重大问题。

这些“重大问题”均由医院党委会已全部决定后，在 IOT 模式下，按照改制后医院的章程，医院“重大事宜”需通过以政府和社会资本组成的理事会表决通过，若出现理事会不同意部分或个别上述医院党委会已决定事项，该如何处理？

其结果可能形成医院的“重大问题”决策，是由“理事会”还是由“党委会”最终决策的尴尬局面，需在接下来的政策解读和实践中不断完善。

（二）医院管理团队最终任命权不在理事会

在 IOT 模式的治理结构体系中，社会资本和政府已确定双方组成的理事会是医院的最高权力机构。但在医院管理团队的任命上，社会资本和政府就医院管理团队的最终决策权经常出现争议。

例如，政府认为，改制后的政府医院的举办权仍在政府，所以政府将医院院长等管理团队纳入其政府组织部门管理体系，即所有的院长的任免全部由政府任命。社会资本则希望双方共同组成的"理事会"作为医院的最高或最终决策机构，应包括人事的最终任免权。

在实际运作中，理事会对人事任免权并不是最终的。即使在理事会决议双方已达成了医院管理团队人选，政府仍有最后否定权。

（三）如何确定应履行党委会前置审议事项的范围？

根据《意见》规定的"党委领导下的院长负责制"要求，医院所有的重大决策由医院党委会决定。据笔者了解，《意见》出台后，目前部分已经或拟采取 IOT 模式与社会资本合作或改制的政府医院，医院章程里仍约定采取"理事会领导下的院长负责制"。合作方下一步除了研究如何与《意见》保持一致以外，还需要按照党的相关要求，确定哪些议题需事先递交党委会前置审议，因为《意见》规定，院长办公会讨论的议题，在递交审议讨论之前，须经医院党委会前置审议无异议后，方可提交院长办公会讨论审议，最后报理事会决策。

就上述问题，《国务院办公厅关于建立现代医院管理制度的指导意见》中作出了如下原则性规定："院长办公会议是公立医院行政、业务议事决策机构，对讨论研究事项作出决定。在决策程序上，公立医院发展规划、'三重一大'等重大事项，以及涉及医务人员切身利益的重要问题，要经医院党组织会议研究讨论同意，保证党组织意图在决策中得到充分体现。"

上述规定只明确了"三重一大"和涉及医务人员切身利益两类议题。在实际工作中，医院还存在其他"重大事项"，此等重大事项是否属于党委会前置审议事项？目前实操中尚无明确规定。

即使按照《关于开展建立健全现代医院管理制度试点的通知》[1]要求的由国家卫生健康委、国家中医药局会同有关部门遴选确定的北京医院等 148 家医院，作为建立健全现代医院管理制度的试点医院，也是比较笼统地规定："重要行政、业务工作先由院长办公会讨论通过，再由党委会研究决定。"

针对《意见》规定的"党委领导下的院长负责制"，近年来有些 IOT 项目，从公司（此处"公司"指《公司法》中的有限公司和股份公司）的治理结构设计上探索出将党委、党建等党的要求嵌入到公司治理环节中的可借鉴案例。

---

〔1〕 国卫体改发〔2018〕50 号。

例如,针对"院长办公会重大决策需党委会前置讨论议题",采取"凡需提交公司董事会审议的决策事项,均需党委会进行前置审议",确保公司党委在实际工作中"把方向、管大局、保落实"。

同理,对于与社会资本合作后的政府医院,是否可以采取同样方式约定"凡需提交医院理事会审议的决策事项,均需医院党委会前置审议"?〔1〕

(四)党政联席会制度、院长负责制与理事会制度之间如何衔接?

IOT 模式实践中,尽管政府和社会资本原则上能就"双方共同组成的理事会为医院的最高权力机构"达成一致意见,但在实务操作中,仍存在政府医院在引入社会资本后,不知如何衔接或处理医院现有"党政联席会制度、院长负责制与理事会制度"三者之间的关系。

案例

以某社会资本与政府医院 IOT 模式合作项目为例,在合作后的医院章程中约定:"目前医院的发展、规划、预算、重大事项、预算外资金等事项、重大管理制度等均由医院党政联席会审议决定。医院党政联席会由医院党委委员和院行政领导组成。院党政联席会议就医院目前在经营方面的重大事项提出建议、方案及参与决策,且党政联席会议决议事项需由全体成员一致同意方能通过。"

按照上述章程规定,在决策医院"重大事项"时,如何处理"医院党政联席会的决策与理事会决策"的效力问题?如何处理"医院党政联席会与医院党委"的关系?是否可将目前党政联席会涉及医院重大事项的部分权限上移至理事会?

对上述问题,笔者认为,《意见》给出了部分明确的答案,如"健全医院党委会议、院长办公会议等议事决策规则,明确各自决策事项和范围,不得以党政联席会议代替党委会议"。

至于其他的问题,仍需在实践中进一步完善。

---

〔1〕 例如,《关于开展建立健全现代医院管理制度试点的通知》(国卫体改发〔2018〕50 号)附件 2《试点医院建立健全现代医院管理制度重点任务》第 2 项"完善医院议事决策制度"方面具体要求如下:明确医院党委与行政领导班子议事决策制度,健全党委会、院长办公会议事决策规则,明确各自决策事项和范围,不得以党政联席会代替党委会。重要行政、业务工作先由院长办公会讨论通过,再由党委会研究决定。

第四节　社会资本与政府医院合资模式治理结构分析

一、治理结构的设计模式

社会资本与政府成立合资公司(亦称管理公司)共同管理合作后的政府医院时,出现了许多治理结构体系混乱的现象。

例如,政府和社会资本共同成立的合资公司,可以按照《公司法》的一般性规定建立公司治理结构。但是,当合资公司作为与社会资本合作后的政府医院举办人后,医院作为事业单位法人或民办非法人单位时,按照目前事业单位法人及民办非法人有关管理规定,现有的医院均是以理事会领导下的医院管理体系。

如此一来,医院与社会资本合作后,如何处理合资公司董事会、管理团队与医院的理事会、医院管理团队这四者的关系? 此外,合资公司的管理层和医院管理团队如何分工和协调,也是实操中遇到的常见问题。

例如,医院主要领导没有兼任合资公司董事会成员,对合资公司董事会关于医院管理的决策内容和程序均不知情,以致"上下不同欲",合资公司对医院管理的重大决策事项得不到有效落实。

再如,医院院长办公会的决策事项和合资公司办公会决策的事项不能有机融合,形成"两层皮",同样导致"医院管理的重大决策事项"不能得到有效落实。

因此,如何让合资公司管理团队与政府医院的管理团队形成有效的治理结构体系,以提高医院的管理效率,是目前社会资本参与政府医院收购后面临的又一难题。

图 12.4 以某社会资本参与某地级市政府医院项目为例,说明社会资本与政府成立的合资医院管理公司的治理结构体系:

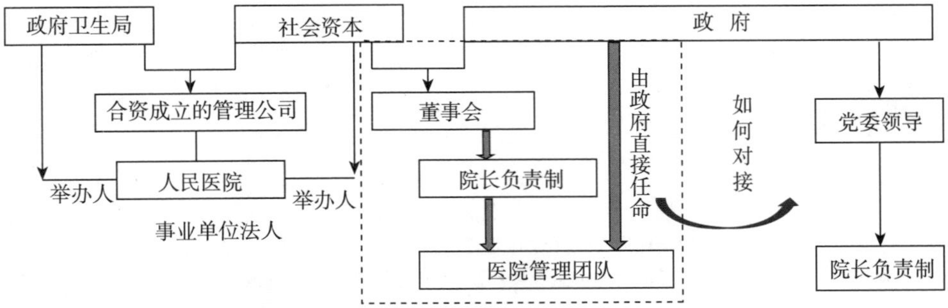

图 12.4　案例:社会资本与政府医院合资模式合资公司治理结构

二、设计模式难点分析

社会资本对政府医院改制时，一般采取政府以政府医院净资产出资、社会资本以现金出资成立合资公司的模式，如前文所述，这种模式除面临“资产出资难以到位”的问题外，在合作后医院的治理结构设计上也存在一些难点和问题。

在政府医院改制前，政府作为举办人，医院作为事业单位成立理事会领导下的院长负责制，是完全按照政府管理机制和体系下的公立医院。

改制后，政府将医院净资产注入合资公司，社会资本作为投资者以现金注入，在此结构下，合资公司成立由社会资本和政府作为股东，依法成立董事会，医院成为“合资公司董事会领导下的院长负责制”。

此模式除仍存在前述的IOT模式下《意见》要求的“党委领导下的院长负责制”等难点问题，还存在以下难点：

（一）合资公司董事会高效运转存在难点

在实际操作中，政府作为合资公司的股东，在代表股东派出董事会成员时，存在法律限制。根据《公务员法》的有关规定，“公务员因工作需要在机关外兼职，应当经有关机关批准，并不得领取兼职报酬”，公务员不得“从事或者参与营利性活动，在企业或者其他营利性组织中兼任职务”，因此，国家公务员原则上不应在政府机关外兼职。

如上述案例中，双方成立合资公司的董事会，原确定政府方派出三名董事，即原政府计划派出卫健委主任、财政局局长、国资委主任兼任。在内部组织部门的审批中，由于政府派出的三位董事均是政府公务员，受到限制。作为妥协，政府最后改为两名退休干部[1]及一名国资公司员工兼任。由于政府派出的上述董事作为政府不在任官员且对正在运营的医院状况了解甚少，以致不能在董事会上对医院的重大决策形成有效的决策。

（二）政府直接任命医院管理团队存在的问题

以笔者经办的某合资模式项目为例，政府为了保持合资后医院公益性，认为医院的院长仍应由政府任命，而不能以章程约定的“董事会领导下的院长负责制”，即院长作为事业单位在编人员，需政府组织部门任命，不能按照董事会职权进行任命，其理由是董事会不是党委会，需“坚持党管干部”的原则。为此，政府直接任命

〔1〕《公务员法》第107条第1款规定，“公务员辞去公职或者退休的，原系领导成员、县处级以上领导职务的公务员在离职三年内，其他公务员在离职两年内，不得到与原工作业务直接相关的企业或者其他营利性组织任职，不得从事与原工作业务直接相关的营利性活动”。

了医院的党委书记和院长。

基于上述合作后的医院党委书记和院长为政府任命，政府再同时任命党委书记和院长为合资公司的派出董事。因此，在治理结构的程序上，先由政府确定医院管理团队，再由此确定董事会派出人员。结果双方合资公司的董事会，在人事权上“形同虚设”。

上述项目中，政府将医院的党委书记、院长等作为其派出人员，委任为董事，与社会资本派出的董事形成董事会，导致在实际经营中，合资公司出现了以下治理结构上的问题：

(1)因政府派出的医院管理团队作为董事，以致在合资公司的“责、权、利”上，更多的是考虑医院的利益和责任，较少顾及董事会对合资公司的责任。同时政府作为股东，考虑到医院的公益性，也较少顾及合资公司的利益。

(2)因医院核心管理团队成员作为政府派出董事，对医院经营需董事会决策的事宜，均需得到政府的书面同意方可发表意见，以致对医院有利的议题积极争取，而对合资公司有利的议题却较少顾及。这一做法，不但降低了董事会的决策效力，而且社会资本也难以推动医院现代化管理制度的建立。

由于存在以上问题，政府医院改制后，其上级政府认为，该政府医院作为改制的公立医院，缺乏顶层政策支撑，配套改革路径尚未跟进完成，医院运营中缺乏有效的政府、社会资本、医院三方沟通机制等问题，困扰和制约着该公立医院的改革发展。

由此可见，这个项目中，社会资本、政府与医院三者之间，没有形成合资公司与医院有效合理的治理结构。

三、案例分享和点评

本案例中，某社会资本在参与某地级市政府医院改制三年后，地方政府认为，该改制后的公立医院，在未来的投入机制上面临政府和企业双向缺失：

一方面，医院作为政府医院改制后，虽然继续履行着提供基本医疗服务的职能，但是政府投入逐年减少。

另一方面，如果政府医院改名后，失去了原政府医院的牌子（例如，不能继续称为“人民医院”），社会资本将失去资金投入的信心和动力。在政府和企业都不再进行资金投入的情况下，改制后医院生存发展堪忧、人员去留难定。

基于此，当地政府要求政府医院整改，即将已改制的与社会资本合作的医院存量资产，退回到政府或医院“恢复原状”，或更改政府与社会资本的合作模式。

为此，政府拟采取社会资本不撤出、社会资本股权仍保留在与政府合资公司平台的方式，将改制后的医院再回归公益性，医院不再更名并保持“非营利性”性质：由政府严格按照公立医院管理方式，不改变公立医院性质，对医院的运营管理、干部人事等工作，纳入政府现有公立医院序列统一管理。

基于以上的目的，政府为了更好地控制医院，想完全恢复原政府监管下的“理事会”的机制和体制。同时在政府层面成立了医院管理委员会，并起草了相关的理事会章程。

下文摘录政府起草的政府医院回归公益性的新的医院理事会章程（以下简称《政府章程》）相关规定，分析政府与社会资本在下一步合作过程中，在医院治理结构上存在的问题。

摘录一：“政府确定改制后医院管理体制总的原则是：建立以理事会领导下的院长负责制为核心的现代医院法人治理结构，实现管办分离。”

存在的问题：该原则容易确定，在落实过程中，“理事会”是否相当于《公司法》中的“董事会”，是不是医院管理的最高及最终决策机构。

比如：是否能达到《政府章程》所确定的“政府政事分离，政府集中力量促进公益性和强化监管；理事会负责全面专业的规划和重大事项决策；院长获得充分授权，在年度商业计划范围内开展经营管理；监事会对医院公益性、国有资产管理、医院理事会及院长履行职责等进行监督。权责清晰，相互促进和有效制衡”等治理原则。

在该项目与政府的实际商谈中，政府起草的上述章程与上述管理机制相差甚远，基本上是原政府管理公立医院方式的复制，如“本医院名称是＊＊市人民医院，系人民政府举办的公立医院，属市卫生和计划生育委员会直属事业单位”。

存在的问题：该章程仍认定改制后的政府医院为事业单位，属事业单位编制。没能体现出社会资本作为投资者参与改制后，其应得的决策权。

摘录二：“市公立医院管理委员会，落实市人民医院的举办职责，全面落实对医院的领导责任、保障责任、管理责任、监督责任，对医院各项重要事项做出专门决定。市人民医院实行医管委领导下的院长负责制。”

存在的问题：政府在市卫健委与医院之间，又成立一个医院管理委员会（医管委），且由医管委代替卫健委或医院管理团队作出部分决策，即又多了一个“婆婆”。由此导致：医管委对医院各项重要事项做出专门决定，而不是“院长办公会”和“医院理事会”。若如此，社会资本参与的“理事会”又形同虚设，没有任何重大事项决策权。

摘录三:“举办单位的权利:＊＊市人民政府作为举办单位,拥有＊＊市人民医院的土地、地上附着物、医院设备、品牌无形资产等所有资产所有权。”

存在的问题:上述表述与政府在此案例中采取的“政府医院的净资产作为出资”的模式相矛盾。事实上医院的部分资产,已过户到合资公司,同时举办人应为市政府及社会资本,即“双举办人”。

摘录四:“按照《＊＊市公立医院管理委员会章程》,医管委对＊＊市人民医院‘三重一大’事项进行研究、审批和监管。负责研究确定医院的发展规划,审定医院基础设施、设备投入以及资金的筹集、使用、监管。指导医院建立完善法人治理机制。研究医院改革进程中出现的新问题,按规划设置制订并落实医院的发展建设、人员编制、政府投入、药品配送使用、医药价格和收入分配等政策措施,为医院履行公共服务职能提供条件保障。审定医院财务预算和决算,对医院财务状况进行监管。按干部管理权限,对医院领导人员进行选拔任命,监督管理医院院长。”

存在的问题:若改制后的政府医院完全按照《市公立医院管理委员会章程》执行,社会资本对医院的管理权没有任何话语权,即没有形成双方合资后的共同治理的管控体系。

摘录五:“医管委对医院不适当运营行为有一票否决权。一票否决权包含但不限于以下情形:执行国家、省、市有关医疗卫生和计划生育的法律、法规、方针、政策不力。发生重大医疗事故、骗取医保资金、虚假广告宣传、过度医疗、推诿患者等行为,没有完成紧急救治、救灾、援外、支农、支边和城乡医院对口支援等公共服务和政府下达的指令性任务。”

存在的问题:政府医院改制后,虽然仍有公益性质,但并不享有与其他未改制医院的政府财政补贴,却仍要承担如此多的社会责任,是否合理?

摘录六:“医院重大事项[1]和医院特殊事项[2]、医院合议重大及特殊事项,实行市公立医院管理委员会召集制,采用集体合议,并以会议决定形式体现集体意志,不以传阅、会签或个别征求意见等形式代替集体议事和合议决定。”

---

[1] (1)医院的经营方针和经营范围的重大变化,医院中长期发展规划的确定和调整,医院年度工作计划的确定和调整,医院年度资金预算的确定和调整;(2)医院的重要项目安排、重大投资行为和重大的购置财产的决定;(3)医院订立重要合同等;(4)医院在银行借款(涉及担保、质押)、重大债务和未能清偿到期重大债务的违约情况,或者发生大额赔偿责任;(5)医院发生重大亏损或者重大损失;(6)医院生产经营的外部条件发生重大变化;(7)对外提供重大担保;(8)医院员工工资福利方案的确定和调整;(9)医院对外合作事项;(10)新设立医疗专业科室或医疗业务中心。

[2] (1)修改理事会、监事会章程;(2)增加或者减少资本投入;(3)医院合并、分立、解散;(4)变更医院形式。

存在的问题：上述约定的重大事项及特殊事项，均由“市公立医院管理委员会”决定，参与改制的社会资本没有任何话语权。

因此，在上述案例中，若政府拟采取社会资本不撤出、社会资本股权仍保留在与政府合资公司平台的方式，在下一步继续与社会资本合作，上述政府制定的医院章程，基本上体现不了其以“理事会为医院管理的最高权力机构”的约定。

因此，在政府医院改制后，应更多体现政府对行业的监管机制，即政府对医院公益性、国有资产管理、医院理事会及院长履行职责进行监管；政府部门负责行业监管及合规性监管；第三方对行风评议及患者和员工满意度进行评价。

与此同时，将医院的管理和运营决策机制完全交给有最终决策权的理事会或合资公司董事会，具体的医院运营权交由董事会（或由双方派出人员成立的“理事会”）领导下的医院管理团队，真正建立起现代医院管理体系，这应是医疗改革往前推动的动力。

第五节　企业医院、民营医院并购治理结构分析

本节着重分析社会资本作为第三方收购非营利性的企业医院，在收购后拥有部分举办权和全部举办权的不同情形下，其治理结构体系，以及民办非企业医院中，由卫健委监管的医疗康复中心之类的医疗机构以及由民政局监管的养老机构的民办非企业法人的治理结构体系。

一、企业医院治理结构分析

如前文所述，社会资本作为收购者投资并购非营利性企业医院，既可以通过与合作方成立医院管理公司的方式，拥有企业医院的全部举办权；也可以通过直接收购原举办人的部分或全部举办权的方式，获取医院的部分或全部举办权。

以下分别从社会资本作为投资者，在拥有部分和全部企业医院举办人的情况下，对企业医院的治理结构体系进行分析。

如图12.5所示：

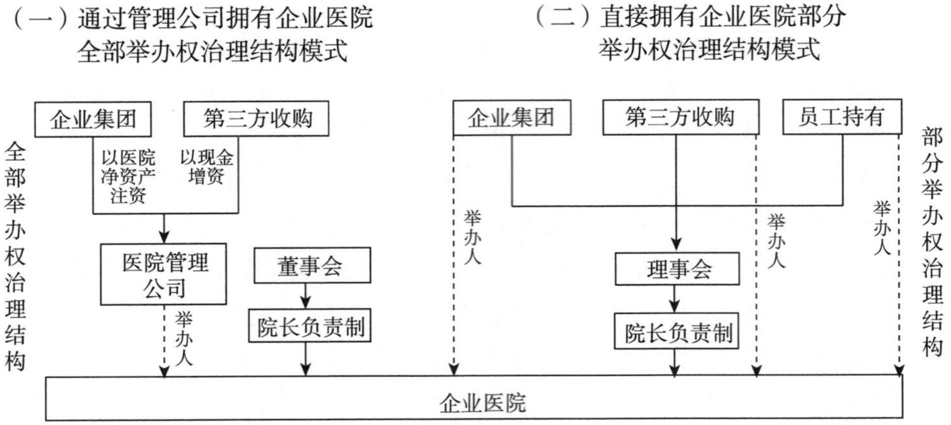

图 12.5　企业医院的治理结构体系分析

（一）拥有全部举办权的企业医院

1. 治理结构模式

社会资本通过收购资产或其他方式，拥有非营利性医院全部举办权，如上述的通过医院管理公司持有企业医院的全部举办权。

从某种程度上，医院管理公司拥有了在财务意义（并非法律上）对医院的“占有权”。为此，公司拥有对医院资产相对的“占有权和控制权”，从而拥有对医院全面的“话语权”，所以在拥有全部举办权的企业医院，其治理结构应相对简单。

目前医院管理公司普通采取类似《公司法》中的股东拥有的“全资”子公司，来管理非营利性的企业医院，在实际运作上，基本上“主宰”了医院的所有管理权，如人事任命权、获取收益权，包括但不限于收取管理费、供应链的利润分配等全部权利。

2. 存在的难点

（1）管办分离。

若上述的非营利性医院由国有资本全部拥有其 100% 举办权的事业单位法人，在某种程度将划归为国有资本举办的“公立医院”。

该企业医院应执行或参照执行国家关于公立医院管理的相关规定，如《国务院办公厅关于建立现代医院管理制度的指导意见》中要求的公立医院“管办分离”的要求，如“探索公立医院管办分开坚持分类指导，鼓励探索创新，把社会效益放在首位，实行所有权与经营权分离，实现医院治理体系和管理能力现代化”。

换言之，上述国有资本将非营利性医院的管理全部纳入“子公司”治理结构管理体系，是否没有执行上述意见的要求，实行“所有权与经营权分离”的原则。

(2)举办人是否有违规变相分红的嫌疑。

由社会资本全资拥有并管理非营利性医院,举办人在非营利性企业医院直接采取收取管理费等行为,是否违背非营利性医院的"举办人"不能从医院获取收益的相关规定。

(3)关于监管机构的问题。

企业医院是否完全受行业主管部门监管;以及章程修改等事项是否需全部上报登记部门批准或备案。

(二)拥有部分举办权的企业医院

社会资本作为投资者在收购企业医院举办权时,原举办人并没有完全退出,仍持有企业医院的部分举办权,即原举办人与新收购的收购方形成企业医院的"双举办人"。此时企业医院的治理结构类似《公司法》中"合资公司"的治理结构体系。

因此,收购后的企业医院不论是事业法人登记还是民办非法人登记,在企业医院由多个举办人同时持有其举办权时,笔者建议,建立由所有举办人派出代表形成的理事会,实行"理事会领导下的院长负责制"。

考虑到举办的非营利性医院的资产是公益性的,不属于举办人,为此,在实践中,有以下两种派出理事会成员的方式:

(1)少数非营利性医院,采取按1∶1的比例构成理事会成员的份额,而不是按拥有举办权的权益比例。

(2)大多数民办非企业法人医院,社会资本按在民政部门登记的持有举办人权益的份额比例,确定派出理事会成员的比例。

在确定"理事会领导下的院长负责制"后,医院需在其章程中约定,企业医院的理事会是医院经营管理的最高权力机构,并约定理事会行使的决策权。[1] 理事会表决实行一人一票制,理事会可根据议题的不同性质设计须经全体理事过半数通过、三分之二通过或需全体一致通过的表决机制。

例如,在批准医院重大投资和资金运作[2]的决策权时,必须明确理事会和院长的重大投资的权限,即医院在不报理事会批准的情况下可自行审批的权限。

---

〔1〕 如某案例在章程中约定理事会的相关决策权。理事会对下列事项行使决策权:(1)决定医院的发展规划;(2)制定、修改医院章程;(3)决定医院经营方针,包括主营业务方向、中长期发展战略和规划等;(4)批准医院重大投资和资金运作;(5)批准医院的年度经营计划和年度预算;(6)批准医院重要管理制度;(7)批准医院高级管理人员绩效考核事项、奖惩事项;(8)根据投资方提名,任命院长和财务总监;根据院长提名,任命副院长。

〔2〕 1. 超过200万元的重大基建项目,包括装修改造、设施更新、新建项目等;2. 单项超过100万元的大型医疗设备购置;3. 预算外超过50万元对外资金支付。

（三）案例分享

案例

以某社会资本收购某企业医院项目为例，该医院的章程明确规定，超过200万元的重大基建项目，包括装修改造、设施更新、新建项目等，必须由医院报理事会批准；对单项超过100万元的大型医疗设备购置和预算外超过50万元对外资金支付等，均须报医院理事会批准，以便医院管理团队在医院具体运营时有章可循，以保证企业医院在治理结构上的权责明晰。

因章程的地位相当于医院的“宪法”，所以对企业医院章程的修改，属重大事项。为此，在章程中需明确，只有理事会方有权提出章程修正案，且该修正案必须报举办人批准。同时规定，章程修正案在上报业务主管机关（如当地卫健委）和原登记主管部门（如民政局或事业单位管理局）备案后，方可生效。

此外，若企业医院为国有资本全资举办时，在此过程中涉及资产转让或处置时，企业医院理事会在做出相关批准前，需事先征得企业医院和举办人的国有资产上级主管部门批准。

二、民营医院并购治理结构分析

（一）概述

此处主要分析以民办非法人登记的非营利性医院及养老机构的法人治理结构。

在此仍以第八章“民办非等特殊类型民营医疗机构并购模式”中所阐述的，社会资本通过收购非营利机构的举办人公司股权的方式，间接收购医院和养老机构模式为例。

社会资本在收购民营医院后，为了节省成本，出现了举办人公司管理团队和所收购医院的管理团队“合二为一”的现象，并将举办人公司的管理费用部分记在医院账上，以致出现了举办人公司与所收购的非营利性民办非法人实体之间，治理结构混乱的局面。

以下以举办人公司与其下属的养老机构为例，分析民营资本的举办人公司与其下属的民办非实体之间，在治理结构上的问题。

（二）案例分享

案例

广州某居家养老机构与其实际控制人之间的治理结构分析

某居家养老机构在民政部门成立并运营三年后，该民营合伙人作为该养老机构的实际控制人,成立了一家营利性的养老服务公司(即举办人公司)作为该居家养老机构的举办人,从事养老机构的投资业务,其业务包括但不限于劳务派遣、劳务服务、居家养老服务等无须前置审批的经营范围。

在该养老机构的实际运营中,作为实际控制人的举办人公司直接对该居家养老机构进行日常服务和管理,并直接从该居家养老机构抽取管理服务费或管理咨询费。

同时,该举办人公司与另一家社区养老机构采取签订全权委托管理协议的方式,直接控制该社区养老机构的日常运营管理,由养老机构支付管理费给实际控制人,即民办非养老机构的举办人。

就此案例,举办人公司的上述运营和管理方式,可能导致举办人公司替代了非营利性养老机构的日常运营管理,有可能被监管机构认为营利性的举办人公司与民办非的养老机构在治理结构、费用的处理、利润的分配上混为一体,以致由营利性的举办人公司享受了本应给予民办非养老机构的各种优惠条件。

综上所述,举办人公司与其举办的民办非机构,在治理结构上为"同一管理团队",且由举办人公司参与实际运营,并将成本计入民办非实体的做法,与现行非营利性机构管理的政策相违背。

(三)民办非医疗机构治理结构建议

笔者建议,采取理事会管理的治理结构,即在民办非机构实行"理事会领导下的院长负责制"。其治理结构如图 12.6 所示:

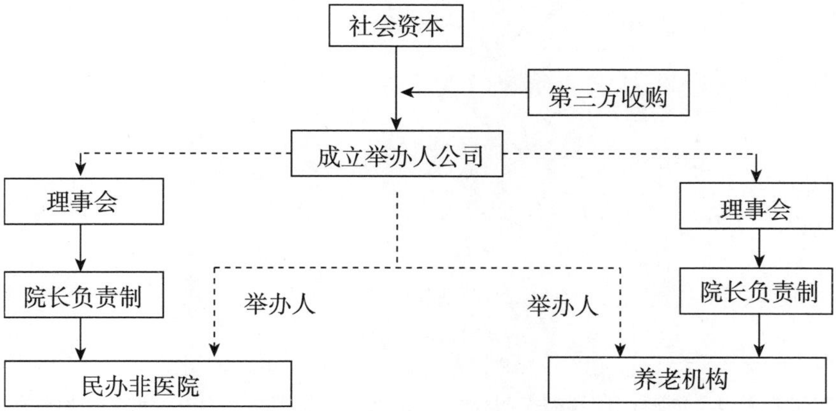

图 12.6　民办非企业法人医疗机构治理结构图

因此,民办非医疗机构可以考虑按照以下治理结构,由举办人公司对下属的民办非医疗机构实施管理:

(1)民办非医疗机构建立由理事会、监事会、院长管理团队组成的法人治理结构,形成决策、执行和监督三权,既合理分立又相互制衡的运行体系。

(2)理事会是民办非医疗机构的最高决策机构,在国家相应法律法规规定范围内,行使相关事项的权力。[1]

(3)考虑到民办非医疗机构所在区域及与监管机构的协调、运营的规范,建议举办人公司可考虑聘请监管机构或所在区域的行政负责人作为理事会的成员,以避免全资情况下的内部操纵和违规。

(4)理事会会议应有三分之二以上的理事出席方可举行;每一理事(包括理事长)拥有一票表决权;理事会作出一般事项决议,必须经全体理事的过半数通过方为有效,对涉及民办非医疗机构合并、分立、解散、清算、章程修改,整体出租、抵押、变卖、转让、处置土地房产或重大设备设施等资产,以及对外投资或对外担保的决议,须经全体理事的三分之二以上通过,方为有效。

(5)民办非医疗机构的日常经营管理活动,实行院长负责制。民办非医疗机构设院长 1 名。院长对理事会负责并报告工作,行使相关职权。[2]

(6)民办非医疗机构设监事会,由 3 名成员组成,包括委托方或受托方代表各 1 名以及民办非机构员工代表 1 名,同时,建议增加 1 名当地政府机构或监管部门人员作为监事,以避免上述的在全资情况下的内部操纵和违规。民办非医疗机构理事、院长、副院长及财务负责人不得兼任监事。监事会主席由监事会选举产生。

---

〔1〕 如制定、修改民办非机构章程;决定民办非机构的年度工作计划、经营方针和投资计划;决定年度财务预算及决算方案;制定民办非机构经营管理的重大制度;决定民办非机构内部机构的设置;聘任或者解聘民办非机构院长、副院长及财务负责人,并决定其绩效考核事项;决定民办非机构的重大固定资产投资项目;决定民办非机构其他重大经营决策事项。

〔2〕 主持民办非机构的日常行政管理工作,组织实施理事会的决议;按国家规定的民办非机构财务管理制度执行审批经费支出。

结束语

“路漫漫其修远兮”
——中国社会办医“悬而未决”的问题

目前中国社会办医仍处在“摸着石头过河”的“初级阶段”。借用孙中山先生的名言:“革命尚未成功,同志仍须努力!”。

从书稿的写作过程来看,就目前的社会力量办医,仍存在许多“悬而未决”的问题,催促着我们“一直在思考”。

特别是,在经历“全球新型冠状病毒疫情大考”后,此时的“健康中国行动”已敲门千家万户,一个“共建伟大健康新时代”的中国“彩虹”,正在搭建。

我们在书中,阐述了社会力量办医仍存在的诸多如“制度”、“政策”和“法规”方面的问题,却没能“回答”或未能提出有价值的“建议”。

以致书稿写完了,仍成为“悬而未决”的问题。

笔者在写作过程中,一直在研究和学习以下方面的问题:

但,我们还是想“上下而求索”。

为此,笔者以下从“微观”(操作层面)和“宏观”(政策层面)两个维度来阐述,笔者一直在思考的,社会力量办医“悬而未决”的部分问题。

以抛砖引玉,与读者共同思考、探讨。

一、从“微观”的操作层面来看

自 2019 年 12 月底《卫健法》颁布以来,从目前的立法本意解读及操作实践来看,目前社会力量办医,在短期内,将呈现出以下态势:对政府医院,在国家政策上,总体不支持社会力量参与政府医院的投资或改制[1];对企业医院,目前国资监管

[1] 例如,《卫健法》关于政府医院“两禁止”的规定,以及对政府医院收支管理的影响(政府举办的医疗卫生机构应当坚持公益性质,所有收支均纳入预算管理,按照医疗卫生服务体系规划控制规模)。

部门对中央企业和地方国有企业所属医院,仍处在过渡期,与其配套的改革政策等,尚未完全清晰、可操作[1];同时,地方国企健康产业平台混改正加速。

笔者认为,即使有社会力量参与"政府医院和企业医院"的政策法规等举措,在实际操作过程中,仍存在政策解读和落实中的不确定性。此外,社会资本投资并购医院在"操作层面",仍需重点关注投资"非营利性"医院,特别是国企医院,所涉及的相关"悬而未决"的问题。

问题一:

社会力量办医如何从"非营利性医院"投资中"合规"获取回报?

这个问题是笔者在整个书稿中一直没有正面回答的问题,以致在本书的结束语,不得不再次提起,成为社会办医"悬而未决"的事项之一。

正如在书中不断提及的,在《卫健法》颁布实施后,社会资本对政府医院的投资或改制,基本上成了"禁区"。

并且本书一直认为,专科性的营利性医院或非营利性医院,应成为社会办医的首选。如书中已提及的,社会资本可利用已收购医院的现有存量资产和人员,大力发展"医养服务、血液透析、精神科、脑科、妇产科"等连锁业务。

然而,如前文所述,不论是通过"内涵式"发展还是通过"并购式"的拓展,加快形成"连锁"专科医院,前面的路,可谓"人间正道是沧桑"。

笔者认为,目前借国企剥离企业医院的"窗口"期,是大力拓展收购企业医院的最佳时期,但是,对央企医院从央企集团作为辅业的剥离、收购及重组整合,目前已接近尾声。社会资本可加快与地方国资和中央企业合作,收购地方国企、中央企业剥离的"优质区域龙头"医院。

然而,在上述"跑马圈地"的收购拓展中,社会资本收购的:无论是政府医院还是国企医院、抑或"民办非"的专科医院;也无论是以国家财政出资或国有资本举办的"公立医院",还是民间资本出资举办的"民办非机构";更无论,该"非营利性机构"是在"事业单位管理局"登记的事业单位法人的医疗机构,还是在当地"民政局"登记的"养老"或"医养结合"的非医疗机构。只要社会资本收购的是"除了公司法人性质的营利性机构外"的非营利性机构,均存在以下"绕不开"的难题:

即,社会资本在投资收购或新建"非营利性"的医疗机构或养老机构后,社会资

---

[1] 国资发改革〔2017〕134 号文要求:"2018 年年底前基本完成企业医疗机构集中管理、改制或移交工作;支持以健康产业为主业的国有企业或国有资本投资运营公司对国有企业办医疗机构进行资源整合。"两年来由于没有相应的配套政策,导致整体推进缓慢。

本以何种方式,从该“非营利性机构”获取投资回报或收益,属于“合规”?

或者说,社会力量以何种方式从“非营利性机构”获取投资回报,受政策允许或政府支持和鼓励?

该问题不但“涉及非营利性机构的收支结余、或称利润,如何分配的相关法律规定”,而且还“涉及税务的相关法律规定”。

例如,在书中不断提及的,该“非营利性机构”的收支结余,在社会资本投资后,没有按照相关规定进行分配,而是社会资本采取各种方式,将之“抽走”,该“非营利性机构”在“主体适格”上是否可继续享受相关税收减免的优惠政策?笔者认为,在实务中,将受到来自税务监管部门的“质疑和挑战”。

为此,就上述问题,在《卫健法》正式生效后,无论是《卫健法》表述的“政府举办的”公立医院,还是“社会力量举办的”事业单位法人或民办非医院,只要是“非营利性医疗机构”,均应遵守《卫健法》第 39 条中的规定:“非营利性医疗卫生机构不得向出资人、举办者分配或者变相分配收益。”

因此,在社会力量办医的实践中,面临的“悬未而决”的问题是:

在社会资本收购“非营利性”医疗机构后,比如,以“国企医院”为例,社会资本将之作为其“集团公司”之下的“子公司”进行资产、人事任免、财务等全权管理;同时,将国企医院的所有资产、负债、利润等财务报表全部并入社会资本的“母公司”名下。

此时,社会资本既作为下属“非营利性”医院的“举办人”,同时又是“管理人”的情况下,即在“管办未分离”的情况下,如何从其管理的下属“非营利性”医院获取收益?

进一步说,即使在“管办分离”的情况下,其获取收益的“合规性”仍存在质疑。

换言之,社会资本在《卫健法》实施后,采取本书第十一章“非营利性医院投资回报渠道分析”的模式一“从医院获取管理费方式”、模式二“从供应链获取回报方式”、模式三“从医院获取资产使用费方式”,或其他“方式”获取收益,仍面临挑战。例如,社会资本在投资战略上,通过构建大健康行业的“医药—器械—医院”全产业链的投资,创造出“全产业链上的供应链价值管理”模式,从生产、制造和销售供应等价值链的各个环节,整合社会资本在“资金流、产品流、物联流”等各个环节的优势。

同时,在整合资金成本、物流成本以及中间经销商“差价”的过程,社会资本通过管控“医药销售平台或大设备耗材等经销平台”,在内部产生全产业链的协同效应。

最终，社会资本实现医院在采购药品、医疗设备、医用耗材和融资租赁的“全价值链”端“创造”出利润新增长点，从而间接获得来自“非营利性医院”的收益。

以上提及的“获取收益或投资回报”的各种方式，是否与《卫健法》第 39 条规定相冲突？需要我们不断思考和厘清。

也有观点认为，作为“非营利性机构”的投资者，就不应该有从“非营利性机构”的投资中，获取回报的“欲望”。换言之，投资者既然决定了投资“非营利性机构”，就应该像“慈善机构”一样，做好不从“非营利性机构”获利的准备。

就以上观点，笔者认为，可能违背“资本是逐利的”这一天然本性；同时，这一观点在医改政策或方向上，不能调动社会资本持续办医的积极性。

笔者认为，社会力量在办医时，必须重点关注改制后医院的“运行效率和质量安全”等相关指标；同时，还必须解决社会资本的投融资难，特别是资本回报途径等方面，以全方位、多维度地探讨增强社会力量办医竞争力等问题。

另外，就《卫健法》规定所阐述的“以政府资金、捐赠资产举办或者参与举办的医疗卫生机构”以及“社会力量举办的医疗卫生机构”的规定，笔者认为，就“政府医院和国企医院”的以下细节问题，仍需在实践和政策法规解读过程中，予以不断完善。例如，从“政府医院”和“国企医院”的公益性角度，“国企医院”是否完全属于“公立医院”？换言之，将国有全资举办的“非营利性医院”划归为与“政府医院”一样的“公立医院”是否妥当？

问题二：

社会力量办医处置非营利性医院“资产或举办权”的方式是否“合规”？

对非营利性医院而言，还有一个“悬而未决”的问题，即是“非营利性医院的资产权属”事宜。

一般意义上的所有权是指所有人依法对自己财产所享有的占有、使用、收益和处分的权利。但是，“非营利性”医院资产的所有权，并非完全意义上《民法典》规定的“所有权”。如我们在本书第一章第一节“二、非营利性医院与营利性医院的区别”中所述：

“非营利性”医院法人实体注销时，需按照《医院财务制度》的规定进行清算，剩余资产经主管部门和财政部门核准后，并入接收单位或上交主管部门，举办人/出资人不能全部取回。

在非营利性医院清算时，就医院原社会公益性资产，在清算后，需捐赠给其他社会办的非营利性医疗机构或政府认可的慈善基金或机构。

笔者在本书第七章第三节“直接收购国企所持医院举办人权益模式”中也详细阐述了“举办人权益”并非“类股权”。即“举办人权益”不具有物权所有权所赋予的占有权、收益权、使用权及处置权。

特别是根据民办非企业单位章程的约定,“举办人”享有推荐理(董)事和监事、了解本单位经营状况和财务状况等权利,且表现为“不具备财产权益”。

然而,笔者在书中提到的部分投资或并购“非营利性”医院的模式,如第六章第一节“社会资本参与政府医院整体改制模式”、第七章“社会资本参与国企医院改制重组模式”“直接收购国企所持医院举办人权益模式”“间接收购或改制国企医院模式”,基本上是按照“国有企业集团”下属的“子公司”的重组、改制或收购模式,特别是将非营利性医院“举办权”作为“股权”的收购方式进行操作。

问题是:上述操作方式,是否符合目前国家有关“非营利性”机构对资产权属的相关规定,或者说这样的操作方式是否触碰了“合规”或“合法”的底线?

二、从“宏观”的政策层面来看

回顾“十年走过的路”,社会力量办医在宏观政策和法规层面,在“未能解决老问题”的同时,又出现了很多“尚未能回答的新问题”。

问题一:

在社会办医的功能定位和发展方向方面

笔者认为,从近十年社会办医的实践得出的最宝贵的经验或教训,就是社会办医要行稳致远、持续健康发展,首先得找准定位,明确发展方向。

国家政策方面,已基本明确了社会力量办医的定位是“公立医疗服务体系的有益补充,满足群众多层次、多样化、差异化的健康服务需求”。

经过十年的实践,笔者认为:

①在社会办医的“多层次”上,探索和发展不够。例如,社会资本改制后的公立医院(如政府医院),在大力拓展的“特需服务”方面,受到了“提供特需服务的比例,需不超过全部医疗服务的10%”的限制,即受到政策审批或规模等限制。

②在社会办医的“差异化”竞争方面,仍面临众多挑战。社会办医疗机构在与政府医院的“差异化”办医竞争中,部分民营医院遇到了自我生存危机或重大的挑战。例如,社会办医疗机构需“差异”出政府医院以“基本医保”作为支柱的主体,应更侧重于,以“健康保险”为主要特征的主体。但由于我国的商业保险在医疗领域不尽完善,仍处在“医疗与保险结合”的摸索过程,以致面临诸多挑战。

③在社会办医的“多样化”方面，仍在不断“试水和呛水”。社会资本将“医养结合”作为发展重点的同时，如何利用“医”的资源来“养老”？如何将“养老”中的“医”更好地与基本医疗保险“无缝对接”？如何统筹“社区养老”的“长期护理险”和全国的全面施行？

如前文所述，社会办医疗机构在投资“医养结合”的非营利性机构后，也同样面临如何“合规”获取投资回报的“尴尬”。

笔者认为，在社会力量办医的下一个十年，需进一步找准社会办医的功能定位和明确社会办医的发展方向，并进一步落实到位。

问题二：

在消除社会资本办医的“不均等”待遇和隐性壁垒方面

社会力量在办医过程中，相比政府举办的“政府医院”，无论在人才、信息共享还是政府补贴等方面，均存在众多的不均等待遇以及不公平竞争的现象。

在接下来的医疗改革中，社会资本应关注：

①如何实现或破除社会力量进入医疗领域的不合理限制和隐性壁垒？

②如何推进和实现“社会办”非营利性医疗机构，同政府医院享受同等待遇？

问题三：

如何帮助政府医院建立现代医院管理制度？

建立现代医院管理制度，已成为政府医院综合改革的主旋律之一，如何通过推进现代医院管理制度，将优秀的“企业管理新思维”根植医院？

近两年全面开展的党委领导下的院长负责制进入政府医院，将对医院的运行机制产生哪些改变？

特别是，社会资本在投资和改制“公立医院”的过程中，采取企业经营式的管理制度，仍需“破局”哪些难题？例如：

①在“社会力量”参与政府医院投资后，能否进一步落实改善“医疗服务及质量”各项重点任务？

②从政府医院回归公益性角度方面，能否通过市场化的企业经营模式，建立起政府医院的合理补偿机制，以促进政府医院回归其功能定位？

③是否能促进“公立医院”在“坚持公益性”与“追求经济效益”之间，找到合适的平衡点，促进公立医院的健康发展？

在实践中，需要认识到：“好的医生，不仅仅需要医学专业技术，更重要的是成为医院管理者。”

此外，在进行顶层设计过程中，必须结合目前“公立医院”的现状，将“建立现代医院管理制度过程”碰到的最实际问题，包括医院管理者和医护人员最关心的“热点”问题，作为切入点或“抓手”。

例如，从具体问题入手，分析“为何、如何”建立现代医院管理制度：

①在政府医院薪酬制度改革背景下，如何看待院长薪酬？

②政府医院是否实行院长年薪制？

③如何运用各种工具科学开展医护技人员的绩效考核？

④什么样的绩效考核方案医生最满意？

⑤什么样的绩效考核方案能够“俘获”医生芳心？

问题四：

如何促进社会办医在“互联网＋医疗健康”的快速发展？

为了保证社会力量办医在下一个十年的快速和健康规范的发展，众多专家建议，社会办医疗机构与政府医院之间，需形成差异化竞争。例如，社会办医可重点考虑，将前述的“医养结合”作为一个方向。

同时，充分发挥社会办医疗机构的“市场敏锐性”、决策的灵活性以及社会资本雄厚的资金实力等诸多优势。

笔者认为，“互联网＋医疗健康”（如互联网医院）应成为社会资本在下一个十年发展的“着力点”。

特别是随着疫情常态化时代的来临，中国医院的高质量升级发展，将成为主旋律。中国制定的“以疾病为中心”向“以健康为中心”转变的政策，也将从政策层面快速转变为落地行动。

在从“政策”向“落地”转变过程中，借助“互联网＋健康”的手段，是从“疾病”向“健康”转变的最重要“抓手”之一。

疫情催化互联网医疗发展提速，互联网医院的数量呈井喷式增长，互联网医疗服务行业迎来重大普及发展的历史机遇期，国家出台了一系列加速、加大力度发展“互联网＋健康”的政策，这为社会资本在下一个十年大力发展“互联网＋健康”带来了机遇，社会力量有机会成为中国医疗行业探索“互联网医院”和“特殊医疗服务”等领域的先行者和领跑者。

然而，也要看到，互联网医疗在探索发展中，也面临一系列的问题和挑战。例如：

①在多种因素共同作用下，互联网下的“未来医生”该如何教育和培养？

②在互联网创新的多种模式尝试下，大健康产业会有怎样的变化？

为此，需要我们思考：

①我们目前的“互联网+医疗健康”处于什么阶段？

②未来“互联网+医疗健康”又有什么趋势？

三、“悬而未决”的问题需要新思维和新实践

以上笔者从微观的操作层面以及宏观的政策制定层面列举了部分仍“悬而未决”的问题，且解决难度不小。

社会力量办医路途的“沧桑”，诚如拿破仑说过，“最困难之时，就是离成功不远之日”。

笔者也仍然相信“办法总比困难多”。

社会力量办医在下一个“蜕变十年”，在与政府医院的“赛跑”中，要胜出或不掉队，笔者认为，社会力量办医在下一个“蜕变十年”，需形成“新思维”：

即，社会办医在坚持“一切为了人民健康”的前提下，社会力量在参与“公立”或“非公立”医院的投资和整合过程中，需在医院管理及运营效率等诸多方面，应采取“企业化的经营模式”。

具体而言，大健康产业下的社会办医，仍然面对激烈的市场竞争，社会办医只有真正成为“自主经营、自负盈亏、自担风险、自我约束、自我发展”的独立市场主体，才能具有活力和竞争力，才能在实现“健康中国梦”中，发挥出应有的作用。

为此，社会力量办医需根据上述的“新思维”，加快完善社会办医疗机构的“治理结构”，在投资和整合“公”与“非公”医院的过程中，进行“新实践”。

例如：

新实践一：在经营内容上必须处理好，在“保基本”的基础上，扩展特需医疗服务或高端医疗需求的多样性，以满足人民对美好生活的追求。

新实践二：在资产投入上必须处理好，非营利性医疗资产的公益性和社会资本逐利性的矛盾。

新实践三：在资本投入回报上必须找到，投入产出与公益性服务的平衡点。

新实践四：在管理路径上必须平衡好，医疗卫生监管机构、社会资本、政府、举办人等各“利益相关方”之间的关系，特别是需解决好各利益相关方就“被改制医院”在管理上的“主次”关系。

同时，在社会办医的改革中，需加快完善医院的“优胜劣汰”的体制和机制，从

“法人组织责任”与“具体行为人责任”两方面入手,建立起医院考核、绩效和评价及责任追究机制。

社会力量在办医的过程中,不但需要在“公司法人”的营利性医疗机构建立起“硬预算”约束下的自负盈亏机制,实现“营利性机构”在市场竞争中的优胜劣汰,还需思考:社会资本在“非公司法人”组织的非营利性医疗机构,如何建立起“硬预算”下的管理机制或约束机制,以充分参与市场的竞争。

另外,就非营利性机构的“政府医院”,因承担了大部分的“基本医疗”和“社会公益”,在社会资本在参与投资和改制后,还需进一步厘清,在管理机制方面,比较突出的问题。例如:

①政府医院同时兼具公益性、服务性和经营性,作为一个经济组织,其“健康和规范发展”的可持续性应成为医院发展的基本原则。

②政府医院除了必须进行功能再定位,在医疗服务质量、医疗质量安全、医疗技术水平等方面更上一层楼之外;同时,需形成新思维和新实践,为社会资本参与政府医院的改革找到可操作的路径或模式。

真可谓“心动不如行动”。

大道至简、实干为上。

笔者认为,以上所有“悬而未决”的问题,均需要借助社会力量办医的市场“敏锐性”和优秀的企业“商业管理基因”,不断跟上时代发展的步伐,不断进行“新实践”。

并在新实践中,不断经历“试错和纠错”的发展过程,最终社会力量办医必将在实现“健康中国梦”的征途中,留下浓重的一笔。

中国社会力量办医,在新时代、新思维、新实践中,一定能也必将能有新作为。

最后,借结束语完笔之际,真诚感谢各位对本书的阅读。

但愿各位能从本书中有所收获。

书中有不妥之处,敬请批评、指教。

附录一

医疗机构法律尽调常见法律风险点一览表

序号	风险事项	法律风险点	法律责任/影响后果
1	医疗机构设立过程中存在的风险	医疗机构设立审批程序不合规	• 医疗机构的设立登记大体可分为执业许可登记和法人主体登记两类，不同法人性质的医院受不同法律规范，且相互之间在主体资格转换方面存在不兼容性。实践中医疗机构仅进行了执业许可登记而未进行法人主体登记的情况时有发生，除由此产生的行政责任外，还会给社会资本并购医院在并购交易结构设计方面带来难度。
2		医疗机构主体资格瑕疵	• 根据《医疗机构管理条例》的规定，申请医疗机构执业登记应当能够独立承担民事责任。但实践中依然存在未取得独立法人资格的医疗机构取得《医疗机构执业许可证》的情况，由此可能对该医疗机构未来执业许可的校验和续期带来不利影响，同时对并购模式的选择带来困难。 • 民办非性质的医疗机构国有资产份额占比超过1/3 仍保留民办非企业法人性质的，存在被主管部门注销登记的风险，并购交易前须对登记进行变更。 • 事业单位性质的医疗机构民营出资占比过高仍保留事业单位登记的，存在被登记管理机关责令变更、注销登记的风险，同样会对并购交易结构设计与执行带来不利影响。
3		医疗机构历史上改制重组不规范	• 未认真制定改制方案或改制方案不完全符合国企改制有关使用法规的要求，如造成国有资产损失的，可能被国资监管部门追究相关责任人的赔偿责任，并予以纪律处分。如违规操作情节严重，涉嫌犯罪，可能面临刑事责任。 • 未履行或未全面履行内部及外部审批程序，如造成国有资产损失的，可能被国资监管部门追究相关责任人的赔偿责任，并予以纪律处分。如违规操作情节严重，涉嫌犯罪，可能面临刑事责任。 • 国企以改制医院实物资产或净资产出资，出资资产（土地、房产、固定资产、债权债务等）不到位，为医院后续引进社会资本带来法律、财务、估值等方面困难； • 事业单位医院或全民所有制企业医院改制为民办非或营利性医院，改制所涉人员安置预提费用不足；医疗机构改制后未同步办理法人主体（变更）登记、医疗机构执业资质证照的变更或换发，导致两类证照记载的医院法律主体性质不一致，此等情形为医院后续引进社会资本，带来操作难度。

续表

序号	风险事项		法律风险点	法律责任/影响后果
4	医疗机构许可证照方面存在的法律风险	未取得准入资质《医疗机构执业许可证》或资质存在瑕疵	无《医疗机构执业许可证》擅自执业或超范围经营	● 未取得《医疗机构执业许可证》擅自执业，卫生健康主管部门责令停止执业活动，没收非法所得和药品、器械，根据情节处以1万元以下的罚款。 ● 诊疗活动超出登记范围，卫生行政部门予以警告、责令其改正，根据情节处以3000元以下的罚款；情节严重的，吊销《医疗机构执业许可证》。
5			医疗机构未按时对《医疗机构执业许可证》进行校验	● 卫生行政部门责令限期补办校验手续；拒不校验的，吊销《医疗机构执业许可证》。
6			医疗执业许可证有效期届满	● 有效期届满后，原许可无效，由卫生健康主管部门注销并公布。 ● 未取得《医疗机构执业许可证》擅自执业的，卫生行政部门责令停止执业活动，没收非法所得和药品、器械，根据情节处以1万元以下的罚款。
7			医疗机构实际执业地点与《医疗机构执业许可证》登记地点不一致	● 卫生行政部门责令停止执业活动，没收非法所得和药品、器械，根据情节处以1万元以下的罚款。
8			实际开放床位数超出《医疗机构执业许可证》登记的床位数	● 医疗机构改变床位，应向原登记机关办理变更登记。超越卫生行政许可范围进行活动的，卫生行政部门给予限期改正、罚款等行政处罚。
9			医疗机构历史上改制或重组过程中执业许可证的资质转移接续问题	● 可能存在医疗机构须改变名称、场所、主要负责人等登记事项未办理变更登记的情形，或被认定为出卖、转让、出借《医疗机构执业许可证》的风险，将由卫生行政部门责令停止执业活动，没收非法所得和药品、器械，根据情节处以1万元以下的罚款，情节严重的，吊销其《医疗机构执业许可证》。

续表

序号	风险事项	法律风险点	法律责任/影响后果
10	未取得执业许可、使用许可、安环许可或资质存在瑕疵	未办理执业许可、使用许可、安环许可[1]	根据许可类别不同,适用法规有所不同。例如,可能面临如下处罚: ● 未取得放射诊疗许可从事放射诊疗工作的,由卫生健康主管部门给予警告、责令限期改正,根据情节处以3000元以下的罚款;情节严重的,吊销其《医疗机构执业许可证》。 ● 未取得《医疗机构制剂许可证》生产药品、经营药品的,依法予以取缔,没收违法生产、销售的药品和违法所得,并处违法生产、销售的药品(包括已售出的和未售出的药品)货值金额二倍以上五倍以下的罚款;构成犯罪的,依法追究刑事责任。 ● 未经许可擅自配置使用大型医用设备的,由卫生健康主管部门责令停止使用,给予警告,没收违法所得;违法所得不足1万元的,并处1万元以上5万元以下罚款;违法所得1万元以上的,并处违法所得5倍以上10倍以下罚款;情节严重的,5年内不受理相关责任人及单位提出的大型医用设备配置许可申请。 ● 直接或者间接向水体排放医疗污水应当取得排污许可证,未依法取得排污许可证排放水污染物的,由行政主管部门责令改正或者责令限制生产、停产整治,并处10万元以上100万元以下的罚款;情节严重的,报经有批准权的人民政府批准,责令停业、关闭。
11		许可有效期已届满、证载内容与实际不符	● 超越行政许可范围进行活动的,行政机关依法给予警告、责令限期改正、罚款、没收违法所得、暂扣或吊销有关许可证等行政处罚;构成犯罪的,依法追究刑事责任。

[1] 例如,医疗机构制剂许可证、司法鉴定许可证、辐射安全许可证、放射诊疗许可证、母婴保健技术服务执业许可证、互联网诊疗活动许可等执业许可;麻醉药品、第一类精神药品购用印鉴卡、放射性药品使用许可证、特种设备使用登记证、大型医用设备配置许可证等使用许可;安全设施设计审查、安全设施验收、环评审批/备案、环保验收、消防设计审核或备案、消防验收或竣工验收消防备案、排水许可证、污水排入排水管网许可证、排水登记证、排污许可证等安环许可。

续表

序号	风险事项	法律风险点	法律责任/影响后果
12	未办理资格审批或资格存在瑕疵	未办理资格审批[1]	根据许可类别不同,适用法规有所不同。例如,可能面临如下处罚: ● 医疗机构发布医疗广告,应当在发布前申请医疗广告审查。违反规定发布医疗广告,卫生行政部门责令其限期改正,给予警告;情节严重的,核发《医疗机构执业许可证》的卫生行政部门可以责令其停业整顿、吊销有关诊疗科目,直至吊销《医疗机构执业许可证》。 ● 未按照规定向卫生行政部门进行限制类技术临床应用备案的,由卫生健康主管部门责令限期改正;逾期不改的,暂停或者停止相关医疗技术临床应用,给予警告,并处以3000元以下罚款;造成严重后果的,处以3000元以上3万元以下罚款,并对医疗机构主要负责人、负有责任的主管人员和其他直接责任人员依法给予处分。
13		有效期已届满、审批内容与实际不符	● 超越行政许可范围进行活动的,行政机关依法给予警告、责令限期改正、罚款、没收违法所得、暂扣或吊销有关许可证等行政处罚。
14		医疗机构等级证书有效期届满后未依法申请评审	● 等级证书有效期满后,医疗机构不得继续使用该等级证书,将影响其适用的医疗服务收费标准和医疗保险结算标准。
15		未通过环保/消防/安全验收	● 需要配套建设的环境保护设施未经验收或者验收不合格,建设项目即投入生产或者使用,由生态环境行政主管部门责令限期改正,处20万元以上100万元以下的罚款;逾期不改正的,处100万元以上200万元以下的罚款;对直接负责的主管人员和其他责任人员,处5万元以上20万元以下的罚款;造成重大环境污染或者生态破坏的,责令停止生产或者使用,或者报经有批准权的人民政府批准,责令关闭。 ● 依法应当进行消防验收的建设工程,未经消防验收或者消防验收不合格,擅自投入使用的,住房和城乡建设主管部门、消防救援机构按照各自职权责令停止施工、停止使用或者停产停业,并处3万元以上30万元以下罚款。

---

[1] 例如,医院诊疗服务(包括制剂)收费批准文件、医疗广告审查证明、限制类技术临床应用备案、医院等级登记证书等资格审批。

续表

序号	风险事项		法律风险点	法律责任/影响后果
				● 用于生产、储存危险物品的建设项目竣工投入生产或者使用前，安全设施未经验收合格的，行政主管部门责令停止建设或者停产停业整顿，限期改正；逾期未改正的，处50万元以上100万元以下的罚款，对其直接负责的主管人员和其他直接责任人员处2万元以上5万元以下的罚款；构成犯罪的，依照刑法有关规定追究刑事责任（如重大责任事故罪）。
16		对外合作未签署合作协议及其他有关风险	医疗机构未及时与社保部门签订医保定点医疗机构服务协议	● 未签订服务协议，不得纳入医保定点医疗机构，不得承担医疗保险任务，参保人员发生的医疗费用基本医疗保险基金不予支付。
17			医疗机构与医疗废物处置单位签署合同存在过期、约定不明、不具有相应从业资质的问题	● 将医疗废物交给或委托给未取得经营许可证的单位或者个人收集、运送、贮存、处置的，生态环境主管部门责令停止违法行为，限期改正，处2万元以上20万元以下的罚款。 ● 合同过期，提供医疗废物处置的单位有权终止提供服务，存在医疗废物无法正常处置的风险。 ● 合同约定不明，将可能导致双方在合同履行过程中对约定不明的有关事项存在重大误解或理解分歧，进而出现纠纷或违约等重大隐患。
18			医疗机构与第三方机构合作建立互联网诊疗服务信息系统未按规定签订合作协议	● 与第三方机构合作建立互联网诊疗服务信息系统的，提交申请开展互联网诊疗活动时须提交合作协议，未提交的，将面临卫生行政部门审核不通过，不予批准开展互联网诊疗活动的风险。

续表

序号	风险事项	法律风险点	法律责任/影响后果
19	医疗机构业务运营方面存在的法律风险	医疗机构存在非法行医情形	● 医疗机构未取得《医疗机构执业许可证》擅自执业的，由卫生健康主管部门责令其停止执业活动，没收非法所得和药品、器械，并可以根据情节处以1万元以下的罚款。 ● 未取得《医疗机构执业许可证》发布医疗广告的，按非法行医处罚。 ● 未取得医生执业资格的人非法行医，情节严重的，处三年以下有期徒刑、拘役或者管制，并处或者单处罚金；严重损害就诊人身体健康的，处三年以上十年以下有期徒刑，并处罚金；造成就诊人死亡的，处十年以上有期徒刑，并处罚金。
20		医疗机构未经批准在登记的执业地点以外设立医务室提供医疗服务	● 未取得《医疗机构执业许可证》擅自执业的，由卫生健康主管部门责令其停止执业活动，没收非法所得和药品、器械，根据情节处以1万元以下的罚款。
21		医疗机构开展的治疗未被允许临床应用	● 开展禁止类技术临床应用的，由卫生健康主管部门予以警告、责令其改正，根据情节处以3000元以下的罚款；情节严重的，吊销其《医疗机构执业许可证》，对医疗机构主要负责人和其他直接责任人员依法给予处分。 ● 未按照要求向卫生行政部门进行医疗技术临床应用备案的，由卫生健康主管部门责令限期改正；逾期不改的，暂停或者停止相关医疗技术临床应用，给予警告，并处以3000元以下罚款；造成严重后果的，处以3000元以上3万元以下罚款，并对医疗机构主要负责人、负有责任的主管人员和其他直接责任人员依法给予处分。 ● 未经诊疗科目登记擅自开展人体器官移植的，由卫生健康主管部门予以警告、责令其改正，根据情节处以3000元以下的罚款；情节严重的，吊销其《医疗机构执业许可证》。 ● 未经批准擅自开展人类辅助生殖技术的医疗机构，由卫生健康主管部门予以警告、责令其改正，并可以根据情节处以3000元以下的罚款；情节严重的，吊销其《医疗机构执业许可证》。

续表

序号	风险事项	法律风险点	法律责任/影响后果
22		医疗机构将医保不结算的项目套用为医保目录内的结算项目进行结算	• 医疗机构以欺诈、伪造证明材料或者其他手段骗取社会保险基金支出的，由社会保险行政部门责令退回骗取的社会保险金，处骗取金额二倍以上五倍以下的罚款；解除服务协议；吊销直接负责的主管人员和其他直接责任人员的执业资格。
23		非营利性医疗机构违反经营目的、收支结余用于分红或变相分红	• 非营利性医疗机构不得将收支结余用于分红或变相分红。根据《卫健法》，非营利性医疗卫生机构违法分配营业收入的，由卫生健康主管部门责令改正，没收违法所得，并处违法所得二倍以上十倍以下的罚款；违法所得不足一万元的，按一万元计算；对直接负责的主管人员和其他直接责任人员依法给予处分。关于非营利医疗机构变相分红的具体法律风险请参考本书第十一章并购投资回报渠道分析之内容。
24		医生、护士执业地点与实际不符、未办理多点执业备案	• 卫生行政部门依法采取措施予以制止，并给予行政处罚。 • 经注册的执业医师在执业地点取得相应的处方权。使用未取得处方权的人员开具处方的，由县级以上卫生行政部门按照《医疗机构管理条例》第 48 条的规定，责令限期改正，并可处以 5000 元以下的罚款；情节严重的，吊销其《医疗机构执业许可证》。 • 允许未依照规定办理执业地点变更手续的护士在医疗机构从事诊疗技术规范规定的护理活动的，由卫生主管部门依据职责分工责令限期改正，给予警告；逾期不改正的，根据国务院卫生主管部门规定的护士配备标准和在医疗卫生机构合法执业的护士数量核减其诊疗科目，或者暂停其 6 个月以上 1 年以下执业活动；国家举办的医疗卫生机构有此情形、情节严重的，对负有责任的主管人员和其他直接责任人员依法给予处分。
25		医疗机构未对院外专家来院会诊进行统一管理	• 卫生行政部门对医疗机构及其主要负责人和负有责任的主管人员进行通报批评。

续表

序号	风险事项	法律风险点	法律责任/影响后果
26	医疗机构对外合作方面存在的法律风险	医疗机构将科室或房屋承包、出租给非本医疗机构人员或者其他机构并以本医疗机构名义开展诊疗活动	• 由卫生行政部门没收非法所得，并处以5000元以下的罚款；情节严重的，吊销其《医疗机构执业许可证》。
27		医疗机构的科室/项目/病区外包、合作方工作人员没有相关医疗资质[1]	• 由卫生健康主管部门责令其限期改正，并可以处以5000元以下的罚款；情节严重的，吊销其《医疗机构执业许可证》。
28		医疗机构部分科室为员工集资经营的问题	• 因科室非独立法人主体，员工集资经营并非合资经营行为，各方约定的投资数额、分红比例亦不同于法律规定的股东权利，医疗机构与员工应为债权债务法律关系，日后可能就还本付息等问题产生纠纷。
29		医疗机构融资租赁医用设备存在的问题	• 严禁公立医院举债建设和举债购置大型医用设备。设备融资租赁本质上属于向出租人借款，购买设备，具有融资性质，公立医院融资租赁大型医用设备可能被认定为举债购置大型医用设备，一经发现，将被要求限制整改，问题严重的，追究有关责任人员的责任。 • 使用不符合强制性标准或者不符合经注册或者备案的产品技术要求的医疗器械的，使用无合格证明文件、过期、失效、淘汰的医疗器械，或者使用未依法注册的医疗器械的，由药品监督管理部门责令改正，没收违法使用的医疗器械；违法使用的医疗器械货值金额不足1万元的，并处2万元以上5万元以下罚款；货值金额1万元以上的，并处货值金额5倍以上10倍以下罚款；情节严重的，责令停产停业。

[1] 例如，医师执业证书、护士执业证书、开展放射治疗工作应当具有中级以上专业技术职务任职资格的放射肿瘤医师，开展核医学工作应当具有中级以上专业技术职务任职资格的核医学医师。

续表

序号	风险事项		法律风险点	法律责任/影响后果
30			医疗机构成立不合规的实业公司	• 以工会经费进行投资而设立公司，由纪检监察部门依照规定追究直接责任人和相关领导责任；构成犯罪的，依法移交司法机关处理。
31			医疗机构对外合作协议中的先行赔付、采购权限及竞业禁止等相关条款可能会导致医疗机构受到相关处罚及损失	• 合同条款设置不合理或不合规，可能导致履行过程中出现纠纷或争议、医疗机构利益受损或履行存在障碍，进而造成医疗机构违约或受到行政处罚等法律风险。
32	医疗机构供应链管理方面存在的法律风险	医疗机构供应链管理不规范	药品供应链公司未取得《药品经营许可证》《医疗器械经营许可证》或《药品经营质量管理规范认证证书》或有效期已经届满或证载内容与实际不符	• 未取得《药品经营许可证》经营药品的，依法予以取缔，没收违法销售的药品和违法所得，并处违法生产、销售的药品（包括已售出的和未售出的药品，下同）货值金额二倍以上五倍以下的罚款；构成犯罪的，依法追究刑事责任。 • 销售劣药、假药构成犯罪的，依法追究刑事责任。 • 未经许可从事第二类、第三类医疗器械生产活动的，由县级以上人民政府食品药品监督管理部门没收违法所得、违法生产经营的医疗器械和用于违法生产经营的工具、设备、原材料等物品；违法生产经营的医疗器械货值金额不足 1 万元的，并处 5 万元以上 10 万元以下罚款；货值金额 1 万元以上的，并处货值金额 10 倍以上 20 倍以下罚款；情节严重的，5 年内不受理相关责任人及企业提出的医疗器械许可申请。
33			药品供应链公司欠缺独立运营条件	• 未取得毒性药品、麻醉药品、精神药品、放射性药品和冷藏冷冻药品相关的经营资质及运输资质，不得开展相关药品运输、存储业务。
34			药品供应链公司员工不具备从业资质	• 药品供应企业未按照《药品经营质量管理规范》配备具有资质的从业人员的，由监管机关给予警告，责令限期改正；逾期不改正的，责令停产、停业整顿，并处 5000 元以上 2 万元以下的罚款；情节严重的，吊销《药品生产许可证》、《药品经营许可证》和药物临床试验机构的资格。

续表

序号	风险事项		法律风险点	法律责任/影响后果
35			药品供应链公司销售临床药品过程中向医生等人员返利的问题	• 药品供应链公司违反《反不正当竞争法》第 7 条贿赂他人的，由监督检查部门没收违法所得，处 10 万元以上 300 万元以下的罚款。情节严重的，吊销营业执照。
36			公立医疗机构耗材采购违规纳入供应链采购范围	• 医疗机构和相关人员违反《医疗机构医用耗材管理办法（试行）》的规定，未经正规采购程序采购医用耗材的，根据其具体情形及造成后果由县级以上地方卫生健康行政部门、中医药主管部门及相关业务主管部门依法依规予以处理。
37			非营利性医疗机构供应链管理模式违规，被认定为变相分红或收取回报	• 国务院办公厅《关于支持社会力量提供多层次多样化医疗服务的意见》明确要求非营利性医疗机构不得将收支结余用于分红或变相分红，违者将依法查处。关于非营利医疗机构变相分红的具体法律风险请参考本书第十一章并购投资回报渠道分析之内容。
38			医疗机构举办人/股东与投资者/并购方合作新成立供应链公司与原医疗机构实体公司存在关联交易及同业竞争关系可能涉及的问题	• 关联交易定价不具有公允性的，关联交易占业务比重过高，或关联交易未依法或公司章程履行内部决策程序等给公司造成损失的，投资者或股东应承担赔偿责任；关联交易减少企业或者其关联方应纳税收入或者所得额的，税务机关有权按照合理方法调整。 • 同业竞争涉嫌关联方利益输送，给公司造成损失的，投资者或股东同样应承担赔偿责任。
39	医疗机构资产管理方面存在的法律风险	划拨土地不规范	医疗机构部分土地未获得划拨土地使用权证	• 医疗机构未取得划拨土地使用权证的，无法转让、出租、抵押划拨土地使用权。在未取得划拨土地使用权证情况下，擅自转让、出租、抵押划拨土地使用权的单位和个人，市、县人民政府土地管理部门应当没收其非法收入，并根据情节处以罚款。

续表

序号	风险事项		法律风险点	法律责任/影响后果
40			医疗机构划拨土地登记在举办人名下未办理过户	• 划拨土地未登记在医疗机构名下的,医疗机构未实际获得土地使用权权属,对该土地及其使用权不享有占有、使用、收益、处分的权利。同时举办人以土地使用权出资的,该出资尚未到位。此外,不依法办理土地变更登记的,由县级以上人民政府土地行政主管部门责令其限期办理。
41			医疗机构划拨土地实际用途与土地证记载用途不符	• 不按照批准的用途使用国有土地的,由县级以上人民政府土地行政主管部门责令交还土地,处以罚款。
42			医疗机构涉及营利性改制时使用划拨土地出资	• 医院机构变更为营利性后,可能不满足划拨土地公益性用途的基本要求,如营利性医疗机构使用划拨用地,则可能构成不按照批准的用途使用国有土地的情形,由县级以上人民政府土地行政主管部门责令交还土地,处以罚款。因此,营利性改制项目中不能以划拨土地出资,应先将划拨土地转为出让性质,出资方须承担由此产生的费用。
43			新建营利性医疗机构使用划拨土地	• 医院机构变更为营利性后,可能不满足划拨土地公益性用途的基本要求,构成不按照批准的用途使用国有土地的情形,由县级以上人民政府土地行政主管部门责令交还土地,处以罚款。
44		出让土地不规范	未按时或足额缴纳土地出让金及相关税费	• 土地使用者必须按照出让合同约定,支付土地使用权出让金;未按照出让合同约定支付土地使用权出让金的,土地管理部门有权解除合同,并可以请求违约赔偿。 • 土地出让涉及增值税、契税在规定期限内不缴或者少缴应纳或者应解缴的税款,经税务机关责令限期缴纳,逾期仍未缴纳的,税务机关可采取追缴措施,并处罚款。
45			医疗机构使用出让土地登记在第三方名下未办理权属变更登记	• 不依法办理土地变更登记的,由县级以上人民政府土地行政主管部门责令其限期办理。 • 未依法登记的土地的所有权和使用权不能对抗善意第三人。
46			土地实际用途与土地证记载用途不符	• 不按照批准的用途使用国有土地的,由县级以上人民政府土地行政主管部门责令交还土地,处以罚款。

续表

序号	风险事项		法律风险点	法律责任/影响后果
47		自有房产权属存在瑕疵	医疗机构自有房产未办理报建手续或报建手续不齐全	• 对未取得建设用地规划许可证的建设单位批准用地的,由县级以上人民政府撤销有关批准文件;占用土地的,应当及时退回;给当事人造成损失的,应当依法给予赔偿。 • 未取得建设工程规划许可证或者未按照建设工程规划许可证的规定进行建设的,由县级以上地方人民政府城乡规划主管部门责令停止建设;尚可采取改正措施消除对规划实施的影响的,限期改正,处建设工程造价5%以上10%以下的罚款;无法采取改正措施消除影响的,限期拆除,不能拆除的,没收实物或者违法收入,可以并处建设工程造价10%以下的罚款。 • 对于未取得施工许可证或者为规避办理施工许可证将工程项目分解后擅自施工的,由有管辖权的发证机关责令停止施工,限期改正,对建设单位处工程合同价款1%以上2%以下罚款;对施工单位处3万元以下罚款。建设单位采用欺骗、贿赂等不正当手段或隐瞒有关情况或者提供虚假材料取得施工许可证的,由原发证机关撤销施工许可证,责令停止施工,并处1万元以上3万元以下罚款;构成重大安全事故等犯罪的,依法追究刑事责任。
48			医疗机构自有房产未办理相关竣工验收手续	• 对于未组织竣工验收或验收不合格,擅自交付使用的;对不合格的建设工程按照合格工程验收的,责令改正,处工程合同价款2%以上4%以下的罚款;造成损失的,依法承担赔偿责任。 • 依法应当进行消防验收的建设工程,未经消防验收或者消防验收不合格,擅自投入使用的;以及建设工程投入使用后经公安机关消防机构依法抽查不合格,不停止使用的;责令停止施工、停止使用或者停产停业,并处3万元以上30万元以下罚款。 • 需要配套建设的环境保护设施未建成、未经验收或者验收不合格,建设项目即投入生产或者使用,或者在环境保护设施验收中弄虚作假的,由县级以上环境保护行政主管部门责令限期改正,处20万元以上100万元以下的罚款;逾期不改正的,处100万元以上200万元以下的罚款;对直接负责的主管人员和其他责任人员,处5万元以上20万元以下的罚款;造成重大环境污染或者生态破坏的,责令停止生产或者使用,或者报经有批准权的人民政府批准,责令关闭。

续表

序号	风险事项	法律风险点	法律责任/影响后果
49		医疗机构自有房产未取得《房屋所有权证》	● 医疗机构自有房产未取得《房屋所有权证》的，其对该房屋不享有占有、使用、收益、处分的权利，无法对抗房屋登记人对该房产的权利主张，可能会造成医疗机构经营场所的不稳定。
50		医疗机构自有房产的实际用途与规划用途不符	● 医疗机构不得违反法律、法规以及管理规约，将住宅、工业等非医疗用途改变为医疗用途，确有需要，应经规划部分审批并经房屋管理部门变更登记，同时取得房屋相邻权人同意。擅自违背规划用途使用房屋的，可能被主管部门责令改正，没收违法所得并处罚款。
51		医疗机构房产权属不清晰或存在纠纷（如房屋和土地权利主体分离、房屋产权系医疗机构与职工或其他单位共有、登记在医疗机构名下房产实为员工集资修建等情形）	● 房产存在权属争议可能会对医疗机构正常生产经营造成严重影响；同时，在并购交易中，该等重大资产权属争议或权证过期将直接导致并购方对项目估值的调整以及并购可行性的再判断，而基于该等问题可能引发并购后医疗机构无法持续稳定开展经营活动的风险。
52		医疗机构自有房产实际建筑面积超过证载许可面积	● 建筑面积误差过大，属于未按照建设工程规划许可证的规定进行建设的，尚可采取改正措施消除对规划实施的影响的，限期改正，处建设工程造价5%以上10%以下的罚款；无法采取改正措施消除影响的，限期拆除，不能拆除的，没收实物或者违法收入，可以并处建设工程造价10%以下的罚款。 ● 如房屋存在共有人，则对于超出证载面积部分的分配可能引发房产权属纠纷。
53		医疗机构存在违章建筑	● 未按照建设工程规划许可证的规定进行建设的，尚可采取改正措施消除对规划实施的影响的，限期改正，处建设工程造价5%以上10%以下的罚款；无法采取改正措施消除影响的，限期拆除，不能拆除的，没收实物或者违法收入，可以并处建设工程造价10%以下的罚款。

续表

序号	风险事项		法律风险点	法律责任/影响后果
54			医疗机构划拨土地上自有房产的权利限制	• 医疗机构划拨土地上自有房产出租、转让时，应当按照国务院规定，报有批准权的人民政府审批。有批准权的人民政府准予转让的，应当由受让方办理土地使用权出让手续，并依照国家有关规定缴纳土地使用权出让金。
55 56		租赁房屋不规范	医疗机构租赁房产系转租取得，但未取得房产权人的转租同意	• 承租人未经出租人同意擅自转租房屋的，在异议期内出租人可以要求认定转租协议无效并要求腾退房屋。
57		租赁房屋不规范	医疗机构未就出租或承租物业办理房屋租赁备案手续	• 商品房租赁未及时备案或未进行变更登记的，由直辖市、市、县人民政府建设（房地产）主管部门责令限期改正；单位逾期不改正的，处以 1000 元以上 1 万元以下罚款。
58		租赁房屋不规范	医疗机构未与出租方签订租赁协议或协议约定不明	• 对协议履行产生不利影响，并引发纠纷。
59		非营利性医疗机构资产处置存在特殊限制	非营利性医疗机构违规分红或变相分红	• 国务院办公厅《关于支持社会力量提供多层次多样化医疗服务的意见》明确要求非营利性医疗机构不得将收支结余用于分红或变相分红，违者将依法查处。关于非营利医疗机构变相分红的具体法律风险请参考本书第十一章并购投资回报渠道分析之内容。
60		非营利性医疗机构资产处置存在特殊限制	非营利性医疗机构国有资产未经卫生行政部门和财政部门同意擅自处置、转移、出租或变更用途	• 由监管部门责令限期改正，予以警告；对责任主体依法给予行政处分；造成国有资产流失，构成犯罪的，依法追究刑事责任。

序号	风险事项		法律风险点	法律责任/影响后果
61			非营利性医疗机构注销时违规分配剩余财产	• 非营利性医疗机构注销后的剩余财产未用于公益性或者非营利性目的,且未由登记管理机关转赠给与该组织性质、宗旨相同的组织,并向社会公告的,主管税务机关应追缴其应纳企业所得税款。关于非营利性医疗机构注销时违规分配剩余财产的具体法律风险请参考本书第十一章并购投资回报渠道分析之内容。
62	医疗机构人力资源管理方面存在的法律风险	劳动人事管理不合规	合同制员工未签署《劳动合同》或合同中存在的问题(如未与符合条件的员工签署无固定期限劳动合同)	• 用人单位未能按照《劳动合同法》的规定在劳动合同拟定必备条款,用人单位可能面临承担相应的未与劳动者签订劳动合同的民事责任。 • 用人单位提供的劳动合同文本未载明《劳动合同法》规定的劳动合同必备条款,由劳动行政部门责令改正。 • 用人单位自用工之日起超过一个月不满一年未与劳动者订立书面劳动合同的,应当向劳动者每月支付二倍的工资。 • 用人单位违反规定不与劳动者订立无固定期限劳动合同的,自应当订立无固定期限劳动合同之日起向劳动者每月支付二倍的工资。 • 用人单位自用工之日起满一年未与劳动者订立书面劳动合同的,自用工之日起满一个月的次日至满一年的前一日应当依照向劳动者每月支付两倍的工资,并视为自用工之日起满一年的当日已经与劳动者订立无固定期限劳动合同,应当立即与劳动者补订书面劳动合同。
63			未与退休返聘人员签署劳务合同或合同中存在的问题	• 用人单位招用经达到法定退休年龄但未享受养老保险待遇或领取退休金的人员,如被社保管理部门认定为劳动关系,则须为退休人员缴纳社保直至其满足享受养老保险待遇的条件,用人单位增加了额外的负担。
64			医疗机构不具有独立法人资格而与员工签署劳动合同	• 《劳动合同法》规定的用人单位设立的分支机构,依法取得营业执照或者登记证书的,可以作为用人单位与劳动者订立劳动合同;未依法取得营业执照或者登记证书的,受用人单位委托可以与劳动者订立劳动合同。故未依法取得营业执照或者登记证书的分支机构,应取得用人单位的委托或授权,才能与劳动者订立劳动合同。合同订立主体资格存在瑕疵的,劳动合同的效力待定。

序号	风险事项		法律风险点	法律责任/影响后果
65			公立医疗机构实际招收的事业编制人员超过核定编制数额	根据各地方的事业单位机构编制管理办法不同,可能面临如下处罚: ● 由机构编制管理部门给予通报批评,并责令限期改正;逾期不改正的,机构编制管理部门应当直接予以纠正;情节严重的,建议有关部门对直接负责的主管人员和其他直接责任人员,依法依纪予以处分。
66			● 医疗机构与其他医疗机构之间存在在编员工交叉任职及领薪情形	医疗机构与其他医疗机构之间存在在编员工交叉任职及领薪情形,可能导致日后纠纷,建议可通过医师多点执业备案方式解决。
67		员工从业资质不合规	医疗机构医师、护士等员工未取得必备的相关从业资质	● 未经批准擅自开办医疗机构行医或者非医师行医的,由县级以上人民政府卫生健康主管部门予以取缔,没收其违法所得及其药品、器械,并处十万元以下的罚款;对医师吊销其执业证书;给患者造成损害的,依法承担赔偿责任;构成犯罪的,依法追究刑事责任。 ● 护士的配备数量低于国务院卫生主管部门规定的护士配备标准的,或允许未取得护士执业证书的人员或者允许未依照规定办理执业地点变更手续、延续执业注册有效期的护士在本机构从事诊疗技术规范规定的护理活动的,由县级以上地方人民政府卫生主管部门依据职责分工责令限期改正,给予警告;逾期不改正的,根据国务院卫生主管部门规定的护士配备标准和在医疗卫生机构合法执业的护士数量核减其诊疗科目,或者暂停其6个月以上1年以下执业活动;国家举办的医疗卫生机构有相应情形的,情节严重的,还应当对负有责任的主管人员和其他直接责任人员依法给予处分。
68			医疗机构医师未办理多点执业备案手续	● 对医师执业定期考核造成影响,对考核不合格的医师,县级以上人民政府卫生健康主管部门可以责令其暂停执业活动3个月至6个月,并接受培训和继续医学教育。暂停执业活动期满,再次进行考核,对考核合格的,允许其继续执业;对考核不合格的,由县级以上人民政府卫生健康主管部门注销注册,收回医师执业证书。

续表

序号	风险事项		法律风险点	法律责任/影响后果
69		劳务派遣不合规	医疗机构部分员工来自无劳务派遣资质的公司	• 经营劳务派遣业务应依法申请行政许可为法律强制性规定，违反法律、行政法规的强制性规定的合同无效，医疗机构与相关公司签署的劳务派遣协议无效。
70		劳务派遣不合规	劳务派遣用工数量超过法定比例	• 用工单位违反有关劳务派遣规定的，由劳动行政部门责令限期改正；逾期不改正的，以每人 5000 元以上 1 万元以下的标准处以罚款，用工单位给被派遣劳动者造成损害的，劳务派遣单位与用工单位承担连带赔偿责任。
71		劳务派遣不合规	劳务派遣员工所在岗位性质不符合临时性、辅助性或代替性的法定标准	• 用工单位违反有关劳务派遣规定的，由劳动行政部门责令限期改正；逾期不改正的，以每人 5000 元以上 1 万元以下的标准处以罚款。用工单位给被派遣劳动者造成损害的，劳务派遣单位与用工单位承担连带赔偿责任。
72		员工管理不合规	《员工手册》部分条款不符合相关法律规定（例如，试用期内人员事假不得超过 3 天，超出 3 天的按照延长试用期一个月处理）	• 用人单位在试用期内不与劳动者签订劳动合同，用人单位自用工之日起超过一个月不满一年未与劳动者订立书面劳动合同的，应当向劳动者每月支付二倍的工资。 • 违法约定的试用期已经履行的，由用人单位以劳动者试用期满月工资为标准，按已经履行的超过法定试用期的期间向劳动者支付赔偿金。 • 未依法缴纳社保、未及时足额支付报酬的，劳动者有权解除合同。 • 用人单位违反规定与劳动者约定试用期的，由劳动行政部门责令改正。违法约定的试用期已经履行的，由用人单位以劳动者试用期满月工资为标准，按已经履行的超过法定试用期的期间向劳动者支付赔偿金。
73		员工管理不合规	医疗机构内部加班制度不符合相关法律规定（安排员工在法定节假日加班但不支付加班费；医疗机构向员工支付的加班费低于法定标准）	• 未按照劳动合同的约定或者国家规定及时足额支付劳动者劳动报酬的，由劳动行政部门责令限期支付劳动报酬、加班费或者经济补偿。

续表

序号	风险事项		法律风险点	法律责任/影响后果
74			医疗机构未为放射性作业办理职业病危害预评价、职业病危害控制效果评价及职业病防护设施建设及验收手续	● 未按照规定进行职业病危害预评价的，或未按照规定对职业病防护设施进行职业病危害控制效果评价的，或建设项目竣工投入生产和使用前，职业病防护设施未按照规定验收合格的，由卫生健康主管部门给予警告，责令限期改正；逾期不改正的，处 10 万元以上 50 万元以下的罚款；情节严重的，责令停止产生职业病危害的作业，或者提请有关人民政府按照国务院规定的权限责令停建、关闭。
75		社保及公积金缴纳不合规	医疗机构未为全体职工及时、足额缴纳社会保险及公积金	● 用人单位未按时足额缴纳社会保险费的，由社保行政部门责令限期改正、限期缴纳，逾期不改正的，处应缴纳罚款。
76			医疗机构社保及公积金缴存基数不符合法律规定	● 用人单位逾期不缴或者少缴住房公积金的，由住房公积金管理中心责令限期缴存；逾期仍不缴存的，可以申请人民法院强制执行。 ● 用人单位不办理住房公积金缴存登记或者不为本单位职工办理住房公积金账户设立手续的，由住房公积金管理中心责令限期办理；逾期不办理的，处罚款。
77			医疗机构未办理社保及公积金登记且社保费用由其他公司代缴	● 用人单位不办理社保登记的，由社保行政部门责令限期改正、限期缴纳，逾期不改正的，处应缴纳罚款。 违反规定，单位不办理住房公积金缴存登记或者不为本单位职工办理住房公积金账户设立手续的，由住房公积金管理中心责令限期办理；逾期不办理的，处 1 万元以上 5 万元以下的罚款。 ● 为劳动者办理社会保险是用人单位的法定义务，违反法律、行政法规的强制性规定的合同无效，医疗机构委托其他公司代缴社保的相关委托协议无效。
78			医疗机构存在社保挂靠现象（为部分员工家属或其他企业员工缴纳社会保险）	● 医疗机构以欺诈、伪造证明材料或者其他手段骗取社会保险基金支出的，由社会保险行政部门责令退回骗取的社会保险金，处骗取金额二倍以上五倍以下的罚款。

续表

序号	风险事项		法律风险点	法律责任/影响后果
79		存在劳动争议与处罚	医疗机构与员工因工资支付引起的争议	● 用人单位未及时足额支付劳动报酬的，劳动者可以解除劳动合同，并主张经济补偿金；用人单位对扣减劳动者工资依法负有举证责任，否则将承担不利后果；用人单位拖欠或者未足额支付劳动报酬的，劳动者可以依法向当地人民法院申请支付令，人民法院应当依法发出支付令。 ● 未按照劳动合同的约定或者国家规定及时足额支付劳动者劳动报酬的，由劳动行政部门责令限期支付劳动报酬、加班费或者经济补偿；劳动报酬低于当地最低工资标准的，应当支付其差额部分；逾期不支付的，责令用人单位按应付金额 50% 以上 100% 以下的标准向劳动者加付赔偿金。
80			员工因工伤与医疗机构引起的争议	● 用人单位未在规定时限内提交工伤认定申请的，在此期间发生符合《工伤保险条例》工伤待遇等有关费用由该用人单位负责。
81			医疗机构与员工因解除劳动合同引起的争议	● 用人单位违反规定未向劳动者出具解除或者终止劳动合同的书面证明，由劳动行政部门责令改正。 ● 给劳动者造成损害的，应当承担赔偿责任。 ● 用人单位未依法向劳动者支付经济补偿，由劳动行政部门责令限期支付劳动者经济补偿。
82			医疗机构因加班管理、工资支付、职业健康管理等不合规被处罚的风险	● 用人单位克扣或者无故拖欠劳动者工资的，或拒不支付劳动者延长工作时间工资报酬的，由劳动行政部门责令支付劳动者的工资报酬、经济补偿，并可以责令支付赔偿金。 ● 用人单位的劳动安全设施和劳动卫生条件不符合国家规定或者未向劳动者提供必要的劳动防护用品和劳动保护设施的，由劳动行政部门或者有关部门责令改正，可以处以罚款；情节严重的，提请县级以上人民政府决定责令停产整顿；对事故隐患不采取措施，致使发生重大事故，造成劳动者生命和财产损失的，对责任人员依照刑法有关规定追究刑事责任。

续表

序号	风险事项		法律风险点	法律责任/影响后果
83	医疗机构财税管理方面存在的法律风险	医疗机构税务登记存在法律风险	无免税资格的营利性医疗机构未申办税务登记	● 纳税人未按照规定的期限申报办理税务登记的，由税务机关责令限期改正，可以处2000元以下的罚款；情节严重的，处2000元以上1万元以下的罚款。逾期不改正的，经税务机关提请，由工商行政管理机关吊销其营业执照。 ● 未办理税务登记的营利性医疗机构，将不能按照《关于医疗卫生机构有关税收政策的通知》（财税〔2000〕42号）的规定享受相关免税政策。
84			非营利性医疗机构对于免税收入范围以外的收入没有申报税务登记	● 非营利性组织必须按照《税收征收管理法》等有关规定，办理税务登记，按期进行纳税申报。纳税人未按照规定的期限申报办理税务登记的，由税务机关责令限期改正，可以处2000元以下的罚款；情节严重的，处2000元以上1万元以下的罚款。逾期不改正的，经税务机关提请，由工商行政管理机关吊销其营业执照。
85			目标医疗机构《税务登记证》登记的地址、经营范围等信息与《医疗机构执业许可证》不一致或税务登记内容发生变化未及时办理税务变更或注销登记的	● 纳税人未按照规定的期限申报办理税务登记、变更或者注销登记的，由税务机关责令限期改正，可以处2000元以下的罚款；情节严重的，处2000元以上1万元以下的罚款。
86		医疗机构缴纳土地使用税不规范	非营利性医疗机构改制为营利性医疗机构丧失免税资格后未及时缴纳土地使用税	● 纳税人未按照规定的期限办理纳税申报和报送纳税资料的，由税务机关责令限期改正，可以处2000元以下的罚款；情节严重的，可以处2000元以上1万元以下的罚款。 ● 纳税人、扣缴义务人在规定期限内不缴或者少缴应纳或者应解缴的税款，经税务机关责令限期缴纳，逾期仍未缴纳的，税务机关除采取强制执行措施追缴其不缴或者少缴的税款外，可以处不缴或者少缴的税款50%以上五倍以下的罚款。 ● 纳税人欠缴应纳税款，采取转移或者隐匿财产的手段，妨碍税务机关追缴欠缴的税款的，由税务机关追缴欠缴的税款、滞纳金，并处欠缴税款50%以上五倍以下的罚款；构成犯罪的，依法追究刑事责任。

续表

序号	风险事项		法律风险点	法律责任/影响后果
				● 纳税人欠缴应纳税款,采取转移或者隐匿财产的手段,致使税务机关无法追缴欠缴的税款,数额在1万元以上不满10万元的,处三年以下有期徒刑或者拘役,并处或者单处欠缴税款一倍以上五倍以下罚金;数额在10万元以上的,处三年以上七年以下有期徒刑,并处欠缴税款一倍以上五倍以下罚金。
87			营利性医疗机构在免征期限届满恢复征税后未及时缴纳土地使用税	● 纳税人未按照规定的期限办理纳税申报和报送纳税资料的,由税务机关责令限期改正,可以处2000元以下的罚款;情节严重的,可以处2000元以上1万元以下的罚款。 ● 纳税人、扣缴义务人在规定期限内不缴或者少缴应纳或者应解缴的税款,经税务机关责令限期缴纳,逾期仍未缴纳的,税务机关除采取强制执行措施追缴其不缴或者少缴的税款外,可以处不缴或者少缴的税款50%以上五倍以下的罚款。 ● 纳税人欠缴应纳税款,采取转移或者隐匿财产的手段,妨碍税务机关追缴欠缴的税款的,由税务机关追缴欠缴的税款、滞纳金,并处欠缴税款50%以上五倍以下的罚款;构成犯罪的,依法追究刑事责任。 ● 纳税人欠缴应纳税款,采取转移或者隐匿财产的手段,致使税务机关无法追缴欠缴的税款,数额在1万元以上不满10万元的,处三年以下有期徒刑或者拘役,并处或者单处欠缴税款一倍以上五倍以下罚金;数额在10万元以上的,处三年以上七年以下有期徒刑,并处欠缴税款一倍以上五倍以下罚金。
88			土地使用税计算期间存在争议,医疗机构未缴纳部分期间对应的土地使用税	● 因税务机关的责任,致使纳税人、扣缴义务人未缴或者少缴税款的,税务机关在三年内可以要求纳税人、扣缴义务人补缴税款,但是不得加收滞纳金。 ● 因纳税人、扣缴义务人计算错误等失误,未缴或者少缴税款的,税务机关在三年内可以追征税款、滞纳金;有特殊情况的,追征期可以延长到五年。 ● 纳税人、同税务机关在纳税上发生争议时,必须先依照税务机关的纳税决定缴纳税款及滞纳金,然后可以依法申请行政复议;对行政复议决定不服的,可以依法向人民法院起诉。

续表

序号	风险事项		法律风险点	法律责任/影响后果
89		医疗机构代扣代缴不规范	医疗机构未按照规定办理扣缴税款登记	• 扣缴义务人未按照规定办理扣缴税款登记的，税务机关应当自发现之日起 3 日内责令其限期改正，并可处以 1000 元以下的罚款。
90		医疗机构代扣代缴不规范	医疗机构未代扣代缴员工差旅补贴、劳务补贴、夜班补贴对应的个人所得税	• 扣缴义务人在规定期限内不缴或者少缴应纳或者应解缴的税款，经税务机关责令限期缴纳，逾期仍未缴纳的，税务机关除采取强制执行措施追缴其不缴或者少缴的税款外，可以处不缴或者少缴的税款 50% 以上五倍以下的罚款。
91		医疗机构代扣代缴不规范	医疗机构对发放的年终奖未足额代扣代缴个人所得税	• 扣缴义务人在规定期限内不缴或者少缴应纳或者应解缴的税款，经税务机关责令限期缴纳，逾期仍未缴纳的，税务机关除采取强制执行措施追缴其不缴或者少缴的税款外，可以处不缴或者少缴的税款 50% 以上五倍以下的罚款。
92		医疗机构代扣代缴不规范	医疗机构作为扣缴义务人，未在规定期限内向税务机关报送相关材料	• 扣缴义务人未按照规定的期限向税务机关报送代扣代缴、代收代缴税款报告表和有关资料的，由税务机关责令限期改正，可以处 2000 元以下的罚款；情节严重的，可以处 2000 元以上 1 万元以下的罚款。
93		医疗机构代扣代缴不规范	医疗机构未按照规定设置、保管代扣代缴税款账簿、记账凭证及有关资料的	• 纳税人未按照规定设置、保管账簿或者保管记账凭证和有关资料的，由税务机关责令限期改正，可以处 2000 元以下的罚款；情节严重的，处 2000 元以上 1 万元以下的罚款。

续表

序号	风险事项		法律风险点	法律责任/影响后果
94		医疗机构税收优惠不合规	非营利性医疗机构未就企业所得税、增值税、自用的房产、土地、车船的房产税、城镇土地使用税和车船使用税的减免进行免税资格备案	• 取得免税资格的非营利性组织应按照规定向主管税务机关办理免税手续，免税条件发生变化的，应当向主管税务机关报告；不再符合免税条件的，应当依法履行纳税义务；未依法纳税的，主管税务机关应当予以追缴。
95			医疗机构被取消税收优惠资格	• 目标医疗机构不符合公益性及非营利性认定而不具备非营利性组织免税资格、在申请认定过程中提供虚假信息、纳税信用等级为税务部门评定的 C 级或 D 级、通过关联交易或非关联交易和服务活动变相转移、隐匿、分配该组织财产、被管理机关列入严重违法失信名单或从事非法政治活动的，将被取消税收优惠资格。
96		医疗机构财政补贴不合规	医疗机构实际财政补贴种类与事业单位管理机关批复文件的记载不一致	• 依照不同的地方性规定可能产生不同的行政责任，最终导致财政补贴额减少或补贴资格被取消的后果。
97			财政补贴时认定的医疗机构床位数等客观情况与实际情况不同，致使医药多获或少获补贴	• 根据情况对补贴额进行多退少补，存在骗取补贴行为的，将被追究行政、刑事责任。

附录二

医疗机构投资并购政策法规目录

序号	分类	涉及内容	颁布机关	法规名称
1	医疗机构设立及准入	行业政策	全国人民代表大会	《中华人民共和国国民经济和社会发展第十四个五年规划和2035年远景目标纲要》(2021.03.12颁布)
2			国务院办公厅	《关于推动公立医院高质量发展的意见》(2021.05.14颁布)
3			国务院办公厅	《关于促进社会办医加快发展的若干政策措施》(2015.06.11颁布)
4			国务院办公厅	《关于城市公立医院综合改革试点的指导意见》(2015.05.06颁布)
5			国务院办公厅	《关于全面推开县级公立医院综合改革的实施意见》(2015.04.23颁布)
6			卫健委、发改委、教育部等	《关于加快推进康复医疗工作发展的意见》(2021.06.08颁布)
7			卫健委、发改委、科技部等	《关于印发促进社会办医持续健康规范发展意见的通知》(2019.06.10颁布)
8			原卫计委、中医药管理局	《关于加快发展社会办医的若干意见》(2013.12.30颁布)
9		医疗机构设置及执业许可	国务院	《医疗机构管理条例》(2020.03.29修订)
10			国务院	《关于"先照后证"改革后加强事中事后监管的意见》(2015.10.13颁布)
11			发改委、商务部	《市场准入负面清单(2022年版)》[1](2022.03.12颁布)
12			卫健委	《医疗机构设置规划指导原则(2021-2025年)》(2022.01.12颁布)
13			卫健委、中医药管理局	《国家中西医结合医学中心(综合医院)设置标准》(2021.11.02颁布)
14			卫健委、中医药管理局	《关于进一步改革完善医疗机构、医师审批工作的通知》(2018.06.15颁布)

[1] 国家发展改革委、商务部已于2022年3月12日发布了《市场准入负面清单(2022年版)》。

续表

序号	分类	涉及内容	颁布机关	法规名称
15			原卫计委	《医疗机构管理条例实施细则》(2017.02.21 修订)
16			原卫计委	《中医诊所备案管理暂行办法》(2017.12.01 颁布)
17			原卫计委、发改委、教育部等	《村卫生室管理办法(试行)》(2014.06.03 颁布)
18			原卫生部、发改委、财政部等	《乡镇卫生院管理办法(试行)》(2011.07.07 颁布)
19			原卫生部	《医疗机构诊疗科目名录》(2009.01.19 修订)
20			原卫生部	《关于医疗机构审批管理的若干规定》(2008.06.24 颁布)[1]
21			原卫生部	《妇幼保健机构管理办法》(2006.12.19 颁布)
22			原卫生部、中医药管理局	《城市社区卫生服务机构管理办法(试行)》(2006.06.29 颁布)
23			原卫生部	《医疗机构临床实验室管理办法》(2006.02.27 颁布)[2]
24		法人主体登记	国务院	《市场主体登记管理条例》(2019.03.02 修订)
25			国务院	《事业单位登记管理暂行条例》(2004.06.27 修订)
26			国务院	《民办非企业单位登记管理暂行条例》(1998.10.25 颁布)
27			中央编委办	《事业单位登记管理暂行条例实施细则》(2014.02.08 颁布)

[1] 本法规第六条中关于地方卫生行政部门不得擅自批准设置卫生部未明确基本标准专科医院的规定被《卫生部关于专科医院设置审批管理有关规定的通知》(2011 年 12 月 5 日发布)废止,不再适用。

[2] 本法规第二十八条被《国家卫生健康委办公厅关于修订〈医疗机构临床实验室管理办法〉有关内容的通知》(2020 年 7 月 10 日发布)修订为:医疗机构临床实验室应当参加室间质量评价机构组织的临床检验室间质量评价。

续表

序号	分类	涉及内容	颁布机关	法规名称
28		外资准入	具体请参见附录三	
29		其他	国务院办公厅	《关于促进养老托育服务健康发展的意见》(2020.12.14 颁布)
30			国务院办公厅	《关于推进养老服务发展的意见》(2019.03.29 颁布)
31			国务院	《关于促进“互联网+医疗健康”发展的意见》(2018.04.25 颁布)
32			国务院	《关于积极推进“互联网+”行动的指导意见》(2015.07.01 颁布)
33			工业和信息化部、民政部、卫健委	《智慧健康养老产业发展行动计划(2021-2025 年)》(2021.10.20 颁布)
34			工业和信息化部、民政部、卫健委	《智慧健康养老产品及服务推广目录(2020 年版)》(2020.10.13 颁布)
35			卫健委、医疗保障局、中医药管理局	《关于深入推进“互联网+医疗健康”“五个一”服务行动的通知》(2020.12.04 颁布)
36			卫健委、中医药管理局	《互联网医院管理办法(试行)》(2018.07.17 颁布)[1]
37	医疗机构业务及经营	资质证照	全国人大常委会	《中华人民共和国社会保险法》(2018.12.29 修订)
38			全国人大常委会	《中华人民共和国特种设备安全法》(2013.06.29 颁布)
39			国务院	《中华人民共和国母婴保健法实施办法》(2017.11.17 修订)
40			国务院	《放射性药品管理办法》(2017.03.01 修订)

[1] 《关于修改〈互联网诊疗管理办法(试行)〉〈互联网医院管理办法(试行)〉有关表述的通知》(2018 年 9 月 28 日发布)将《互联网医院管理办法(试行)》第二十一条中的“《电子病历基本规范(试行)》”修改为:“《电子病历应用管理规范(试行)》”。

续表

序号	分类	涉及内容	颁布机关	法规名称
41			国务院	《麻醉药品和精神药品管理条例》(2016.02.06 修订)
42			原卫生部	《产前诊断技术管理办法》(2019.02.28 颁布)
43			卫健委	《职业健康检查管理办法》(2019.02.28 修订)
44			卫健委、药监局	《大型医用设备配置与使用管理办法(试行)》(2018.05.22 颁布)
45			原卫计委	《放射诊疗管理规定》(2016.01.19 修订)
46			原卫生部	《医疗机构血液透析室管理规范》(2010.03.23 颁布)
47			原劳动和社会保障部	《城镇职工基本医疗保险定点医疗机构管理暂行办法》(1999.05.11 颁布)
48		药品、耗材供应链	全国人民代表大会常务委员会	《中华人民共和国药品管理法》(2019.08.26 修订)
49			国务院	《中华人民共和国药品管理法实施条例》(2019.03.02 修订)
50			国务院办公厅	《关于印发国家组织药品集中采购和使用试点方案的通知》(2019.01.01 颁布)
51			国务院办公厅	《关于推动药品集中带量采购工作常态化制度化开展的意见》(2021.01.22 颁布)
52			国务院办公厅	《关于全面加强药品监管能力建设的实施意见》(2021.04.27 颁布)
53			原国务院医改办、原卫计委、原国家食药监管总局等	《关于在公立医疗机构药品采购中推行"两票制"的实施意见(试行)的通知》(2016.12.26 颁布)
54			原卫计委	《关于落实完善公立医院药品集中采购工作指导意见的通知》(2015.06.11 颁布)
55		资产管理	全国人大常委会	《中华人民共和国专利法》(2020.10.17 修订)
56			全国人大常委会	《土地管理法》(2019.08.26 修订)

续表

序号	分类	涉及内容	颁布机关	法规名称
57			国务院	《不动产登记暂行条例》(2019.03.24 修订)
58			国务院办公厅	《关于进一步鼓励和引导社会资本举办医疗机构意见》(2010.11.26 颁布)
59			住建部、发改委	《综合医院建设标准》(2021.04.20 颁布)
60			国家知识产权局	《专利审查指南》(2017.02.28 修订)〔1〕
61			发改委	《关于促进社会办医加快发展的若干政策措施》(2015.06.15 颁布)
62			原卫生部	《医疗卫生机构医学装备管理办法》(2011.03.04 颁布)
63			原卫生部、中医药管理局、财政部、发改委	《关于城镇医疗机构分类管理的实施意见》(2000.07.18 颁布)
64		医务人员	全国人大常委会	《中华人民共和国医师法》(2021.08.20 颁布)
65			全国人大常委会	《中华人民共和国劳动法》(2018.12.29 修订)
66			全国人大常委会	《中华人民共和国劳动合同法》(2012.12.28 修订)
67			国务院	《护士条例》(2020.03.27 修订)
68			国务院	《人体器官移植条例》(2007.03.31 颁布)
69			卫健委	《护士执业注册管理办法》(2021.01.08 修订)
70			原卫计委	《医师执业注册管理办法》(2017.2.28 颁布)
71			原卫计委	《人体器官移植医师培训与认定管理办法(试行)》(2016.09.25 颁布)

〔1〕 本法规被《国家知识产权局关于〈专利审查指南〉修改的公告》(2019 年 9 月 23 日发布)、《国家知识产权局关于修改〈专利审查指南〉的公告》(2019 年 12 月 31 日发布)、《国家知识产权局关于修改〈专利审查指南〉的公告(2020)》(2020 年 12 月 11 日发布)修订。

续表

序号	分类	涉及内容	颁布机关	法规名称
72			原卫计委、发改委、人力资源和社会保障部等	《关于印发推进和规范医师多点执业的若干意见的通知》(2014.11.05 颁布)
73			原卫生部、原国家食品药品监督管理局、中医药管理局	《医疗机构从业人员行为规范》(2012.06.26 颁布)
74		医疗纠纷处理	全国人大	《中华人民共和国民法典》(2020.05.28 颁布)
75			国务院	《医疗事故处理条例》(2002.04.04 颁布)
76			最高人民法院	《关于审理医疗损害责任纠纷案件适用法律若干问题的解释》(2020.12.29 修订)
77			最高人民法院、最高人民检察院、公安部、司法部、原卫计委	《关于依法惩处涉医违法犯罪维护正常医疗秩序的意见》(2014.04.22 颁布)
78		医院评审及校验	中医药管理局	《中医医院评审暂行办法》(2012.5.29 颁布)
79			中医药管理局	《医院评审暂行办法》(2011.09.21 颁布)
80			原卫生部	《医疗机构院务公开监督考核办法(试行)》(2009.12.25 颁布)
81			原卫生部	《医疗机构校验管理办法(试行)》(2009.06.15 颁布)
82			原卫生部	《医疗机构评审办法》(1995.7.21 颁布)
83		财务及税务	财政部	《〈民间非营利组织会计制度〉若干问题的解释》(2020.06.15 颁布)
84			财政部	《关于印发医院执行〈政府会计制度——行政事业单位会计科目和报表〉的补充规定和衔接规定的通知》(2018.08.27 颁布)

续表

序号	分类	涉及内容	颁布机关	法规名称
85			财政部、国家税务总局	《关于全面推开营业税改征增值税试点的通知》(2016.03.23 颁布)〔1〕
86			财政部	《企业会计准则——基本准则》(2014.07.23 修订)
87			财政部、原卫生部	《医院财务制度》(2010.12.28 修订)
88			财政部、国家税务总局	《关于企业所得税若干优惠政策的通知》(2008.02.22 颁布)〔2〕
89			财政部	《民间非营利组织会计制度》(2004.08.18 颁布)
90			财政部、国家税务总局	《关于医疗卫生机构有关税收政策的通知》(2000.07.10 颁布)〔3〕
91		医疗服务	国务院	《医疗废物管理条例》(2011.01.08 修订)
92			国务院办公厅	《关于支持社会力量提供多层次多样化医疗服务的意见》(2017.05.16 颁布)
93			国务院办公厅	《关于推进分级诊疗制度建设的指导意见》(2015.09.08 颁布)
94			卫健委	《医疗技术临床应用管理办法》(2018.08.13 颁布)

〔1〕 本法规被《关于建筑服务等营改增试点政策的通知》(2017 年 7 月 11 日发布)修订,其中附件 1《营业税改征增值税试点实施办法》第四十五条第(二)项修改为“纳税人提供租赁服务采取预收款方式的,其纳税义务发生时间为收到预收款的当天”;第 7 条自 2017 年 7 月 1 日起被废止;本法附件 3《营业税改征增值税试点过渡政策的规定》第一条第(二十三)项第 4 点自 2018 年 1 月 1 日起被废止;本法规被《关于深化增值税改革有关政策的公告》(2019 年 3 月 20 日发布)修订,本法中《营业税改征增值税试点有关事项的规定》第一条第(四)项第 1 点、第二条第(一)项第 1 点自 2019 年 4 月 1 日起停止执行;《营业税改征增值税试点实施办法》第二十七条第(六)项和《营业税改征增值税试点有关事项的规定》(财税〔2016〕36 号印发)第二条第(一)项第 5 点中“购进的旅客运输服务、贷款服务、餐饮服务、居民日常服务和娱乐服务”修改为“购进的贷款服务、餐饮服务、居民日常服务和娱乐服务”。

〔2〕 本法规被《关于进一步鼓励软件产业和集成电路产业发展企业所得税政策的通知》(2012 年 4 月 20 日发布)部分废止,第一条第(一)项至第(九)项自 2011 年 1 月 1 日起停止执行。

〔3〕 本法规被《财政部、国家税务总局关于公布若干废止和失效的营业税规范性文件的通知》(2009 年 5 月 18 日发布)部分废止,有关营业税规定被废止。

续表

序号	分类	涉及内容	颁布机关	法规名称
95			卫健委、中医药管理局	《互联网诊疗管理办法(试行)》(2018.07.17 颁布)[1]
96			卫健委、中医药管理局	《远程医疗服务管理规范(试行)》(2018.07.17 颁布)
97			原卫计委	《消毒管理办法》(2017.12.26 修订)
98			原卫计委	《医疗质量管理办法》(2016.09.25 颁布)
99			原卫生部	《处方管理办法》(2007.02.14 颁布)
100			原国家工商行政管理总局、原卫生部	《医疗广告管理办法》(2006.11.10 修订)
101		综合性规定	全国人大常委会	《基本医疗卫生与健康促进法》(2019.12.28 发布)
102			国务院办公厅	《关于建立现代医院管理制度的指导意见》(2017.07.14 颁布)
103			卫计委、中医药管理局	《关于加强医疗卫生机构统方管理的规定》(2014.11.20 颁布)

[1] 《关于修改〈互联网诊疗管理办法(试行)〉〈互联网医院管理办法(试行)〉有关表述的通知》(2018 年 9 月 28 日发布)将《互联网诊疗管理办法(试行)》第十七条中的"《电子病历基本规范(试行)》"修改为:"《电子病历应用管理规范(试行)》"。

附录三

外资办医准入政策及法规摘录

序号	颁布时间	颁布单位	法规名称	准入条件及限制	外资办医审批权限
1	2000.05.15	原卫生部、原外经贸部	《中外合资、合作医疗机构管理暂行办法》	• 设立的中外合资、合作医疗机构(统称“外资医疗机构”)必须是法人; • 外资医疗机构的投资总额不低于2000万元人民币; • 中方在外资医疗机构中持股比例不得低于30%;禁止设立外商独资医疗机构; • 合资、合作期限不超过20年。	• 设置审批先报市级卫生行政部门初审,之后报省级部门; • 省级卫生行政部门审核后报卫生部; • 报外经贸部办理外资审批程序; • 取得外商投资企业批准证书后,国家工商行政管理部门办理注册登记; • 向省级卫生行政部门申请执业登记许可。
2	2001.11.10	原外经贸部	《中华人民共和国服务贸易具体承诺减让表》	• 承诺对外开放牙医和医疗服务两个部门; • 中外合资企业中外资占比不应少于注册资本的25%; • 外方可控股,但不可独资。	/
3	2003-2013	商务部、香港特区政府、澳门特区政府	《内地与香港关于建立更紧密经贸关系的安排》(简称《安排》-HK)及其补充协议 《内地与澳门关于建立更紧密经贸关系的安排》(简称《安排》-澳门)及其补充协议	• 主要包括:内地与香港、澳门地区之间货物贸易和服务贸易的自由化、以及贸易投资便利化三个方面。 • 《安排》-HK约定:自2005年1月1日起,内地在法律、会计、医疗等领域对香港服务及服务提供者进一步放宽市场准入的条件。 • 《安排》-澳门约定:从2006年1月1日起,所有原产澳门的货物均可获内地零关税政策;其中服务贸易涉及的	/

续表

序号	颁布时间	颁布单位	法规名称	准入条件及限制	外资办医审批权限
				18个服务业领域中包括医疗及牙医行业;《安排》-澳门补充协议五将在医疗等8个领域内,进一步扩大澳门服务提供者在广东省内的可经营或试点经营领域、进一步降低在广东省内相关行业的门槛。	/
4	2003.11.28	原卫生部、国家中医药管理局、国务院港澳办	《关于落实〈内地与香港关于建立更紧密经贸关系的安排〉和〈内地与澳门关于建立更紧密经贸关系的安排〉中医疗及牙医服务有关问题的通知》	• 符合条件的香港、澳门永久性居民可以申请参加内地临床、中医、口腔类别的国际医师资格考试; • 就香港、澳门永久性居民参加内地医师资格考试人员条件、申请、报名、考试 地点等事项进行了规定。	/
5	2007.12.33	原卫生部、商务部	《〈中外合资、合作医疗机构管理暂行办法〉的补充规定》	• 香港、澳门服务提供者在内地设立的合资、合作医疗机构,投资总额调整为不低于1000万元人民币。	• 参照《合资暂行办法》

续表

序号	颁布时间	颁布单位	法规名称	准入条件及限制	外资办医审批权限
6	2008.12.07	原卫生部、商务部	《〈中外合资、合作医疗机构管理暂行办法〉的补充规定(二)》	• 香港、澳门服务提供者在广东省可以独资形式设立门诊部,门诊部投资总额不作限制; • 对香港、澳门服务提供者在广东省与内地合资、合作设立的门诊部投资总额不作限制,双方投资比例不作限制。	• 香港、澳门服务提供者申请在广东省以独资或合资、合作形式设立门诊部的,由广东省卫生行政部门负责设置审批和执业登记。 • 申请人在获得广东省卫生部门设置许可后,向广东省商务主管部门提出申请,由广东省商务主管部门审批
7	2009.03.17	国务院	《关于深化医药卫生体制改革的意见》	• 鼓励和引导社会资本发展医疗卫生事业。规范社会资本包括境外资本办医疗机构的准入条件,鼓励社会资本依法兴办非营利性医疗机构。	/
8	2010.11.26	发改委、原卫生部、财政部、商务部、人社部	《关于进一步鼓励和引导社会资本举办医疗机构的意见》(即"58号文")	• 允许境外资本举办医疗机构。 • 鼓励境外资本在我国中西部地区举办医疗机构。	/
9	2010.12.22	原卫生部、商务部	《香港和澳门服务提供者在内地设立独资医院管理暂行办法》(简称《港澳独资暂行办法》)	• 香港和澳门服务提供者在内地设立独资医院限定在上海市、福建省、广东省、海南省和重庆市; • 设立的港澳独资医院应当符合以下条件: (一)必须是独立的法人; (二)三级医院投资总额不低于5000万元人民币,二级医院投资总额不低于2000万元人民币; (三)符合二级以上医院基本标准;	• 设置审批先报市级卫生行政部门初审,之后报省级部门; • 省级卫生行政部门审核后报卫生部; • 报商务部办理外资审批程序或外商投资非营利性医疗机构备案手续; • 取得外商投资企业批准证书或备案登记后,国家工商行政管理部门办理注册登记;

续表

序号	颁布时间	颁布单位	法规名称	准入条件及限制	外资办医审批权限
				(四)在老、少、边、穷地区设置的港澳独资医院,投资总额要求可以适当降低。	• 向省级卫生行政部门申请执业登记许可
10	2010.10.22	原卫生部、商务部	《台湾服务提供者在大陆设立独资医院管理暂行办法》(简称《台资独资暂行办法》)	• 台湾服务提供者在大陆设立独资医院限定在上海市、江苏省、福建省、广东省和海南省; • 台湾服务提供者在大陆设立台资独资医院,可自主选择经营性质为营利性或非营利性; • 设立的台资独资医院应当符合以下条件: (一)必须是独立的法人; (二)三级医院投资总额不低于5000万元人民币,二级医院投资总额不低于2000万元人民币; (三)符合二级以上医院基本标准; (四)在老、少、边、穷地区设置的台资独资医院,投资总额要求可以适当降低。	• 审批程序与港澳独资医院审批程序基本相同
11	2011.03.14	全国人民代表大会	《中华人民共和国国民经济和社会发展第十二个五年规划纲要》	• 鼓励和引导社会资本举办医疗机构,放宽社会资本和外资举办医疗机构的准入范围,形成多元办医格局。	/
12	2011.03.19	国务院	《关于落实〈政府工作报告〉重点工作部门分工的意见》	• 鼓励社会资本举办医疗机构。放宽社会资本和外资举办医疗机构的准入范围。	/

续表

序号	颁布时间	颁布单位	法规名称	准入条件及限制	外资办医审批权限
13	2012.03.21	卫生部、商务部	《关于扩大香港和澳门服务提供者在内地设立独资医院地域范围的通知》	• 自2012年4月1日起,香港和澳门服务提供者在内地设立独资医院的地域范围,由上海市、重庆市、广东省、福建省和海南省,扩大到所有直辖市及省会城市。	• 设立程序同《港澳独资暂行办法》。
14	2013.09.18	国务院	《中国(上海)自由贸易试验区总体方案》(简称《自贸区总体方案》)	• 允许外商在上海自贸区设立独资医疗机构。	/
15	2013.11.13	上海市政府	《中国(上海)自由贸易试验区外商独资医疗机构管理暂行办法》(简称《自贸区独资暂行办法》)	• 外国投资者为外国医疗机构为其实际控股人的医疗机构、公司、企业和其他经济组织; • 外国投资者应为能够独立承担民事责任的法人,并应具有直接从事医疗机构投资与管理5年以上的经验; • 外国投资者还应符合下列要求之一: 1)能够提供国际先进的医疗机构管理经验、管理模式和服务模式; 2)能够提供具有国际领先水平的医学技术和设备; 3)可以补充或改善所在地在医疗服务能力、医疗质量、技术、资金和医疗设施方面的不足;	• "一口受理"工作机制,向自贸试验区工商部门提交以下材料:(一)机构设置申请材料;(二)项目建议书、可行性研究报告;(三)外国投资者的注册登记证明(复印件)、法定代表人身份证明(复印件)和银行资信证明;(四)项目选址报告、土地使用租赁证明、建筑平面图;(五)外国投资者具有直接从事医疗机构投资与管理5年以上经验的证明材料;(六)外商独资医疗机构的章程;(七)外商独资医疗机构董事会成员名单;(八)机构名称预先核准通知书;(九)企业设立登记申请材料;(十)法律、法规规定的其他材料。 • 申请材料齐全的,自贸试验区工商部

续表

序号	颁布时间	颁布单位	法规名称	准入条件及限制	外资办医审批权限
				● 外资医疗机构最低投资总额 2000 万元人民币； ● 经营期限 20 年。	门应当向申请人出具相关收件凭证，并自出具受理凭证之日起 40 个工作日内，由市卫生计生部门、自贸试验区管委会、自贸试验区工商部门出具批准或者不批准的书面文件。予以批准的，自贸试验区工商部门统一向申请人送达《医疗机构设置批准书》、《外商投资企业批准证书》、《企业营业执照》等有关文书。
16	2014.07.25	国家卫生和计划生育委员会（已撤销）、商务部	《关于开展设立外资独资医院试点工作的通知》	● 允许境外投资者通过新设或并购的方式在北京市、天津市、上海市、江苏省、福建省、广东省、海南省设立外资独资医院。除香港、澳门和台湾投资者外，其他境外投资者不得在上述省（市）设置中医类医院。 ● 外资独资医院的设置审批权限下放到省级。	● 申请设置外资独资医院的境外投资者应向拟设置外资独资医院所在地设区的市级卫生计生行政部门（含中医药管理部门，下同）提出申请，设区的市级卫生计生行政部门提出初审意见，报省级卫生计生行政部门审批。省级商务主管部门凭省级卫生计生行政部门的行政许可，依据外商投资法律法规进行外资独资医院设立的审批工作。 ● 外资独资医院的设立和变更应按照《医疗机构管理条例》《医疗机构管理条例实施细则》《外商投资商业领域管理办法》规定的程序和要求办理。 ● 设立外资独资医院还应符合试点省（市）省级卫生计生行政部门及商务主管部门规定的其他条件和要求。

续表

序号	颁布时间	颁布单位	法规名称	准入条件及限制	外资办医审批权限
17	2021.12.27	发改委、商务部	《自由贸易试验区外商投资准入特别管理措施(负面清单)(2021 年版)》	• 禁止投资人体干细胞、基因诊断与治疗技术开发和应用。 • 医疗机构限于合资。	/
18	2014.06.30	上海市人民政府	中国(上海)自由贸易试验区外商投资准入特别管理措施(负面清单)(2014 年修订)	• 禁止投资基因诊断与治疗技术开发和应用。 • 投资医疗机构不允许设立分支机构。	/
19	2020.12.31	发改委、商务部	《海南自由贸易港外商投资准入特别管理措施(负面清单)(2020 年版)》	• 禁止投资人体干细胞、基因诊断与治疗技术开发和应用。 • 医疗机构限于合资。	/